Angelica Domröse
Ich fang mich selbst ein

Angelica Domröse

Ich fang mich selbst ein

Mein Leben

Aufgeschrieben von
Kerstin Decker

Gustav Lübbe Verlag

Gustav Lübbe Verlag ist ein Imprint
der Verlagsgruppe Lübbe

Originalausgabe

Copyright © 2003 by Verlagsgruppe Lübbe
GmbH & Co KG, Bergisch Gladbach

Textredaktion: Chistiane Landgrebe
Umschlaggestaltung: Gisela Kullowatz
unter Verwendung eines Fotos von
Sibylle Bergemann, Berlin
Satz: Bosbach Kommunikation &
Design GmbH, Köln
Gesetzt aus der ITC Giovanni
von Elsner + Flake
Druck und Einband: Ebner & Spiegel, Ulm

Alle Rechte vorbehalten. Kein Teil dieses
Buches darf ohne ausdrückliche Geneh-
migung des Verlages in irgendeiner
Form reproduziert oder übermittelt werden,
weder in mechanischer noch in elekt-
ronischer Form, einschließlich Fotokopie.

ISBN 3-7857-2116-1

Sie finden uns im Internet unter
www.luebbe.de

Trauriger Tag

Sarah Kirsch

Ich bin ein Tiger im Regen
Wasser scheitelt mir das Fell
Tropfen tropfen in die Augen

Ich schlurfe langsam, schleudre die Pfoten
Die Friedrichstraße entlang
Und bin im Regen abgebrannt

Ich hau mich durch Autos bei Rot
Geh ins Café um Magenbitter
Fress die Kapelle und schaukle fort

Ich brülle am Alex den Regen scharf
Das Hochhaus wird naß, verliert seinen Gürtel
(Ich knurre: man tut was man kann)

Aber es regnet den siebten Tag
Da bin ich bös bis in die Wimpern

Ich fauche mir die Straße leer
Und setz mich unter ehrliche Möwen

Die sehen alle nach links in die Spree

Und wenn ich gewaltiger Tiger heule
Verstehn sie: ich meine es müßte hier
Noch andere Tiger geben

Das »Heim für gefallene Mädchen«,
mein immer zweiundzwanzigjähriger Vater
und warum ich nicht aufs Land kam

M ein Vater war immer zweiundzwanzig. Lebenslang hatte ich
einen zweiundzwanzigjährigen Vater. Mehr weiß ich nicht
über ihn. Nur, wie alt er war, als er meine Mutter traf. Sie hatte kein
Foto von ihm. Sogar seinen Vornamen habe ich inzwischen vergessen. Mit Nachnamen hieß mein Vater Ruthenberg. Er war Südfranzose. Und Jude.

Geboren wurde ich am 4. April 1941. Zumindest habe ich mich
an dieses Datum gewöhnt. Fast jeder Mensch besitzt eine Geburtsurkunde. Das gibt eine Grundsicherheit im Leben. Wenn schon
keiner weiß, was aus ihm wird, so weiß er doch, wann es mit ihm
anfing. Ich habe Menschen mit richtigen Geburtsurkunden immer
beneidet. Ich habe nur eine »Angebliche Geburtsurkunde«, ausge-
stellt vom Standesamt Weissensee, Groß-Berlin. Darin steht, dass
ich angeblich geboren wurde. Ein wenig kränkend ist das schon.
Aber meine Mutter kann nichts dafür. Zweimal brach das Haus
über ihr zusammen, Bomben und Artillerie, das zweite Mal am
letzten Tag vor Kriegsende. Da hat es meine Geburtsurkunde er-
wischt. Vielleicht stand auch der Ort drauf.

Ich kam zur Welt im »Heim für gefallene Mädchen« in Weißensee. Ist vielleicht ganz gut, wenn das keiner mehr genau nachlesen
kann. Allerdings glaube ich nicht, dass das Weißenseer Krankenhaus wirklich »Heim für gefallene Mädchen« hieß. Aber die Berliner haben es so genannt.

Kein Zweifel, ich stand unter einer höheren Beweislast. Ich
musste zeigen, dass es mich nicht nur angeblich, sondern dass es
mich wirklich gibt.

Natürlich war mir diese ganze Problematik gar nicht gleich bewusst. Ich glaube, meiner Mutter auch nicht. 1941 mitten in der »Reichshauptstadt« ein uneheliches Kind von einem südfranzösischen jüdischen Fremdarbeiter zu bekommen – das hatte Größe. Meine Mutter war einundzwanzig, er, wie gesagt, zweiundzwanzig. Vielleicht war das ihre private Form des antifaschistischen Widerstands. Protest durch eine besonders eigenwillige, intensive Art von Feindberührung. Allerdings befürchte ich, dass es doch etwas anderes war. Liebe. Oder Leichtsinn. Wer kann das trennen?

Zum Glück war ich hässlich. Denn meine Mutter hat dann doch Angst bekommen vor dem unehelichen, nichtarischen Kind. Sie hatte vor, mich nach der Geburt wegzugeben zu einer Tante aufs Land. Nach Schulzenhof. Ich kenne Schulzenhof nicht, aber ich glaube, ich hätte es dort nicht ausgehalten. Ich habe schreckliche Angst vor Kleinstädten, und was macht man denn auf dem Land? Ich kann nur in großen Städten leben. London, Paris, New York, Peking. In jeder Stadt fühle ich mich sofort zu Hause, vorausgesetzt, dass sie groß genug ist. Berlin war groß genug. Ich durfte in Berlin bleiben, weil meine Mutter nach der Geburt im »Heim für gefallene Mädchen« ein bisschen sentimental wurde: Sie ist so hässlich, und dann noch weggeben? Das geht nicht!, hat sie gedacht.

Die christliche Schwester sagte jedes Mal, wenn meine Mutter mich hässlich nannte, sie solle sich nicht versündigen. Und dass das ja nicht so bleiben müsse. Wahrscheinlich hat meine Mutter ihr nicht geglaubt und wollte es mit eigenen Augen sehen. Außerdem war sie selbst schuld an meinem Aussehen. Denn meine Geburt hat drei Tage gedauert, und wie soll jemand aussehen, wenn er drei Tage lang geboren wird?

Meine Mutter hat mich also behalten. Ich habe noch nie über meine Kindheit gesprochen. Weil sie so schrecklich war. Früher hätte ich das auch nicht sagen können, weil meine Mutter immer ganz traurig wurde, wenn ich begann: Weißt du noch, Weihnachten? War das furchtbar. – Nein, ich hätte es nicht gekonnt.

Und vielleicht kommen die nur »angeblich« Geborenen ohnehin zweimal zur Welt. Das zweite Mal dann richtig. Das war bei mir mit siebzehn, da wurde ich noch einmal geboren. Von einem Tag auf den anderen wurde alles anders. Eine Anzeige stand in der »Berliner Zeitung«. Regisseur sucht junges Mädchen für einen Film. Die S-Bahn war brechend voll. Die jungen Mädchen Berlins fuhren drei Tage lang nach Babelsberg zum »Casting«. 1500 Schülerinnen. Am Abend des zweiten Tages war ich dran. Ich war die 1106. Bewerberin. Fast der ganze Drehstab schlief schon, nur Slatan Dudow, der Regisseur, war noch hellwach. Dudow (»Kuhle Wampe«) galt als der Erfinder des proletarischen Films, aber das wusste ich damals noch nicht. Außerdem wollte ich gar nicht zum proletarischen Film, sondern zum Liebesfilm. Ich ließ mir einen Entschuldigungszettel für meine Mutter geben, weil ich spät nach Hause kommen würde. Ich war frech, vorlaut wie immer. Der ganze Drehstab wachte wieder auf. Ich wurde fotografiert, wir unterhielten uns, bis Dudow mich nach meinen Eltern fragte. Da bekam ich einen Weinkrampf.

Rudolf Otto Domröse

Domröse war schuld. »Hilfsschlosser Rudolf Otto Domröse«. So steht es in der Geburtsurkunde meines kleinen Halbbruders Ingo, geboren am 26. September 1945, gestorben am 29. Oktober 1945 an Typhus.

Domröse war nicht mein Vater. Er war mein Stiefvater. Aber das wusste ich lange nicht. Ich nannte ihn »Papa«. Er hat meine Kindheit auf dem Gewissen. Ich bin mir nicht sicher, ob er ein Gewissen hatte. Ich weiß auch nicht, warum meine Mutter ihn geheiratet hat. Wahrscheinlich, weil es sich nicht leicht lebte als »gefallenes Mädchen«. Aber lebte es sich mit Rudolf Otto Domröse etwa leichter?

Sie haben sich in einer dieser großen Wohnungen kennen gelernt, in die Ausgebombte während des Krieges eingewiesen wurden. Dort lebte man zusammen auf engstem Raum. Familien oder was davon übrig war, junge Männer und eben auch meine junge Mutter mit mir, dem unehelichen Kind. Das hatte Folgen.

Vielleicht haben sie sich mal gemocht, meine Mutter und Rudolf Otto Domröse, ganz am Anfang. Aber es ist fast unmöglich, sich zwei Menschen vorzustellen, die weniger zusammenpassten als diese beiden. Morgens, wenn sie aufstanden, fingen sie an zu streiten. Wenn sie schlafen gingen, hörten sie auf. Vielleicht vor Erschöpfung.

Das Schlimmste aber war, dass meine Mutter fast immer gewann. Sie war einfach viel klüger als Rudolf Otto Domröse. Einmal hat er ihr aus lauter Verzweiflung die Kaffeekanne an den Kopf geschlagen. So hilflos war er. Sie hatte immer das letzte Wort. In der Scheidungsurkunde stand später als Scheidungsgrund »geistige Überlegenheit der Ehefrau« und dass sie ihn, den Mann, damit gequält habe. Der zweite Scheidungsgrund war ich. Sie habe ihn nur geheiratet, um einen Vater für ihr uneheliches Kind zu bekommen. Und seinen Namen. Den Namen wollte er dann wiederhaben.

Vater! – Das glaube ich nicht, das kann doch nicht mein Vater sein!, dachte ich jedes Mal, wenn er mich schlug oder stundenlang draußen im Flur stehen ließ. Manchmal musste ich Ewigkeiten lang Kniebeugen machen. Da hat man viel Zeit, um über Vaterschaften nachzudenken. Der Zweifel der ersten Atheisten an Gott und der richtigen Einrichtung der Welt kann nicht stärker gewesen sein. Zu Ostern wurde es noch schlimmer. Da versteckte Rudolf Otto Domröse die Ostereier im Badeofen oder oben auf der Gardinenstange. Ich weinte, als ich sie abends noch immer nicht gefunden hatte. Er lachte und sagte, was für ein dummes Kind ich doch sei. Dumm, ich? Kleiner war ich. Das schwächste Glied der Familie. Ich bekam zu spüren, wie unglücklich zwei Menschen miteinander waren. Domröse gab alles an mich weiter.

Ich las sehr viele Märchen. Für mich klangen die Märchen nicht wie Märchen. Sie waren Wirklichkeit. Däumelinchen, das war ja ich! Die Welt war wirklich viel zu groß für mich, und die Verlorenheit von Hänsel und Gretel kannte ich gut. Allein durch einen dunklen Wald gehen – genau so war es, ein Kind zu sein. Nur dass es für mich keinen Hänsel gab, der alles mit mir teilte.

Märchen handeln oft von Stiefkindern, das fiel mir gleich auf. Aschenputtel war ich auch. Meine böse Stiefschwester war ein kleiner Bruder, dreieinhalb Jahre jünger als ich und viel krank. Geistig kam er eher nach seinem Vater. Er hieß Frank. Oder er heißt Frank. Ich weiß ja nicht, ob er noch lebt. Mit siebzehn bin ich aus dem Haus gegangen. Ein paar Mal haben wir uns noch wieder gesehen, dann nie mehr. Dabei habe ich mich so viel für ihn geprügelt, als wir klein waren. Die Jungs hatten große Angst vor mir. Meine Kampfkraft war berüchtigt. Draußen war ich immer stark.

Berlin hat mich adoptiert,
und unser Haus steht falsch rum

Wessen Kind war ich eigentlich? Ich weiß es genau: Ich bin ein Berliner Kind. Ein Mitte-Kind. Ich bin ein Kind der Straße. Die Stadt hat mich adoptiert. Ohne Berlin hätte ich es nicht ausgehalten. Bei mir war einfach alles umgekehrt: Draußen war zu Hause, und zu Hause war draußen. Es kam darauf an, schon weg zu sein, bevor der Stiefvater aufwachte und noch nicht wieder da zu sein, wenn er heimkam. Rudolf Otto Domröse war später »Triebwagenassistent« bei der S-Bahn. Ich kann mich an diese Dienstbezeichnung erinnern, weil ich viel später mal über eine Beamtenschulter in das Buch des Standesamtes von Mitte gesehen habe, und da stand: »Der Triebwagenassistent Rudolf Otto Domröse gibt der Tochter von Irma Domröse, geb. Hennig, seinen Namen.« Da war ich sechs Jahre alt und kam zur Schule. Wahrscheinlich sollte niemand merken, dass ich ein uneheliches Kind war.

Ein »Triebwagenassistent« hatte die Aufgabe, »Bitte von der Bahnsteigkante zurücktreten!« zu rufen, dann an das Fenster des Triebwagenführers zu klopfen zum Zeichen, dass die S-Bahn jetzt losfahren und die Türen geschlossen werden konnten. Inzwischen musste er selbst noch schnell einsteigen. Es gab früher bei der S-Bahn gewissermaßen Piloten und Co-Piloten. Rudolf Otto Domröse zeigte sich der Assistentenrolle offenbar gewachsen, denn er wurde zum Triebwagenführer befördert. Er benahm sich auch so. Führer ist Führer, mag er gedacht haben. Er hatte immer drei Schichten. Aus der Schule kommen und wissen, mein Vater ist zu Hause – dieses Gefühl, keinen Schritt mehr gehen zu können, hatte ich später nicht mal vor Premieren.

Ich war fast immer in der Kirche. Vor allem, wenn es draußen kalt wurde. Denn so viele Möglichkeiten für kleine Mädchen, am Sonntagvormittag nicht zu Hause zu sein, gab es nach dem Krieg nicht. Und die Kirche war wunderbar warm. Keiner hatte so viele Kirchen-Anwesenheitsstriche, als ich konfirmiert wurde. Mein Denkspruch war der 2. Thessalonicher 3, 3.: »Der Herr ist treu; der wird euch stärken und bewahren vor dem Argen.« Ich glaubte damals nicht, dass der Herr wirklich die Macht dazu besaß, sonst hätte er früher damit angefangen. Allerdings wäre es mit meiner Konfirmation beinahe nichts geworden, denn ich war gar nicht getauft. So fand die Taufe kurz vor der Konfirmation statt, und ich bekam gleich zwei Sprüche hintereinander. Mein Taufspruch lautete: »Sehet, welch eine Liebe hat uns der Herr erzeiget, dass wir Gottes Kinder sollen heißen.«

Ich muss wirklich ungemein religiös gewesen sein.

Allerdings gab es eine sehr ernsthafte Konkurrenzreligion – das Kino. Kino war eigentlich eine noch viel bessere Möglichkeit, nicht zu Hause zu sein.

Es machte mir nichts aus, Filme dreimal zu sehen. Ich langweilte mich nie. Andere schon. Ist ein Film denn noch spannend, wenn man das Ende weiß? Ich wusste das Ende nie. Jedes Mal fing ich wieder an zu zittern. Wie wird das heute aufhören? Die Überzeugung, dass ein Film ungefähr so viel Macht hat wie Gott, immer wieder frei über die Geschicke der Menschen zu entscheiden, war mir durch nichts zu nehmen. Erst recht nicht durch so grob antimetaphysische Hinweise wie die auf Filmspulen. Wahrscheinlich wollte ich damals schon Schauspielerin werden.

Immer dachte ich: Das kannst du auch! Die Natur hat das wunderbar eingerichtet. Je größer das Erlebnis, wenn man jung ist, desto überwältigender ist der Eindruck des eigenen Talents. Hochstapelei als allen Könnens Anfang. – Der Zweifel kommt erst mit dem Können. Und alle Krisen kommen durch die Höhepunkte. Aber ist das etwa ein Wissen für die Jugend? Wenn ich glücklichverängstigt meine Filme zum dritten Mal sah, war mein Leben ein einziger Höhepunkt. Alles wissen. Alles können. Alles fühlen. Bis das Licht anging und ich nach Hause musste.

Wir wohnten immer in der Gartenstraße 85, Ecke Bernauer Straße. Die Bernauer war schon Westen. Das heißt, die Häuser auf der einen Seite waren Osten, die Straße selbst gehörte zum Westen. Also war, wer in der Bernauer aus dem Fenster guckte, mit dem Kopf im Westen und mit dem Arsch im Osten. So hat Regine Hildebrandt das beschrieben. Deshalb dauerte der Mauerbau später bei uns auch ein wenig länger, denn sie mussten erst alle Fenster zumauern.

Mein nächstes Kino war ein Westkino, das »Fox« in der Bernauer. Zum nächsten Ostkino musste ich weiter laufen. Es lag in der Berg-/ Ecke Elsässer Straße. Das »Astra« in der Chausseestraße war noch weiter. Auch die sozialistische Agitation und Propaganda hatte es mit uns schwerer, weil unser nächster Zeitungskiosk ebenfalls ein Westkiosk war. Und meine frühkindliche Sozialisierung war durchaus riskant, denn mein Kindergarten war ein Westkindergarten.

Die Gartenstraße 85 war ein ganz besonderes Haus. Es war das letzte im Osten und stand mutterseelenallein. Links und rechts neben uns war alles leer. Eine Bombenbrache. Außerdem stand es auch noch falsch rum. Denn eigentlich wohnten wir im Hinterhaus, aber der Krieg hatte das Vorderhaus auf dem Gewissen, weshalb unser Hinterhaus zum Vorderhaus befördert wurde. Man betrat die Gartenstraße 85 also über das Hinterhaus und ging dann entweder in den Seitenflügel oder in den Westen.

Der Westen war unser Hinterhof.

Ein Komfort, den nicht jede Berliner Haustür zu bieten hatte und die im August 1961 eine nicht unproblematische Anziehungskraft entfaltete. Ich ging immer durch unseren Hinterhof in mein Westkino.

Wir hatten zwei Zimmer, Bad und Küche. Und, ungewöhnlich für diese Zeit – Zentralheizung. Ich glaube, mein Stiefvater hat die Wohnung von der Reichsbahn bekommen, als er Assistent des Trieb-

14

wagenführers war. Immerhin lag das Haus neben einem großen Bahnhof. Und es wohnten auch nur Reichsbahner hier, die mussten immer Uniform tragen. Insofern glich unser Haus auch einer Kaserne. Ich kann Uniformen bis heute nicht ausstehen.

Wenn wir Kinder ins Wohnzimmer wollten, mussten wir anklopfen. Vom Wohnzimmer aus blickten wir auf die Seitenfront des kaputten Stettiner Bahnhofs, der heute Nordbahnhof heißt. Er war eine große rote Backsteinwüste.

Hildegard Knef hat ihn beschrieben: »Wie das Gerippe einer Riesenechse ragten die Reste des Stettiner Bahnhofs aus der Klamottenwüste, er war Vorder– und Hintergrund unseres ersten Drehtages für den ersten deutschen Nachkriegsfilm ›Die Mörder sind unter uns‹.« Vom ersten deutschen Nachkriegsfilm habe ich nichts bemerkt, aber der Bahnhof sah genauso aus, wie die Knef ihn beschrieben hatte.

Ich spielte viel in der roten Steinwüste, wir haben uns Abenteuerpfade hindurchgebahnt. Es war, was für Wüsten ungewöhnlich ist, eine Wüste mit Platz davor. Denn da der Stettiner Bahnhof ein sehr großer und wichtiger Berliner Bahnhof war – schon 1836 geplant, 1843 fertig –, hatte er auch einen sehr großen, wichtigen Vorplatz. Von hier sind die Züge nach Danzig gefahren und weiter bis nach Ostpreußen. Jetzt kamen hier nur noch Kohlköpfe und Kohlen an. Immer fielen Kohlköpfe und Kohlen von den Waggons, etwas anderes nie, also sammelten wir die Kohlköpfe und Kohlen ein. Der Güterbahnhof funktionierte noch.

Manchmal, wenn meine Eltern nicht zu Hause waren, saß ich mit meinem Bruder im Wohnzimmer auf dem Fensterbrett über der Zentralheizung. Das innere Fenster machten wir auf; das äußere Fenster zu öffnen, hatte meine Mutter streng verboten. Als ich klein war, das weiß ich, standen die alten Häuser an der Invalidenstraße noch. Sie waren die Silhouette gegenüber vom kaputten Bahnhof. Wahrscheinlich waren es nur noch Brandmauern. Aber nie vergesse ich den Tag, als die Häuser der Invalidenstraße gesprengt wurden.

Kriegskind

Wir saßen wieder auf der Fensterbank, wir hörten Sirenen und dann ein dumpfes Fallen. Wir schrien, so laut wir konnten. Dann sahen wir unseren Wohnzimmerhorizont zusammensinken. Die Häuser der Invalidenstraße gab es nicht mehr. Meine Mutter rannte über den Platz. Sie kam zu spät.

Die Sirenen und das dumpfe Fallen kannte ich schon, ich hatte es nur vergessen. Meine Wirklichkeit war der Frieden, ein zerbombter, abenteuerlicher Frieden. Ich war ein Trümmerkind, mit dem kaputten Stettiner Bahnhof als Abenteuerspielplatz, aber eigentlich war ich ein Kriegskind. Ich schlief nie gut. Später konnte ich mir diese frühe Schlaflosigkeit nur als Mal des Krieges erklären. Gepacktwerden, Schreien, Laufen, Sirenen. 1942. Als ich ein Jahr alt war, begannen die schweren Luftangriffe auf Berlin.

Sirenen kann ich heute noch nicht ertragen. Ich fürchte mich vor der Mittagssirene.

Ohne den Krieg hätte ich nie so gut bayerisch gesprochen. 1944 gab meine Mutter mich für ein halbes Jahr weg, als die Luftangriffe so stark wurden. Als ich zurückkam, sprach ich überzeugend bayerisch. Vorher sprach ich eher gar nicht. Meine Mutter merkte bald, dass die Erwachsenen mich gern reden hörten, darum nahm sie mich zum Einkauf mit. Immer, wenn ich etwas sagte, lachte Frau Kniehase im Laden und ich bekam einen Bonbon, oder zwei. Auf diese Weise wurde ich schon als ganz kleines Kind sehr redselig. Und manchmal auch satt.

Leider kenne ich meine allerersten Sprachlehrer nicht.

Aber zwei sehr frühe Erinnerungen habe ich doch. Meine Mutter lag mit mir und vielen anderen im Keller auf einem Kohlenhaufen. Mich hielt sie auf ihrer Brust. Dann ging eine Panik durch den Keller.

Von dem warmen Luftzug, der durch einen U-Bahnhof geht, bevor die Bahn kommt, wurde mir später jedes Mal übel. Das blieb so, bis ich dreizehn war. Noch heute mag ich diesen Luftschwall nicht. Als im Frühjahr 1945 der Anhalter Bahnhof geflutet wurde, sind viele der Schutzsuchenden ertrunken. Mich hat ein zwölfjähriger Junge hinausgetragen. Er war viel später mein Kollege an der Volksbühne. Harald.

Manche Träume kamen immer wieder, vor allem beim Nachmittagsschlaf. Dann hatte ich plötzlich kleine dünne Männchen auf meiner Brust und bekam sie nicht mehr herunter. Als ich mit neun Jahren am Blinddarm operiert wurde, sollte ich mit Äthermaske auf meinem Mund bis zum Einschlafen zählen. Beim Zählen kamen die Männchen, mit den Männchen musste ich in kleinen Nähmaschinenschiffchen durch dunkle Tunnel paddeln – bis ich zu den Schwestern sagte, dass ich nicht weiterzählen kann.

In den ersten Jahren nach dem Krieg waren die Menschen sehr gleich. Alle haben in den Trümmern gelebt, die meisten Kinder hatten keinen Vater. Es ging nur darum, etwas zu essen zu haben und den nächsten Winter zu überstehen. Die Menschen wussten, was Schmerz ist.

Ich weiß noch, wie mein Stiefvater aus den Trümmern zurückkam; er hatte eine fast bis zur Unkenntlichkeit verbeulte Milchkanne und einen Silbersuppenlöffel gefunden, der war jetzt schwarzgrau. Einen ganzen Nachmittag lang hämmerte mein Stiefvater die Michkanne zurecht, dann nahmen wir sie in Dienst. Den Silbersuppenlöffel habe ich heute noch. Der Winter 1947 war so kalt, dass das Wasser in der Badewanne zu Eis wurde. Tausende Kinder sind in diesem Winter in Berlin erfroren.

Ich ging in Holzschuhen zur Schule. Wenn es frisch geschneit hatte, kam ich nach drei Schritten nicht mehr weiter, der Schnee klebte am Holz. Ich musste ihn abstreifen. Ich ging die nächsten drei Schritte – unmöglich, so in die Schule zu kommen. Auf der Hälfte des Weges bemerkte mich einmal eine Frau und brachte mich zurück nach Hause. Sie schimpfte mit meiner Mutter, als wäre sie ein kleines Mädchen.

Manche Lehrerin gehörte noch viel mehr in die zwanziger Jahre als zur kommenden DDR. Fräulein Schmidt, die uns in der ersten Klasse bis zur vierten in Deutsch unterrichtete, nahm noch den Rohrstock. Unglücklicherweise war sie unsere Klassenleiterin. Fräulein Schmidt trug immer eine weiße gestärkte Bluse und orthopädische Schuhe. Sie war bemerkenswert dick trotz der mageren Zeiten. Später bekamen wir Herrn Lohse, das war einer von diesen Neulehrern, plötzlich ein ganz anderer Typus. Unmerklich ging die Nachkriegszeit über in eine andere Wirklichkeit, die sich den nicht gerade wohlklingenden Abkürzungsnamen DDR gab. Kein Kind lebt in Abkürzungswelten; meine Welt war viel kleiner und größer zugleich.

Die Sprengung der Invalidenstraße war wie eine allerletzte Rückkehr des Krieges. Als 1953 das Berliner Schloss gesprengt wurde, bebte die Gartenstraße 85 mit vor Empörung. Ich kenne das Schloss noch – den Weihnachtsmarkt gegenüber. Im Dunkeln sah es aus wie ein richtiges Schloss, gar nicht wie eine Ruine.

Ich weiß, beim Betreten unseres Hauses dachte ich manchmal: Es müsste auch in die Luft fliegen! Weil ich so unglücklich war darin, und vielleicht, weil ich mir eine schlimmere Strafe nicht vorstellen konnte. Die Gartenstraße 85 flog dann wirklich in die Luft, viel später, und ich konnte mich eines Gefühls der moralischen Mitverantwortung nicht erwehren. Wer sagt denn, dass unsere geheimen Wünsche nicht als ein böses Agens durch die Welt gehen?

Meine Mutter

Andere sagen über ihre Kindheit, dass sie schön gewesen sei. Oder einfach. Ich kann solche Sätze nicht sagen. Meinem Anfang fehlte die Wärme, die jeder braucht, ohne die keiner groß wird. Und wenn doch – vielleicht merkt man ihm das immer an. Mag sein, ich habe auch deshalb bis jetzt nie über meine Kindheit gesprochen, weil ich Angst hatte, dass alle bemerken könnten, was mir fehlt. Oder dass sie dieses Misstrauen spüren, das mir blieb. Es muss eine Art Weltmisstrauen sein, das kein Erfolg ganz überglänzen kann.

»… meine Kindheit im Garten, meine Kindheit im Schnee, meine Kindheit im Kristall des Himmels, meine Kindheit vor lebendigem Feuer (…), meine Kindheit in der Hölle, über die Vater und Mutter herrschten, unablässig einander zerfleischend, unablässig einander Schmerzen auspressend, unablässig uns Kinder als Schild vor sich tragend …« Franz Fühmann, der Dichter, der mir am nächsten ist, seit ich »Zweiundzwanzig Tage oder die Hälfte des Lebens« las, hat das über seine eigene Kindheit geschrieben. Die Worte »unablässig uns Kinder als Schild vor sich tragend« trafen mich unerwartet tief. Manchmal wird eine Sache noch schmerzhafter, wenn man endlich Worte für sie hat. Ich habe die Worte nicht gesucht, schon gar nicht in Salzburg, wo ich ein halbes Leben später diesen Fühmann-Text las. Ich war zum ersten Mal in Salzburg, kurz nach unserer Ausreise aus der DDR, und hatte eine Salzburger Monatszeitschrift in den Händen. »Merian – das Monatsheft für Städte und Landschaften«. Und ausgerechnet darin, bei Fühmann, begegnete ich meiner eigenen Kindheit.

Dabei habe ich meine Mutter geliebt.

Sie hieß Irma Emma Martha Hennig und wurde am 17.3.1920 geboren. Sie war einfach zu stark für ihren schwachen Mann. Sie konnte fantastisch rechnen. Aber außer Algebra kannte sie nicht viel vom Leben, bevor ich kam.

Ihre eigene Mutter lag immer im Bett. Das ist ein ziemlich unmütterliches Erinnerungsbild. Meine Großmutter hatte ein Gallenleiden, das schlimmer wurde, aber sie wollte nicht operiert werden. Irma Hennig war als Kind oft allein zu Hause mit ihr in der großen Wohnung. Vielleicht hatte sie eine unwillkürliche Scheu vor diesem Bett, aus dem manchmal Schmerzenslaute drangen. Kann man vom Bett aus Mutter sein?

Als meine Großmutter starb, war Irma Hennig neun Jahre alt. Der Vater verließ die Wohnung sofort und heiratete eine andere. Die hatte schon zwei Kinder. Der Vater brauchte Irma nicht mehr. Ihr älterer Bruder war auch längst weg. Das war Taubenzüchter-Maxe. Er war zwölf Jahre älter als sie und verbrachte sein späteres Leben damit, in Kreuzberg Tauben zu züchten. Ab und zu kam er vorbei, um nach dem neunjährigen Mädchen zu sehen, das allein war in der großen Wohnung in der Manteuffelstraße. Wahrscheinlich waren die Räume gar nicht so groß, aber Irma Emma Martha Hennig kamen sie so vor.

Sie war Kreuzbergerin. Sie wurde groß in der Manteuffelstraße, sie wohnte noch dort, als sie den südfranzösischen Juden, meinen Vater, traf. Als ihr Vater ausgebombt wurde mit seiner neuen Familie, erinnerte er sich an seine inzwischen volljährige Tochter. Er zog mit seiner neuen Familie bei ihr ein. Und bei mir, denn schließlich wohnte ich auch dort. Ich habe in dem Zimmer gespielt, in dem meine Mutter 1920 zur Welt kam. Das Haus steht heute noch. Mutter wollte jetzt nicht mehr dableiben – nicht bei diesem fremden Vater mit seiner fremden Familie. Sie ging mit mir in die Hedemannstraße. Hier lernte sie Rudolf Otto Domröse kennen. Als wir Ende der siebziger Jahre »Fleur Lafontaine« drehten, und die ganze Ausstattung war wie immer so echt wie möglich, blätterte ich in einem Original-Telefonbuch von 1944. Ich habe die Nummer wirklich gefunden, Domröse, Hedemannstraße 7. Hier haben sie ein Kind gezeugt. Dann musste Domröse an die Front.

Ein Jahr später, im Frühjahr 1945, stand meine schwangere Mutter vor ihrem zerschossenen Haus allein mit mir auf der Straße. Ingo wurde geboren und starb an Typhus.

Ich kenne nur die Gartenstraße 85. Ich bin, wie gesagt, ein Mitte-Kind. Und seltsam, meine frühesten Erinnerungen an meine Mutter sind ganz anders als die späteren. Mindertalentierte Filmregisseure würden für solche Stellen Weichzeichner benutzen. Irgendwie kommt mir meine Erinnerung vor, wie mit Weichzeichner gemacht. Als kleines Mädchen schaute ich aus dem Wohnzimmerfenster, und ich sehe meine Mutter noch heute in einem weißen Kleid mit Blumen, die Hüfte wiegend, über den großen Platz am Stettiner Bahnhof gehen. Da war sie sehr schön. Sie hatte grosse braune Augen und eine griechische Nase. Und wenn sie tanzte, musste ich weinen. Einmal tanzte sie mit meiner Tante und mir durch die ganze Wohnung:»Machen wir es den Schwalben nach, bauen wir uns ein Nest!« Später war das alles weg.

Meine Mutter, die Hüften wiegend? Für diesen Mann?

»Mamatschi, schenk mir ein Pferdchen /
ein Pferdchen wär mein Paradies!«

Und Lieder hat sie mir vorgesungen, als ich klein war. »Guten Abend, gut Nacht« fand ich gar nicht übel. Besonders gefiel mir die Aussage, dass die Engel auf mich aufpassen, wenn ich schlafe, denn ich hatte solche Obhut nötig und die Ankündigung, dass mein Wiedererwachen von Gottes Wille abhängig sei – »... morgen Früh, wenn Gott will, wirst du wieder geweckt ...« –, erfüllte mich jedes Mal mit einem Gefühl tiefer Frömmigkeit, gemischt mit wohligem Grausen.

Meine Mutter kannte aber noch andere Lieder, die ich noch bedeutender fand als »Guten Abend, gut Nacht«. »Mamatschi, schenk mir ein Pferdchen, ein Pferdchen wär mein Paradies!«, fing das eine an. Es handelte von einem Mädchen, dem »Mamatschi« dann wirklich ein Pferdchen schenkt, und etwas später bekommt es sogar einen Liebsten. Dann wird Mamatschi – tot – auf einem Pferdewagen vor ihr Haus gefahren, und das Lied hört auf: »Mamatschi, solche Pferde wollt ich nicht.« Anders als etwas später im Kino wusste ich, dass das Lied genauso aufhören würde, und fing vorsichtshalber immer schon kurz vor der Schlusszeile an zu schluchzen, um den Schmerz besser zu verteilen. Woran man erkennt, dass bereits kleine Kinder einen untrüglichen Sinn für tragische Gegenstände besitzen.

Das Konkurrenzlied zu »Mamatschi, schenk mir ein Pferdchen«, war von seinem Forderungsgehalt her etwas bescheidener. Es begann: »Schenk mir so ein Edelweiß!« Das Edelweiß, behauptete der Sänger, wäre seiner Liebe Preis. Es kamen so halbe Töne darin vor, und immer wenn meine Mutter die sang, weinte ich wieder. Aristoteles hat viel über den Grund unseres Vergnügens an tragischen Gegenständen nachgedacht, und er kam darauf, dass es die Katharsis, die Läuterung sein muss, die wir im Drama suchen. Aber das ist ganz falsch. Ich wollte gar keine Katharsis. Ich wollte den vollen ungeteilten Schmerz.

»Mutti, sing die sanften Lieder!«

»Sanfte Lieder« nannte ich dieses Küchenliedgut. Und sobald ich davon anfing, lachte die ganze Familie. Sogar Rudolf Otto Domröse, den ich damals irrtümlich noch Papa nannte.

Vielleicht hatte Rudolf Otto Domröse sogar seine fürsorglichen Seiten. Jedes Weihnachten bohrte er Löcher in die Stämme unserer Tannenbäume und steckte dann zurechtgeschnitzte Zweige hinein, damit auch unser Baum baumig aussah.

Unseren Festtagsbraten hatten wir immer schon sehr früh. So früh, dass selbst ich das bemerkte. Er hing dann in der Küche zwischen den Fenstern. Auffälligerweise bekamen wir die Braten erst, seit Hilfsschlosser Rudolf Otto Domröse nicht mehr S-Bahn-Beifahrer war sondern bereits Triebwagenführer. In dieser Position konnte er sehen, wenn die Kaninchen sich anschickten, illegal die Gleise zu überqueren. Bei Bedarf fuhr er dann einfach etwas schneller. Manchmal hatte er Glück. Exitus. Dann hielt die S-Bahn auf offener Strecke an, Rudolf Otto Domröse stieg aus, lief zurück und holte das umgefahrene Kaninchen. Natürlich konnte er bei einer so unsicheren Jagdmethode nicht bis kurz vor Weihnachten warten.

Zur Bescherung läutete ein Glöckchen. Einmal bekam ich zu Weihnachten eine Puppe. Alle Mädchen aus unserem Haus hatten schon eine. Ich hatte nicht geglaubt, dass auch ich so etwas Wunderbares bekommen könnte. Und nun sah ich sie dort unterm Tannenbaum sitzen, nein, ich sah sie noch gar nicht deutlich, als ich an der Tür stand, aber ich wusste sofort, dass es eine Puppe war. Ich konnte vor Glück gar nicht richtig mit ihr spielen – zum Spielen gehört eine gewisse Selbstverständlichkeit –, sondern ich habe sie untersucht, so als müsste ich mir jedes Detail genau einprägen, um mich zu vergewissern, dass ich sie wirklich besaß.

Auch ich, Angelika Domröse, hatte jetzt also eine Puppe.

Sie sollte mich anschauen. Aber wenn ich sie hinlegte, machte die Puppe die Augen zu. Ich wollte das nicht, mit geschlossenen Augen sah sie so abwesend aus. Ich habe gegen die Puppenaugen gedrückt, damit sie wieder aufgingen. Da sind sie nach innen in den Kopf gefallen. Ich habe geschrien. Meine Mutter kam; sie zog der Puppe mit festem Griff die Haare vom Kopf, und ich sah in ein großes schwarzes Loch. Auf dem Grund des Lochs lagen die Augen. Wie eine Krebsschere mit zwei kleinen Kugeln vorne dran, die waren aus Glas und blau und kalt. Meine Mutter klebte die blauen kalten Kugeln wieder fest.

Ich habe meine namenlose Puppe nie wieder angefasst.

Die Anwesenheit meines »Vaters« war immer dann erträglich, wenn seine Mutter da war, Oma Wilhelmine. Oma Wilhelmine war eine Bäuerin aus Ostpreußen und der einzige Mensch, vor dem mein Vater Achtung hatte. Wenn sie zu uns kam und ich stand gerade im Flur – manchmal schon drei Stunden lang –, sagte sie sofort: »Reinkommen!«

Sie fragte gar nicht erst, warum ich im Flur stehen musste, jedes Urteil meines Vaters war auf der Stelle aufgehoben, sobald sie da war. »Reinkommen!«

Als ich schon meine Regel hatte, wurde das Im-Flur-Stehen besonders schlimm, weil ich immer große Schmerzen dabei hatte. Und er befahl nur »Steh' gerade!«, wenn er vom Wohnzimmer in die Küche ging und wieder zurück.

»Reinkommen!«

Nichts ging über meine Ostpreußen-Oma. Sie nannte mich Schneewittchen und sagte, dass ich sehr blass aussehe und unbedingt mehr Äpfel essen müsse. Im Sommer waren wir bei ihr in Lehnitz. In Lehnitz gab es einen Garten mit einer hohen Pappel und einer Schaukel. Ohne meine Oma hätte ich gar nicht gewusst, wie sich eine Pappel von einem Kirschbaum unterscheidet. Wegen ihr habe ich noch heute Angst vor Gewittern. Bei jedem Blitz sagte sie mit großem ostpreußischen Bauernernst: Das ist der Finger Gottes! Der Donner hatte auch eine Funktion in der göttlichen Ökonomie des Schreckens, aber die habe ich vergessen. Oma Wilhelmine wusste ungemein viel über Kugelblitze und wie das aussieht, wenn man vom Blitz gespalten wird. Jetzt sah ich erst recht aus wie Schneewittchen, unbegreiflich blass, aber dagegen halfen keine Äpfel mehr. Von Blitzableitern hat meine Ostpreußen-Oma niemals gesprochen. Wahrscheinlich hielt sie das für neumodischen Humbug, oder wie will man wohl den Finger Gottes ableiten?

Als Kind hatte ich also vor allem Angst vor meinem Stiefvater und eine Unterangst vor Gewitter. Es gab aber noch eine dritte Angst. Das war die Angst, in den Keller zu gehen. Unglücklicherweise bekam mein Stiefvater das irgendwann mit und schickte mich fortan regelmäßig in den Keller, wenn es draußen schon dunkel war.

Ich spürte genau, dass die Gewittergeschichten meiner Oma und die Geh-mal-in-den-Keller!-Kommandos meines Stiefvaters verschiedene Quellen hatten. Seltsam genug, aber ich wusste es, Oma Wilhelmines Gottesfinger war nicht gegen mich gerichtet.

Auf den Flößen, die an der Havel lagen, lernte ich angeln. Ich hob die heißen Steine auf, die den schmalen Weg um Omas Häuschen säumten, und spießte die Regenwürmer mitleidlos auf die Haken. Der Teig aus Mehl und Spucke war der Wurmersatz. Ich konnte sehr lange ganz still sein, und wenn die Pose zuckte, war ich glücklich. Manchmal angele ich heute noch, wegen dieses Da-ist-einer-dran-Gefühls. Es liegt eine gewisse Befriedigung im Verzehr selbst erlegter Tiere. Die Jäger und Sammler müssen sehr glückliche Menschen gewesen sein. Man sollte sie die Jäger, Sammler und Angler nennen. Die Jäger, Sammler und Angler sind von einer natürlichen Gefühlskälte gegenüber ihren essbaren Mitlebewesen. Neben Regenwürmern sammelte ich auch Krebse. Meine

Oma und ich warfen sie ins kochende Wasser, und ich sah mit naturwissenschaftlichem Interesse zu, wie die Krebse die Farbe wechselten. Krebsschwanzessen in Lehnitz war ein kulinarisches Ereignis.

Vor allem aber lernte ich bei der Ostpreußen-Oma schwimmen, im großen Lehnitz-See. Ich konnte hervorragend schwimmen. Brust, Crawl, Schmetterling. Bald war ich im Schwimmverein und fiel schon auf bei Wettkämpfen. Vielleicht stellte ich mir vor, schwimmend Rudolf Otto Domröse zu besiegen. Siegerinnen im Brustschwimmen brauchen vor nichts mehr Angst zu haben. Wahrscheinlich wäre ich immer weitergeschwommen, aber dann platzte mir etwas innen im linken Ohr, ich hatte große Schmerzen, und der Ohrenarzt sagte, Schwimmen sei nichts für mich. Nicht mit diesem Trommelfell. Danach musste ich Akkordeon und Klavier lernen. In beiden Disziplinen war ich nicht halb so erfolgreich wie beim Schwimmen. Aber ich kann Noten lesen. Wer Brecht spielt, muss nicht schwimmen oder angeln können, aber Noten lesen sollte er schon können.

Meine Osttante und meine Westtante,
meine Ostsparbüchse und meine Westsparbüchse
sowie die vier Mächte in Berlin

Gegenüber vom Schwimmbad in der Gartenstraße wohnte Tante Deter. Tante Deter war die Schwester meines Vaters, mein frühestes Vorbild und meine wichtigste Osttante. Meine wichtigste Westtante hieß Tante Gerda. Es war entscheidend, sowohl eine Osttante als auch eine Westtante zu haben. Dass das Berlin meiner Kindheit vier Sektoren hatte, fand ich ungemein kinderfreundlich eingerichtet. Eigentlich konnte ich mir Städte, die nicht über vier Sektoren verfügten, gar nicht vorstellen. Ich wusste, Erwachsene nannten sie Besatzer, aber das widersprach meinem Empfinden ganz und gar. Musste es ohne sie nicht ungemein langweilig gewesen sein? Das Berlin, wie ich es kannte, war kein besiegtes Berlin, sondern es war »Multikulti«. Ich hatte ein sehr genaues Gefühl dafür, wo ein Sektor aufhörte und der nächste anfing. Manchmal verlief diese Grenze mitten durch eine Straße, und ich spürte es sofort. Nicht im Sinne von Bevorzugung und Ablehnung, obwohl man den Osten natürlich immer am leichtesten erkannte.

Kaputt war Berlin zwar überall, aber der Westen war kaputt und bunt, und der Osten war kaputt und grau. Dieses Daseinsgrau, das so gut zum Steingrau der Häuser passte und sich beharrlich weigerte, durch irgendein leichtsinniges Werbe-Gelb oder -Orange in seinem Alleinanspruch auf die Wahrheit über das Leben relativiert zu werden. Dafür hatte der Osten immer die schönsten Märchenfilme, und ich ahnte bald, dass die Russen die Märchenhaftigkeit der Märchen nicht umsonst zeigten. Das sollte bedeuten: Die Wirklichkeit ist das Ende aller Märchen. Das begriff auch jeder beim ersten Blick auf die Ost-Wirklichkeit.

Im französischen Sektor war das ganz anders. Überhaupt unterschied man die einzelnen Sektoren am besten durch ihre Kino-Programme. War es ein früher Film noir, was ich bei den Franzosen sah? »Fahrstuhl zum Schafott«. Frankreich verstand sich auf diese erotisch-unterkühlte Düsternis, sein Kino war noch dunkler als das Berlin der frühen fünfziger Jahre. Aber es hatte schon diesen Existenzialisten-Sog.

Amerika war wie ein Versprechen. Das Versprechen lag bereits in dem Namen Hollywood. Kein Land, keine Stadt konnte weiter weg sein vom Berlin der Nachkriegsjahre und der Gartenstraße 85 als Hollywood. Colorvision und Breitwand, das ganze Leben. Und trotzdem, das war das Aufregende, schien es ein intimes Interesse an uns gefasst zu haben. Ja, wozu sonst unterhielt Hollywood – und Amerika war gewiss nur sein Abgesandter – einen ganzen Sektor in Berlin? Im Amerika-Haus lief zur Eröffnung »Schnee am Kilimandscharo« eine Woche lang umsonst. War das nicht ein Zeichen? Nicht mal die Russen zeigten ihre Märchenfilme umsonst. Überhaupt, das Amerika-Haus. Welch kolossaler Neubau!, dachte ich. Heute muss ich immer zweimal hinschauen, um in dem kleinen Würfel neben dem Bahnhof Zoo mein Amerika-Haus von 1952 zu erkennen.

»Faust im Nacken«, »Endstation Sehnsucht« oder »Saat der Gewalt« – das waren meine Filme. Aus »Saat der Gewalt« kann ich noch heute ganze Szenen erzählen, auch weil es in der Schule spielte. Und in »Faust im Nacken« war Marlon Brando der Hauptdarsteller. Ich liebte Marlon Brando.

Auch Radio AFN war ein konstitutiver Bestandteil unserer Jugend. Ist jemand in den fünfziger Jahren in Berlin ohne AFN erwachsen geworden? Jeden Tag kurz nach fünf saßen mein Bruder und ich vorm Radio. Punkt fünf Uhr begannen die Nachrichten, danach kamen Elvis Presley, Bill Haley, Little Richard und Pat Boone.

Nur die westdeutschen oder österreichischen Filme haben mich nie interessiert. »Rosen-Resi« oder »Die Rose am Wörthersee«. Obwohl ich auf dieses Kulturgut durch »Mamatschi, schenk mir ein Pferdchen« und »Schenk mir ein Edelweiß« nicht unvorbereitet war.

Aber ich wollte von meinen Tanten erzählen. Normale Kinder früher und später hatten eine einzige Sparbüchse. Eine Sparbüchse war für ein Fünfziger-Jahre-Berlin-Kind absolut dilettantisch. Ich hatte zwei Sparbüchsen. Mein Bruder auch. In unseren Sparbüchsen spiegelten sich die Währungsverhältnisse der Multikulti-Stadt. Auch hätte ich damals gewettet, dass ein Kind Onkel und Tanten besitzt, um das höchst ungerechte Währungsgefälle innerhalb des großstädtischen Gemeinwesens wieder ausgleichen zu können. Für die russischen Märchenfilme brauchte ich ein paar Pfennige Ost, für »Quo Vadis« in der Nachmittagsvorstellung genau 25 Pfennige West. Der Besitz von Verwandtschaft war gewissermaßen eine »sozialpolitische Maßnahme«. Die DDR erfand diesen Ausdruck viel später, meinte aber etwas anderes damit.

Eine sozialpolitische Maßnahme führte ich ganz allein ein. Bei meiner Überwindung der Sektorengrenzen benutzte ich niemals eine Fahrkarte. Ich bin immer schwarz gefahren. Ich kann mich nicht an den Erwerb einer einzigen S-Bahn-Fahrkarte erinnern. Und ich musste oft in den Westen, denn jeden Tag ab 18.00 Uhr wurde vor Hertie am Zoo mit Bananen geworfen. Was vom Tage übrig blieb. Kinder waren im Vorteil beim Bananenfangen, Beweglichkeit sicherte den Erfolg.

Meine Osttante und meine Westtante waren für meine beiden verschiedenen Sparbüchsen zuständig. Natürlich auch für die meines Bruders. Möglicherweise hat es immer Nachteile, der kleine Bruder einer großen Schwester zu sein, aber in Halbe-halbe-Städten wie Berlin noch mehr. Ich sparte mein Westgeld, indem ich seins mit der Haarklemme aus seiner Sparbüchse holte. Mein Bruder kannte den Trick mit der Haarklemme nicht. Überhaupt hätte er sich nie vorstellen können, dass man einer heilen Sparbüchse Geld entlocken kann. Er neigte zu der Elementarlogik des mehr praktischen Menschen. Mein Onkel, Taubenzüchter-Maxe aus Kreuzberg, nannte meinen Bruder »Fünfchen«. Weil er so viele Fünfen schrieb in der Schule.

Ich glaube, mein Taubenzüchter-Onkel hat nie gearbeitet. Solche Arbeitslosen wie meinen Onkel gibt es heute nicht mehr. Er trug immer einen schwarzen Anzug, was seiner ganzen Erscheinung etwas Bedeutsames verlieh, und züchtete Tauben. Den Anzug behielt er auch beim Taubenzüchten an. Ich fand das bewundernswert. Eine Taube hieß Else. Die Tauben flogen in alle Welt, und mein Onkel hatte viel zu tun, die Abflüge und die Landungen zu überwachen. Er war auch nicht irgendein Züchter, nein, er war gewissermaßen der General der Tauben. So sprach er auch. Es hatte etwas ungemein Würdevolles und Standesbewusstes, wenn er zu mir und meinem Bruder sagte: »So, jetzt gehen wir mal zu den Tauben!« Es war, als gingen wir zu einer Inspektion, und mein Onkel würde gleich die Taubenparade abnehmen.

Noch bewundernswerter als ihn fand ich aber meine Osttante Deter. Vielleicht, weil sie viel westlicher war als meine Westtante, denn meine Westtante war doch ziemlich ostig. Arbeiten gehen!

Tante Deter, obwohl sie gar nicht weit weg von uns wohnte, eben neben dem Schwimmbad, arbeitete nie. Sie war die Schwester meines Vaters und hieß eigentlich Margarethe Rehbaum. In ihrem Klo hing ein Bild mit einem Reh, das vor einem Baum stand. Rehbaum eben.

Sie schlief mindestens bis um 11.00 Uhr oder bis 12.00 Uhr, mitten in Mitte!, und öffnete die Tür immer im Morgen-Gewand mit einem Kaffeewärmer auf dem Kopf. Tante Deter hatte grundsätzlich Migräne. Es war schwer zu entscheiden, ob die Migräne Tante Deter erfunden hatte oder Tante Deter die Migräne. Aber sie trug ihr Leiden wie eine Dame. Tante Deter rauchte trotzdem, und zwar mit Zigarettenspitze. Ich weiß nicht mehr, ob der Kaffeewärmer gegen die Migräne helfen sollte oder bei der Herstellung von Locken. Das Gewand war wohl ein Morgenmantel, aber woher sollte ich das wissen. Meine Mutter, die immer arbeitete und weniger rauchte, besaß keinen Morgenmantel. Auch hatte sie, prosaisch wie sie war, nicht mal Migräne. Am beeindruckendsten unterschieden sich Tante Deter und meine Mutter aber durch ihre Männer. Tante Deters Mann war Oberkellner. Oberkellner in dem Restaurant Unter den Linden, Ecke Charlottenstraße. Es war ein sehr feines Restaurant, im Osten konnte sich das keiner leisten, aber wozu gab es Westberlin? Zur Mittagspause kamen die Westberliner Geschäftsleute in den Osten zu Tante Deters Oberkellner-Mann, aßen für ein paar Pfennige, indem sie mit Ostmark zahlten. Aber sie waren feinfühlig genug, dem Oberkellner sein Trinkgeld in West zu geben. Das erklärte seinen unbegreiflichen Wohlstand, der sich auf Tante Deter übertrug. Ich kann mich noch an die Treppe erinnern, die auf die Balustrade führte. Es war wirklich ein außerordentliches Restaurant.

Weil Tante Deter, wenn ich bei ihr klingelte, noch nicht richtig angezogen war und außerdem Kopfschmerzen hatte, konnte sie auch nicht selbst einkaufen gehen. Das machte ich dann. Es war wunderbar, für Tante Deter einkaufen zu gehen. Ich bekam jedes Mal viel Geld mit, und was übrig blieb, durfte ich behalten. Es war immer viel zu viel Geld, um alles auszugeben.

Manchmal aber ging Tante Deter doch selbst raus. Und damit das jeder sah, trug sie riesengroße Hüte, nicht nur sonntags beim Pferderennen. Ich glaube, meine Mutter fand die Hüte übertrieben. Aber Tante Deters Hutphilosophie war richtig. Denn es ist traurig auszugehen, wenn es keiner bemerkt.

Mit zwölf erschien es mir die höchste Berufung des Lebens, die Frau eines Oberkellners zu werden, wenn ich nicht beschlossen hätte, niemals in den Stand der Ehe einzutreten.

Meine West-Tante hieß Gerda und lebte mit dem Tauben-General in freier Liebe. Sie hatte, wie sich das für eine West-Tante gehört, ziemlich viel Geld. Allerdings musste sie selbst dafür arbeiten. Nein, sie musste doch nicht. Denn Tante Gerda bekam zugleich Flieger-Witwenrente. Nach dem Bild meiner Tante Gerda habe ich mir später immer das Wirtschaftswunder erklärt. Menschen, die es überhaupt nicht nötig haben, wollen trotzdem arbei-

31

ten. Mag sein, das war ungerecht. Sowohl gegenüber dem Wirtschaftswunder als auch gegenüber Tante Gerda. Obwohl ich immer eine tiefe Sympathie behielt für alle, die zu doof waren für das Wirtschaftswunder. Und diese fehlende Begabung für Wunder zeigte sich schon darin, im Osten zu wohnen wie wir statt im Westen.

In meinem späteren Leben wurde Tante Gerda aber noch einmal sehr wichtig. Wenn ich mit dem Berliner Ensemble im Ausland war, galten wir zwar als brechtianisches Wunder, wirtschaftlich waren wir keins. Theaterweltspitze auf Drei-Groschen-Niveau, devisenmäßig gesehen.

Aber da organisierte ich mir jedes Mal mein eigenes Wirtschaftswunder. Von der ersten real existierenden kapitalistischen Hotelrezeption aus rief ich Tante Gerda in Westberlin an. Und sofort telegrafierte sie mir Geld. Telefonische Schecks. Für solche Begabungen schätzte ich den Kapitalismus.

Mein erster Russe

Mit zwölf Jahren wurde ich ein politischer Mensch.
Ich lebte zwar schon sehr lange im russischen Sektor, aber ich kannte gar keine Russen. Mit den Russen war es wie mit Gespenstern. Sie waren allgegenwärtig, aber keiner hatte sie gesehen. Jedenfalls ich nicht, denn mein kindlicher Unternehmungsradius überschritt damals nicht gewisse Grenzen.

Eines Tages stand ein Panzer vor unserer Tür. Es war ein russischer Panzer. Ich fand, wir waren ein sehr wichtiges Haus, wenn man uns einen eigenen Panzer gab. Die anderen Häuser in der Gartenstraße bekamen keine eigenen Panzer. Dass die Panzerkanone nicht auf unser Wohnzimmer zeigte, hielt ich für ein gutes Zeichen.

Vor dem Panzer stand ein junger Soldat. Er war höchstens neunzehn. Er hatte ein richtiges Kleine-Jungen-Backpfeifengesicht, fand ich. Aber vielleicht war das Kleine-Jungen-Gesicht nur Tarnung? Er trug Stiefel bis zum Oberschenkel; wir liefen barfuß, so heiß war es in Berlin. Ich durfte nur barfuß gehen, wenn es ganz heiß war. Die Erwachsenen hatten also Recht, die Russen waren anders. Das sah ich jetzt selber. Wer bei dieser Hitze Stiefel bis zum Oberschenkel trägt … Es war mir schon lange aufgefallen, dass die Erwachsenen über die Russen ganz anders sprachen als über die Amerikaner, Franzosen oder Engländer. Dabei hatten die Amerikaner, als sie in Berlin ankamen, gar nicht die New-Yorker Zeit in Berlin eingeführt. Die Russen schon. Die Moskauer Zeit. Mit dem Befehl Nummer 4 des Militärkommandanten der Stadt galt in Berlin ab 20. Mai Moskauer Zeit. Und keiner wusste mehr, wie spät es ist. Zumal die Russen gleichzeitig die Uhren der Berliner einsammelten, gewissermaßen als Reparationsleistung. Aber dann haben die Russen die Moskauer Zeit wieder zurückgenommen – doch das mythische Raunen der Erwachsenen blieb. Es klang Furcht darin, die Furcht kannte ich aus meinen Märchenbüchern. Und richtig, die Erwachsenen verhielten sich genauso, wie man das Gespenstern gegenüber macht. Sie traten also aus dem Haus und taten so, als sähen sie den Panzer und den Backpfeifenjungen nicht. Denn natürlich gibt das immer eine gewisse Verlegenheit, wenn man plötzlich einem Gespenst gegenübersteht.

Eins war klar: Hier musste Aufklärungsarbeit geleistet werden. Wir waren sechs Kinder im Haus. Drei von uns waren zwölf. Edeltraut, Felicitas und ich. Die Jungs waren kleiner. Zuerst galt es festzustellen, ob das Gespenst echt war. Wir bezogen Beobachtungsposten. Dass der Russe immer neben seinem Panzer stand und nie drin saß, schien uns gleich verdächtig. Wie wollte er da so schnell schießen oder gegebenenfalls unser Haus verteidigen? Andererseits erleichterte dieser Aufenthaltsort die Echtheitsprüfung. Dass der Russe sprechen konnte, hielten wir für ausgeschlossen. Wir beobachteten ihn stundenlang vom Fenster aus. Der Russe war eindeutig stumm. Schließlich fassten wir den schweren Entschluss. Es gab keine andere Möglichkeit, wir mussten ihn anfassen. Das heißt, eine von uns musste den Russen anfassen. Wir schauten uns der Reihe nach herausfordernd an. Edeltraut, Felicitas und ich. Die Kleineren kamen nicht in Frage. Es gab keine Freiwilligen in der Gartenstraße 85. Als die anderen mich prüften, musste ich an den großen Saurier im Naturkundemuseum denken. Das Naturkundemuseum war nicht zerstört worden im Krieg. Es war nicht weit weg von der Gartenstraße. Wenn ich nicht im Kino oder in der Kirche war, ging ich am Sonntagvormittag auch oft ins Naturkundemuseum. Jedes Mal, wenn ich eintrat und wenn ich wieder hinausging, musste ich an dem Saurier vorbei, und jedes Mal überfiel mich der Wunsch, ihm einen Schwanzwirbel herauszuziehen. Ich war überzeugt, der Saurier würde auf der Stelle zu einem Knochenhaufen zusammenfallen. Bei unserem Russen würde es ähnlich sein. Viele Panzer würden dann in die Gartenstraße kommen und uns alle verhaften. Ich teilte meine Bedenken Edeltraut, Felicitas und den kleinen Jungs mit. Wir hatten Angst. Aber unser Entschluss war unumkehrbar. Gemeinsam wollten wir hinterher für unsere Tat einstehen. Und gemeinsam wollten wir sie begehen. Alle zusammen würden wir den Russen anfassen.

Wir nahmen Aufstellung in der Haustür. Der Russe stand immer noch regungslos und stumm neben seinem Panzer. Wir liefen auf ihn zu und fingen dabei fürchterlich an zu schreien. Vor Angst und zur Selbstermutigung zugleich, wie das die Indianer machen. Wir berührten den Russen. Alle zugleich zogen wir an seinem grünen Militärmantel.

Der Russe stand. Kein Schwanken. Von der Haustür, in deren Schutz wir schreiend zurückrasten, sahen wir, dass der Russe nicht zusammenfiel. Das sprach für seine Echtheit. Andererseits hatte er sich nicht bewegt. Er hatte auch nichts gesagt. Das überraschte uns nicht, denn wir wussten ja: Der Russe ist stumm. Immerhin, eine minimale Bewegung der Augen des Russen wurde festgestellt.

Echt oder unecht? Es gab keinen anderen Weg, wir mussten den Test wiederholen. Unter Geheul liefen wir wieder auf den Russen neben seinem Panzer zu. Unter Geheul liefen wir wieder zurück. Mit demselben Ergebnis. Er blieb regungslos und stumm. Wir mussten unseren Zugriff verstärken, der Russe musste härter angepackt werden. Vielleicht ließ sich ja doch ein Teil von ihm abbrechen so wie beim Saurier im Naturkundemuseum. So liefen wir nun schreiend zwischen Panzer und Haustür hin und her. Ich habe die Zahl unserer Angriffe nicht gezählt. Aber plötzlich bewegte sich der Russe; er fing an zu schreien und zu fluchen, in einer uns vollkommen unverständlichen Sprache. Und was für eine dunkle Stimme er hatte!

Da verstanden wir die Furcht unserer Eltern. Am liebsten hätten wir unser Haus nicht mehr betreten. Aber es half nichts, wir mussten doch an Russe und Panzer vorbei. Er war inzwischen in seine Ausgangsstarre zurückgefallen. Wir gingen jetzt an ihm vorbei wie unsere Eltern. Als würden wir ihn gar nicht sehen. Und vollkommen stumm.

Das ist die Höflichkeit gegenüber Gespenstern.

Es war der 17. Juni 1953. Auch wir Kinder der Gartenstraße 85 waren beteiligt am Aufstand der Arbeiterklasse. Wir leisteten aktiven Widerstand gegen die russische Besetzung. Niemand hat über uns berichtet.

Ein paar Tage später war der Panzer verschwunden.

Katze und Loch

Ich bin sicher, mein Stiefvater ging nicht mit halb so viel Haltung am Panzer vorbei wie ich. Ich weiß, heute fragt sich jeder: Warum war nicht meine Mutter längst schon von ihm weggegangen? Schon um ihre Tochter zu schützen.

Ich habe ihr das nie vorgeworfen. Es lag an der Zeit. Meine Mutter konnte enorm gut rechnen und sehr schön singen, als sie mich bekam. Und obwohl sie so klug war, hatte sie nur acht Klassen. Von Kindern hat sie nichts gewusst. Und fast nichts von Männern. Es war die allgemeine Verhärtung des Lebens, die sie so unempfindlich machte, auch gegenüber sich selbst.

Sie war nicht so sanft wie ihre Lieder. Auch meine Mutter hat geschlagen. Aber es war wie nebenbei. Eine Backpfeife mit links, wenn ich neben ihr in der Küche an der Messingstange vorm großen Herd hing und wieder genascht hatte.

Aber sie ohrfeigte nicht immer. Andere naschen gern Schokolade. Ich mochte auch Mehl. Einmal nach einer Mehlorgie wurde ich zu meiner Mutter gerufen, stand mit weiß umstäubtem Mund vor ihr und musste auf Fragen antworten wie:

»Hast du genascht?«

»Nein!«, antwortete ich tapfer.

»Lügst du mich auch nicht an?«

»Nein!«

»Na, dann ist ja gut. Geh mal ins Bad und schau in den Spiegel!«

Ich schämte mich sehr.

Natürlich ging es nicht jedes Mal so gut für mich aus. Mit 30

Stundenkilometern raste ich an der Zeitungsbude in der Invalidenstraße, Ecke Bergstraße vorbei, aber eben nicht richtig vorbei. Ein eigentlich unbedeutender Teil meiner neuen Jacke blieb daran hängen. Ich weiß auch nicht mehr, wie ich mir das gedacht hatte, jedenfalls brachte ich gewissermaßen zum Ersatz für das fehlende Stück Jacke eine kleine Katze mit nach Hause. Diesmal wurde es ernst. Ich glaube, die Katze stammte gar nicht wie das Loch aus der Invalidenstraße. Aber meiner Mutter war das gleichgültig. Sie sah zuerst die Katze, dann das Loch, und anschließend rot. Die Jacke flog mitsamt dem Loch um meine Ohren, die Katze sprang vor Angst von meinen Armen, und dann kam mein kleiner Bruder. Er ging dazwischen. Mein kleiner Bruder wollte mich beschützen! Oder mehr die Katze? Mir war das egal, ich fand es wunderschön. Als ob wir Geschwister wären.

Wenn ich mich für ihn mit den großen Jungs prügelte, waren wir auch Geschwister. Und auf andere Art, wenn ich seine Sparbüchse kontrollierte. Sonst hatten wir keine wirkliche Chance zum Geschwistersein. Weil, wenn einer immerzu bügeln und Kartoffeln schälen muss, abwaschen, Tisch decken, Tisch abdecken, und der andere muss überhaupt nicht arbeiten, das im Marx'schen Sinne kein solidarisches Gefühl ergibt, sondern eher einen antagonistischen Klassengegensatz. Man kommt sich vor wie das Proletariat kurz vorm Ausbruch der Revolution. Nicht nur, dass zu Weihnachten meine Gedichte immer länger wurden, während mein Bruder sich auf Einzeiler beschränkte, weil er sich die besser merken konnte. Die Ungerechtigkeit war eine Ganzjahrestatsache. Ich sehe mich noch wie heute bei herrlichem Sommerwetter vor einer großen Kiepe Kartoffeln sitzen, und unten spielen sie alle schon Völkerball. Da habe ich in meiner Verzweiflung die Kartoffeln etwas anders geschält als sonst. Es waren nicht mehr so sehr viele Kartoffeln hinterher, dafür bergeweise Schalen. Wahrscheinlich hätte sich die Kartoffel als Nahrungsmittel in Europa gar nicht durchgesetzt, wenn dieses Verhältnis Kartoffel-Schale unabänderlich gewesen wäre. So ungefähr muss das meine Mutter auch gesehen haben, nicht nur verbal, und Völkerball spielen durfte ich hinterher auch nicht. Solche Konflikte kannte mein Bruder gar nicht.

Wer einmal mit Katze und Loch vor der Wohnungstür stand oder im Sommer vor der Kartoffelkiepe saß, der ist schon ganz dicht vor der Marx'schen Erkenntnis, dass ein Kind nichts zu verlieren hat als seine Ketten. Aber gegenüber meiner Mutter hielt sich die revolutionäre Grundstimmung nie lange. Auch musste ich bei ihr nie die Schläge mitzählen wie bei Rudolf Otto Domröse. Das ist ein fundamentaler Unterschied.

Allein im Frauenschlafsaal.
  Der Blinddarm und die Wahrheit

Mit neun Jahren hatte ich die Blinddarmoperation. Es war eine Notoperation, ich glaube, der Blinddarm war schon geplatzt, sonst wäre ich wohl in eine Kinderklinik gekommen. So lieferten sie mich, den Notfall, in eine Frauenklinik ein. Neun Jahre alt sein mit unerträglichen Bauchschmerzen, und das alles in einer Frauenklinik – das war übel. Und nun erst kranke Frauen. Wir lagen in einem riesigen Saal, Bett an Bett, in der Mitte war ein großer Gang, und hinten am Gang war noch eine Veranda. Auf der Veranda lag eine Frau, die noch viel kränker war als alle anderen. Ich konnte sie von meinem Bett aus nicht sehen, aber wenn ich mich ein wenig hochstützte, sah ich eine Frau mit hochgebundenen Beinen. Das war faszinierend. Ich hatte noch nie jemanden gesehen, der im Bett liegt und dabei mit den Zehenspitzen Löcher in die Zimmerdecke macht. Immer, wenn ich konnte, schaute ich hinüber. »Schrecklich, dieses Kind hier!«, schimpften die Frauen, »guck doch nicht immer zu der Frau!« Ich fand ihren Ton beleidigend; Angst hatte ich nicht vor ihnen, denn sie waren ja krank. Ich guckte also weiter zu der Frau mit den Himmelsstürmer-Beinen. Und außerdem war noch sehr die Frage, wer hier wem auf die Nerven ging.

Denn nachts wurde es gespenstisch. Dieser große Schlafsaal begann zu flüstern und zu kichern. Sie erzählten sich unaufhörlich Witze und lachten dieses verdruckste, obszöne Lachen, wie es Frauen manchmal haben. Das ging die ganze Nacht, bis gegen Morgen.

Als ich wieder zu Hause war, hat meine Mutter mir erzählt, dass mein Vater gar nicht mein Vater war. Wahrscheinlich nach einem

40

heftigen Streit, und weil es auch ihr zu weit ging, wenn ihr Mann ein Kind ohne Blinddarm, das gerade einen Frauenschlafsaal hinter sich hatte, verprügelte. Oder jedenfalls eins, das eben erst gesund wurde. Wie es ihr auch jedes Mal zu weit ging, wenn mein »Vater« beim Essen auf die Gardinenstange wies, »Guck mal da!« zu mir sagte und mir mein Fleisch vom Teller nahm. Blöderweise guckte ich auch immer.

Diesmal also reichte es meiner Mutter. Ich erinnere mich noch genau an das Gefühl einer unglaublichen Erleichterung. Der Blinddarm war weg, und dieser Vater war nicht mein Vater! Zwar hatte Gott in meiner Achtung erheblich verloren, weil er kleinen Mädchen solche »Väter« gab, und er konnte das auch nicht wieder gutmachen, aber etwas von seinem Weltbauplan kam wieder ins Lot. Wenn es schon solche Väter gibt wie Rudolf Otto Domröse, so sind es wenigstens niemals die echten.

Es sollte ein Geheimnis sein zwischen meiner Mutter und mir. Aber wie konnte ich es für mich behalten? Ich sagte nichts, nie hätte ich etwas gesagt, aber meine Augen haben mich verraten. Ich sah Domröse anders an – und er erriet alles.

Über meinen richtigen Vater wollte meine Mutter der Neunjährigen trotzdem nichts sagen. Ich habe es bis zum Schluss nicht von ihr erfahren. Einmal, viel später, waren wir wohl kurz davor. Aber dann muss ich irgendetwas gesagt haben, das sie kränkte, und wieder schwieg sie beharrlich. Wenn dieser jüdische zweiundzwanzigjährige Südfranzose im Jahre 1940 meine Mutter wirklich geliebt hätte – sicher hätte sie mir davon erzählt. So glaube ich, Monsieur Ruthenberg aus Südfrankreich, der im Laufe der Jahre in meiner Erinnerung seinen Vornamen verlor, war auch in dieser Hinsicht eine sehr problematische Erfahrung.

Warum konnte meine Mutter mich nicht beschützen? Vielleicht, weil ein Oberhaupt der Familie nunmal ein Oberhaupt war. Dazu kam die Angst, wieder das »gefallene Mädchen« zu sein, wenn er ging. Als inzwischen über dreißigjähriges »gefallenes Mädchen« wurde es doch keineswegs einfacher.

Für die glücklicheren Deutschen fielen nach dem Krieg Freiheit und Wohlstand zusammen. Bei mir war das anders. Ich war die ersten fünfzehn Jahre meines Lebens eine unglückliche Deutsche. Aber dann kam mein Ausbruch der Freiheit, gefolgt vom Mangel. Menschen, die ein dramatisches Grundgefühl für's Leben bewahrt haben, erscheint das auch irgendwie angemessener. Mit fünfzehn Jahren war ich frei. Und arm wie noch nie. Ich muss das erklären.

Ich habe gesagt, ich wurde zweimal, und das zweite Mal erst wirklich geboren, als ich zum Film kam. Aber das stimmt nicht ganz. Denn dieses Zur-Welt-Kommen hatte ein sagenhaftes Präludium. Der Tag, als mein Stiefvater auszog, war der Tag meiner Freiheit.

Rudolf Otto Domröse ließ sich scheiden!

Er wollte eine jüngere Frau heiraten. Ich hielt das für eine wunderbare Idee. Meine Mutter nicht.

Rudolf Otto Domröse nahm unser ganzes Wohnzimmer mit.

Ich überaltere,
und wir haben kein Wohnzimmer

Nur das Klavier ließ er da. Er schenkte es meinem Bruder, obwohl bloß ich aus der ganzen Familie Klavier spielen konnte. Ich weiß nicht, wie lange mein Vater sich schon scheiden lassen wollte. Offiziell aus den bereits erwähnten Gründen. Geistige Überlegenheit der Ehefrau sowie deren heimtückische Absicht, ihn nur als Vater für ihr uneheliches Kind gewollt zu haben. Beim ersten Scheidungstermin antwortete meine Mutter auf die Frage des Richters, ob sie von Rudolf Otto Domröse geschieden werden wolle mit einem lauten »Nein!« und verstand es selbst nicht: »Ich wollte ›ja‹ sagen, ja, natürlich möchte ich geschieden werden, und hörte mein eigenes ›Nein!‹« Erst beim zweiten Scheidungstermin schaffte die sechsunddreißigjährige Irma Domröse die wahrheitsgemäße Antwort, vor der sie doch so viel Angst hatte: »Ja!« – Sie bekam die ganze Schuld am Scheitern der Ehe.

Ich war sehr frühreif, ich habe meine Mutter auch deshalb so geliebt, weil ich verstand, wie allein diese Frau nun war, und trotzdem war es der zweitschönste Tag meines bisherigen Lebens, als mein »Vater« von meiner Mutter geschieden wurde. Der allerschönste aber war, als er bei uns auszog. Das war schon vorher.

Aber noch hatte Domröse die Schlüssel, noch waren wir nicht in Sicherheit.

Und wir waren plötzlich arm. Sehr arm. Das war, wie gesagt, der Nachteil der Freiheit. Niemand ahnt die Richtungen, aus denen ihm die nächste Gefahr droht. Ich musste nun so bald wie möglich Geld verdienen. Von dem Einkommen meiner Mutter konnten wir nicht lange leben. Ohnehin kam ich in das Alter, in dem Menschen der fortgeschrittenen Jahrgänge verstärkt darüber nachdenken, was aus einem mal werden könnte. Sie selber müssen es ja nur entscheiden, nicht ausbaden. Ich glaube, Tante Deter sah mich als begabte Buchhalterin. Wirklich gefährlich aber wurde es, als meine Mutter beschloss, mich zu einem Ärzteehepaar nach Jüterbog zu schicken, wo ich Zahntechnikerin lernen sollte. Außerdem hätte sie dann zu Hause einen Esser weniger. Zahntechnikerin wäre ja noch gegangen. Aber Jüterbog?

Ich wusste gar nicht, wo das liegt, und außerdem hatte es garantiert keine vier Sektoren. Ich konnte mir wirklich nicht vorstellen, in einer Stadt zu leben, die nicht mindestens vier Sektoren hatte. Zum Glück zerschlug sich das Zahntechniker-Jüterbog-Projekt. Alle träumten davon, dass aus mir eine begabte Buchhalterin werden würde.

Nur ich träumte ein wenig anders und meldete mich schon mal bei der Laienspielgruppe der FDJ in der Klosterstraße an. Als mein Vater noch da war, hätte ich mich das nie getraut. Auch konnte ich plötzlich anziehen, was ich wollte. Und Pferdeschwanz tragen mit und ohne Pony. Das war Freiheit!

Meine Lage war sehr eigentümlich. Bis eben hatte ich keine Kindheit, weil der Schatten meines Stiefvaters darüber lag, und jetzt konnte ich sie nicht nachholen, weil unsere Situation fürs Kindsein viel zu ernst war. Ich musste meiner Mutter beweisen, dass wir alles ohne Probleme allein schaffen konnten und dass das Leben jetzt erst anfing. Das waren zwei Aussagen, die sie aufrichtig bezweifelte. Zudem stimmt eine Wohnung ohne Wohnzimmer nicht gerade zuversichtlich. Ich war zufällig da, als mein Vater die Möbel abholen ließ. Er warf mir mein Einsegnungsfoto ins Gesicht. Zum letzten Mal hatte ich Angst vor ihm. Ich habe mich damals nicht gefragt, wie es in einem Menschen aussehen muss, der sechs Jahre Krieg hinter sich hatte. Rudolf Otto Domröse war in Russland gewesen. Er hat nie darüber gesprochen. Ohnehin hatte ich keine Zeit, über solche Dinge nachzudenken, denn nun galt es, meiner Mutter eine gute Mutter zu sein.

Eine dritte Tante trat auf den Plan. Sie hatte schon nach meiner Mutter gesehen, als sie noch allein mit mir in der Manteuffelstraße wohnte. Die Tante hatte früher mal in Weißensee gewohnt und besaß seit Menschengedenken in Kreuzberg eine Kneipe. Diesem Umstand verdanke ich meine allerersten Wirtshausbesuche sowie eine sehr frühe Routine im Umgang mit Spielautomaten. Da war ich ihnen noch kaum gewachsen – rein höhenmäßig gesehen, was meinen Ehrgeiz und meine Ausdauer nur beflügelte. Noch beeindruckender als die Spielautomaten fand ich jedoch die Musicbox in der Kreuzberger Kneipe. Ich habe diese Weißenseer Tante mit der Kreuzberger Kneipe in starkem Verdacht, dass sie sich schon um meine Mutter gekümmert hat, als sie mit mir schwanger war. Es war gewissermaßen die Tante für alle unlösbaren Krisenfälle des Lebens, wozu nicht nur die bevorstehende Geburt eines unehelichen Kindes zählt, sondern ebenso die plötzliche Abwesenheit des eigenen Wohnzimmers, also der bürgerlichen Mitte des Daseins. – Die Kneipen-Tante, die wohl noch schneller rechnen konnte als meine Mutter, sah meine Mutter an und sagte: »Irmchen, in Weißensee steht doch noch ein Wohnzimmer auf dem Boden!«

Ich glaube, die Ankunft des Weißenseer Dachbodenwohnzimmers gab meiner Mutter eine neue Grundsicherheit im Leben. Und auch ich leistete sofort ganze Arbeit. Als Erstes nach dem Auszug meines Vaters räumte ich als neues Quasi-Familienoberhaupt die ganze Wohnung um, zersägte mit Behagen das Ehebett, machte eine Trennwand aus Stoff in die Mitte und billigte meiner Mutter dabei die Rolle des neutralen Beobachters zu. Ein Veto-Recht wie später beim UN-Sicherheitsrat war nicht vorgesehen. Die Haushaltskasse übernahm ich auch. Meine Mutter ging arbeiten, ich besorgte das notwendige Sparen. In den Sommerferien ging ich auch arbeiten.

Das Schnell-Erwachsenwerden-Müssen fiel mir nicht schwer, im Gegenteil. Denn ich hatte gar keine Zeit mehr. Schon als ich fünfzehn wurde, bedachte ich mit großem Ernst mein fortgeschrittenes Alter, und endgültig mit sechzehn packte mich die Furcht vor Überalterung.

In der zehnten Klasse war ich auf der »Handelsschule« in der Greifswalder Straße. Normaler Unterricht mit Steno- und Schreibmaschinenstunden nebenbei, nur dass ich für das Familienziel – schnell Geld verdienen und meiner Mutter helfen – nun drei Kilometer quer durch Berlin laufen musste.

Wenn ich Schauspielerin werden will, träumte ich jeden Tag drei Kilometer hin, drei Kilometer zurück, dann wird es jetzt höchste Zeit. Ich hatte immer dieses Gefühl, dass wir nur unglaublich kurze Zeit auf der Welt sind. Ich ahnte, dass die Laienspielgruppe mir nicht den erhofften Durchbruch bringen würde. Aber ich war begabt. In der sechsten Klasse bei Herrn Lohse hatte ich immer »Der Handschuh« von Schiller aufgesagt, das war meine große Nummer.

Im Sommer 1957 war ich mit der zehnten Klasse fertig und besaß zugleich das Facharbeiterzeugnis als Stenotypistin. Am ersten September begann meine Stelle bei der Firma »DIA Invest-Export« in der Brunnenstraße. Wie ich meine Situation auch betrachtete, das Ergebnis blieb immer dasselbe: Ich musste dahin.

Ich beschloss, mich nebenbei heimlich an der Potsdamer Filmhochschule zu bewerben. Nie hätte ich daran gedacht, dass eine Filmhochschule schon deshalb Filmhochschule heißt, weil man dort studieren soll und folglich Abitur braucht.

Was konnte ich dafür, dass ich Stenotypistin bei »DIA Invest-Export« werden sollte?

Abgesehen von meinem fehlenden Abitur existierte noch eine zweite Schwierigkeit. Ich war absolut die Einzige, die von meiner schauspielerischen Begabung wusste. Und auch mein Aussehen begann sich gerade erst zu verändern. Wenn wir Kinder auf unserem Hinterhof spielten, habe ich niemals die großen Rollen bekommen. Weil ich so hässlich war, musste ich in »Schneeweißchen und Rosenrot« immer den Bären spielen. Dabei hatte meine Ostpreußen-Oma mich Schneewittchen genannt.

46

Vom Bär in »Schneeweißchen und Rosenrot«
zum FDJ-Fotomodell
und Rock'n Roll mit Heiner Müller

Die anderen fanden sich viel schöner. »Semmelchen« habe ich
mich genannt. Weil ich absolut keine Konturen im Gesicht
hatte. Nicht mal richtige Augenbrauen. Ohne Augenbrauen dick
wie Holzbalken und lange Wimpern aber konnte man nichts werden in den fünfziger Jahren. Schneeweißchen oder Rosenrot konnte man auch nicht werden.

Ich war ein Mädchen ohne Eigenschaften.

Wahrscheinlich habe ich mich auch deshalb so viel mit den
Jungs geprügelt. Weil ich als Mädchen ein glatter Ausfall war,
musste ich versuchen, ein ebenbürtiger Junge zu werden. Ich warf
die härtesten Bälle beim Völkerball, und auch meine Schneebälle
waren gefürchtet. Nicht, dass ich keine Angst hatte. Ich weiß noch,
dass ich einmal nicht zur Schule ging, weil es über Nacht so viel
geschneit hatte und ich große Furcht hatte vor den Rache-Schnee-
bällen der Jungs auf dem Schulweg. Sie sahen mich, glaube ich,
auch nicht als Mädchen. Eher als illegitimen Konkurrenz-Rowdy.

Wenn jemand auf die Idee kam, in der Pause Klimmzüge an
den Holzwänden in der Schülertoilette zu machen und obendrüber zu gucken, dann war ich das. Ich stand oft am schwarzen Brett
meiner Schule in der Auguststraße. Meine Beurteilung lautete in
der fünften Klasse:»Angelika ist eine aufgeweckte und kamerad-
schaftliche Schülerin. Leider ließen ihre Unaufmerksamkeit und
ihre oberflächliche Arbeitsweise kaum genügende Leistungen zu.
Ihr Betragen war nicht immer einwandfrei.« Das war das Zeugnis
der 5 a. Ich hatte in diesem Jahr ein wirklich schlechtes Zeugnis,
sogar in Deutsch, mündlich und schriftlich eine Vier. Erdkunde

auch vier. In der sechsten Klasse wurde ich wieder besser, aber meine Beurteilung spiegelt das nicht so direkt wider: »Angelika sollte lernen, sich zu beherrschen. ›Redegewandtheit‹ beeindruckt nicht überall.« – Was für ein Satz! Noch heute möchte ich spontan das Kompliment an seinen Urheber, Herrn Lohse, zurückgeben. Vielleicht wollte er einfach nur zum Ausdruck bringen, dass ich schwatzhaft war? In der nächsten Klasse, 7 d, beurteilte mich kein Pathetiker, sondern ein sehr prosaischer, sachlich-unterkühlter Mensch. Herr Löwe schrieb: »Angelika könnte bessere Leistungen aufweisen, wenn sie im Unterricht nicht so schwatzen würde und mehr Ehrgeiz zeigte.« Ein wenig kränkend war diese nüchterne Klarsicht schon. Aber der Verfasser kannte mein Neunte-Klasse-Zeugnis noch nicht.

Ich war immer recht gut in der Schule, aber im Jahr vor der Scheidung wurde es katastrophal. Das war der absolute Tiefpunkt. Da ging ich in der Großen Hamburger Straße zur Schule, in dem Haus, das früher eine jüdische Schule war und heute wieder Jüdisches Gymnasium ist. Hier bekam ich das Zeugnis des Vor-Scheidungsjahres meiner Mutter. Aber das wusste Herr Teichmann nicht. Wir mussten einen Aufsatz über Weihnachten schreiben, und ich habe Weihnachten fünfmal ohne »h« geschrieben. Seltsamerweise passierte mir so was bei Wörtern wie »Renaissance« nie. Noch nie habe ich »Renaissance« falsch geschrieben, vielleicht wegen meines maßlosen Erstaunens über das doppelte s und die merkwürdige Vokalverbindung »ai«. Nach dem Krisenjahr verfasste ich meinen Prüfungsaufsatz über »Ditte Menschenkind« von Martin Anderson Nexö bei Fräulein Krautwurst. An das Ergebnis kann ich mich nicht mehr erinnern, aber ich verstand Ditte gut. Sie war eine Art Schwester. Ich schrieb auch einen Aufsatz über den Film »Sie tanzte nur einen Sommer«. Fräulein Krautwurst fehlte jedoch der tragische Sinn, um meinen Aufsatz sowie seinen Gegenstand angemessen zu würdigen.

Immerhin hatte ich beeindruckende Sporturkunden. Interessant ist die Widmung dieser Urkunden, etwa im Jahre 1953, als ich

Klassenmeister im Laufen wurde. »Für Frieden, Einheit, Demokratie und Sozialismus« stand darüber.

Natürlich konnte ich mein Betragen den Lehrern nicht erklären. Ich verstand es ja selber nicht, aber heute weiß ich es: Das Am-Schwarzen-Brett-Stehen und das Schwatzen im Unterricht waren enorm wichtig für meine psychische Gesundheit. Eigentlich hätte ich mich vor meinen Stiefvater hinstellen müssen und ihn darüber belehren, dass das außerhäusliche Rowdytum in Anbetracht meiner innerfamiliären Umstände ein absolut verständlicher Ausgleich sei, gleichsam ein Schutzmechanismus zur Aufrechterhaltung meiner psychischen Gesundheit. Aber so was machen vielleicht Neunziger-Jahre-Kinder; Fünfziger-Jahre-Kinder waren noch keine Experten des eigenen Fehlverhaltens. Als ich Brüste bekam, war es aber mit meinen Abwehrkräften plötzlich vorbei. Und mit den scharfen Völkerbällen auch. Das Projekt »Junge« war definitiv gescheitert. Vielleicht wurde ich darum plötzlich so schlecht in der Schule. Ich verlor das Rowdyhafte und damit die Widerstandskräfte.

Jetzt wurde aus mir zunehmend eine Anwärterin auf die Rollen von Schneeweißchen oder Rosenrot. Mit fünfzehn hätte mich niemand mehr als Bär besetzt, allerdings spielten wir keine Märchen mehr mit fünfzehn. Und meine Mutter sagte manchmal, mit einem Ausdruck zwischen Freude und Entsetzen: Du lächelst wie dein Vater! – Ich habe ihr das sofort geglaubt, ihr Lachen war wirklich anders. Überhaupt hatte ich wenig Ähnlichkeit mit meiner Mutter. Sie war sehr kräftig, ich war zierlich. Sie hatte diese großen dunkelbraunen Augen; meine waren blau. Vielleicht hatte mein Stiefvater immer den fremden Mann erblickt, wenn er mich ansah. Monsieur Ruthenberg, den Juden aus Marseille, dessen Lächeln ich also hatte. Ich weiß nicht, warum ihr das erst jetzt auffiel. Vielleicht, weil ich als Kind fast nie gelächelt hatte. Es gab nichts zu lachen für mich. Wohl auch darum haben sie mich als Bär besetzt.

Ich lernte lachen mit fünfzehn, und der Wechsel des Rollenfachs deutete sich an. Zur Konfirmation ließen sich alle Mädchen ihre Zöpfe abschneiden. Als Anzeichen der Reife sowie der begriffenen Mode. Aber Schneeweißchen mit Bubikopf? Ich behielt meine Zöpfe. Allerdings nicht wegen der Märchen, sondern wegen der Eigentümlichkeiten meines Haarwuchses.

Als ich klein war, hatte nämlich niemand geglaubt, dass ich überhaupt mal Haare kriegen würde. Mit vier Jahren hatte ich immer noch Totalglatze. Da sagte der Tauben-General zu meiner Mutter:

Irmchen, weine nicht, Angelikas Haare sind wahrscheinlich krumm, da brauchen sie einfach viel länger, um rauszukommen!

Das stimmte dann auch. Ich bekam sagenhafte Locken. Aber die Unsicherheit ob meines Haarwuchses blieb. Was man hatte, hatte man. Jedenfalls wäre es leichtsinnig gewesen, sie einfach abzuschneiden. Als dann bald der Brigitte-Bardot-Pferdeschwanz aufkam, besaß ich große Vorteile.

Meine Einsegnung war überhaupt ein Erfolg. Nicht nur, weil ich so viele Konfirmandenstriche hatte wie sonst niemand und weil ein eifrigerer Kirchgänger als ich aus bereits dargelegten Gründen schlechterdings nicht vorstellbar war – nein, der Erfolg war mein Einsegnungsfoto. Wir hatten es in einem Fotogeschäft Ecke Invalidenstraße/Chausseestraße machen lassen, und zwei Wochen später sah ich es riesengroß in demselben Fotoladen im Schaufenster hängen. Es sind in vielen Ländern später Titelfotos von mir erschienen, aber das Schaufenster an der Ecke Invalidenstraße/Chausseestraße übertraf sie alle an Wirkung. Ich war sehr erschrocken, aber auch sehr stolz, mir plötzlich selbst gegenüberzustehen.

Seltsam ist, dass ich mich an die FDJ-Laienspielgruppe kaum noch erinnern kann. Ich glaube, wir probten ein Stück von Cervantes. Woran ich mich aber sehr gut erinnere, sind die Fotografen aus dem Parallelkurs. Im FDJ-Jugendklub Klosterstraße gab es nämlich einen Fotokurs, einen Malzirkel, Laienspiel und das Ballett. Beim Ballett wollten sie mich nicht. Ich sei zu klein. Aber die

50

Fotografen wollten mich. Und zwar als Modell. Wahrscheinlich habe ich auch darum so wenig von Cervantes mitbekommen, weil ich immerzu fotografiert wurde.

Und überall gab es plötzlich Straßenfeste. Wir tanzten Rock'n' Roll. Die Alten verstanden uns nicht. Sie waren froh, dass sie den Krieg überlebt hatten, und wir steckten uns die Haare hoch, trugen unmögliche Hosen und hörten diese Musik. Ich konnte gut Rock'n Roll tanzen. Das hatte ich zu Hause an der Türklinke gelernt. Ich übte so lange, bis ich mit der Klinke in der Hand nach hinten fiel. Aber die letzten Finessen des Rock'n Roll konnte mir die Klinke auch nach ihrer Wiedervereinigung mit der Tür nicht beibringen. Das machte jemand anderes.

Alle nannten ihn Sohny.

Er war aus Kreuzberg und sah aus wie Heiner Müller. Er hatte einen Buckel und war der beste Rock'n Roll-Tänzer weit und breit. Er machte alles so minimalistisch. Er hatte eine sagenhafte Ausstrahlung, obwohl er sehr hässlich war. Sohny suchte mich aus. Er sagte mir, dass ich gut tanzen könne. Er meinte damit, für eine, die noch nicht unter seiner Führung getanzt hatte, hätte ich ein gewisses Talent. Später sagte er öfter mit etwas belegter Stimme und völlig emotionslos: »Weniger ist mehr, Angelika!« Er registrierte genau, wenn ich hastig wurde. Es war ungefähr der Müller-Tonfall. Die Mädchen haben mich beneidet.

Manchmal gingen wir am Sonnabend zum Tanzen in den Saalbau Friedrichshain. Zum Pudern nahmen die Mädchen den Putz von der Wand und für den roten Mund kandierte Äpfel. Auch im Saalbau war Sohny, der bucklige King of Rock'n Roll, bekannt.

Mein Bruder hat gut verdient an den Jungs, die aus Kreuzberg zu uns rüberkamen. Kleine Botengänge und andere Dienstleistungen – alles mussten sie in Westmark zahlen.

Ich habe Sohny nie geküsst. Aber meiner Mutter schienen die vielen West-Vespas vor unserem Haus eine reale Bedrohung. Sie reagierte ein wenig kopflos. Ich hole das Jugendamt!, sagte sie und presste die Fäuste in die Hüften. Wegen dieses Heiner Müller gleich das Jugendamt? Oder doch mehr wegen der Nachbarn? Sie holte das Jugendamt nicht. Ich fand meine Mutter schrecklich pathetisch.

Fiete boxt und ich tippe

Im Sommer, bevor ich bei »DIA Invest-Export« anfing, fuhr meine zehnte Klasse zelten an die Ostsee. Da habe ich noch mehr gespürt, dass ich begehrt war.

Ich lernte Fiete kennen. Fiete kam gleich nach Sohny. Er war ganz anders als Sohny, groß und bildschön und konnte überhaupt nicht tanzen. Dafür konnte er boxen. Er hat in Henningsdorf gearbeitet und am Wochenende im Prater im Prenzlauer Berg geboxt. Von nun an ging ich nicht mehr sonnabends in den Saalbau Friedrichshain, sondern nur noch in den Prater Prenzlauer Berg, um Fiete beim Boxen zuzuschauen. Ich hätte viel lieber getanzt, aber das sagte ich Fiete nicht. Er hat nie mit mir getanzt.

Von Fiete, dem Boxer aus Henningsdorf, habe ich meinen allerersten Kuss bekommen. Aber dann habe ich Schluss gemacht. Es musste sein, denn Fiete sagte, dass er mit mir schlafen wolle.

Ich war entsetzt.

Fiete sagte, wenn ich nicht wolle, müsse er sich dafür noch eine andere Freundin suchen, gewissermaßen eine Nebenfreundin. Ich habe lange darüber nachgedacht und sah keinen Ausweg. Den Gedanken, mit Fiete zu schlafen, habe ich keinen Augenblick ernsthaft in Betracht gezogen, das Nebenfreundinnen-Projekt gefiel mir aber auch nicht. Also war es besser, die Affäre zu beenden. Das hatte auch den Vorteil, dass ich nun nicht mehr jedes Wochenende zum Boxen musste, sondern wieder zum Rock'n Roll gehen konnte. Fiete und ich verabredeten uns für einen bestimmten Tag drei Jahre später bei meiner Mutter. Dann wollten wir darüber sprechen, ob die Entscheidung, uns zu trennen, damals richtig gewesen sein würde.

Drei Jahre später ist Fiete wirklich gekommen. Er boxte immer noch. Wir saßen verlegen in der Küche meiner Mutter. Wir wussten nicht, worüber wir reden sollten. Meine Mutter kam ab und zu nachschauen und tat, als hätte sie Kartoffeln auf dem Herd.

War es das Ende meiner Kindheit?

Zuletzt bestand sie vor allem aus Rock'n Roll. Eigentlich war der Rock'n Roll auch ein moralischer Fortschritt. Er nahm keine Rücksicht auf die Heuchelei unserer Eltern. Bis dahin waren drei Viertel des kleinbürgerlichen Lebens Tünche. Uns interessierten diese Äußerlichkeiten nicht mehr. Was von der Zeit meiner Kindheit bis heute blieb, ist meine Abneigung gegen Zwänge. Weil sie die Menschen klein machen. Und meine Abneigung gegen Uniformen aller Art, denn sie sind die Symbole des Zwanghaften.

Natürlich konnte man den Eintritt ins Berufsleben mit einer anderen Kleidung verbinden. Ich trug fortan nur noch hochhackige Schuhe, wodurch sich mein Weg zur Arbeit erheblich verlängerte.

Auch für meine farblosen Augenbrauen war längst ein Gegenmittel gefunden. Wie wir im Saalbau Friedrichshain statt Make-up den Kalk von der Wand benutzten, nahm ich als Augenbrauenstift abgebrannte Streichhölzer. Gegenüber den Trägerinnen von angewachsenen Augenbrauen versetzte mich das in die Lage, frei zwischen verschiedenen Größen, Formen und Farben wählen zu können. Beim Film später war das sehr gut.

Man muss zum Vorteil der Firma »DIA Invest-Export«, ansässig in der Brunnenstraße 188 – 190, sagen, dass sie über eine sehr schön glasierte weiße Kachelfassade verfügte. Sie beschäftigte sich mit dem Innen- und Außenhandel, DIA war die Abkürzung für »Deutscher Innen- und Außenhandel«. Ihre Briefköpfe zeigten ein Stillleben mit unzähligen Schornsteinen, Starkstromleitungen und antiken petrochemischen Anlagen darauf. Man hätte unsere Briefköpfe später gut für ein Protestplakat der Umweltbewegung verwenden können. Sie sollten aber nicht verseuchte Landschaften, sondern vielmehr den Sieg des Fortschritts darstellen. Trotzdem war es gut, dass man dieses Stillleben nicht riechen konnte. Eigentlich hatte ich nichts gegen die Firma mit den eigenwilligen Briefbögen. Sie war so aufmerksam, mich gar nicht erst ins Kontor zu setzen, sondern ich kam gleich zum Chef. Dort stenografierte ich und schrieb Schreibmaschine; der ganze Tag wurde plötzlich ungemein regelmäßig und war nach der Arbeit auch immer merkwürdig schnell zu Ende. Vor allem aber schrieb ich in dieser Zeit meine geplante heimliche Bewerbung an die Filmhochschule. Ich hatte gehört, dass diese Schule kein Geld kostete. Das war entscheidend. Es stimmt gar nicht, dass niemand von meinem Brief wusste. Meine Mutter war eingeweiht. Sie war nun weniger Mutter als vielmehr Freundin. Auch zahlte ich ihr als fest angestelltes Mitglied der Firma »DIA Invest-Export« immerhin Miete, und wahrscheinlich dachte sie, das Mädchen muss auch mal etwas anderes schreiben dürfen als immer nur Geschäftsbriefe und Abrechnungen.

Luise mit dem Rücken zur Prüfungskommission

Sie antworteten wirklich. Die Filmhochschule lud mich ein zur Eignungsprüfung! Ich hatte keine Ahnung, was man bei einer Schauspiel-Eignungsprüfung machen muss. Ich fragte meinen Laienspielzirkel in der Klosterstraße. Alle kamen überein, dass es das Beste wäre, einen Monolog zu lernen. Nein, zwei Monologe. Etwas Klassisches und etwas Modernes.

»Für das Moderne nimmst du am besten einen Russen!«

Ich kannte gar keinen modernen Russen. Streng genommen, war es sehr wenig, was ich kannte. Zu Hause hatten wir zwei Bücher. Das eine war Boccaccios »Decamerone«, und das andere hieß »Vom Winde verweht«. Beides nicht unbedingt sozialistischer Realismus. Außerdem gab es bei uns noch jede Menge Groschenromane und West-Illustrierte. Ich kann mir nicht vorstellen, dass meine Mutter die angesichts unserer Haushaltslage selbst kaufte. Wahrscheinlich waren sie von Tante Deter. Ich wusste also alles über Kim Novak, alles über Gina Lollobrigida, als sie noch mit dem jugoslawischen Arzt verheiratet war, über Gérard Philippe sowieso, auch über Marylin Monroe und Marlon Brando.

Die Mädchen meiner Generation teilten sich in die James-Dean- und die Marlon-Brando-Anhängerinnen. Ich gehörte eindeutig zu Letzteren.

Alles über Marlon Brando. Würde das genügen, wenn man zur Filmhochschule wollte? Da traf mich plötzlich eine niederschmetternde Erkenntnis: Den DEFA-Film kannte ich fast gar nicht. Nun gut, »Das kalte Herz« hatte ich gesehen und liebte es. Auch die »Buntkarierten« hatten mich beeindruckt. Aber dabei blieb es.

Mehr kannte ich nicht. »Ernst Thälmann – Sohn seiner Klasse« mal nicht mitgerechnet. Den hatte ich sogar zweimal gesehen, einmal in der Schule als Pflichtvorstellung und einmal im Zeltlager an der Ostsee, auch als freiwillige Pflichtvorstellung.

Ich mochte »Ernst Thälmann – Sohn seiner Klasse« nicht. Die Tragik von »Mamatschi, schenk mir ein Pferdchen!« verstand ich sofort, die von Thälmann nicht. Wie kann man ein »Sohn seiner Klasse« sein? Ich hielt das für kolossal unsinnlich. Später habe ich mit Günther Simon gedreht, der bei Maetzig den Thälmann spielte. Ich war sehr befangen, ich dachte, der wäre wie Thälmann. Aber dann nahm er mich oft mit nach Hause. Wir haben viel geredet, besonders über seine englische Kriegsgefangenschaft. Er war überhaupt nicht wie Thälmann im Film.

Im Herbst 1957 begann ich also, in größter Eile DEFA-Filme anzusehen. Sie hießen »Polonia-Express« oder »Klotz am Bein«. Horst Drinda spielte mit in »Klotz am Bein«. Es ging um den Elektroinstallateur Gustav Hauschild, der im VEB Textilmaschinenbau arbeitet und bald eine Wohnung bekommen soll, weil er Mitglied wird in der Wohnungsbaugenossenschaft. Da erbt er ein altes Haus und braucht den ganzen Film, um zu lernen, dass es besser ist für den sozialistischen Aufbau und die eigene Zukunft, in die Wohnungsbaugesellschaft einzutreten, als auf eigene Faust alte Häuser zu renovieren, die noch aus dem Kapitalismus stammen. – Ich verstand die DEFA nicht. Wie kann man so über alte Häuser denken? Ich liebte die alten Häuser.

»Schlösser und Katen« von Maetzig sah ich auch. Die Schlösser gefielen mir besser als die Katen.

Fast 500 Bewerber hatte die Filmhochschule jedes Jahr für die Fakultät Schauspiel. Wahrscheinlich war ich die Einzige ohne Abitur. Zum Glück wusste ich das nicht, sonst wäre mein Mut gen null gesunken. Sehr kompliziert wurde es auch so.

Die Eignungsprüfung bestand ich. Dass ich keine modernen Russen kannte, war gar nicht so schlimm, denn man hatte mir kurz vorher gesagt, dass ich einen Engländer lernen sollte. »Pygmalion« von George Bernard Shaw, die Rolle der Eliza. Ich sprach das vor, und sie wollten mich wirklich. Ich war eine von zwanzig, die nun zur Aufnahmeprüfung zugelassen waren. Denn, dass man »geeignet« war, hieß ja noch lange nicht, dass man auch »aufgenommen« war. Aber immerhin, ich war »geeignet« gegenüber vierhundertachtzig offenkundig »Ungeeigneten« mit Abitur.

Das sagte ich mir dann selbst immer wieder, als ich über der schriftlichen Arbeit saß. Es half nichts. Mein Stift trug hinterher die Biss-Spuren meiner Ratlosigkeit. Das Thema der schriftlichen Aufnahmeprüfung habe ich vergessen. Dann gab es noch ein Gespräch. Nach »Polonia Express« und »Klotz am Bein« fragte mich niemand. Nach dem jugoslawischen Arzt und Ehemann von Gina Lollobrigida auch nicht. Sie wollten nicht mal von mir wissen, was ich vom DEFA-Film denke. Sonst hätte ich ihnen wohl erzählt, dem DEFA-Film fehle es vor allem an Glamour. »Ernst Thälmann – Sohn seiner Klasse« – das hatte doch keinen Glamour. Vor allem aber musste ich noch zu einem zweiten Vorsprechen. Diesmal war ich mit der Luise aus Schillers »Kabale und Liebe« dran.

Vielleicht hätte ich jetzt noch viel stärker daran denken müssen, dass es vierhundertachtzig offenbar »Ungeeignete« mit Abitur gab. Kann sein, es hätte geholfen.

Die Zeugen meines Vorsprechens hielten sich die Taschentücher vor's Gesicht. Nicht wegen ihrer Tränen bei meinem hochdramatischen Monolog. Aber sie litten genauso wie ich. Nur aus entgegengesetzten Gründen. Sie versuchten standhaft, nicht laut loszulachen. Allerdings bemerkte ich ihre Qual gar nicht gleich, sondern erst beim Umdrehen. Ich hatte die Luise nämlich die ganze Zeit mit dem Rücken zum Publikum gesprochen. Weil ich mich so schämte. Ich verstand dieses Schiller-Mädchen nicht. Luise war mir peinlich. Diese Sprache! Kein junges Mädchen, egal ob sie Sorgen hat oder nicht, würde so sprechen. Habe ich denn angefangen, so zu reden, als mein Vater noch zu Hause war? Na also. Darum stand ich mit dem Rücken zum Publikum und fing außerdem an, stärker als sonst zu berlinern, um dieser Luise ein bisschen mehr Standhaftigkeit zu geben. Heute würde man Coolness sagen. Mein Erfolg, wie gesagt, war durchschlagend.

Sie bewahrten mühsam die Fassung, und ihre heiteren Gesichter passten so gar nicht zu der vernichtenden Auskunft, die sie mir nun gaben. Sie schickten mich nach Hause. Ich war abgelehnt. Sie rieten mir, erst noch ein Jahr in einem anderen Beruf zu arbeiten, dann könne ich es noch mal versuchen.

Sie hielten mich für unreif.

Ich fand sie unverantwortlich. Ich war schon sechzehn Jahre alt! Meine Zeit wurde knapp. Meine Unterlagen, immerhin, wollten sie behalten.

Ich ging also weiter ins Büro, durch's Kontor hindurch ins Chefzimmer, und dachte beim Diktat darüber nach, was ich denen das nächste Mal vorspielen würde. Allerdings, das registrierte ich mit leisem Schaudern, würde ich dann schon siebzehn sein.

Dudow und das Ethos des Schauspielers

I ch wurde siebzehn. Am vierten April, diesem Datum, an das ich mich – Geburtsurkunde hin, Geburtsurkunde her – so sehr gewöhnt hatte. Aber dann im Mai stand eine Annonce in der »Berliner Zeitung«: »Für eine Hauptrolle in einem heiteren Spielfilm suchen wir junges, fröhliches, hübsches Mädchen. Alter 16 bis 20 Jahre, Größe etwa 1,60 m. Die Jury des Studios legt Wert auf ein natürliches Wesen. Geeignete Bewerberinnen ...«

Ich hatte das untrügliche Gefühl: Die meinen mich!

Ich teilte dieses Gefühl mit etwas mehr als 1500 jungen Berlinerinnen. Ich wusste nicht, dass der Regisseur und sein Stab auch schon in Betrieben, Agit-Prop-Gruppen (!) und Schauspielschulen gesucht hatten. Vielleicht trug zu der Lebhaftigkeit meines Empfindens bei, dass solche Annoncen nicht alle Tage in der sozialistischen Presse erschienen. Streng genommen überhaupt nicht. Ein wenig später stand dann auch in der Zeitung, warum das so war: »Allerdings darf der Kritiker nicht verschweigen, dass diese erfreuliche Entdeckung (der Kritiker meint mich!) keineswegs die Methode rechtfertigt, mit der sie erfolgte; Talente durch Zeitungsinserate zu suchen ist der sozialistischen Gesellschaft und der sozialistischen Filmkunst unwürdig; Slatan Dudow ist einst selbst bei seinem historischen Werk einen unanfechtbaren Weg gegangen; und die Bitterfelder Konferenz hat für unsere Zeit den richtigen Weg gewiesen.«

Der »Kritiker« meinte gewissermaßen, dass wir hier doch nicht »Liane, das Mädchen aus dem Urwald« drehen würden. Der Kritiker hieß Karl-Eduard von Schnitzler. Allerdings konnte sich Sla-

60

tan Dudow diese Klassenfeind-Methode leisten. Denn bei ihm handelte es sich nicht um einen Agenten der spätkapitalistischen Filmindustrie, sondern eben um den Erfinder des »proletarischen Kinos«. Natürlich konnte es sich bei einem Werk, das den Titel »Verwirrung der Liebe« tragen sollte und siebzehnjährige Mädchen als Hauptdarstellerinnen braucht, nicht im strengen Sinne um eine Fortsetzung dieses Genres handeln. Aber sonst konnte Dudow sich gut verteidigen. Ich weiß nicht, ob er es auch Karl-Eduard von Schnitzler gesagt hat, offiziell jedenfalls begründete er sein Vorgehen so: Wenn eine Schauspielerin heute erst Abitur machen muss, dann drei Jahre studieren, um sich hinterher womöglich zuerst am Theater zu bewähren, dann ist sie vielleicht eine gute, ganz sicher eine allseits gebildete Schauspielerin, eins aber ist sie mit Sicherheit nicht mehr: eine potenzielle Hauptdarstellerin für »Verwirrung der Liebe«.

Endlich war da einer, der mich verstand. Und die Panik in Anbetracht meines Geburtstages. Ich wusste – oder sagte es mir zumindest –, dass das hier meine letzte Chance war. Ich hatte Dudows Film »Frauenschicksale« gesehen und fand, dass die Frauen darin für einen DEFA-Film ungewöhnlich gut aussahen. Ich bin sicher, dass Dudow dieses Urteil über seinen Film gemocht hätte.

Mit drei Freundinnen und Hunderten junger Mädchen fuhr ich mit der S-Bahn nach Potsdam. Ich sah nur Himmel und Mädchen. An der Station Griebnitzsee war die S-Bahn plötzlich leer. Wir liefen zu den Studios, und es muss ungefähr ausgesehen haben wie die Puszta im Film, wenn die Gänsescharen durchs Bild laufen. Die Gänse sind jedes Mal die absoluten Hauptdarsteller angesichts der Ereignislosigkeit des Landes, aber es sind eben sehr viele. Wir trugen fast alle einen Pferdeschwanz und außerdem sagenhaft enge Gürtel. Gürtel waren gerade sehr modern.

Das Warten war endlos. Ich dachte an meine Mutter, die an ihrem S-Bahn-Fahrkartenschalter Nordbahnhof saß und Spätschicht hatte. Sie würde also nicht merken, wenn ich spät kam. Aber die

Furcht saß tief. Es war noch nicht lange her, da musste ich spätestens um sieben zu Hause sein. Waren es fünf Minuten später, bekam ich Stubenarrest. Arrest! Was für ein Wort.

Und nun war es also gleich neun. Ich blieb nicht sitzen, das kann ich heute noch nicht in Wartezimmern. Zwei meiner Freundinnen waren schon gegangen. Eine war noch da. Sie ließen uns immer in Zwanzigergruppen rein. Da saßen wir dann in zwei Reihen vor den Tischen des Stabs. Jede wurde fotografiert, und Dudow sprach mit allen.

Ich war vor meiner Freundin dran. Es war kurz nach neun. Ich war, wie schon gesagt, die 1106. Bewerberin des dritten Tags. Als Dudow sich an mich wandte, legte ich ihm gleich einen Riesenstapel eigener Fotos auf den Tisch. Er lachte. Es waren die Früchte meiner Arbeit beim Dramatischen Zirkel. Besser gesagt, es waren die Früchte der Arbeit des Fotografischen Zirkels. Vom Dramatischen Zirkel erzählte ich Dudow auch und erklärte ihm vor allem mit einem zu allem entschlossenen Gesichtsausdruck, wie ernst es mir sei mit diesem Beruf. Und damit würde ich nicht etwa nur diesen Film meinen und dieses ganze jugendliche Schwärmertum, sondern das Ethos des Schauspielers als solches. Dudow amüsierte sich gut. Der Rest seines Stabes, ich sagte es vorn, schlief beinahe schon. Inzwischen waren sie alle aufgewacht. Wie relativ die Sache mit dem Berufsethos ist, erkannte Dudow bestimmt an meiner unvermittelten Erkundigung, ob es möglich sei, mir einen Entschuldigungszettel für meine Mutter zu schreiben.

Ein Ethos allein ist eben selten genug im wirklichen Leben.

Natürlich erzählte ich Dudow auch von der Filmhochschule und deren Leichtsinn, mich nicht zu nehmen. Er hat sehr lange mit mir gesprochen. Fotografiert wurde ich auch, trotz der mitgebrachten Fotos, mit einer Nummer in der Hand.

Sie hören von uns, versprach Dudow und sagte zu seinem Fahrer, er solle uns nach Griebnitzsee zurückbringen, mich und meine Freundin, mit der er sich aber nur sehr kurz unterhalten hatte. Wir fuhren in einem Mercedes. Der Erfinder des proletarischen

Films besaß also einen Mercedes. Erst jetzt ahnte ich, was für ein großer Mann das war.

Ich hielt den Abend für gelungen. Wer bekommt schon gleich am ersten Tag einen Mercedes plus Fahrer?

Ich stieg am Nordbahnhof aus. Meine Mutter saß am Schalter. Und noch ehe sie fragen konnte: Wo kommst du jetzt her mitten in der Nacht?, schlug ich mit der flachen Hand auf den Schaltertisch und sagte: Ich werde Probeaufnahmen machen! – Den Zettel mit dem Entschuldigungsschreiben des mercedesfahrenden Erfinders des proletarischen Films schob ich ihr gleich unten durch. Ich erzählte ihr auch, dass ich geweint hatte.

Warum?

Weil er mich nach meinen Eltern gefragt hat.

Das hast du wirklich erzählt?

Er hat mich doch gefragt.

Das erschien mir als absolut ausreichende Begründung. Ich glaube, ich war wirklich sehr naiv damals. Genau, was Dudow suchte.

Ich ging wieder ins Büro.

Die Zeit verging, oder vielmehr: Sie verging überhaupt nicht. Bald bekamen wir einen neuen Kontorchef. Der Alte, Herr Merkel, ist mit seiner Geliebten aus der Buchhaltung in den Westen abgehauen. Ich fand das schade. Ich hatte mich gut mit Herrn Merkel verstanden.

Nach Herrn Merkel kam Frau Putzmacher. Frau Putzmacher ist zwar etwas später auch in den Westen abgehauen, aber zu spät für mich. Sie diktierte viel schneller als Herr Merkel, ich musste viel schneller Schreibmaschine schreiben und stenografieren, dabei hatte ich eigentlich überhaupt keine Nerven für die Angelegenheiten des Im- und Exports. Und warum der Im- und Export plötzlich doppelt so schnell gehen musste, verstand ich auch nicht. Viel später habe ich Frau Putzmacher wieder gesehen. Da war ich auch schon im Westen. Sie kam zu mir ins Schillertheater und fragte, ob ich ihr schriftlich bestätigen könne, dass sie schon im Osten Kontorleiterin war. Sie brauche das für ihre Rente.

Und ob ich bestätigen konnte, dass Frau Putzmacher im Osten Kontorleiterin war! Aber es hat ihr nichts genützt. Die BFA blieb unerschütterlich. Wahrscheinlich konnte sie sich nicht vorstellen, dass man im Osten ernsthaft Im- und Export betreiben konnte, und entschied sich für Nichtanerkennung.

Ich aber arbeitete eisern unter dem Putzmacher-Regime und dachte, die drehen längst meinen Film. Mir schien, als wären mindestens drei Wochen vergangen. Und dann kam die Einladung zu den Probeaufnahmen doch. Zehn oder elf Mädchen sollten getestet werden. Die ganze Firma »DIA Invest-Export« hat sich gefreut. Für die Probeaufnahmen nahm ich meinen ganzen Jahresurlaub.

1 *(links)* In Bayern, 1944
2 *(unten)* Grundschule, erste Klasse.
Angelica Domröse: oberste Reihe,
zweite von rechts

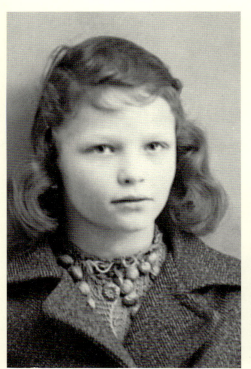

6 *(links)* Erstes Foto von Arno Fischer für das Archiv des »Magazin«
7 *(unten)* Dramatischer Zirkel in der Klosterstraße

linke Seite:

3 *(oben links)* Passfoto
4 *(oben rechts)* Foto von der Einsegnung
5 *(unten)* Aufnahme für die Filmhochschule bestanden. Mit Halbbruder und Mutter, Weihnachten 1958

8 *(links)* Foto von Georges Raymond, Berlin 1956
9 *(oben)* Als Sigi in »Verwirrung der Liebe« (DEFA)
10 *(unten)* Autogrammbitten und persönliche Briefe – waschkorbweise

11 Fotomodell spielen vor der Kamera von Décaux

12 *(oben)* Auf der Jungfernbrücke in Berlin
13 *(rechts)* Als Studentin, Frühling 1959

14 *(oben)* Die kleine Hure mit einem Satz in »Die Tage der Commune«. Berliner Ensemble, 1963
15 *(links)* Hilmar Thate, Renate Richter, Angelica Domröse, Stefan Lisewski, Manfred Karge in »Die Tage der Commune«. Berliner Ensemble, 1963

16 Als Babette Cheron, Näherin, Freundin Jean Cabets. Berliner Ensemble

Der »heitere unterhaltende DEFA-Film«.
Ich bekomme eine Prämie als Stenotypistin

Verwirrung der Liebe« hatte eine Vorgeschichte, die ich gar nicht kannte. Eine Zeitung fand für damaligen Grundkonflikt des sozialistischen Filmschaffens den bemerkenswerten Satz: »Die DEFA müht sich nachdrücklich um den heiteren, unterhaltenden Film.« Wer das liest, ahnt sofort das Ausmaß der Anstrengung. Der »Filmspiegel« wurde 1959 noch konkreter: »Ein Engländer, der kürzlich als Gast der DEFA in Berlin weilte, rühmte unsere Solidität, die ernste Gewichtigkeit, mit der wir jede Sache in Angriff nehmen und lösen.« Hinter dieser Lobpreisung, vermutete der »Filmspiegel«, stand die unausgesprochene Frage, ob »Liebe, Humor und Poesie, Fröhlichkeit und Charme« nicht etwas zu kurz kämen im Osten Deutschlands. Die Conclusio: »Ein namhafter DEFA-Regisseur müht sich gerade um diese Dinge.« Schon wieder die Mühe.

Der namhafte DEFA-Regisseur war Dudow. Wahrscheinlich wollte man eine so wichtige, ernste Sache wie den Humor nur einem wirklich wichtigen ernsthaften Mann überlassen, wie Dudow einer war. Trotzdem schützte ihn das nicht vor Kritik. Karl-Eduard von Schnitzler, wahrscheinlich in tiefer Übereinstimmung mit dem »Bitterfelder Weg«, formulierte sie später so: »Der Film mag berechtigte allgemeine Ansprüche auf Fröhlichkeit, Lust und Liebe, Farbe, Jugend, Musik und Lachen erfüllen. Die Ansprüche, die man an einen DDR-Gegenwartsfilm und an einen großen, verdienstvollen Künstler wie Slatan Dudow stellen muss, erfüllt er nicht. Jedes der Bedenken, die schon beim Studium des Drehbuchs auftauchen mussten, wird im fertigen Streifen bestätigt.«

Worum ging es also? Um zwei junge Männer und zwei junge

Mädchen fernab des Bitterfelder Wegs. »Die Jugend, wie sie nun mal ist, verliebt sich ganz nach Belieben, findet sich, ohne lang zu suchen«, stand im Progress-Filmprogramm. Nein, das war noch keine Spaßgesellschaft. Man erkennt es schon an der Kraftanstrengung, die es damals bereitete, Freude zu formulieren, ohne an faschistoide Vorstellungswelten zu streifen: »Sie wollen, ganz wie es das Recht der Jungen und Gesunden ist, ihr Jungsein voll genießen, den herrlichen Frühling auskosten wie den Becher köstlichen Weins.«

Das eine Mädchen ist Kunststudentin, das andere beinahe noch Schülerin. Die Schülerin verliebt sich in den Freund der Kunststudentin, der Arzt werden will. Allerdings hat sie schon einen Freund, und der ist Maurer. Welchen nun nehmen – Arzt oder Maurer? Siegi – so hieß die Schülerin – fährt vorerst mit dem Arzt an die Ostsee.

Und was macht inzwischen die Kunststudentin?

Die Kunststudentin sollte Annekathrin Bürger sein, mit den Probeaufnahmen wollte Dudow seine endgültige Siegi finden.

Wir drehten eine Szene vorm Zelt, und außerdem musste ich noch einen kleinen Monolog sprechen. Der handelte von meinem Freund – also von dem zu Hause gelassenen Maurer, glaube ich, und war ganz anders als der Luise-Monolog. Diese Siegi verstand ich sofort.

Eine Woche sollten die Probeaufnahmen dauern. Dudow war ungemein liebevoll zu uns. Und sehr geduldig. Da wusste ich noch nicht, wie prinzipiell der Mann sein kann. Die Dreharbeiten haben dann ein volles Jahr gebraucht. Dudow wartete immer auf einen ganz bestimmten Sonnenuntergang. Den kriegte er nie. Vor allem sollte die Sonne genau zwischen unseren Gesichtern im Meer versinken. Vielleicht fand sie das zu kitschig und ging deshalb nur noch inkognito hinter den Wolken unter.

Dann haben wir die Ostsee im Studio nachgebaut, oder vielmehr den Strand. Dudow besah den Strand, wie man einen Versicherungsfall besieht. Er bestand aus makellosem märkischen Sand. Dudow entschied, dass an der Ostsee märkischer Sand nicht vorzukommen pflege, es handele sich also um eine vorsätzliche Täuschung des Zuschauers, weshalb der falsche Sand weggeräumt und der einzig richtige von der Ostsee beschafft wurde. LKWs voller Strand. So war Dudow.

Aber wenn er uns ansah, hatten wir nie das Gefühl, er betrachte gerade einen falschen Strand. Nur die Stille nach dem »Klappe!«-Kommando hat mir Angst gemacht. Man fühlt das Herz und die Schlagader. Es ist so eine große Stille, und es kam mir sehr vermessen vor, dass ausgerechnet ich sie nun füllen sollte. Lieber hätte ich gemeinsam mit den anderen geschwiegen. Als ich mich dann doch sprechen hörte, klang es ungemein fremd. Noch viel später blieb mir dieser Eindruck von Fremdheit.

Ja, und dann musste meine Mutter den Vertrag unterschreiben. Ich war schließlich noch minderjährig. Der Produzent kam zu uns nach Hause. Meine Mutter hatte Sekt gekauft. Als sie ihm das Glas gab, hat ihre Hand gezittert, das weiß ich noch. Und Frau Putzmacher musste meine Kündigung unterschreiben. Ohne Sekt. Ich kündigte zum August. Alle bei »DIA Invest-Export« wünschten mir Glück und waren fürsorglich genug, mir zu versichern, dass ich jederzeit wiederkommen könne. Falls das nichts werde mit dem Film. In meiner Abschlussbeurteilung stand:

»Kollegin Domröse hat sich schnell in das ihr zugewiesene Aufgabengebiet eingearbeitet. Sie war willig und jederzeit bemüht, ihre Leistungen zu verbessern. Nach abgeschlossener 1-jähriger Tätigkeit wird ihr gern bescheinigt, dass sie sich zu einer guten Kraft entwickelt hat und wir mit ihren Leistungen stets zufrieden waren. Ihr persönliches Verhalten war jederzeit einwandfrei. Kollegin D. scheidet auf eigenen Wunsch am 5.9.1958 aus unserem Außenhandelsunternehmen aus. Wir wünschen ihr für ihren künftigen Lebensweg weiterhin viel Erfolg und alles Gute. Deutscher Innen- und Außenhandel, Invest-Export. gez. Steindle, Kaderleiterin.«

Einen Monat vorher hatte ich noch eine Prämie von 75 Mark bekommen. Ich weiß nicht mehr, was ich mit den 75 Mark ge-

macht habe. Zur Begründung der Geldübergabe an die Stenotypistin Angelika Domröse hieß es:

»Die große Perspektive, die der V. Parteitag unserem Volk gegeben hat, bedeutet eine wesentliche Steigerung des Ex- und Impor-
tes. Daran mitzuarbeiten ist eine große Aufgabe, deren Ziel es ist,
den Sozialismus in kürzester Frist zum Siege zu führen. Wir verbinden Ihre Prämierung mit dem Wunsch, dass Sie auch weiterhin
Ihre ganze Kraft einsetzen für den weiteren Aufbau unseres Ar-
beiter- und Bauernstaates. gez. Boulanger, Generaldirektor, und
Hirschmeier, BGL-Vorsitzender.«

Ich glaube, der Boulanger war kein Westspion. Es gab nämlich
gerade ungeheuer viele Westspione. Bei einem habe ich mal drei
Wochen lang gearbeitet. Er hatte ganz dicke Lippen, Basedow-
Augen und saß wie die meisten Agenten meistens im Pressecafé.
Hinterher habe ich mir gesagt: Mensch, Angelika, dass hättest du
doch gleich wissen können, dass der ein Agent ist – mit den Lippen
und den Augen!

Als die »Junge Welt« mich nach meinem Beruf fragte, sagte ich
ihr wahrheitsgemäß: »Mit meinem Betrieb habe ich vereinbart,
dass ich jederzeit wieder zurückkann, wenn ich den Wunsch dazu
habe.« Mein Gott, war ich kokett. Aber die »Junge Welt« fiel darauf
rein und kommentierte: »Man merkte deutlich, wie ihr diese Gewissheit starken Rückhalt verleiht.« Ich würde mich von vielen
anderen unterscheiden, die sofort bereit gewesen wären, »ihren
Beruf wegzuwerfen, wenn ihnen der Weg zum Film offen gestanden hätte«. Das war als Tadel gemeint.

So ungefähr sah es auch der »Filmspiegel«, als er einen Bericht
über das »Casting« in Babelsberg brachte. Er vermerkte, dass es für
niemanden die einzige Chance gewesen sei, denn jeder wisse
schließlich, »dass es bei uns in den Betrieben der Republik noch
viele Chancen gibt, voranzukommen«.

Sie konnten alle nicht ahnen, dass ich gerade mehr bekommen
hatte als nur die Hauptrolle in einem Film. Meine zweite Geburt,
sie war wirklich passiert.

Meine erste Titelgeschichte

V erwirrung der Liebe« war schon ein Ereignis, bevor der erste
Filmmeter gedreht war. Das lag an dem Aufwand. Ein bisschen
war es ja schon wie bei »Liane, das Mädchen aus dem Urwald«.
Darum bekam ich auch meine erste Titelgeschichte, bevor mich
überhaupt ein Mensch auf der Leinwand gesehen hatte. Am 4. Ok-
tober 1958 war ich der »Aufmacher« der N BI, der »Neuen Berliner
Illustrierten«, und hatte nicht die geringste Ähnlichkeit mit mir.
Ich erschrak zu Tränen vor mir selbst.

Im »Magazin« war ich schon früher. Im »Magazin« habe ich
mich immer erkannt. Mit 16 Jahren stand ich bei Hilde Eisler in der
Redaktion dieser begehrten Monatszeitschrift, die nie das Tages-
licht der Zeitungskioske erblickte, weil sie immer schon verkauft
war, bevor jemand sie gesehen hatte. Ich fand Hilde Eisler sehr
beeindruckend – die Weltdame sprach aus jeder Geste –, behielt
aber dennoch genug Fassung, um ihr mitzuteilen, dass ich Fotomodell werden müsse, und zwar bei ihr. Zur Aufstockung unseres
Haushaltsbudgets. Jedenfalls auch deshalb. Ich wusste, man bekam 50 Mark, wenn man als Fotomodell im Heft war.

Hilde Eisler schien das einzusehen, das erste Foto fürs Magazin-
Archiv wurde gemacht. Der Fotograf war – Arno Fischer. Meine
ersten 50 Mark verdiente ich im März 1958, die nächsten schon im
November 1958. Da hatte Arno Fischer mich auf einen Esel gesetzt,
der zur Wartburg hochlaufen musste, denn es handelte sich um
eine »Magazin«-Geschichte über die Wartburg. »Flachs mit Max«.

Auch ein junger französischer Fotograf machte Fotos mit mir.
Sehr erotische Fotos, obwohl ich minderjährig und vollständig

bekleidet war, aber, wie gesagt, es war ein französischer Fotograf, Georges Raymond. Er brachte mir Bilder von Brigitte Bardot oder Yves Montand mit und schenkte mir am 4. April 1959 zu meinem Geburtstag das Buch »Theaterarbeit. Sechs Aufführungen des Berliner Ensembles«. »Für petit ange« hatte er hineingeschrieben. Drei Jahre später würde ich am »Berliner Ensemble« sein.

War das alles nicht ein wenig – viel? Da ich keine Ahnung von Wiedergeburten hatte, sagte ich mir, dass dieses Maß an Zuviel und unverdientem Glück zum natürlichen Ablauf von Wiedergeburten gehört. Doch gab es auch Trübungen: Ich verglich mein Einsegnungsfoto aus dem Laden Invalidenstraße/Ecke Chausseestraße mit dem Titelfoto der NBI und fand das Einsegnungsfoto viel gelungener. So kalt und wie normiert beinahe lächelte ich von dem Titelfoto herunter. War ich das wirklich? Nie wieder erschien ein Cover-Foto von mir, das mir so wenig glich wie dieses allererste. Fotografieren ist ein Beruf!

Keine Wiedergeburt ohne Rückschläge.

Zu Hause wurde es ein wenig schwierig. Wahrscheinlich ist es nie einfach, mit jemandem unter einem Dach zu leben, der gerade neu zur Welt kommt und sich dann auch noch so benimmt. In gewissem Sinne hatte mein Bruder gerade dasselbe vor. Meine Mutter formulierte das immer so: »Frank ist dabei, ein Mann zu werden. Er braucht jetzt sehr viel.« Frank war, wie gesagt, drei Jahre jünger als ich. Dreizehn also. Dass Frank dabei war, ein Mann zu werden und sehr viel brauchte, bedeutete bis eben, dass er Brot mit Butter aß und ich nur Brot mit Senf. Allerdings mochte ich das auch sehr gern. Nur gegen die Maggi-Suppen der Nachkriegsjahre hat sich mir ein noch lange unüberwindlicher Widerwille eingeprägt. Genau wie gegen den Geruch von U-Bahnhöfen.

Frank wurde also ein Mann. Ich wurde Schauspielerin. Und damit war die Maggi-Suppen-Ära vorbei. Es gab noch ein untrügliches Zeichen für den Anbruch der neuen Zeit. Wir hatten immer zu wenig Geld, um neue Schuhe zu kaufen, wenn ich welche brauchte. Auch das war Geschichte von einem Tag auf den anderen.

Dudow fragte mich, ob ich nun einen neuen Namen wolle. Einen richtigen Künstlernamen. Ich dachte lange nach und sagte ihm dann, dass aus dem »k« in Angelika ein »c« werden solle. Angelika mit »k« sieht einfach zu eckig aus.

Auch unsere Straße erfuhr, dass bei den Domröses etwas Ungeheuerliches vorging. Nicht, dass man in langen Jahren nicht daran gewöhnt gewesen wäre. Und der Showdown lag auch noch gar nicht weit zurück. Auszug des Familienvaters aus der 85. Aber diesmal war es anders. Die Post legte mitten über den Platz am helllichten Tage bis vor unser Haus ein Kabel. Und dann legte sie es in unser Haus hinein.

»Irmchen kriegt Telefon! Das wird wohl wegen der Tochter sein. Die dreht ja jetzt in Bunt!« Telefonanschlüsse bekam im Osten schließlich nicht jeder.

Das ganze Haus nahm Anteil an der Verlegung des Kabels. Es war wie in einer frühen italienischen Komödie. Das Telefon hatte die DEFA besorgt. Ihre Schauspielerin musste schließlich erreichbar sein. Ich weiß die Nummer noch vom Gartenstraßen-Telefon. Es war die 42 49 47.

Manchmal, natürlich erst nachmittags, kam Tante Deter zu Besuch und betrachtete neidisch das Telefon. Einerseits hätte so was gut zu ihr gepasst. Frau eines Oberkellners mit Migräne und Telefon. Aber dann klingelte es zwanzigmal, während sie da war. »Also ich weiß nicht, Irmchen, wie du das aushältst!«, sagte Tante Deter zu meiner Mutter und beschloss, nie ein eigenes Telefon zu besitzen.

Ich darf studieren

Ich hatte also Telefon, ein nagelneues »c« im Vornamen plus eigener Titelgeschichte und war die Hauptdarstellerin eines Films von Slatan Dudow, des legendärsten Regisseurs der Republik. Genügte das?

Niemals. Die Filmhochschule hatte mich abgelehnt. Wegen Unreife. Sie nannte das: zurückgestellt. Ich saß allein in meinem Hotel an der Ostsee – Dudow hatte entschieden, dass ich allein in einem Hotel schlafen müsse, getrennt vom ganzen Stab, damit nichts passiert, schließlich war ich minderjährig. So fürsorglich war Slatan Dudow. Da saß ich nun in meinem Isolations-Hotel, hörte den Wind in den Dünen, dachte an die anderen in dem anderen Hotel und schrieb Briefe an mich selber. Sie hießen »Icke an mir« und handelten vom Wind in den Dünen und meiner Dünen-Einsamkeit. Und sie handelten davon, was nun aus mir werden sollte. Ich wusste es genau: Ich musste studieren. Alles sollte anders werden.

Weg von zu Hause, nicht nur für einen Film. Raus! Raus! Und Dudow war ein King. Könige können immer helfen. Könige müssen helfen.

Dudow durfte nach Art der Könige alles, etwa 23 Drehtage für einen einzigen Faschingsball verbrauchen, auf dem sich der junge Film-Medizinstudent in mich verlieben soll. Und ich mich in ihn. Auf diesem Faschingsball waren fast alle vom »Casting« wieder dabei. Was für ein Aufwand! Karl-Eduard von Schnitzler in seiner fast vergessenen Eigenschaft als Filmkritiker hat Dudow dann doch wegen Verschwendung kritisiert. Er erfand die »ökonomische Filmkritik«. Aber mit Ökonomie beeindruckt man keine Könige.

Sehen wir das mal positiv: Wenn Dudow einen Faschingsball so ernst nahm, musste er das künftige Schicksal seiner Faschings-ball-Heldin dann nicht noch viel, viel ernster nehmen? Immer wieder erklärte ich ihm, wie wichtig mir der »Beruf« sei. Mein Deutschaufsatz über »Sie tanzte nur einen Sommer« fiel mir wie-der ein. Ein einziger Sommer? Das sollte mir nicht passieren. Ein Sommer war zu wenig. Ein Film war zu wenig. Ich wollte immer weitertanzen. Und wer tanzen will, muss lernen.

Ich ließ nicht locker. Und meine Beharrlichkeit, das, was ich mein »Berufsethos« nannte, zeigte Wirkung. Dudow hatte der Filmhochschule von seiner Bedrängnis berichtet. Ich durfte noch einmal vorsprechen, außer der Reihe, mit zwei anderen. Anfang Dezember war die Prüfung. Keiner wollte den Luise-Monolog hören.

Ich harrte. Ich zitterte. Als hinge von der Filmhochschule mein Leben ab. Es hing von ihr ab. Von wegen Advent! Das war keine frohe Erwartung, das war Wartefolter. Und dann, drei Tage vor Weihnachten kam die Nachricht. Ich wurde in das laufende Studi-enjahr immatrikuliert. Sie schenkten mir ein Semester, wegen des Films. Sie haben meine Arbeit als Laie anerkannt. Laikos. Zum Volke gehörig. Ich hatte es geschafft. Ich hatte das Glück bemerkt, als es vorbeizog. Ich habe es festgehalten.

Die Scheidung meiner Eltern war Fügung gewesen, erster Schritt in die Freiheit. Diesen zweiten Schritt habe ich selbst getan. Ich habe meine Chance genutzt. Dieses Weihnachten 1959 vergesse ich nie. Ich wusste, gleich beginnt mein neues Leben.

Noch kannte niemand meine Siegi. »Verwirrung der Liebe« kam erst im Oktober heraus – pünktlich zum 10. Jahrestag der Republik.

Ich saß zur Premiere im Babylon und war fassungslos vor Schmerz. Das da oben sollte ich sein? Diese künstliche Puppe in künstlichen Farben in dieser künstlichen Geschichte in diesem künstlichen Film? Ich bekam einen Weinkrampf. Ich sah mich wieder in der prallen Ostsee-Sonne stehen, vor mir die Scheinwerfer als Untersonnen, sie hatten einen Kohlebalken in der Mitte und zischten unentwegt. Ich wäre nicht erstaunt gewesen, hätte die Sonne auch einen zischenden Kohlebalken in der Mitte gehabt. Es war vor Helligkeit und Hitze nicht auszuhalten. Und das alles für – diesen Film?

Ach, Dudow. Von wegen »heiter« und »unterhaltend«. Was ich sah, war vollkommen humorfrei. Ich mochte ein Kind von der Straße sein, aber was ein guter Film ist und was nicht, wusste ich damals schon, genauso wie ich wusste, was eine gute Predigt ist. Schließlich bin ich im Kino und in der Kirche aufgewachsen. Ich stand zum ersten Mal vor der Frage, wie es möglich ist, dass ein guter Regisseur einen schlechten Film macht.

Ich glaube, Karl-Eduard von Schnitzler hatte das gar nicht gemerkt. Ihn störte, dass es keinen Klassenstandpunkt in der Liebe gibt, denn man kann die Liebe nur schwer auf den »Bitterfelder Weg« bringen. Dudow hatte es gar nicht erst versucht, und von Schnitzler hatte es bemerkt: »Wenn wir jedoch in ›Verwirrung der Liebe‹ einige DDR-Termini herausnehmen würden, könnte dieser Film genauso gut in Frankreich oder Italien, ja – von den Vorlesungen der Professoren abgesehen – sogar in Westdeutschland gedreht worden sein; denn diese jungen Menschen sind unverbindlich in einem gesellschaftlich fast luftleeren Raum angesiedelt.«

Aber mich fand er, glaube ich, gar nicht schlecht. Fast alle mochten meine Siegi. Auch wenn sie mich »kleinbürgerliches Gänschen« nannten oder »Lärvchen«! Die »Junge Welt« schrieb sogar von Siegis »unvorstellbarer Naivität«.

Aber Siegi, das war ja schon gar nicht mehr ich. Das »Lärvchen« war geschlüpft. Studentin!

Für Slatan Dudow wurde »Verwirrung der Liebe« der letzte Film. Dudow liebte Autos und das Autofahren. Der Erfinder des proletarischen Films besaß einen Mercedes und einen Fahrer, aber genügte das? Ein Regisseur ist ein geborener Selbstlenker. Dudow hat das Selbstlenken immer wieder versucht. Jedes Mal fiel er durch die Prüfung. Dass er es schließlich doch schaffte, wurde ihm zum Verhängnis.

Slatan Dudow, Erfinder des »proletarischen Films« und Regisseur von »Verwirrung der Liebe« starb bei einem Autounfall, an dem er selbst schuld war.

Allein in der Stalinvilla

Ich bin zur Filmhochschule geflogen. Am 4. Januar stand ich mit drei Pullovern, zwei Röcken und einem Kofferradio in Babelsberg.

Vor der Stalinvilla. Hier sollte ich wohnen. Ich besaß ungefähr zweiundzwanzig Zimmer, eine bemerkenswerte Holztreppe, Parkett und ein riesiges Bad. Ich fand das ausreichend. Später musste ich umziehen. Entweder in die Zarah-Leander-Villa oder in die Marika-Rökk-Villa, das weiß ich nicht mehr genau.

Die Stalin-Villa hieß Stalin-Villa, weil Stalin mein unmittelbarer Vormieter war. Seitdem, glaube ich, wohnte da keiner mehr. Ich war inzwischen an vieles gewöhnt. Warum sollte mich da der Gedanke, der Nachmieter eines großen Imperators zu werden, erschrecken? Ich benutzte also sein Badezimmer und ließ mir nichts anmerken.

Viel wusste ich damals nicht über ihn, nur eben, dass er mal hier war, um den von mir sehr geschätzten Vier-Mächte-Status von Berlin auszuhandeln. Das trug ihm meine Sympathie ein. Und es ist ja immer gut, wenn man ein gutes Verhältnis zu seinen Vormietern hat.

Den Vor-Vormieter kannte ich nicht. Das könnte die Familie Siemens gewesen sein. Oder Krupp. Eine Industriellen-Villa war es auf jeden Fall. Brigitte Horney wusste es auch nicht mehr, dabei wohnte sie einmal gar nicht weit von mir. Wir haben später zusammen »Mamas Geburtstag« gedreht. Industrielle waren also meine Vormieter. Wer sonst braucht zweiundzwanzig Zimmer? Ich benutzte keineswegs alle. Die meisten waren abgeschlossen, aber viele Schlüssel steckten noch. Eigentlich hatte mein Haus nur einen einzigen Mangel: Es besaß keine Küche. Jedenfalls keine mir zugängliche. Wahrscheinlich hat Stalin nie selber gekocht.

Dass ich ganz allein in der Stalin-Villa wohnte, stimmt aber nicht. Wir waren nämlich zwei Spätankömmlinge im Studienjahr. Micaela Kreißler und ich. Sie wohnte oben links, ich oben rechts. Eine riesige Holztreppe führte hinauf. Micaela kam aus Berlin und litt schrecklich darunter, von zu Hause weg zu sein. Bei mir war alles umgekehrt. Weg von Zuhause!, habe ich gejubelt. Und mal abgesehen von den zweiundzwanzig Zimmern in absoluter Wasserlage – drei Schritt vorm Haus war der Griebnitzsee –, gab es noch andere Vorteile. Endlich konnte ich nach Hause mitbringen, wen ich wollte. Eine Katze! Unsere Katze hieß Tante Minna. In tiefer Eintracht lebten Micaela, Tante Minna und ich am Griebnitzsee.

Wir waren zwölf Studenten im Studienjahr, fünf Mädchen und sieben Jungen. Zwei Jungen mussten nach dem zweiten Semester gehen. Im Jahr zuvor hatte die Filmhochschule nur drei Studenten für die Fakultät »Schauspiel« genommen.

Äußerlich gesehen, bestand unser Studienalltag darin, von einer Villa in die nächste zu kommen. Aus der Hans-Albers-Villa in die Marika-Rökk-Villa. Die großen UFA-Stars hatten alle ihre Häuser hier am Griebnitzsee. Nur Heinz Rühmann wohnte etwas abseits am Kleinen Wannsee. Meistens begannen wir früh morgens um acht mit Bewegungsunterricht. Oder wir hatten gleich Vorlesung. Ab zehn Uhr war Szenenstudium.

Das hatte ich am liebsten. Ich probte zusammen mit Barbara Dittus Brecht, den Dialog der Fischweiber. Brecht hatte den Dialog der Fischweiber geschrieben, damit junge Schauspielerinnen später gut vorbereitet sind auf Elisabeth und Maria Stuart. Die einen streiten sich um einen Fischstand, die anderen um Königreiche. Wo ist der Unterschied? Ich war also das Fischweib 1 alias Maria Stuart, die Dittus war Fischweib 2 alias Elisabeth. Barbara Dittus war in meiner Seminargruppe. Sie ist im letzten Jahr gestorben, als ich gerade mit diesem Buch anfing.

Die Fischweiberei brachte uns dazu, gar nicht erst die Kleider der Königinnen mitzuspielen. Weg mit dem hohen Ton, den Verzierungen! Ich verstand das ganz spontan. Wie man sich streitet, wusste ich ja schon. Ich fasste großes Vertrauen zu mir. Wahrscheinlich hätte ich es sofort wieder verloren, hätte ich damals gewusst, was ich wirklich tat. Ich erprobte den V-Effekt. Der V-Effekt ist der Verfremdungseffekt, er hat bereits Generationen von Brechtianern auf dem Gewissen, weil jeder besser »verfremden« wollte als der andere, und mich hätte der V-Effekt auch beinahe hingerafft. Ich bin ihm noch mehrmals wieder begegnet.

Andererseits kannte ich weder die Gemütsverfassung englischer oder schottischer Königinnen aus eigener Erfahrung noch die von Marktfrauen. Und eben das faszinierte mich sofort: etwas, was man gar nicht erlebt hat, plötzlich selbst herstellen können. Es ist egal, wie man das dann nennt.

Den »Streit der Fischweiber« probten wir mit Gerti Zillmer. Sie erschien uns sehr attraktiv, trug das Haar ganz kurz – ein Hauch der zwanziger Jahre umwehte sie. Zumindest kam es uns so vor, denn wir spürten sofort, wenn jemand von weiter herkam als nur aus der DDR.

Der zweite Lehrer, den ich sehr mochte, war Kurt Veth. Er war Regieassistent am Berliner Ensemble gewesen, ein Brecht-Schüler und V-Effekte-Spezialist. Meine Rolle bei ihm war die Piperkarcka in Hauptmanns »Ratten«. Veth gab nicht auf, bis ich ein perfektes deutsch-polnisch-schlesisches Piperkarcka-»R« rollte.

Es war wichtig, solche Lehrer zu haben. Es gab auch andere. Ich ahnte sehr schnell alle Höhen und Tiefen des Berufs, diese Pole von höchster Spannung und tiefster Langeweile. Proben sind gut, wenn man fast spielerisch die richtigen Anschlüsse findet, sich die Figur ganz einverleibt und trotzdem die eigene Spontaneität erhalten bleibt. Spontaneität ist auch Freiheit gegenüber der Figur. Langeweile dagegen beginnt, wenn es nicht anfängt zu glühen, wenn man nicht bis an den Punkt der Verwandlung kommt.

Ich wusste bald, dass man das Spielen nicht an einer Schule lernen kann. Aber sie war ein guter Werkraum. Für mich war sie vor allem Bildungsraum, ich hatte doch viel nachzuholen. So viel wie während des Studiums habe ich nie wieder gelesen. 1960 las ich binnen kürzester Zeit Camus, Malaparte, Sartre und Orwell. Ich las auch Remarque, Hemingway, Zweig und Feuchtwanger. Die meisten dieser Bücher wurden in der DDR nicht verlegt oder waren verboten. Die Existenzialisten sowieso. Man sieht, die Idiotie hatte System. Aber ich hatte gar keine Zeit, über so was nachzudenken, denn zwischen den vielen Büchern sah ich jeden Tag mindestens zwei Filme. Oder fast jeden Tag. Manchmal wurden es auch fünf. Für den 29. Januar 1960 vermerkt mein Taschenkalender »Ein gewöhnlicher Fall« von Pudowkin, »Der Deserteur« von Okamoto, »Orfeu Negro« von Camus und Truffauts »Sie küssten und sie schlugen ihn«. Wir hatten deutsche und russische Filmgeschichte und sahen vor allem polnische Filme, Polanskis »Messer im Wasser«, »Asche und Diamanten« von Wajda und was bei uns gerade verboten war, etwa Konrad Wolfs »Sonnensucher«.

Einmal steht in meinem Kalender: »Heute Nacht Beethovens Neunte studiert.« Also nicht gehört, sondern die Partitur gelesen? Ich wusste gar nicht, dass ich das kann.

Am meisten aber habe ich mich abends bei Bambi gebildet. Bambi hatte nichts mit Walt Disneys Reh zu tun, wir nannten ihn trotzdem so. Er war schon im dritten und letzten Studienjahr, als wir kamen. Bambi war unser Oberexistenzialist und ein nicht unbedingt guter Schauspieler, so dass es schon wieder geniale Züge hatte. Ich erinnere mich noch genau, als ich ihn das erste Mal auf der Bühne sah und dachte: O Gott, ist der schlecht! – Bambi hatte andere Gaben. Er war genau der Typus, der immer einen erlesenen Kreis von Jüngern um sich versammelt. Und egal ob Sartre oder Camus – Bambi hatte sie alle. Bambi hatte auch Biermann, diese Villon-Sachen. In einem Lied schaut Biermann-Villon aus dem

Zug, und der Wind weht. Das hat mir ungeheuer imponiert. Villon-Biermann im Zug. Bambi hatte auch Jazz-Bänder. Schon daran erkannte man seinen Status, obwohl auch wir versuchten, uns nachts den Wecker zu stellen und New-Orleans-Jazz aufzunehmen. Bei Bambi wurde über den Existenzialismus diskutiert, Jazz und Villon-Biermann gehört und Spaghetti gegessen. Dazu tranken wir abwechselnd »Lindenblatt« und »Eger Stierblut«. Natürlich kam nicht jeder rein, sondern nur der innerste Kreis. Den innersten Kreis in Studienjahren zu bestimmen, die manchmal nur drei Studenten hatten, war nicht ganz einfach. Bambi wohnte auch nicht in einer Villa, sondern in einer Art deklassiertem Landhaus. Draußen stand manchmal der Hausmeister. Man musste also immer um den Hausmeister rum und zum Fenster rein. Ich konnte den Hausmeister ohnehin nicht ausstehen, denn er hatte versucht, Tante Minna zu ertränken.

Bambis Existenzialisten-Jazz-Spaghetti-Nächte begannen, wie die meisten Szene-Treffs heute auch, oft erst nach eins. Ich gehörte schon bald zum innersten Kreis. Nicht nur, weil ich selbstverständlich wie die anderen einen schwarzen Existenzialisten-Rollkragenpullover trug. Ich ging mit Bambi. Er war nicht ganz so schön wie einst mein Boxer Fiete und fünf Jahre älter als ich. Bambi hatte sein Abitur mit eins gemacht, und ich hatte gar keins. Fünf Jahre blieben wir zusammen. Als er in ein Engagement nach Halle musste, schrieb er mir jeden Tag einen Brief. Und ich fuhr manchmal zu ihm nach Halle, immer schwarz, das war die alte Gewohnheit meiner Kindheit.

Dass ich mit Bambi ging, hatte auch den Grund, dass ich auf der Filmhochschule bald merkte, dass man den Status meiner Jungfrauenschaft eher belächelte als bewunderte. Ich verstand das überhaupt nicht. Ich hielt solche Unberührtheit für ein sehr hohes Gut, weniger aus moralischer Überzeugung oder als Nachklang meiner vielen Kinder-Kirchen-Stunden, sondern vielmehr, weil ich mal einen Stiefvater hatte, und der war ein Mann. Zwar sahen weder Sohny noch Fiete oder Bambi aus wie Rudolf Otto Domröse, aber die Grundweisheit war in Kraft: Männer sind etwas, das man nicht zu nah an sich heranlassen darf! – Darum gab es doch die Literatur. Meine ersten sexuellen Erfahrungen machte ich durch Bücher. Ich nahm wahr, dass etwas außerhalb der eigenen Bestimmungen mit einem passieren kann.

Aber gerade in diesem Punkt zählte Bücherwissen überhaupt nicht an der Filmhochschule. Ich spürte, dass ich mit meiner Männer-Weisheit nicht durchs Leben kommen würde, wahrscheinlich nicht mal durchs Studium, und da ich auch ein sehr entschlossener Mensch bin, handelte ich schnell und gewissermaßen nach der Devise: Augen zu und durch! Es war nicht innerer Drang, aber es musste sein.

Wir gingen also von Villa zu Villa, von Vorlesung zu Vorlesung, von Probe zu Probe, ins Kino und zwischendurch zum Reiten, Fechten und Revolverschießen und nachts zu Bambi zum Existenzialistentreff. In der Stalin-Villa wartete Tante Minna. Ich kam zwischendurch immer nachsehen, ob der Hausmeister Minna nicht ertränkt hat. An Wintertagen war sie am meisten bedroht. Mein Leben war ein Wirbel. Ich hielt das Dasein in Wirbeln für die mir einzig angemessene Existenzform mitsamt des nächtlichen Studiums von Beethoven.

Aber ich glaube, beim Revolverschießen war ich nur einmal. Reiten lernten wir auf den Ackergäulen im Babelsberger Park. Einmal trennten mein Gesicht noch Zehntelsekunden von dem Querbalken der Scheune. Beinahe hätte der Balken meine kaum begonnene Laufbahn beendet. Trotzdem ging ich immer wieder hin. Später bei »Effi Briest« wusste ich, warum. Ich hätte nie so durch die Ostsee reiten können ohne die alten Ackergäule von Babelsberg. Und ohne die Stunden »Historischer Tanz«, Walzer linksrum, rechtsrum, hätte meine Effi nie so tanzen können.

Manchmal vermerkt mein Kalender aber auch eine für Studenten entschieden ungewöhnliche Beschäftigung. »Autogramme erledigt«, steht da. Und: »Kostümprobe bei der DEFA.« Am 23. Februar 1960 kam ein Hauptrollenangebot aus Wien. Ich weiß gar nicht, ob ich davon erfuhr, bevor die Schule absagte oder erst hinterher.

Ich drehte meinen zweiten DEFA-Film. Im Sommer 1959 war ich zu Außenaufnahmen für »Die Liebe und der Co-Pilot« in Varna am Schwarzen Meer. Schwer zu sagen, wovon der Film handelte. Ich habe ihn später nie mehr wieder gesehen. Wahrscheinlich von einem Piloten und der Liebe. Ich jedenfalls war eine junge Schweizerin, der der Hauptdarsteller am Strand von Bulgarien begegnet. Der Hauptdarsteller war Horst Drinda. Den kannte ich schon von meinem Filmhochschul-Vorbereitungs-DEFA-Marathon, als er den wohnungssuchenden Elektroinstallateur in »Klotz am Bein« spielte. Aber der Strand von Varna war viel wichtiger. Ich glaube, wegen des Strandes habe ich die Rolle angenommen. Und wegen des Fluges natürlich.

Schon zur Premiere von »Verwirrung der Liebe« bettelte ich bei Dudow, ob wir nicht fliegen könnten. Die Premiere war in Dresden. Und mir schien es nun mal viel angemessener, zu einer Premiere zu fliegen statt wie immer auf dem Boden zu bleiben. Der Flug, Hin und Zurück, Berlin-Dresden mit der Deutschen Lufthansa (Ost) kostete 58 Mark. Ich habe das Ticket noch. Zur London-Premiere von »Verwirrung der Liebe« im nächsten Herbst haben sie mich nicht mitgenommen.

Aber immerhin, ich flog nach Varna. Am 8. Juni 1959 ging es los, über Budapest nach Bulgarien, und nachmittags lag ich schon am Strand. Mein Tagebuch vermerkt fast täglich »vormittags sonnen«. Dabei stand ich am Strand von Varna durchaus vor einer ernsthaften Herausforderung. In meiner Eigenschaft als junge Schweizerin musste ich eine völlig neue Sprache sprechen. Nicht nur, dass Kurt Veth auf einem makellos rollenden deutsch-polnisch-schlesischen »R« bestanden hatte, das war nun schon meine zweite Gebirgssprache. Schweizerisch. Das Bayerisch meiner frühesten Kindertage stand mir nicht mehr zur Verfügung. Also war ich zusätzlich zu all meinen Haupt-, Neben- und Unterbeschäftigungen in den letzten Monaten öfter von Babelsberg nach Berlin gefahren, um einen alten Schweizer Schauspieler zu besuchen. Er brachte mir seine Landessprache bei.

Allerdings zeigte sich bald, dass es nicht genügte, Schweizerisch zu können. Die Filmhochschule zumindest sah das so. Ich bekam bei der Polit-Prüfung eine Drei. Besondere Schwierigkeiten machten mir auch Politische Ökonomie und marxistisch-leninistische Philosophie, all diese Sachen, die Marx angezettelt hatte. Brauchte ich für »Die Liebe und der Co-Pilot« etwa eine Eins in der Politik-Prüfung? War Karl Marx Schauspieler?

In meinem tiefsten Herzen stimmte ich für den Grundsatz der Souveränität, also für die absolute Nichteinmischung in die inneren Angelegenheiten von anderen. Die Philosophie den Philosophen! Die Ökonomie den Ökonomen! Film und Theater für mich!

Andererseits war ich schon immer recht fleißig. Und ehrgeizig. Resigniert-entschlossene Eintragungen in meinem Tagebuch lauten: »War schrecklich schlecht. Muss noch viel lernen.« Ich glaube aber, das bezog sich gar nicht auf die Philosophie, sondern auf meine Rolle. Mit dem Fischweib und der Piperkarcka machte ich ein Jahr später meinen Bühnennachweis.

Den tieferen Anlass von Notizen wie »Oh, wie habe ich mich verändert!«, kann ich dagegen heute nicht mehr nachvollziehen. Ich war eingeladen zu einem Essen im Ganymed am Schiffbauerdamm mit Kurt Maetzig – es ging um einen neuen Film –, aber kurz vor Maetzigs Namen stehen in meinem Kalender wie schwarze Wolken die Namen Gerbing, Dr. Korn und Jacobi. Das waren, glaube ich, die Abgesandten der Politischen Ökonomie, des wissenschaftlichen Kommunismus und der marxistisch-leninistischen Philosophie. Eine heilige materialistische Dreifaltigkeit der Unheil bringendsten Art. Die Vorboten meines jüngsten Gerichts. Mein Philosophieprofessor mochte mich nicht so sehr. Wahrscheinlich hätte er auch »Die Liebe und der Co-Pilot« nicht gemocht. Rein philosophisch gesehen. Ich lernte also. Und drehte immer weiter. Der neue Film hieß »Die aus der 12b«.

Das waren meine Tage. Nur manchmal ist meinen Notizen eine leichte Resignation anzumerken: »Alle gehen essen. Ich gehe auf die Probe.«

Bis Anfang Mai dauerten die Dreharbeiten, den Rest des Monats hatte ich eine Hirnhautentzündung. Und wieder traf es mich. Schriftliche Prüfung Politische Ökonomie bei 38,2 Grad Fieber. Wahrscheinlich las sich das Ergebnis auch wie eine akute Hirnhautentzündung. Oder es war andersherum: Ich bekam die Hirnhautentzündung wegen der Ökonomie-Prüfung. Die Schule neigte inzwischen wohl generell zu der Ansicht, Studentinnen sind hier um zu studieren und nicht, um Filme zu drehen. Ich bekam Drehverbot.

Das bedeutete natürlich auch finanziellen Verlust. Immerhin lag meine Gage bei 100,– Mark pro Drehtag. Was darüber hinausging, musste ich der Schule geben.

Janusz: 10, – Mark, Dittus: 45,– Mark. – Mein Kalender zeigt es: Ich war zugleich ein florierendes Kreditinstitut. Ich verlieh immerzu Geld. Meist schrieb ich dann hinter die verliehenen Beträge in Klammern: Alles zurückbekommen. Rechnungsführung hatte ich gelernt.

*»Pupperl, nimm doch mal
die Haare aus dem Gesicht!«*

Der Herbst 1960 brachte mir zwei Angebote von einer gewissen Gegensätzlichkeit. Das eine kam vom Fernsehen und betraf einen Film, der »Papas neue Freundin« heißen sollte. Das andere kam vom BE, dem Berliner Ensemble, dem damals wohl weltberühmtesten Theater oder jedenfalls dem berühmtesten in Europa. Wenn man mal die Theater mit einem Traditionsanspruch auf Berühmtheit nicht mitzählt. Das BE war in gewissem Sinne die kulturelle Gegeninstitution zu allen Einrichtungen, die Produkte hervorbrachten, denen man später Titel wie »Papas neue Freundin« geben konnte.

Anfangs wollten sie mich nicht »Papas neue Freundin« sein lassen. Schließlich hatte ich Drehverbot. Dann habe ich es aber doch durchgeboxt. Am 22. September fingen wir an.

Im Hinterkopf hatte ich immer die Stimme meines Lehrers Kurt Veth, dass ich am BE vorsprechen soll. Ich war entsetzt. Vor Glück. Beides war echt, das Glück und das Entsetzen. Denn ich kannte doch das BE. Nicht nur, weil es so berühmt war.

Mein Grund, ins Berliner Ensemble zu gehen, war ein ganz anderer. Man kam da mit Hosen rein! Das gab es sonst nirgends.

Als ich die Operette »Gasparone« am Metropol-Theater sehen wollte, zog ich fünf Petticoats übereinander an. Aber es hatte sich, das gebe ich zu, trotzdem gelohnt: »Mir ist manches schon passiert, aber so etwas noch nicht!« Dazu haben sie auf der Bühne die Hände unterm Kinn geklappt, ich fand das sehr lustig und hab das Arrangement noch sehr lange selbst vorgetragen. Ich war auch im Gorki-Theater mit Petticoat, und an der Volksbühne sah ich eben-

falls im Rock Rolf Ludwig als Diener Truffaldino mit einem riesengroßen Pudding über den Tisch springen. Das war in »Diener
zweier Herren«. Wer sprang am BE mit einem Pudding über den
Tisch? Kein Mensch. Stattdessen lief da so eine Alte mit einem etwas zu groß geratenen Handwagen im Kreis. Aber um der Alten
zuzusehen, musste ich keine Petticoats anziehen.

Fünf- oder sechsmal war ich in der »Mutter Courage«, vielleicht,
um zu kontrollieren, ob das BE den Kleiderordnungs-Ausnahme-
zustand durchhält. Außerdem hatte mich das Drehding auf der
Bühne mit der alten Frau und dem Wagen dann doch beeindruckt,
wenn auch nicht so wie Truffaldino mit seinem Pudding .

Ich glaube aber nicht, dass die »Mutter Courage« meinem damaligen Frauen-Ideal entsprach. Umso mehr habe ich den Unterschied registriert. In den fünfziger Jahren war es absolut egal, ob
man gerade aufstand oder aus der Dusche kam – jede Frau im Film
hatte diesen enormen Wimpern-Strahlenkranz und tiefschwarze
Balken obendrüber. Das waren die Augenbrauen. Im BE dagegen
brauchten die gar keine Augenbrauen. Je grauer die Gesichter, desto besser. Erinnert sich noch jemand an die Gesichter in »Tage der
Commune«?

Ich wusste genau, wer so viel Grau verbraucht und keine Augenbrauen nötig hat, war ästhetisch zu allem fähig. Aber war ich das
auch? Ich hatte Angst.

Irgendwann im Oktober kam das Telegramm. Montag, 13.00
Uhr, Vorsprechen. – Ich bin hingefahren. Ich stand leibhaft vor Mutter Courage und empfand meine Lage als völlig aussichtslos. Dabei
kannte ich den Artikel aus der Vossischen Zeitung vom 26. 5. 1919
gar nicht, der von Weigels eigenem ersten Vorsprechen berichtete.
Im Gegensatz zu mir wollte man die Weigel gar nicht erst vorsprechen lassen, weil sie so unansehnlich war. »Diese groben frostge-
schwollenen Hände, dieses sture strähnige Haar, dies tote Gesicht,
der hängende Körper«, bemerkte die »Vossische«. Ich glaube, meine
Ausgangsbedingungen, mehr als vierzig Jahre später waren besser.
»Nun, dann sagen Sie in Gottes Namen irgendetwas auf!«, forderte

man die Weigel auf. Genau das versuchte die Weigel jetzt auch bei mir durchzusetzen.

Ich war zu allem entschlossen, vor allem zu bedingungsloser Ehrlichkeit. Ich sagte Helene Weigel wahrheitsgemäß, dass ich nicht vorsprechen könne, denn ich wüsste gar nichts. Überhaupt nichts. – Sie hat es noch kurz mit Appellen an meine Vernunft versucht, ungefähr so:

»Was denkst', Pupperl, warum du ein Telegramm kriegst?«

Schon klar. Rein logisch gesehen, hatte sie Recht. Aber ich lief weg.

Vielleicht wäre ich gar nicht wieder gekommen, hätte ich gewusst, wie Helene Weigels eigenes Vorsprechen weiterging. Sie ist nicht weggelaufen, sie stand auf, »die große Stirn zitterte nervös wie Milch, die Haut zieht. Die Pupillen wuchsen, schossen lange kalte Strahlen. Die Lippen spannten sich wie ein Bogen, bereit, vergiftete Pfeile zu entsenden. Der hängende Körper reckte sich, bekam Haltung, bekam Majestät. Eine Stimme – eine in Töne aufgelöste Seele – begann schwach, beinahe flüsternd: »Dein Schwert, wie ist's vom Blut so rot. Edward! Edward!«

Das war die »Ballade vom Edward« aus Herders »Stimme der Völker in Liedern«.

Beim nächsten Versuch war ich besser.

Zwei Rollen hatte ich vorbereitet. Die eine war Piperkarcka aus Hauptmanns »Ratten«, die ich ohnehin spielte, und die zweite war Ivette. Ivette, die Lagerhure aus »Mutter Courage«. Immerhin hatte ich die Ivette oft genug gesehen, und warum der Weigel nicht etwas zeigen, was sie direkt vergleichen konnte? Regine Lutz spielte gerade eine sagenhafte Ivette am BE. Ich weiß bis heute nicht, ob meine Ivette-Idee nun besonders mutig oder besonders dämlich war.

Und die Piperkarcka erst. Mit neunzehn Jahren hat sie die Weigel selbst gespielt. Die Kritik bescheinigte ihr »brennende Vitalität« sowie thanatologische Fähigkeiten: »Ihr Brüllen, Heulen und Schluchzen hatte etwas Unterirdisches.« Als ich mit meiner

Piperkarcka fertig war, sagte das keiner. Der unparteiische Augen-
zeuge und Brecht-Mitarbeiter Werner Hecht urteilte: »All das war
bei der Domröse nicht zu bemerken, obwohl sie sich redlich
Mühe gab, die Seelenqualen des jungen Dienstmädchens über die
Rampe zu bringen.«

Helene Weigel schwieg. Bei ihrem eigenen Vorsprechen hatte
der Theaterdirektor seine Hand vor die Augen gehalten, als blende
ihn ein überstarkes Licht, und gestammelt: »Das genügt! Das genügt!« Die Vossische Zeitung von 1919 kannte auch den Grund:
»In der Kehle dieses hässlichen, unbeholfenen, siebzehnjährigen
Mädchens ist der ganze Bann der Erkenntnis des Guten und des
Bösen, das Schluchzen und Klagen aller Vögel, das Rieseln aller
Wasser, die Farben aller Regenbogen, Orgeltöne und Todesröcheln,
die Schreie gebärender Frauen, der Jubel aller Liebesekstase – das
alles und noch viel mehr ist darin enthalten. Eine solche Stimme
macht wilde Tiere fromm und friedlich wie Lämmer, bringt erfrore-
ne Pflanzen wieder zum Blühen, macht Steine erbeben.«

Keine von den beschriebenen Wirkungen war jetzt im Audito-
rium feststellbar. Auch das Theater stand wie vorher. Die Weigel
sah mich an, irgendetwas an mir gefiel ihr nicht. Auch sie hob jetzt
wie einst der andere Theaterdirektor die Hand vor die Stirn, aber
nicht, weil ich sie blendete, im Gegenteil. Man könne zu wenig von
mir sehen, sagte sie: »Pupperl, nimm doch mal die Haare aus dem
Gesicht!«

Seit mein Stiefvater weg war, hatte das keiner mehr zu mir gesagt.

Aber Helene Weigel wartete nicht, sie trat auf die Bühne, nahm
eine Hornnadel aus ihrem Dutt und steckte mir den Pony weg.

»Bei einer Schauspielerin muss man die Stirn sehen können!«

Ich spielte die Piperkarcka noch einmal. Diesmal mit Stirn und
Helene Weigels Haarnadel. Sie zeigte noch immer keine Reaktion.
Ihre Assistenten auch nicht. Der neutrale Beobachter notierte: »Obwohl sie jetzt das Gleiche spielte wie eben, war doch zumindest in
diesem kindlichen, glatten Gesicht etwas Anrührendes zu sehen.«

»Und jetzt sprichst mal Dialekt!«, schlug die Weigel vor.

Das konnte ich. Aber nur berlinerisch, sagte ich. Zur Not hätte ich ihr die Ivette auch auf Schweizerdeutsch gebracht, aber sicher war sicher. Alle lachten jetzt still über meinen tragischen Monolog. Die Weigel wurde ganz lebhaft.

»Und jetzt sprichst mal in doppeltem Tempo! Oder fünfmal so schnell!«

Ich schaffte auch das. Vor Aufregung fügte ich dem Hauptmann ein wenig eigenen Text an, streng berlinernd. »Es wurde die unvergesslich köstliche Demonstration einer Berliner Großstadtgöre, die sich derb-komisch aufspielte, als ginge es ihr an den Kragen; vor Erregung und Wut lief sie rot im Gesicht an«, erinnert sich Werner Hecht: »Da war am Ende kein Halten mehr unter den Regisseuren und Assistenten: Alle mussten über das Kabinettstück laut und herzlich lachen. Am lautesten lachte Helene Weigel.«

Meine Wirkung unterschied sich also deutlich von der Weigels bei ihrem ersten Vorsprechen, erst recht, was das Erbeben der Steine und Erblühen erfrorener Pflanzen anbetraf.

Brechts Assistenten, für die er berühmt und berüchtigt war, hörten auf zu lachen, sahen auf, sahen mich an, dann die Weigel, dann wieder mich. »Kommst dann hoch zu mir!«, sagte die Weigel und schickte mich raus.

Was folgte, weiß auch Hecht: »Als Angelika Domröse weggegangen war, drehte sich Helene Weigel zu uns um, strahlend und voller Stolz auf ihre neue Entdeckung, und fragte in die Runde, fast etwas kess: ›Na, und?‹« Wahrscheinlich entschieden sich die Angesprochenen für ein langsames, bedächtiges Kopfnicken, begleitet von einem gedehnten »J-aaa«, wobei dem Vokal die Aufgabe zufiel, die Vibrationen des gerade niedergerungenen Zweifels auszudrücken. Denn es hatte ohnehin noch keinen Sinn, etwas Eindeutigeres zu sagen.

Erst musste Wekwerth antworten. So sah das Ritual für solche Gelegenheiten es vor. Wekwerth schwieg. Die Weigel wurde direkter: ›Manfred, was meinst du?‹ Wekwerth gestand unter schmerzlichem Zögern zu, »dass da ein Talent sei«, wahrscheinlich sah er, dass die Prinzipalin ihren Entschluss bereits gefasst hatte. Aber dann fiel ihm der entscheidende Einwand ein: »Aber Helli, die ist für uns zu schön!« – Helene Weigel blickte dem Fragesteller fest in die Augen, vielleicht dachte sie an ihre konkurrenzlosen Grau-Schminktöpfe, und antwortete im Brustton der Überzeugung: »Na, das kriegen wir auch noch weg.«

Ich war engagiert.

Palitzsch, das habe ich bald gemerkt, war sehr für mich. Wekwerth nicht. Leider kam Palitzsch nach den Theaterferien 1961 nicht zurück ans BE. Die Mauer stand. Wekwerth blieb.

Ich musste noch vor dem September 1961 am Berliner Ensemble anfangen, denn die Weigel hatte gerade eine junge Schauspielerin rausgeworfen. Es war also dringend. Am 4. April 1961, an meinem zwanzigsten Geburtstag, hatte ich die erste Probe im Berliner Ensemble mit Stefan Lisewski und Lothar Bellag. Lisewski und ich kannten uns schon aus »Verwirrung der Liebe«, das war gut. Er war der Maurer, den ich dann auch geheiratet habe im Film. Ich wurde zwar nicht die Hure Ivette aus der »Mutter Courage«, aber bei Brecht gibt es ja noch viel mehr Prostituierte. Ich bekam die kleine Hure aus der »Dreigroschenoper«, und Betty hatte genau einen Satz: »Immer noch die schwarzen Paspeln.«

»Immer noch die schwarzen Paspeln.«

Ich habe lange über diesen Satz nachgedacht und versucht, ihn so auszusprechen, dass man schon an diesem einen Satz erkannte, dass es ein BE-Satz war. Ich hatte den Eindruck, ich war die Einzige, die »Immer noch die schwarzen Paspeln« so wichtig nahm. Woher hat der Brecht eigentlich das Wort »Paspeln«?

Meine zweite Kleinst-Rolle hatte ich im »Leben des Galilei«. Sie war nicht näher bezeichnet. Hier gab es nämlich nicht mal einen einzigen Satz für mich; ich musste beim Faschingsumzug mittanzen und dann aus dem Fenster gucken und kichern.

Manchmal dachte ich dabei an meine Stimmtechniklehrerin von der Filmhochschule. Denn es sah gar nicht so aus, als ob ich viel würde sprechen müssen in meinem Beruf. Ich mochte meine Sprachlehrerin nicht. Sie sah mich und sagte: »Sie sind ein Damentyp. Sie werden immer Damen spielen!« Und dann wollte sie mir eine richtige Damenstimme geben. Tief sollte ich sprechen. Ich sprach damals am obersten Ende der Tonleiter, dort, wo man gar keine Töne mehr vermutete. Ich habe mich sehr gewehrt. Wahrscheinlich aus Instinkt. Was hätte ich mit einer Damenstimme am Berliner Ensemble gemacht? Man wusste gleich, diese Frau hatte noch nie was vom »Dialog der Fischweiber« gehört. In solchen Augenblicken schätzte ich den V-Effekt.

Auch Helene Weigel schickte mich sofort zur Sprecherziehung. Ihr bin ich ewig dankbar dafür. Jeden Montag musste ich in den Turm des Berliner Ensembles, und dort wartete schon eine ehemalige Sängerin aus Leipzig, die das Singen aufgegeben hatte zu Gunsten uns Stimmneulinge gänzlich überraschender Demonstrationen. Sie zeigte uns, was ein Zwerchfell ist. Und wie dick man plötzlich hinten unter den Rippen werden kann. Wir lernten, dass man die Luft im Zwerchfell hat und nicht in den Lungen.

Aber was, wenn ich nun nie viel zu reden brauchte in meinem Beruf? Am BE war ich zurzeit eher stumm.

Aber dafür hatte ich »Papas neue Freundin«, gewissermaßen als Ausgleich. In »Papas neue Freundin« durfte ich sehr viel sprechen. Ja, eine gewisse Beredsamkeit war sogar die Voraussetzung meiner Rolle.

Ich war eine Studentin, die in einem sozialistischen Betrieb ihr Praktikum macht. Der Chef mag sie, sie mag ihn auch, und dann haben beide ein Verhältnis. – Das war eine sehr unweigelsche Art der Dramatik mit null V-Effekt, aber dafür ungemein erfolgreich.

»Papas neue Freundin« war ein Fernsehfilm. Er kam zu Weihnachten, am 25. Dezember. Das war ein sehr schönes Sendedatum, es gab nur eine Schwierigkeit. Wir hatten noch gar keinen Fernseher.

Illegal in Kreuzberg.
Zukünftige BE-Schauspielerin fällt durch in Philosophie

Ich musste also, um meinen eigenen Film zu sehen, in den Westen fahren, zu Taubenzüchter-Maxe. Andererseits war es uns streng verboten, in den Westen zu fahren.

Alle Studenten der Filmhochschule hatten eine Erklärung unterschrieben, dass sie im Interessse der Arbeiterklasse keinen Fuß nach Westberlin setzen würden und es auch gar nicht wollten. Sinngemäß. Ich hatte auch unterschrieben. Es war nur unmöglich, diese Verpflichtung einzuhalten. Das fing damit an, dass wir Onkel, Tanten und Omas im Westen hatten. Mickys Oma wohnte in Wilmersdorf. Außerdem liefen die besten Kinofilme nach wie vor im Westen, vor allem aber kauften wir – dank meiner Tante Gerda und Mickys Wilmersdorfer Oma – Schuhe, Unterwäsche und Strümpfe grundsätzlich drüben, denn das, was es bei uns gab, konnte doch kein Mensch anziehen.

Außerdem wurde Taubenzüchter-Maxe krank, im Frühjahr 1961. Er kam in das Krankenhaus am Großen Wannsee, Heckeshorn. Meine Mutter und ich fuhren im Frühjahr 1961 fast jede Woche an den Großen Wannsee. In Station C, Zimmer 10 lag Taubenzüchter-Maxe. Ich dachte nicht einmal mehr an das Verbot. Ein kleines Röhrchen ragte ihm aus dem Kehlkopf. Zum ersten Mal trug er keinen schwarzen Anzug mehr. Er sah auch nicht mehr aus wie ein General. Drei Jahre später starb der General der Tauben mit 56 Jahren. Meine Mutter, seine Schwester, durfte nicht an sein Grab.

Es war riskant, in Kreuzberg, Charlottenburg oder am Wannsee auszusteigen. Als eine Kommilitonin und Genossin sich im Westen ein Kind abtreiben ließ und das rauskam, musste sie sofort für ein Jahr in die Produktion. Ich weiß nicht, ob sie nachher weiterstudieren durfte. Wahrscheinlich ist sie gar nicht wie Micky und ich immerzu in Charlottenburg ausgestiegen.

Zweimal wurde ich verpfiffen und habe es nur Dudow zu verdanken, dass ich weiterstudieren durfte. Wahrscheinlich hat Dudow denen erklärt, dass ich eine Hoffnung des sozialistischen Filmwesens sei und man es den Hoffnungen des Sozialismus nun mal nachsehen müsse, wenn sie Lust haben, im Kapitalismus auszusteigen.

Ich sah also meinen ersten DDR-Fernsehfilm im Westen. Im März kam »Papas neue Freundin« dann ins Kino und wurde ein großer Erfolg. Ein richtiger Straßenfeger, so wie es heute die Serien sind. Das Fernsehen entdeckte auch umgehend das Gesetz der Serie und wollte gleich die Fortsetzung drehen. Die Fortsetzung hieß »Vielgeliebtes Sternchen«. Natürlich klang das nun schon im Titel wie »hübsches Lärvchen«, und genau dieses Stadium galt es doch zu überwinden. Ich glaube nicht, dass Helene Weigel und die Brecht-Assistenten mit ihrem eigentümlichen intellektuellen Profil Hervorbringungen mit Titeln wie »Vielgeliebtes Sternchen« das Prädikat »Film« überhaupt zuerkannt hätten.

Andererseits – von der alle werktätigen Schichten umfassenden Popularität von »Papas neuer Freundin« und des »Vielgeliebten Sternchens« konnte das BE, das damals berühmteste Theater der Welt oder zumindest Europas nur träumen.

Der DDR-Filmverleih war verwegen genug, meine Filmplakate unmittelbar neben das BE zu hängen. Oder war es nur Gedankenlosigkeit? Überlebensgroß lächelte ich von der Brandmauer des Nachbar-Hauses auf alle hinunter. Mein Gesicht war ungefähr so raumgreifend wie der berühmte BE-Kreis oben auf dem Dach. Keiner kam an mir vorbei. Die Weigel, Wekwerth, Kaiser, Flörchinger, Thate – alle mussten, wenn sie zur Arbeit wollten, morgens und abends, »Papas neuer Freundin« und später dem »Vielgeliebten Sternchen« in die Augen sehen. Rein psychologisch war das eine Katastrophe. Und ich merkte es nicht.

Mein nächster DEFA-Film hieß »Wenn du zu mir hältst«. Er war gewissermaßen illegal, weil ich fast immer nachts drehen musste und die Schule mir das nie erlaubt hätte, weshalb es unmöglich war, sie vorher zu fragen. Im April machte ich die Probeaufnahmen. Am 28. April hatte ich die Rolle. Um 10.00 Uhr war ich in der Maske, ließ mir rollengerecht die Haare abschneiden, unterschrieb meinen Vertrag und ging zur Anprobe. Um 17.00 Uhr war Vorspiel für die Bilanz »Kreidekreuz«.

Es war schwierig, alle Termine auf einmal in Tagen unterzubringen, die nur über vierundzwanzig Stunden verfügten. Schon als wir in die heiße Phase der »Ratten«-Proben kamen, konnte das Fernsehen »Papas neue Freundin« nur noch an den Wochenenden mit mir drehen.

Jetzt spielte ich abwechselnd die »Drei-Groschen-Oper« und den »Galilei« am Berliner Ensemble, hatte jeweils meinen Ein-Satz- oder den Kein-Satz-Auftritt und drehte »Wenn du zu mir hältst«.

Am 2. Mai spielten wir »Galilei«, nach der Vorstellung fuhr ich nachts zum Drehen; mittags um 12.00 Uhr war Anprobe bei der DEFA, abends stand ich auf der Bühne, nachts drehten wir. Am nächsten Mittag hatte ich schon wieder einen Termin. Diesmal bei Gerbing. Gerbing war mein Philosophiedozent. Es handelte sich um eine Konsultation. Gerbing war nicht zufrieden mit mir. Ich hatte auch nicht viel Zeit für ihn, denn um 16.00 Uhr musste ich im BE sein. »Dreigroschenoper«. Das war am 4. Mai. Am 5. Mai fiel ich durch in Philosophie.

Philosophie war die allerletzte Prüfung. Natürlich sind Dreh- und Theaterpausen keine ideale Zeitmaße für Abschlussprüfungen. Aber die anderen hatte ich bestanden. In »Theatergeschichte« war ich gut, für die »Ästhetik«-Prüfung lernte ich unwahrscheinlich viele Russen. Ich war sehr motiviert, weil ich in Kunstgeschichte mal eine Arbeit geschrieben hatte, für die ich ein »sehr gut« bekam. Allerdings hatten meine Russen den Nachteil, dass die Russen selber sie kurze Zeit darauf für absolut vorgestrig erklärten. Ich lernte auch alles über den Bitterfelder Weg, den ich schon damals nicht verstand. Hätten wir mehr über Lang oder Murnau erfahren – das hätte mich interessiert. Trotzdem, ich kam durch. Warum nicht in Philosophie?

Zu viele Nachtdrehs? Um 9.00 Uhr war ich dran, eine Dreiviertelstunde lang. Schon Wochen vorher hatte mein Kalender warnend vermerkt: »Was für Philosophie tun!« Um 9.45 Uhr war ich durchgefallen. Ich war die Einzige.

Micky war vor mir dran. Und sie bestand. Mein Tagebuch-Eintrag vom 5. Mai 1961 lautet: »Micky hat bestanden, dabei ist sie mindestens genauso doof wie ich. Drei-Groschen-Oper gespielt. Danach gedreht.« Das Übliche also auch am Tage meiner Niederlage. Abendvorstellung. Nachtdreh.

Etwas später zog ich das vernichtende Resümee: »Ich habe meine Aufnahmeprüfung nicht bestanden, warum dann das Staatsexamen? Knüller!«

Ich kann mich absolut nicht erinnern, was sie mich in der Prüfung gefragt haben. Die Philosophie, zumindest in ihrer marxistisch-leninistischen Verlaufsform, ist mir sehr fremd gewesen. Und ausgerechnet ich wollte ans Berliner Ensemble! Schließlich ist Brecht auch nur ein genial-theatralischer Anwendungsfall von Marx, bloß vorher noch mal richtig durchgehegelt.

Mein Versagen hatte noch andere Auswirkungen. Wer seinen Studien-Abschluss hatte, bekam bei der DEFA 200,– Mark pro Drehtag, ohne Abschluss gab es nur 100,– Mark.

Eigentlich hätte ich nun ein Jahr warten müssen bis zum Wiederholungstermin, aber sie hatten Mitleid mit mir. Ich glaube, Jacobi, der rothaarige Dozent, hat mit mir geübt. Sie wussten, dass ich sehr fleißig sein kann. Am 27. Juni bestand ich meine Philosophieprüfung doch. Da kam schon die nächste Hirnhautentzündung. Irgendwie schien das gesetzmäßig zu sein. Ich vertrug absolut keine Philosophieprüfungen. Sie lösten bei mir umgehend Krankheiten aus.

Die Nachfolge-Hirnhautentzündung war noch schlimmer als die erste. Im Krankenhaus hatten sie kein Bett für mich frei, ich lag bei meiner Mutter zu Hause in der Gartenstraße 85 und habe schon geschrien, wenn der Arzt auch nur mein Bein anhob. Außerdem war ich verzweifelt. Gleich zwei Filme stockten wegen mir.

Es wurde Sommer. Ab August würde ich richtig zum Berliner Ensemble gehören mit einer Anfangsgage von 400 Mark plus 50 Mark Berlin-Zulage.

Aber noch war ich die Schule und die Philosophie nicht wirklich los. Die schriftliche Abschlussarbeit lag noch vor mir. Ich beschloss, mir nichts zu ersparen – wahrscheinlich wollte ich mich auch an mir selber rächen wegen der Prüfung. Ich wählte als Thema jenes, das ganze Generationen von Brechtianern in den Wahnsinn getrieben hat, also in eine Art chronische Hirnhautentzündung. Ich schrieb über den V-Effekt.

Ich studierte wieder die »Fischweiber« und das »Kreidekreuz« (nicht zu verwechseln mit dem »Kaukasischen Kreidekreis«). Ich las alles, was Brecht über den V-Effekt schrieb. Das wichtigste Buch las ich zwanzigmal. Für die Arbeit hatte man fast ein Jahr Zeit. Seltsam war, dass, je mehr ich las, ich immer weniger verstand.

Irgendwann war klar: Entweder ich spinne jetzt, oder Brecht spinnt. Ich entschied mich für Brecht. Trotzdem studierte und schrieb ich weiter. Mein Fazit lautete, dass dieses ganze Ding mit dem V-Effekt schon bei Brecht ausgemachter Blödsinn ist. Ich schrieb das auf, formulierte es nur etwas zielgruppengerechter, professorenkompatibel.

Dann war die Arbeit fertig. Ich habe sie nie wieder angesehen.

Die Mauer in meinem Haus

Es war ein seltsamer Sommer 1961. Gleich sollte mein erstes Engagement beginnen, am BE.

Am 12. August war ich abends im Kino, wir haben im Zoopalast »Das Wunder des Malachias« gesehen, im Westen. Am 13. August fuhr ich mit einem Freund nach Prag. Er hatte einen VW-Käfer, es war Wolfgang Kohlhaase. Als wir losfuhren, stampften Presslufthämmer hinter meinem Haus. Ich war nicht beunruhigt, schließlich kam ich gerade aus dem Westen. Außerdem können die hier gar keine Mauer bauen, dachte ich, wo sollen wir sonst unsere Strümpfe kaufen? Es war unmöglich.

Trotzdem bekam ich doch Angst, denn überall in Berlin waren plötzlich die Presslufthämmer.

Dieses Gefühl von Schutz und Freiheit, das ich hier immer hatte – schließlich war die Stadt mir mehr Zuhause gewesen als die eigene Familie –, es wich plötzlich einer großen Bedrückung.

Nach Prag. Unterwegs wischte ich mir die Mauer-Schimäre wie einen dummen, bösen Traum von der Stirn.

Das Korn stand hoch, und es war Sommer – eine Mauer durch Berlin zu bauen, das war wirklich zu albern. Ein Hitzeflimmern der politischen Fantasie. Wenn man reist, ist das Unwirkliche immer der Ort, den man gerade verlassen hat.

Als ich wieder da war, kam ich in die Gartenstraße 85 nur noch von vorne rein – und hinten nicht mehr raus. Mein erster Gedanke zum welthistorischen Ereignis des Mauerbaus lautete: Jetzt müssen wir wieder die dicken Strümpfe tragen!

Kurz darauf schrieb mein Prag-Mitreisender einen Film über

eine Autofahrt am letzten Tag vorm Mauerbau, »Die Sonntagsfahrer«. Ich spielte auch mit. Drei ziemlich (spieß)bürgerliche Familien wollen am 12. August 1961 in den Westen, sehen tief in der Nacht die Panzer rollen und glauben, der dritte Weltkrieg ist ausgebrochen. Es sollte eine Komödie werden, aber ich glaube nicht, dass jemand lachen musste. Dafür verriet das Drehbuch die erhebliche dramatische Begabung seines Autors. Ich, widerspenstiges Kind republikflüchtiger Eltern, verstopfe laut Regieanweisung den Auspuff unseres Fluchtautos, damit wir es nicht in den Westen schaffen, und sage Sätze wie: »Ja, ich weiß, die Autos sind besser, die Strümpfe sind besser ... die Menschen sind besser.« Am Ende will ich gegen den Willen meiner Eltern in der DDR bleiben. Kein Wort von den dicken Strümpfen. Man nennt das die Differenz von Theorie und Praxis.

Unser Haus wurde Sperrgebiet. Zugang nur noch mit Passierschein. Seit wann braucht man einen Passierschein für seine eigene Wohnung?

Dass eine Stadt aus vier Sektoren besteht, habe ich immer als besonderen Einfall zur Förderung der kulturellen Vielfalt geschätzt, aber dass ein einziges Haus fortan zu zwei verschiedenen Weltsystemen gehören sollte, ging mir zu weit. Den anderen im Haus auch. Drei Familien aus der Gartenstraße 85 gingen vorsichtshalber gleich in den Westen. Am härtesten aber traf es die Bernauer nebenan. Wer in der Bernauer Straße aus dem Fenster sah, war mit dem Kopf im Westen, mit dem Hintern im Osten? Vorbei. Wir brauchten nur einen Passierschein für unsere Wohnung, die aus der Bernauer mussten ausziehen, von heute auf morgen. Es dauerte noch Tage, bis die Fenster der Bernauer Straße zugemauert waren.

Gartenstraße 85. Da wohnte ich nun wieder, stritt mich regelmäßig mit meinem Bruder, der Eisendreher lernte, früh auf den Bau ging und niemals ins Theater. Fremder als er konnte mir niemand sein. Da prallten Welten aufeinander, die auch unsere Mutter nicht mehr versöhnen konnte. Das Ostvorderhaus und unser Westhinterhof waren Scheingegensätze dagegen.

Ich muss hier raus! ist wohl das bekannteste Grundgefühl des DDR-Bürgers. Ich teilte es aus ganzem Herzen. Ich nannte die DDR später immer die Karnickelbuchte. Denn die DDR als Staatswesen funktionierte genau wie der Kaninchenstall meiner Ostpreußen-Oma in Lehnitz.

Er stand gegenüber dem Plumpsklo.

In diesen Stall kamen die Kaninchen, die verkauft werden sollten. Man nahm so ein Häschen, schob die Klappe mit dem Handrücken nach oben und setzte es hinein. Dann fiel die Klappe zu. Von innen war sie nicht mehr anzuheben.

Jetzt müssen wir zurück in die Klappe!, habe ich später immer gesagt, wenn wir von Gastspielen zurückkamen. Ja, ich war »privilegiert«. Und als wir dann endgültig »rübergingen«, fingen meine Sätze an: Als ich noch im Osten hinter der Karnickelklappe lebte …

Das erste Mal war ich 1965 wieder in Westberlin. Das Berliner Ensemble fuhr mit der »Dreigroschenoper«, dem »Arturo Ui« und »Coriolan« nach Prag und Budapest. In London, im Theater von Laurence Olivier kamen noch »Die Tage der Commune« hinzu. Unsere Reiseunterlagen stellte der Travelbord in Westberlin aus. Also mussten wir für einen Tag rüber. Ich sah »Bonnie und Clyde« im Kino und trank Cinzano am Kudamm.

Für Augenblicke war es wie früher.

Seltsamerweise hatte ich bald diesen Instinkt, im Ausland die DDR nicht schlecht zu machen. Sie also nicht mal so schlecht zu machen, wie sie wirklich war. Ich weiß nicht, woran das lag; ob es Dankbarkeit war, Loyalität oder die Art westlicher Reporter, Fragen so zu stellen, dass mein eigentlicher Konflikt darin gar nicht mehr vorkam.

»Warum sind Sie jetzt rübergekommen? Hatten Sie Arbeitsverbot?«

Diese Geradlinigkeit meine ich, diesen Ausschluss aller Zwischentöne. Meist reagierte ich da mit einer gewissen Verstocktheit.

Ich weiß noch, nach der »Paul und Paula«-Premiere in München habe ich zu einer Journalistin gesagt: »So'ne dämliche Frage habe ich ja schon lange nicht mehr gehört!«

Andererseits war oft zu beobachten, dass selbst die schärfsten Kritiker und DDR-Verächter im Ausland zu deren Verteidigern wurden. Es steckte wohl auch so etwas wie Selbstverteidung dahinter. Die Herablassung des Westens provozierte.

Aber noch trennten mich vier Jahre von meinem ersten Dacapo-Cinzano am Kudamm. Auf die Idee, in den Westen zu gehen, bin ich im Sommer 1961 keinen Augenblick gekommen. Schließlich stand das Berliner Ensemble im Osten. Allerdings gab das auch Probleme. Unsere West-Schauspieler konnten nicht mehr wie früher ihren Arbeitsplatz erreichen. Und Palitzsch kam eben gar nicht erst wieder. Wekwerth war immer noch da. Warum konnte das nicht umgekehrt sein?

Zu den ersten prägenden Eindrücken am BE, als ich einige Tage ordentliches Ensemblemitglied war, gehört eine Versammlung kurz nach dem Mauerbau.

Wekwerth tobt. Wekwerth schreit. Wekwerth brüllt.

Weil Palitzsch weg war.

Der Jungdramatiker Volker Braun verlässt den Zuschauerraum. Als Einziger.

Das Theater als Schicksalsfrage, die Gartenstraße 85
wird ein tragisches Haus, Helene Weigel besorgt mir
eine Wohnung und Leonhard Frank kommt mich besuchen

D ass ich am Berliner Ensemble anfing, war mir in dunkleren Stunden selbst unheimlich. Die Einzige ohne Abitur geht zum BE. Und eigentlich wäre es nicht mal möglich gewesen. Es gab nämlich eine Regelung für Absolventen, die lautete: Schauspieler in die Provinz! – Nach dem Studium musste jeder einen Zweijahresvertrag in der Provinz unterschreiben. Ich sollte nach Dresden. Hoffentlich liest das jetzt kein Dresdener. Überhaupt ist es immer schwer zu sagen, wo die Provinz anfängt und wo sie aufhört. Man kann da viel interpretieren. Aber das BE zur Provinz umzuinterpretieren, erwies sich als unmöglich.

Ursprünglich ging es ohnehin nicht um die Frage: BE oder Dresden?, sondern um eine noch viel grundsätzlichere Entscheidung: Theater oder Film?

Nach dem Intendantenvorsprechen bin ich mit dem Fahrrad durch Babelsberg gefahren, Runde um Runde: Soll ich nach Dresden gehen und die Natascha in »Krieg und Frieden« spielen oder soll ich zur DEFA? Oder soll ich zum BE?

Ich bat Dudow, meinen Entdecker, um Rat. Dudow erklärte mir ohne Umschweife, dass ich selbstverständlich zum Film gehöre. Ich sei ein Kind des Films, da brauche ich mich nur mal anzusehen. Am BE würde ich nichts zu spielen kriegen. »Du bist ein großes Talent für den Film, nichts fürs Theater.« Die DEFA hatte gerade ein eigenes Schauspielerensemble gegründet. Vielleicht, weil es schwierig war, immer die Theaterverpflichtungslücken der Schauspieler abzuwarten, und sicher auch, um gute Namen an sich zu binden. Das war verlockend. Aber bei Dudow merkte ich, dass meine Entscheidung schon gefallen war. Gegen die DEFA. Ich hatte es nur noch nicht gewusst.

Meine Überlegung war sehr rational. Die Filme der DEFA hatten mir nie so gefallen. Wir sind kein großes Filmland, sagte ich mir, aber wir sind ein großes Theaterland. Ich würde also viel mehr lernen am Theater. Und am allermeisten am BE.

In der DDR war es selbst dem Berliner Ensemble nicht einfach möglich, eine Schauspielerin zu engagieren, die noch ihre Bewährung in der Provinz vor sich hatte. Das Ministerium für Kultur musste erst zustimmen. Das Ministerium war auf Weigels und meiner Seite.

Es kam noch etwas anderes hinzu.

Nietzsche hat gesagt, der Mensch ist etwas, das überwunden werden muss. Ich kannte Nietzsche damals gar nicht, teilte aber durchaus das Kategorische seiner Formulierung: Das »Lärvchen« ist etwas, das überwunden werden muss! Siegi aus »Verwirrung der Liebe« musste überwunden werden! Also gab es nur eins: das Theater, das BE. Mit Helene Weigel als Übermensch, nein, Übermutter.

Eine Kollegin sah meine BE-Begeisterung mit Skepsis und sagte: »Die einen beginnen in der Provinz, die anderen enden in der Provinz.« Ich fand diesen Satz sehr böse. Und wie alle bösen Sätze habe ich ihn mir gut gemerkt. Ich schloss einen Gast-Vertrag mit der DEFA, gewissermaßen einen BE-Pausenvertrag. Und meine Film-Rollen suchte jetzt ich aus. In »Julia lebt« kurz darauf (Regie: Frank Vogel) sollte ich die Flirrige, Übermütige sein, bestand aber auf der ruhigen, nachdenklichen Krankenschwester. Es war die schlechtere Rolle. Man kann auch übertreiben. Und in »Chronik eines Mordes« nach einer Erzählung von Leonhard Frank spielte ich die Jüdin Ruth Bodenheim. Die sah ungefähr aus wie die BE-Schauspieler in Brechts »Tagen der Commune«. Grau, fahl und völlig ohne Augenbrauen. Bevor wir »Chronik eines Mordes« drehten, habe ich Leonhard Frank kennen gelernt. Er besuchte mich zu Hause in Baumschulenweg.

Denn ich war umgezogen.

Helene Weigel bestand noch im Herbst 1961 ihre erste Bewährungsprobe als meine Übermutter. Sie besorgte mir eine eigene Wohnung! Sie hatte eine angenehme Art, ihre Intendantinnentür weit offen zu lassen. So hörte sie auch, was sonst noch vorging am Theater. Durch ihre weit offene Tür hindurch merkte sie sogar, dass ich unglücklich war und dass dieses Unglück sich unmittelbar auf die Wohnungsfrage zurückführen ließ.

Natürlich zählte das Beschaffen von Wohnungen auch in der DDR nicht zu den wichtigsten Aufgaben eines Intendanten. Aber wer den Sozialismus kannte, wusste, dass es dort vieles nicht gab, aber eins erst recht nicht: Wohnungen. Bis zum Januar 1962 blieb ich noch bei meiner Mutter. Doch selbst die Tatsache, dass die System-Grenze gewissermaßen durch unser Haus verlief, konnte den Zustand friedlicher Koexistenz zwischen meinem eisendrehenden, nie lesenden, theaterfernen Bruder und mir nicht auf Dauer aufrechterhalten. Wir waren einfach zwei zu antagonistische Weltsysteme. Meiner Mutter tat das weh. Trotzdem war Flucht mein einziger Gedanke, wenn auch, untypisch für die Zeit, Flucht in den Osten. Nach Köpenick, nach Strausberg, egal wohin, nur weg.

Die Gartenstraße 85 wurde jetzt im Herbst 61 ein tragisches Haus, denn ich war nicht die Einzige mit Fluchtgedanken. Ich kam ohnehin nur noch mit Passierschein in unsere Wohnung. Heute wäre das ein Mietminderungsgrund. Wohnung oder Sicherheitsgewahrsam, das ist doch ein Unterschied. Und genau wie im Gefängnis kann dich plötzlich kein Mensch mehr einfach so besuchen; er braucht mindestens eine Erlaubnis. Manche schafften es auch ohne Erlaubnis. Ungefähr drei Mal in der Woche stürmten Polizisten die Treppen hoch bis auf unseren Dachboden und führten Leute ab. Die hatten sich auf dem Dachboden versteckt und wollten in den Westen. Wahrscheinlich hatten sie gehört, dass hinter unserer Haustür der Westen liegt. Das stimmte ja auch, nur war es doch etwas weiter als in der Bernauer Straße, wo man sich aus den Fenstern der Wohnungen direkt in den Westen abseilen konnte. Einer hat sich von unserem Dachboden aus hinunter in den Hof gestürzt. Er war sofort tot.

Ich musste wirklich weg.

Vollends, nachdem mein Bruder eine Versicherungspolice einlösen wollte, die meine Mutter für mich angelegt hatte, als ich klein war. Frauen brauchten damals für solche Unternehmungen die Unterschrift ihres Ehemanns respektive geschiedenen Ehemanns, weil sie keine Subjekte des bürgerlichen Rechts waren. Mein Bruder wusste, dass ich ohne ihn nie die Unterschrift meines Stiefvaters erwirken konnte, woraus er das Recht ableitete, das Geld dann auch gleich zu behalten. Da kannte meine Empörung keine Grenzen mehr, doch zugleich war ich ohnmächtig. Ich war davon überzeugt, der Willkür ausgeliefert zu sein.

Menschen, die wütend sind, haben die Neigung, alle an ihrem Gemütszustand teilnehmen zu lassen. So erfuhr auch das BE von meinem Bruderzwist. Aber die nahmen mich nur in die Arme und sagten: Kindchen, dafür gibt es doch Anwälte!

Ich nahm mir einen, und die Sache war nach einem Brief an Rudolf Otto Domröse erledigt.

Von diesem Augenblick an schätzte ich Intellektuelle noch viel mehr als früher. Nicht nur, dass sie so wunderbare Sachen wie Theater machen konnten, nein, entgegen einem weit verbreiteten Vorurteil waren sie sogar für praktische Dinge sehr gut zu gebrauchen.

Ich bekam meine erste eigene Wohnung im Dezember. Sie lag in der Kiefholzstraße in Baumschulenweg und hatte zwei kleine Zimmer, Küche und Bad. Vorher hatte eine Tänzerin von der Komischen Oper darin gewohnt. Der Winter 1961 wurde sehr hart. Argwöhnisch besah ich die Öfen in meiner ersten eigenen Wohnung und fror allein schon bei ihrem Anblick. Es war einfach nicht das richtige Wetter für die endgültige Emanzipation von zu Hause. Es ist sehr schön, wenn andere für dich heizen. Das stimmt versöhnlich, wenn man kaputt von den Proben kommt. Und von der Fahrschule. Die Fahrschule war für meinen nächsten Film.

Damals habe ich begriffen: Innere und äußere Souveränität ist vor allem eine Frage der Jahreszeit. Nur die Hausgemeinschaft sah das anders, sie bemerkte, dass die Wohnung noch immer leer ist, und drängte auf »Klärung des Sachverhalts« und »Weitervergabe«. Jetzt musste ich mich beeilen.

Im März bin ich umgezogen. Seit meiner Kiefholzstraßen-Wohnung habe ich abgezogene Dielen und weiße Leinengardinen. Ich habe das immer geliebt. Vor allem änderte ich sofort das Verhältnis der Anzahl der Zimmer zur Anzahl der Bücher in meiner Wohnung. In der Gartenstraße kamen zwei Zimmer auf zwei Bücher. Ich besaß bald eine ganze Bibliothek. Eine eigene Bibliothek zu haben, erschien mir als Inbegriff des Zu-Hause-Seins. Bücher bedeuten für mich Geborgenheit, das ist heute noch so. Nachdenken, aufstehen, ein Buch nehmen. Lesen, innehalten, lesen.

Seltsamerweise gab es damals noch viel mehr zu kaufen als später in der DDR. Ich erinnere mich genau an meinen Lieblingsladen in der Brunnenstraße, der hatte schwedische Stoffe, schwedische Lampen und Stühle und Sessel. Das war lange vor Ikea. Und Hellerau-Möbel gab es. Später wurde Hellerau zum Markennamen für angewandte Spanplatten-Spießbürgerlichkeit, aber Anfang der 60er Jahre wirkte es wie Bauhaus. Ich war sehr stolz auf meinen Hellerau-Schrank in der Kiefholzstraße. Und auf die Bücherschränke.

Bald kaufte ich mir auch die Josephine-Uhr im Staatlichen Kunsthandel der DDR. Die Josephine-Uhr war die erste meiner vielen Uhren. Immerzu erinnern mich die Uhren daran, dass die Zeit vergeht, mindestens alle Viertelstunden, mit Tönen aus den verschiedensten Jahrhunderten. Ich mag das. Es versöhnt mit der Vergänglichkeit.

Uhren sind fast so wichtig wie Autos.

Nicht ohne mein Auto

Mein Traum war ein 911 Carrera. Den 911er fand ich toll, als ich zwölf war. Ich träumte wie ein Junge. Ich mochte schnelle Autos. Neun Jahre lang bin ich Porsche gefahren. Ist noch nicht lange her. Ich weiß, es klingt seltsam, und wenn jemand sagt: »Die fährt Porsche!«, dann ist das mehr als die Auskunft über eine Automarke, es liegt zugleich eine Charakteristik darin. Ich kann mich da schwer verteidigen. Dass ich kein Zuhälter bin, glaubt man mir wohl. Ich mag diese Autos mit den starken Motoren nun mal. Und es ist einfach ein wunderbares Gestell. Mein Porsche hieß Wilhelm. Alle meine Autos hatten Namen. Ich weiß auch nicht, warum ich ausgerechnet diesen eleganten Wagen »Wilhelm« genannt habe. Vielleicht wegen der Anerkennung. Die Italiener haben sonst viel mehr Talent für Formen, aber die Porsche-Form ist den Deutschen wirklich gelungen. Wilhelm also. Das Entscheidende aber war etwas anderes. Das Entscheidende ist der Ton. Man muss hören, wie so ein Porsche klingt. Wie dieser Motor läuft!

Wahrscheinlich leben wir alle kapitelweise. Es gibt Phasen, wo man eine Sache mit ganzer Hingabe macht – ins Theater gehen, Jazz hören, im Chor singen –, und irgendwann, ganz plötzlich, ist das vorbei. Ich hatte viele solche Phasen. Nur die Begeisterung fürs Autofahren hat nicht einen Tag geschwankt. Wahrscheinlich ist sie die große Konstante in meinem Leben. Man kann beim Autofahren so wunderbar seine Aggressionen abarbeiten, Radio hören wie sonst nie, ganz konzentriert sein auf die Außenwelt, ja, schließlich ist man selber eine 140 km/h-Intensiv-Realität oder mehr, und doch nicht wirklich da. Keine Erdenschwere. Entlastet sein, im Niemandsland.

Ich weiß, dass ich das Weltbild sämtlicher Kulturwissenschaftler durcheinander bringe, die das Privatfahrzeug längst als Hauptgegenstand maskuliner Selbstbestätigung entlarvt haben, insofern es sich nicht um einen Trabbi handelt. Der Steuerknüppel als Phallussymbol, solche Sachen. Ich kann dazu nicht viel sagen.

Ich bekam mein erstes Auto mit zweiundzwanzig, und zwar durch den Chef des Deutschen Fernsehfunks.

Das Auto hieß Apollo, der Chef des Deutschen Fernsehfunks hieß Adameck. Auch die Leiter von sozialistischen Rundfunkanstalten mussten in der DDR Kompetenz auf sehr vielen Gebieten beweisen. Unter anderem als Autozwischenhändler. Ich hatte Adamecks Frau geklagt, dass ich Angst hätte, abends nach den Vorstellungen am BE allein nach Baumschulenweg zu fahren, weil die S-Bahn dann doch immer so leer sei. Das stimmte auch, denn in einem Arbeiter- und Bauernstaat gehen die Arbeiter und Bauern sehr früh schlafen, weil sie so früh aufstehen müssen. Heute dagegen denkt man manchmal nach Mitternacht, man sei soeben in den Berufsverkehr zur Frühschicht hineingeraten. Es ist wirklich schwer, sich noch vorzustellen, wie leer und verlassen die DDR abends war. Für mich war das aber gut, denn Adameck, der Chef des Deutschen Fernsehfunks, musste mir nun das Auto besorgen. Es war ein schwarzer Wartburg mit Schiebedach. Ich fand ihn wunderschön, deshalb der Name Apollo.

Es gab nur ein Problem. Ich konnte ihn nicht bezahlen. Mit Martin Flörchinger vom BE spielte ich zusammen in »Schwejk im Zweiten Weltkrieg«. Flörchinger war ein großer Komödiant, er borgte mir die 3000 Mark, die mir noch fehlten. Ohne Quittung. Denn die Komiker haben den größten Sinn für dramatische Situationen.

Ich brachte ihm das Geld ganz schnell zurück, und eine Flasche Whiskey dazu. – Schöne Altbauwohnung haste, Flörchi!, sagte ich, als ich mit dem Whiskey in der Wohnung des großen Komödianten stand und mit Schrecken bemerkte, dass Flörchinger ja mitten auf einer Kreuzung wohnte. Hier sollte der seine Rollen lernen? Aber immer die Fenster zu, bei dem Lärm, wa? – Ja, ja, antwortete Flörchinger, aber bei geschlossenen Fenstern höre ich den Biermann auch viel besser. Wolf Biermann ist mein Nachbar. – Den muss ich kennen lernen, sagte ich in spontanem Leichtsinn und dachte an Villon-Biermann im Zug, während der Wind wehte. Das Lied von dem Villon-Band, das ich so mochte. Wir gingen nicht hinaus auf den Flur, wir klingelten an keiner Tür – und trotzdem stand plötzlich Wolf Biermann vor uns. Mit Gitarre. Flörchi wohnte also mit Wolf Biermann zusammen. Künstler-WG. Ich sah Biermann mit Gitarre. Biermann sah mich. Aha, dachte ich. Mehr dachte ich eigentlich nicht.

Ich beschloss, nie an einer Kreuzung zu wohnen. Aber ich wollte diese Orte künftig beleben. Fahren konnte ich schon. Es war eine harte Schule. In seinem Film »An französischen Kaminen« besetzte mich Kurt Maetzig als LKW-fahrende Jeanne. Also lernte ich LKW fahren, mitten in Berlin. Besonders schwierig war es, mit dem Anhänger zwischen den Straßenbahnschienen durchzukommen. Und die theoretische Prüfung war doppelt schwierig. Schließlich ging es nicht nur um den LKW, sondern auch um den Anhänger. Und um die Anhängerverkuppelung. Ich lernte LKW, Anhänger und Anhängerverkuppelung. Beim Drehen vergaß ich öfter die Handbremse zu lösen – wenn das Kommando »Klappe!« fiel und ich parallel zu einer Lok mit Waggons fahren musste.

Der Westen interessierte sich immer für meine Autos. 1963 im Sommer brachte der »Stern« ein Porträt über mich. Da war mein Wartburg noch ganz neu. Der »Stern« vermerkte akribisch, wie viel er kostete: 17 000 Mark, und dass er genau dem westlichen DKW entsprochen habe. Er schrieb auch, dass ich monatlich am Berliner Ensemble 650 Mark verdiente und den Wagen von meinen zusätzlichen Filmgagen finanzierte. 400 Mark pro Filmdrehtag, 250 Mark für Fernsehspiele. Von Flörchingers Leihgabe hatte ich dem »Stern« wohl nichts erzählt. Wenn ich die Artikel wieder lese, die im Westen über mich erschienen sind, weiß ich noch heute, in welchen Jahren ich welche Autos fuhr. 1976 steht da, dass Hilmar Thate und ich zwei Autos hatten. Meins, sagte ich damals, sei aber schon ziemlich verrostet. Sollte das immer noch der schwarze Wartburg mit Schiebedach gewesen sein? Apollos Bremsklötze mussten als Erste gewechselt werden.

Später hatte ich einen roten Fiat-Sport, gekauft von der Gage meines ersten tschechischen Films. Wir deklarierten ihn als Hochzeitsgeschenk, da war er gebührenfrei. Mein zweiter Fiat-Sport war der teuerste Europas. Diesmal zahlte ich den Kaufpreis und den Einfuhrzoll. Es war Wahnsinn, aber es musste sein. Für mich war er schon ein halber Porsche.

Nach der »Paul und Paula«-Premiere in München haben sie mich die »Dornrose« getauft, weil ich immer so spröde war und das mit der »besonders dämlichen Frage«, wie ich schon lange keine mehr gehört hätte, gesagt habe. Es lag natürlich nicht nur am intellektuellen Status der Frage, ich werde meine Sprödigkeit gegenüber westlichen Journalisten gleich noch erklären. Nach der »Paul und Paula«-Premiere fuhren wir in einem Mercedes zum nächsten Termin. Ich hörte den Motor, diesen berückenden Ton, klangen dagegen nicht alle Fragen gleich, ob ein bisschen dämlicher oder nicht? Jedenfalls stellte ich jetzt auch eine. Darf ich mal?, fragte ich den Fahrer. Ich raste mit dem Mercedes durch München und überfuhr eine rote Ampel, weil eine Frau aus dem Osten, die zum ersten Mal in München Mercedes fährt, doch nicht auf alles achten kann, schon gar nicht auf Verkehrshindernisse.

Heute habe ich einen kleinen Mini-Cooper. Er ist wirklich sehr klein, fährt aber trotzdem 140 km/h, was man seinem Oldtimer-Outfit gar nicht zutraut. Es ist eine ganz neue Erfahrung für mich. Der Mini-Cooper ist im Vergleich zum Porsche ein ungemein sozialverträgliches Autos. Junge Männer, alte Omas, alle lächeln mir zu. Sie mögen mich wegen meines Autos. Es heißt Alberich, nach Wagners Zwerg im »Ring des Nibelungen«. Dass man mich wegen meines Autos mag, ist mir in meinem weißen Porsche nie passiert.

Da hat mich seltener einer angelächelt. Wenn ich neben den Männern an der Ampel stand, haben sie mich gemustert. Was will die beweisen? Ist bestimmt nicht ihr Auto. Und als ich Sekunden später weg war und sie immer noch an der Ampel standen, obwohl längst grün war – es lag an der beklagenswerten Beschleunigungspotenz ihrer Wagen – , konnte ich ihnen Gott sei Dank nicht mehr ins Gesicht sehen. Ich war, was der Mensch im Leben selten ist – unüberholbar.

Aber das Lächeln der jungen Männer heute, wenn ich in meinem Mini sitze, ist doch schöner.

Der Unterschied zwischen
Manfred Wekwerth und meiner Tante Deter.
Ich werde Babette

Als Manfred Wekwerth sich im August 1961 beruhigt hatte, dass Palitzsch weg war, fasste er einen Plan. Wahrscheinlich fasste er ihn mit Helene Weigel zusammen. Denn natürlich musste das BE auch Stellung nehmen zu einem so epochalen Ereignis wie dem Mauerbau. Aber wie?

Helene Weigel kannte schon vieles, sie war in dem Alter, wo einen nichts mehr überraschen kann, aber eine Mauer um sich herum, die kannte sie noch nicht. Vielleicht hätte die DDR sich gar nicht getraut, die Mauer zu bauen, wenn Brecht noch gelebt hätte. Wie verteidigt man einen Mauer-Sozialismus? Da hatte Wekwerth die Idee. Wir müssen die »Tage der Commune« spielen. Schließlich kamen bei der Pariser Commune zwar nicht direkt Mauern vor, aber doch immerhin Barrikaden, also gewissermaßen eine Vorform der Mauer. Unsere Wie-reagieren-wir-auf-die-Mauer-Versammlung hieß »Terror gegen Terror. Wer zum Schwert greift, wird durch das Schwert umkommen«.

Es war nicht einfach, die Gartenstraße 85, von deren Dachboden sich Menschen in den Tod stürzen oder vorher von der Polizei abgeführt werden, und die Pariser Commune zusammenzudenken. Vor allem hatten die Arbeiter 1871 doch nicht die Barrikaden gebaut, damit sie nicht mehr rauskonnten. Aber das sagte ich nicht.

Denn das war doch das Beeindruckende am Berliner Ensemble. Die konnten alle so gut denken. Und Wekwerth konnte besonders gut denken. Ich habe das maßlos bewundert. Später lernte ich, dass Menschen, die besonders gut denken können, auch besonders gefährdet sind.

Außerdem, dachte ich, Wekwerth kannte schließlich meine Migräne-Tante Deter nicht. Tante Deter sah das mit der Mauer nämlich so: »Hier halt ich es keinen Tag länger aus! Eingesperrt bei den Russen!« Ich glaube, meine Tante Deter meinte das gar nicht politisch. Sie war kein politischer Mensch, sie kannte auch Bertolt Brecht nicht, sie wollte einfach ausdrücken, dass sie jetzt hier wegmusste. Ich kenne viele, die nach dem 13. August 1961 noch irgendwie über die Grenze gekommen sind. Tante Deter auch. Erst floh der Oberkellner, dann floh sie. Sie hat sich vorher von ihm scheiden lassen, aber das haben wir damals gar nicht gewusst. In Stuttgart trafen sie sich wieder und haben sofort wieder geheiratet. Die Scheidung war eine Vorsichtsmaßnahme gewesen. Damit, wenn einer von beiden gefasst würde, die DDR nicht die Spur des anderen findet. Scheidung aus Liebe. Das hat mich auch sehr beeindruckt, genau wie Wekwerths Erklärungen der »Commune«.

Das Gute an der Commune-Inszenierung war, dass eine Rolle für mich drin sein sollte. Das BE brachte damals recht wenige Neuinszenierungen heraus, vielleicht weil es ein so bedeutendes Theater war, und wer bedeutend ist, muss sich nicht beeilen. Es war zwar wieder nur eine kleine Rolle, aber diesmal war ich von Anfang an dabei, konnte miterfinden, mitausprobieren, soweit ich mich traute. Die Babette, ein junges, naives, doch starkes Proletariermädchen, sollte ich spielen. Am Anfang waren wir zu zweit. Eine Doppelbesetzung, Renate Richter und ich. Aber nachher wurde Renate Richter die Lehrerin. Die Richter und ich, wir waren damals die beiden jungen Frauen am BE.

Natürlich waren auch die Proben am Berliner Ensemble etwas Besonderes. Unmengen von Assistenten und Hospitanten saßen in den Proben und schrieben auf, was ihnen auffiel, was man falsch gemacht hatte, was zu sehen war oder eben noch nicht zu sehen war, aber unbedingt zu sehen sein sollte. Hinterher wurde das dann noch einmal abgeschrieben, und man konnte es mit nach Hause nehmen und vor dem Einschlafen noch einmal lesen. Das waren die Proben-Notate. Nur Helene Weigel sagte immer gleich, was sie dachte, und schrieb das auch nicht auf, wahrscheinlich notierten es die anderen. Sie sagte zum Beispiel: »Musst träumen, Pupperl!« oder: »Was nützt dir dein Seelenleben, wenn keiner es sieht, Pupperl?«

Welches Seelenleben haben kleine Pariser Proletariermädchen, und wie erkennt man es? Der große Bühnenbildner Karl von Appen steckte mich in einen viel zu weiten Umhang. Selbst gemachte Bastschuhe musste ich anziehen, die Schnürsenkel darumgewickelt. Dazu war ich BE - und Commune-gemäß ganz grau im Gesicht, hatte, wie die Weigel es für eine Schauspielerin befohlen hatte, selbstverständlich eine freie Stirn, und doch, es reichte noch nicht. Wekwerth sagte, ich solle sehr schnell sprechen, am besten doppelt so schnell – das hatte ich in der Aufnahmeprüfung ja schon gemacht. Es würde die Naivität der Figur unterstreichen, ihren einfachen Stolz, urteilten die anwesenden großen Dialektiker. Ohne Punkt und Komma spielen! Dann hatte Wekwerth noch eine Idee: Hüpfen Sie doch mal durch die Rolle!, schlug er vor und hielt den Kopf schräg. – Ich hüpfte. Nachher fanden viele, das war mein künstlerischer Durchbruch. Ich habe den Kunstpreis der FDJ dafür bekommen, es war mein allererster Preis, und er ist mir noch heute der wichtigste von allen. Nie wieder habe ich mich so über einen Preis gefreut. Die hüpfende Babette in Brechts »Tagen der Commune«! Sogar Wekwerth schien hoch zufrieden, was er nicht oft war und mit mir schon gar nicht. Er hat in meinen sechs Jahren am BE ungefähr sechs Sätze mit mir gesprochen. »Hüpfen Sie doch mal durch die Rolle!« war einer davon.

Ich hüpfte insgesamt fünf Jahre lang. Bis zum Sommer 1967 habe ich in »Die Tage der Commune« gespielt. Ich hüpfte zu meinem Liebsten an der Kanone. Das war Hilmar Thate, einer der jungen Wilden am BE. Er war immer sehr verständnisvoll. Denn es war doch keineswegs leicht, am BE zu hüpfen inmitten all der Großen, die einen allein schon mit ihrer puren Gegenwart erdrückten. Hilmar tat das nie, dafür war ich ihm dankbar, auch darum habe ich ihn viel später wohl geheiratet.

In den »Tagen der Commune« hatte Gisela May ihre erste größere Rolle am BE. Ich hüpfte abwechselnd zu Thate und zu ihr. Gisela May war die »Commune«-Mutter von Hilmar.

Am Ende lagen wir alle erschossen über den Barrikaden, und Paris brannte. Das brennende Paris war unwiderstehlich. Ein Rundhorizont aus Seidenstoff, der von Scheinwerfern rot angestrahlt wurde, und die Bühnenarbeiter bewegten das Tuch. Kein Zweifel, wir befanden uns im Herzen der proletarischen Revolution. Wir waren die toten Helden der Arbeiterklasse. Wer waren Tante Deter und ihr Oberkellner dagegen?

Nur von Appen, unser Meister-Bühnenbildner, schien den großen Augenblick nicht zu spüren. Unsere Kostüme hätten viel zu neu ausgesehen, sagte er. Und ob er uns vorher nicht erklärt hätte, das Hauptziel der Proben müsse sein, alle Kostüme in einen Zustand zu versetzen, der nichts anderes zulasse, als ihre direkte Herkunft von den 1871er-Barrikaden zu vermuten.

Wahrscheinlich sollte das brennende Paris den kathartischen Effekt einer gewissen Dankbarkeit für die Mauer beim Zuschauer auslösen. Damit wir alle nicht eines Tages erschossen über den Barrikaden liegen, haben wir jetzt schon die Mauer gebaut!

Die Revolution muss sich zu verteidigen wissen. Dieses Problem wollte Brecht in den »Tagen der Commune« behandeln. Er ist damit nicht fertig geworden, die »Commune« blieb Fragment. Marx kam mit der Commune, der echten, auch nicht klar. Er fand sie zu voreilig. Dann hat er zu Engels gesagt: »Jetzt ist sie im Gange – jetzt müssen wir sie bejahen.«

Ob Marx und Brecht unseren Schluss gemocht hätten?

*Ich werde die größte Zuschauerin
  des Berliner Ensembles,
lese Livius und bin trotzdem manchmal traurig*

Ich wurde die größte Zuschauerin am BE. Jeden Abend wieder, stumm vor Bewunderung, stand ich in der Gasse und sah zu. Ich musste rauskriegen, wie sie das machen – die Großen. Jeden Abend sah ich dieselben Inszenierungen, fühlte dieselben Erschütterungen an denselben Stellen. Das musste sich doch einmal abnutzen! Ich beobachtete sie genau. Irgendwann würden sie das Geheimnis preisgeben. Sie gaben es nie ganz preis. Aber ich lernte. Und wie ich lernte. Ich habe Ernst Busch im »Galileo Galilei« noch ganz nah gesehen, von der Gasse aus, der »Arturo Ui«, kurz nach Brechts Tod, mit Ekkehard Schall und Hilmar Thate war atemberaubend. Und jedes Mal wusste ich, gleich weine ich wieder bei »Furcht und Elend des dritten Reiches«. Es stimmte immer.

Es ist wahr. Noch mehr als durchs Selber-Spielen lernte ich am BE durchs Zuschauen. »Coriolan« habe ich mindestens zehn Mal gesehen.

Und durch hartnäckiges Studium lernte ich. Ich las alles. Als das BE den »Coriolan« rausbrachte, hatte ich gelesen, dass man den »Coriolan« gar nicht verstehen kann, ohne vorher Livius zu kennen. Jedenfalls sah Brecht das so. Livius ist ein römischer Historiker, und mir war augenblicklich klar, dass ich die nächsten Wochen und Monate in Gesellschaft der römischen Geschichte und des römischen Staatsrechts verbringen würde. Man nannte das auch Eine-Inszenierung-Erarbeiten. Leichtfertiger veranlagte Schauspieler hätten einwenden können, wozu man eine Inszenierung erarbeiten soll, in der man gar nicht vorkommt? Es stimmte, ich spielte nicht mit im »Coriolan«, aber das, so empfand ich, enthob mich keinesfalls meiner Verantwortung für das Stück und seine angemessene geistige Durchdringung. Livius!

Es gelang mir in diesen Jahren immer wieder, Männer zu verblüffen. Auch und gerade solche, die mich kannten. Oliver Hagen zum Beispiel, der in der Kulturzeitschrift der DDR »Sonntag« die nicht unproblematische Absicht geäußert hatte, mich zur Brigitte Bardot der DDR machen zu wollen. »Und die ganze DDR läuft ihr hinterher«, hatte er gesagt. Zu meinem Unglück las das Berliner Ensemble auch den »Sonntag«. Die Brigitte Bardot der DDR? Und so was haben wir am BE? Als ob meine Riesenplakate neben dem Theater nicht genügt hätten.

Aber Oliver Hagen muss das eher positiv gesehen und wirklich an meine Brigitte-Bardot-Eignung geglaubt haben. Allerdings glaubte er nicht, dass Brigitte Bardot Livius, den römischen Staatsrechtler, kannte.

Hagens Wohnung lag direkt auf meinem Weg nach Hause im Plänterwald, und manchmal, wenn ich losging oder zurückkam, klingelte ich bei ihm. Dann tranken wir Kaffee. Wir sprachen über die Schwierigkeiten unserer gegenwärtigen und zukünftigen Existenz, worunter die Schwierigkeit, mir eine vertrauenswürdige, gute Livius-Ausgabe zu besorgen, einen hervorragenden Platz einnahm. Oliver Hagen saß in seiner schönen großen Bibliothek und sagte nichts. Er sah mich nur aus seinen großen dunklen Augen an. Dann fragte er, jedes Wort einzeln betonend: Du kennst Livius? – Noch nicht, antwortete ich zuversichtlich, und dann sagte ich Oliver Hagen, was ich über den Zusammenhang von Livius und Brecht wusste, dem ich nun nachzugehen gedachte. Hagen trat bedächtig an seine Bücherregale. Er suchte etwas. Dann nahm er vier Bände heraus, prächtige Bände, das sah ich gleich, und gab sie mir. »Die Klassiker der Römer und Griechen. Strenge Auswahl mit Stahlstichen. Siebenter Band. Livius Römische Geschichte.« Ich blätterte. Im sechsunddreißigsten Buch des siebenten Bandes besprach Livius das Rom im Jahre 561. Ich war beeindruckt. Hagen nickte. Kannst' mitnehmen, sagte er, kannst' behalten!

Ich weiß mir diese Selbstlosigkeit eines Bibliophilen bis heute nicht ganz zu erklären. Wahrscheinlich wollte Hagen der Begegnung eines so jungen Mädchens mit einem alten Römer nicht im Wege stehen, zumal solche Begegnungen nicht sehr häufig sind. Und wohl seltener werden. Ich habe immer eine gewisse Scham empfunden, wenn ich unwissend war. Diese Empfindung scheint gesamtgesellschaftlich abzunehmen. Belesenheit, Bildung in einem nichttechnischen Sinne gilt heute kaum mehr als Tugend. Aber dass dieser Eros einmal ganz verschwindet, mag ich mir nicht vorstellen, eben weil Genuss und Wissen, Anstrengung und Freude so eng zusammengehören.

Oliver Hagens maßlosem Erstaunen über meine Lektüre verdanke ich eine der Kostbarkeiten meiner Bibliothek. Man nennt das auch einen Überrumplungseffekt.

Kurz vor unserem ersten Brecht-Abend wurde ich zu Helene Weigel gerufen. Sie sah mich tadelnd an, besonders tadelnd sah sie auf mein Kleid. Es war fliederfarben. Ich fand es wunderschön. Ob ich schon mal darüber nachgedacht hätte, dass das Publikum tiefer sitzt, gewissermaßen unterhalb der Bühne. Da brauche man gar nicht drüber nachzudenken, das sei vollkommen klar, erwiderte ich und begriff erst jetzt, was die Weigel meinte. Dass sich von unten gesehen die stoffsparende Länge meines fliederfarbenen Kleides noch mal verkürzte. Und dass diese fliederfarbene Blöße nicht zu dem geistigen Ernst eines Brecht-Abends passe. Denn ich wüsste doch, was ich da vortragen wolle, nicht wahr? Brecht also. Fliederfarben und Brecht. Das geht nicht, beschloss Helene Weigel. Und ich bewunderte ihren Geschmack grenzenlos. Allein die Art, wie sie die Decke über ihren hochlehnigen Worpswede-Stuhl warf. Das Zinngeschirr auf den gescheuerten Holztischen in der BE-Kantine. Das war Helene Weigel. Wahrscheinlich hatte sie Recht.

Ich hängte mein schönes fliederfarbenes Kleid in den Schrank wegen des geistigen Brecht-Ernstes und kaufte ein neues. Am BE trug man vor allem schwarze Rollkragenpullover, doch ich wagte noch einmal die Abweichung: Mein neues Kostüm war dunkelbraun und kilometerlang. Ich sah gleich dreißig Jahre älter darin aus. Es war abscheulich, aber dem geistigen Ernst eines Brecht-Abends zeigte es sich gewachsen.

Warum war ich trotzdem manchmal so traurig am Berliner Ensemble? Weil ich immer wieder eine ganz und gar seltsame Erfahrung machte. Wenn ich von der Bühne kam, trug ich das Hochgefühl der Rolle mit in die Garderobe. Wenn ich den ganzen Abend in der Gasse stand, nahm ich die Euphorie mit hinter die Bühne. Es war so viel Erkenntnis in diesen Stücken, die kann doch nicht auf dem Weg in die Garderobe verloren gehen. Dem neuen Menschen auf der Bühne muss der neue Mensch hinter der Bühne entsprechen! Anders konnte ich mir das nicht vorstellen.

Ich teilte meine Garderobe mit zwei Kolleginnen. Sie waren wie ich meist Huren, wir sahen aus wie gefledderte Hühner mit wunderbar sexy Stiefeln – was Brecht für uns Frauen auf der Bühne so vorgesehen hat –, aber auch gefledderte Hühner müssen schließlich neue Menschen werden. Das ist der kathartische Effekt. Aber in der Garderobe war er jedes Mal weg. In der Garderobe wurde geweint. In der Garderobe wurde gehetzt. Ich ahnte etwas Entsetzliches: Es war am Berliner Ensemble fast wie früher bei mir zu Hause in der Gartenstraße. Jedenfalls gab es eine Seite am BE, die erinnerte mich an die Gartenstraße. Und dabei wollte ich doch nie mehr Gartenstraßenluft atmen. Ich wollte hinauf zu Höherem, immer weiter hinauf, und ahnte nicht, wie klein das Große manchmal ist.

Natürlich machte ich auch Fehler. Ich brachte meine Autogrammpost mit. Die konnte ich wunderbar in den Spielpausen erledigen. Ich wollte damit nichts beweisen. Keinen Augenblick dachte ich darüber nach, dass der Anblick meiner Autogrammpost das Wohlwollen meiner Garderobengenossinnen nicht unbedingt steigerte. Sogar mit der Babette, dieser doch kleinen Rolle in den »Tagen der Commune«, hatte ich ein Titelfoto bekommen. Und draußen kam ja ohnehin keiner an mir vorbei, wenn er ins BE wollte. Das »vielgeliebte Sternchen« lächelte unverzagt von der Nachbar-Brandmauer herunter. Ich wäre so gern ein wenig kleiner geworden auf diesem Plakat.

Atmen mit Erich Engel

Bei den Proben zum »Galilei« war Brecht gestorben. Erich Engel übernahm seinen »Galilei«. Gewissermaßen war er der Brecht-Macher. Denn Engel hatte die Uraufführung der »Dreigroschenoper« inszeniert im Theater am Schiffbauerdamm. Es gab am BE eine Art freiwillige Arbeitstherapie. Junge Schauspielerinnen durften sich eine Rolle aussuchen, die ihnen besonders gut gefiel, und diese Rolle mit einem Assistenten studieren. Ich studierte die Polly mit Werner Hecht. Die kleine Hure spielte ich ja schon in der »Dreigroschenoper«.

Die Ur-Polly war Regine Lutz. Regine Lutz schrieb später in ihren Erinnerungen, der Brecht hätte ihr beinahe ihren Beruf ruiniert. Mit dieser BE-Art der Schauspielerei war man im Westen eine glatte Fehlbesetzung, egal in welcher Rolle.

Eines Tages durfte ich Erich Engel wirklich einige Szenen vorspielen und vorsingen. Er nannte mich »Püppchen«, nicht »Pupperl« wie die Weigel. Er fand es wunderbar, wenn Schauspieler verstanden, was ein Brecht'sches Wort oder ein Satz bedeutet. Er war ein großer Sprach-Ästhet, und besonders gefürchtet war sein Satz: »Du holst falsch Luft!«

Engel saß immer mit auf der Bühne, nie wie andere Regisseure im Parkett. Er saß überhaupt nicht wie andere Menschen. Er trug grundsätzlich Mütze und einen dicken Schal, unabhängig von jeglicher Innen- oder Außentemperatur; wahrscheinlich war er der Meinung, die Emanzipation eines Menschen fange beim Wetter an. Jeder ist verantwortlich für sein eigenes Klima! Die Mütze war so, wie schon der Kaiser und Brecht sie trugen. Engels Ehrgeiz schien die vollkommene symbiotische Verschmelzung mit seinem Sessel zu sein – in dieser Hinsicht war er Mystiker; er kroch in das Möbel hinein wie die Mystiker in Gott. Schal, Mütze, Sessel und die zwei langen Hände auf der Lehne – mehr war von ihm nicht zu sehen. Aber das war nur am Anfang irritierend. Denn hören konnte man ihn. Ein unaufhörliches Husten, Keuchen, Röcheln und Stöhnen drang aus dem Sessel – es bedeutete, dass alles in Ordnung war. Es war Erich Engels Art der Atmung. Auch in dieser Hinsicht war Engel sehr ausschließlich. Wenn ich das Polly-Lied begann: »Einst glaubte ich, als ich noch unschuldig war ...«, war mein Auftritt nicht selten schon nach dem »Einst« zu Ende. Unter Husten, Keuchen, Röcheln und Stöhnen drang es aus den Tiefen des Sessels: »Sie atmen falsch!«

Trotzdem hatte ich keine Angst vor ihm; Engel mochte mich, er sah in mir schon eine zweite Jenny Jugo. Außerdem glaubte ich, nicht nur einzelne Wörter oder Sätze, sondern die ganze Polly verstanden zu haben. Lose, ein bisschen derb, kokett. Ein Weibchen eben. Mit schönen Liedern. Was gab es da zu verstehen?

Ich sang die Strophen, denn immer öfter kam ich über das »Einst« hinaus. Wenn auch die Worte »glaubte ich« durchgingen, die umittelbar nach »einst« kamen, war fast alles gerettet. Pollys Lieder klangen naiv und unschuldig, also sang ich sie naiv und unschuldig. Aber das reichte dem Sessel-Phantom nicht. Was naiv klang, sollte in Wirklichkeit verderbt sein, was unschuldig klang, sollte erotisch-genäschig sein. Und meine Hübschheit nur Fassade für eine tiefe Verderbtheit des Charakters. Warum dachte der Brecht nur, dass das Hübsche, Naive und Unschuldige nicht wirklich existierte, rein, gewissermaßen? Mich gab es doch auch wirklich.

Ich arbeitete hart an der genäschigen Verderbtheit. Einmal schaute von der Rangloge über der Bühne Helene Weigel herunter. Ihr Intendantenbüro war direkt mit dem Theaterraum verbunden. Neben ihr stand noch eine Frau. Sie kicherten wie junge Mädchen. Engel konnte sie nicht sehen, er saß unter ihnen auf der Bühne, und um ihr Kichern zu hören, war seine Atmung wohl zu laut. Die Frau neben Weigel war Lotte Lenya. Zwei Spezialistinnen für genäschige Verderbtheit. In den Zwanzigern hatten sie zusammen die Dreigroschenoper hier gespielt. Ich sah oben im Rang Weigel und Lenya, sehr albern und vor mir Erich Engel. – Mein Gott, dreihundert Jahre um mich herum!, dachte ich und vergaß, von der Wucht dieser Erkenntnis getroffen, meinen Text.

Und schaffte es schließlich doch. Ich sang in der Naivität die Verderbtheit gleich mit, die Genäschigkeit sang ich in die Unschuld hinein und musste bei all dem genau aufpassen, nicht falsch Luft zu holen.

Ich muss es ganz gut gemacht haben, denn als ich 1963 zu den Filmfestspielen nach Moskau flog, rief mir in Schönefeld ein Mann entgegen: Hello, Polly!

Es war Stanley Kramer.

Mit Stanley Kramer nach Moskau, ein Foto mit Jean Marais, und Wilhelm Piecks Kampfgenosse schickt mich nach Hause

Er hatte mich also in der Dreigroschenoper gesehen. Stanley Kramer hatte auf der Reise nach Moskau in Berlin einen Zwischenstopp eingelegt, um ins Berliner Ensemble zu gehen. Neben ihm stand Susan Strasberg, die spielte gerade Anne Frank am Broadway. Und einen sehr sympathischen Regie-Assistenten hatte Kramer auch. Wir flogen zusammen nach Moskau, mein Englisch war miserabel, aber wir verstanden uns ausgezeichnet. Es gibt ein schönes Foto von mir und der Strasberg in Moskauer Liegestühlen.

Vielleicht wäre alles nicht passiert, wenn die DDR-Delegation nicht immer nur Karten für die hinterkirgisischen Filme bekommen hätte. Dazu muss ich gleich sagen: Ich habe nichts gegen die hinterkirgisischen Filme als solche! Einer hieß »Das Haus, in dem ich wohne«, vielleicht der schönste Film des ganzen Festivals. Aber auch bei den hinterkirgisischen Filmen gibt es eben solche und solche, und auf Dauer wird das etwas eintönig. Ich hätte so gern auch Stanley Kramers »Flucht in Ketten« gesehen, überhaupt die amerikanischen und die französischen Filme.

Leichtsinnigerweise sagte ich zu »meinen« Amerikanern: Es ist schrecklich, unsere Bonzen kriegen alle Karten für die interessanten Filme, und ich muss Kirgisien gucken. – Angelica, no problem, Angelica!, antwortete Kramers symphatischer Regieassistent, und ab sofort hatte ich einen Ehrenplatz in der amerikanischen Loge. Ich konnte sehen, was ich wollte, vor allem Stanley Kramers »Flucht in Ketten«.

Gehört eine BE-Schauspielerin und Bürgerin der DDR im Moskauer Festivalkino in die Ami-Loge?

Ich war aber nicht als BE-Schauspielerin in Moskau, sondern mit Maetzigs »An französischen Kaminen«. Das war der Film, für den ich LKW-Fahren lernen musste und mit dem Anhänger immer in die Straßenbahnschienen geriet. Ich habe mir »An französischen Kaminen« in dem kleinen Moskauer Kino Udarnik in russischer Synchronfassung angehört. Es klang wunderbar vertraut und fremd zugleich. Ach, hätten mich die Genossen von der DDR-Delegation doch in dem Moskauer Kino oder wenigstens in »Das Haus, in dem ich wohne« gesehen. Aber sie erblickten mich wohl nur in der Ami-Loge und am Abend auf der Moskwa auf dem »Schiff der Nationen«. Nein, es waren viele Schiffe. Jedes hatte drei Decks, jedes Deck gehörte einer Nation, und ich war natürlich auf dem Ami-Deck. Abends sah ich die »West-Side-Story«, in der Ami-Loge, und am nächsten Morgen hatte ich einen völlig überraschenden Temin bei Herrn Rodenberg im 10. Stock des Hotels.

Ich hatte gehört, Hans Rodenberg war ein alter Kampfgefährte von Wilhelm Pieck. Später leitete er das »Theater der Freundschaft« in Berlin, heute »Caroussell-Theater«. Ich hatte keine Ahnung, was er mit mir zu bereden hatte. Mir fiel kurz mein Besuch bei Lew Kopelew ein. Ein anderes Delegationsmitglied, Günter Klein, hat mich mit hinausgenommen zu Kopelews Datsche. Als Klein zwanzig war, haben sie ihn über Russland abgeschossen. Kopelew hat den Zwanzigjährigen im Kriegsgefangenenlager zum Bolschewiken gemacht. Und Lew Kopelew hat mir Lenins Birke gezeigt. Er war sehr freundlich.

Ist es etwa ein Vergehen, sich Lenins Birke anzusehen? Es war 9.00 Uhr. Aber für Wilhelm Piecks Kampfgefährten war es nicht früh, sondern schon viel später. Denn er roch entsetzlich nach Schnaps und zeigte sich entschlossen, mir einen Vortrag zu halten. Wie das bei Vorträgen oft der Fall ist, blieb ich auch hier lange über dessen eigentlichen Gegenstand im Dunkeln. Die Wichtigkeit des Themas entnahm ich aber dem Umstand, dass ich mich in einen riesengroßen Sessel setzen musste, den Rodenberg unermüdlich umkreiste. In regelmäßigen Abständen kam er zu mir und beugte

sich ganz tief über mich, so als sei er kurzsichtig und käme nachschauen, ob ich noch da bin. Dann zeigte seine Schnapsfahne direkt in mein Gesicht. Von Lenins Birke sagte er nichts. Ich verlor
jedes Zeitgefühl. Als er wieder seine Umrundungen aufgab für
eine Stippvisite zu meinem Sessel, erklärte er mir, dass er schon in
Moskau war, als sie noch gegen die Faschisten kämpften. Wahrscheinlich meinte er Wilhelm Pieck und sich. Ich wollte mich wehren, was hatte Rodenbergs Kampf gegen den Faschismus mit den
3. Moskauer Filmfestspielen zu tun? Aber da unterbrach Hans Rodenberg wieder seinen Gang, stellte sich vor mir auf und sprach:
»So, Frau Domröse, und jetzt packen Sie ganz schnell Ihre Sachen
und verschwinden von diesem Festival!«

Ich wollte ihn bitten, den letzten Satz nochmal zu wiederholen.
Aber er hatte diesen unerbittlichen Alte-Kommunisten-Blick. Ich
musste an George Grosz denken. Sicher würde es auch keine Sin-
nesänderung bewirken, wenn ich ihm aufzählte, welche Filme ich
mir heute ansehen wollte, in welcher Loge auch immer. Auf ihre
Immunität gegen Sinnesänderungen sind Kommunisten nämlich
besonders stolz. Ich konnte es kaum begreifen, ich sollte wirklich
abfahren. Aus der Ami-Loge direkt nach Hause, das war ein weiter
Weg. Eine ganze Woche wollte ich noch bleiben. Lenins Birke war
unschuldig.

Der junge kirgisische Regisseur von »Das Haus, in dem ich
wohne« half mir beim Packen, Kulidshanow. Armin Mueller-Stahl
fragte: Was hast du denn angestellt?, und trug mir die Koffer
runter.

Jean Marais habe ich nicht mehr gesehen. Jemand hatte ein
schönes Foto von uns beiden auf dem Balkon gemacht.

Um 18.00 Uhr ging unser Flugzeug. Unser Flugzeug, denn die
May kam auch mit. Aber sie wollte zurück, freiwillig, ich nicht. Wir
lachten viel auf dem Rückflug. Mit Gisela May konnte man sehr gut
lachen. Den Rodenberg-Grosz behielt ich für mich.

Zu Hause hatte ich ein bisschen Angst vor der Weigel. Solche
Sachen ziehen doch Kreise. Aber die Weigel schwieg. Wahrschein-

lich befand sie das »Pupperl« doch für zu unbedeutend, um die Fronten des Kalten Krieges durcheinander zu bringen.

Keiner sprach mehr davon, da rief das «Magazin« bei mir an und wollte wissen, wie es in Moskau war. Sie hätten so schöne Bilder vom Festival – es war das Foto von Marais und mir: Schreib mal was! Ich hätte jetzt die Notizen einer Nachhausegeschickten veröffentlichen können. Stattdessen schrieb ich: »Das Hotel Moskwa nahm die Film-Delegation der DDR auf. Zwölf Stockwerke hat dieses Haus. Ich lernte es bis zum neunten kennen, denn dort sollte ich die kommenden zehn Tage wohnen...« Das zehnte Stockwerk, in dem Rodenberg wohnte, ließ ich einfach weg. Ich fand das sehr subversiv. »Im dritten Stock wurde gegessen. Die Tischordnung war unkonventionell. Unsere Delegation saß zwischen dem Gastgeber und der französischen Delegation. Dabei lernte ich auch Jean Marais kennen, einen äußerst bescheidenen und liebenswerten Kollegen ... Marais interessierte es sehr, dass ich am berühmten Berliner Ensemble spiele, dessen Arbeit er sehr schätzt. Leider habe ich in der Schule nicht Französisch gelernt, so dass sich unsere Unterhaltung auf kleine Komplimente beschränkte.«

Ich vergaß auch nicht, die Hotelbar zu erwähnen, wo jeder jeden traf und eine Jazz-Band spielte, die es bestimmt auch noch nicht gab, als Rodenberg mit Pieck in Moskau gegen den Faschismus kämpfte. Ich betonte beinahe in jedem Satz das Offene und Spontane dieser Moskauer Tage. Und sind Begegnungen nicht der Sinn eines Festivals? Aber die Kränkung blieb. Einfach nach Hause geschickt werden wie ein ungezogenes Kind. Und dabei war ich doch schon berühmt!

In dem »Stern«-Porträt von 1963 stehen Sätze wie: »Sie ist sehr jung, hoch begabt, ehrgeizig und idealistisch: Angelica Domröse, die beliebteste Filmschauspielerin der DDR.«

Beliebteste Filmschauspielerin. So früh also verlieh man mir diesen »Titel«. Ich hatte ihn mit ein paar im Grunde sehr mittelmäßigen Filmen verdient. Aber ich konnte spielen, was ich wollte. Fast jedes Jahr wurde ich »Fernsehliebling« der DDR.

Das war die verschämte DDR-Umschreibung für das geächtete West-Wort »Star«.

DDR-Bardot, Torpedoschnellboot
»Angelica Domröse« und ein »Stern«-Porträt.
Ich sammle keine Männer

D er Westen nannte mich längst einen »Star«. Überschriften
hießen bald »Wie lebt ein Star in der DDR?« oder – viel später – »Ein Star wechselt den Staat«. Als ich den Staat wirklich wechselte, war ich zwölf Mal »beliebteste Schauspielerin des Jahres« in
der DDR geworden. Aber da es im Osten aus Westsicht nichts Ori-
ginales geben durfte, promovierte man mich zur »Uschi Glas der
DDR«.

Eigentlich habe ich gar nichts gegen Uschi Glas. Sie hatte kürzlich aus Solidarität mit dem gestürzten Helmut Kohl fünftausend
Mark gespendet, nun gut, das hätte ich nicht gemacht. Es zeigt ihre
Unmittelbarkeit. Wegen dieser Unmittelbarkeit – egal ob sie nun
bayerisch getönt war wie bei ihr oder berlinerte wie bei mir – hat
man uns wohl verglichen. Und hinzugesetzt, dass auch etwas Sen-
ta Berger an mir zu entdecken sei. Nein, dazu sage ich jetzt gar
nichts.

In der DDR waren die Reaktionen anders. Keiner wäre hier auf
die Idee gekommen, mich »Uschi Glas der DDR« zu nennen. Da
war ich eher die DDR-Bardot. Oliver Hagens »Sonntags«-Idee fand
Anhänger. Ein Hauptmann der NVA schrieb seiner Zeitung »Die
Volksarmee« 1963 einen Brief recht unmilitärischen Inhalts: »Ich
bin der Meinung, dass es an der Zeit wäre, *unsere* Bardot auf die
Leinwand zu bringen. Warum muss Angelica Domröse der französischen Bardot nur die Stimme leihen?« Ich synchronisierte damals die Bardot in »Babette zieht in den Krieg«, das hatte »Die
Volksarmee« den Soldaten mitgeteilt. Überdies hatte sie ein Foto
gedruckt, ohne darunter zu schreiben, ob das nun ich oder die

17 Foto von Arno Fischer, 1963

18
19 *(unten)* Probe-
aufnahmen in
Barandov mit Jiri
Vrstala

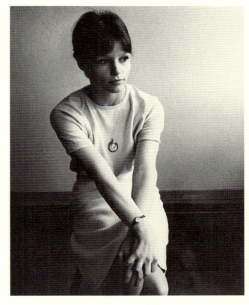

20
21 *(oben)* Im Atelier
der Hochschule Weißen
22 *(unten)* In Prag,
August 1961

23 *(oben)*
Drehpause in »Ich, die Gerechtigkeit«
24 *(rechts)* Mit Bambi

25 *(rechts)*
Kunstpreis für
Angelica Domröse.
Mit Jiri Vrstala,
1969
26 *(unten)* In Prag

27
28 *(unten)* Als Polly in der
»Dreigroschenoper«. Mit Martin
Flörchinger, Wolf Kaiser und
Hans-Georg Voigt (von links
nach rechts)

29 *(oben)* Bei Sibylle Bergemann
30 *(links)* Als Irene in »Daniel Druskat«, 1975

31 Bei Sibylle Bergemann und Arno Fischer im Schloss, 1974

»echte« Bardot war. Ich war's. – Sogar die Westpresse erfuhr von dieser Verwirrung junger östlicher Wehrpflichtiger und entschloss sich zu der Meldung »Volkseigene Bardot gesucht« (Münchner Revue).

Ich bekam viele Briefe, auch Gedichte oder bestickte Taschentücher. Ein Maat der Volksmarine wollte sein Torpedoschnellboot nach mir benennen.

Torpedoschnellbot »Angelica Domröse«. Das widerstrebte zwar meinen pazifistischen Sympathien, trotzdem ist »Torpedoschnellboot Angelica Domröse« irgendwie viel besser als »Uschi Glas der DDR«.

Allerdings, ich sagte es schon, hatten es West-Journalisten nie leicht mit mir. Vor allem nach der Unterredung mit Wilhelm Piecks Kampfgenossen bei den Filmfestspielen in Moskau wurde ich sehr vorsichtig. Aber warum alles auf ihn schieben? Entsetzlich formbar war ich natürlich auch. 1963, im Jahr des Volksarmee-Disputs, sagte ich zu dem »Stern«-Reporter: »Vor dem 13. August habe ich mir gute westliche Filme in Eigeninitiative angesehen.«

»In was bitte?«, fragte der zurück.

»Ja, ich bin nach Westberlin ins Kino gefahren.«

Der »Stern«-Reporter lächelte. Er hat unseren Dialog nachher genauso wiedergegeben und dazugeschrieben: »Eigeninitiative ist ein wichtiges Wort im Sprachgebrauch der DDR.« Ich glaube, er fand mich ungemein komisch. Er kam zum »Brecht-Abend« ans BE und fragte, ob er mich nachher treffen könnte. Nein, sagte ich, das sei ganz und gar unmöglich, denn wir hätten nachher Brigadeabend. Wahrscheinlich konnte der »Stern« sich nicht erklären, was eine Brigade am Theater macht – normalerweise haben die dort Ensembles, nicht wahr? –, aber ich blieb unerschütterlich:

»Ja, die ganze Brigade kommt zusammen. Alle Schauspieler, die mitgewirkt haben, und dann wird die Aufführung kritisiert.«

Ich hatte in meinem artigen dunkelbraunen, knielangen Kostüm schöne Lieder gesungen. »Sieben Rosen hat der Strauch«, »Lied einer Liebenden« und »Als ich nachher von dir ging«. Es klang ein bisschen wie »Mamatschi, schenk mir ein Pferdchen«, nur eben ganz anders. Es war von Dessau. Ich begriff, was Dichtung ist. Die minimale Differenz, die Differenz ums Ganze. Der Unterschied zwischen Dessau, Eisler, Weill und den Liedern meiner Mutter.

Wir haben uns dann für den nächsten Tag im Restaurant verabredet. Der »Stern« beschrieb mich so: »Sie ließ mich lange warten. Aber als sie schließlich kam, tröstete mich ihr Anblick. Sie hatte sich sorgfältig zurechtgemacht. Dezentes Make-up, die Haare unordentlich-kunstvoll in die Stirn gekämmt, darüber ein kesses, weißes Basthütchen. Im Blick der großen, weit auseinander liegenden blauen Augen junger Ernst und herausforderndes Selbstvertrauen. Sie ist klein, schlank, alert. Die Pariser Bohème und das junge Publikum in der Westberliner ›Black Bottom‹-Bar würden sie als eine der ihren betrachten. Sie war, wie sie da auf ihren hohen Absätzen stand, mit der großen, modischen Tasche am Arm, ein durch und durch westliches Kind. Im Film synchronisiert sie die Bardot und die Vlady. Jedoch: Sie ist Brigademitglied, Kadermitglied und Angehörige der kommunistischen ›Freien Deutschen Jugend‹.«

Was ist eigentlich ein Kadermitglied?

Ich erklärte dem Redakteur den Film, den ich gerade abgedreht hatte. Es war »Julia lebt«. Es ist heute noch schwer, den Westlern irgendetwas zu erklären, und damals war es noch viel schwerer. Und ich wusste bei jedem Satz, den ich sagte, wie lächerlich er ihm scheinen würde.

Ich begann beherzt: Ein junger Volkspolizist fällt in einem Gefecht an der Grenze.

»Stern«: Wieso?

Ich: Das bleibt offen im Film. Es beginnt, wie er auf der Bahre liegt. Dann kommt die Rückblende.

Da stellt sich heraus, dass der tapfere, an der Grenze gefallene DDR-Volkspolizist ein ziemlich bürgerliches Mädchen geliebt hatte. Das bürgerliche Mädchen war leichtsinnig und oberflächlich, es zeigte nicht die Spur von proletarischem Ernst. Der »Stern«-Reporter unterhielt sich gut bei meinem Bericht, das machte mich böse.

Ich weiß, sagte ich, das klingt alles sehr nach Schablone. Aber es ist schwer, Ihnen etwas zu erklären. Sie haben gar keine Ahnung von dem, was wir hier machen. Natürlich wehren wir uns gegen sture Funktionäre, die nichts als Propaganda wollen. Wir wissen natürlich, dass nicht alle bürgerlichen Mädchen unernst sind, und bemühen uns, das im Film auch herauszubringen.

»Stern«: Wie geht es weiter?

Ich, mutlos: Da ist eine junge Krankenschwester aus Arbeiterkreisen. Sie liebt ihn. Und dann …

Ich verstummte. Der Redakteur lachte still. Er vermutete, ich würde die Bürgerliche spielen. Da kam mein Triumph. Ich spiele die Krankenschwester!, sagte ich mit proletarischer Entschiedenheit. Dass es die schlechtere Rolle war, verschwieg ich. Die Krankenschwester gehörte schließlich zur Überwindung des »Lärvchens«. Denn natürlich, ich sagte es, hatte man mir zuerst die Bürgerliche angeboten. Und ich hatte abgelehnt. Ich war eine BE-Schauspielerin, das BE war ernst, also wollte ich die ernste Rolle.

Nach »Verwirrung der Liebe« schrieb mir die Münchener »Constantin«, dass ihnen für einen »dramatischen Film, der im Zusammenhang mit der Liebe einer Schülerin zu ihrem viel älteren Lehrer die Probleme zwischen Erwachsenen und Jugendlichen behandelt«, die weibliche Hauptrolle fehle. »Wir haben im westdeutschen Film nicht den Typus, den wir uns hierfür vorstellen«, fuhr die »Constantin« fort und fügte an: »Wir möchten erklärend hinzufügen, dass es sich um einen völlig unpolitischen, allein das Generationenproblem behandelnden Film handelt und dass Ihre Rolle eine erstklassige, dramatische Aufgabe darstellt.« Also kein »Schulmädchen-Report«. Hatte die »Constantin« also schon nach »Verwirrung der Liebe« erkannt, dass ich eigentlich eine tiefernste, grundseriöse Schauspielerin war. Das machte sie mir sympathisch. Aber ich schrieb ihr nicht zurück, denn ich durfte ja doch nicht.

Nach »Papas neue Freundin«, noch vor dem Mauerbau, hatte auch das Hamburger Fernsehen mich ins Auge gefasst und mir einen Vertrag angeboten. Das erzählte ich jetzt dem »Stern«, damit er nicht mehr so überheblich guckte. Ich hatte auch dem Hamburger Fernsehen nicht geantwortet, denn was war das Hamburger Fernsehen gegen das BE, an dem ich inzwischen engagiert war? Das konnte der »Stern« natürlich nicht wissen. Er schaute mich auffordernd an. Warum hatte ich nicht angenommen? Das müsse ich ihm erst mal erklären! Ich schaute sehr ernst zurück, den ganzen Abglanz des BE in meinen Augen, und begann:

»Ich bin froh, dass ich Ihnen nichts vorzumachen brauche. Ich meine es ganz ernst: Ich verdanke diesem Staat sehr viel. Ich war Stenotypistin. Mein Vater ist gefallen. (Das sagte ich damals immer; es klang so unverfänglich und erzeugte genau jenes Mitleid, dessen ich bedurfte, nur aus entgegengesetzten Gründen.)

Ich hatte nichts. (Das stimmte auch.) Man gab mir ein Stipendium auf der Film-Akademie. Wir lernten nicht nur Schauspielern, sondern auch wissenschaftlichen Sozialismus (der »Stern« lächelte wieder), wir hatten sowjetische und deutsche Filmgeschichte, Philosophie, Ästhetik, Kunstgeschichte, Theatergeschichte, politische Ökonomie, klassischen und historischen Tanz, Fechten und Reiten ... Wo wäre mir das im Westen geboten worden?«

Nun verstummte der »Stern«.

Popularität hat eigentümliche Gesetze. Ich war immer wieder sehr über mich erstaunt und hatte große Mühe, meine beiden Ichs zusammenzubringen. Mit dem einen Ich war es einfach, das kannte ich, das lebte ich tagtäglich; das andere aber blickte mir von Zeitungsfotos, aus Artikeln und natürlich aus meinen Filmen entgegen. Ich musste das Gleichgewicht halten zwischen beiden. Im selben Sommer 1963 begegnete ich mir in einer Teheraner Zeitung. »Teherane Mossawar« (Teheran im Bild). Wie kommst du eigentlich nach Persien?, fragte ich mich. Wer interessiert sich dort für dich? Immer wieder schaute ich auf den Artikel in perfektem Arabisch. Die Rätselgestalt des Textes beeindruckte mich fast noch mehr als nachher seine Übersetzung:

»Angelica Domröse, der schöne Star von Ostdeutschland, ist in dieser Woche zum ersten Mal in die westliche Welt eingetreten und zusammen mit Tatjana Sameilowa, dem schönen Star aus dem Film ›Die Kraniche ziehen‹, in Paris angekommen. Angelica ist 18 Jahre alt, und ihre außerordentliche Schönheit hat sofort das Interesse der Hersteller und Regisseure erregt. Angelica war zuerst über die hohen Gehälter der westlichen Schauspieler und Stars erstaunt, weil sie, wie sie sagte, in Ostdeutschland nur (umgerechnet) 650 Dollar für die Teilnahme an jedem Film bekommt. Der schönen Angelica ist vorgeschlagen worden, drei Verträge für die Teilnahme an italienischen und französischen Filmen zu unterzeichnen, aber Angelica hat ihre endgültige Antwort noch nicht gegeben.«

Da wusste »Teheran im Bild« mehr als ich. Das Einzige, was an diesem Artikel offenkundig von mir war, war das Foto. Nicht mal mein Alter stimmte.

Italienische und französische Filme drehen? Ich durfte ja meistens nicht mal zu den Premieren meiner Filme ins Ausland. »Julia lebt« ist in Helsinki und in Warschau gelaufen, ich hatte Einladungen nach Kairo oder Havanna, aber die Weigel sagte nur: Pupperl, wie stellst' dir das vor, vier Wochen wegzubleiben?

Nein, wer Theater spielte wie ich, hatte keine Zeit, irgendwelche italienischen oder französischen Filme zu drehen.

Nur manchmal sah ich mich auf den Boulevards von Paris, ich liebe Frankreich, ich habe es schon immer geliebt. Ich weiß, dass ich mich in den Pariser Cafés keinen Augenblick fremd gefühlt hätte. Doch wenn ich den Gedanken festhalten will, beginnt er sich aufzulösen. Nun gut, Oliver Hagen wollte mich zur »Bardot der DDR« machen. Aber was hätte ich in Frankreich gespielt? Ich kann es mir nicht vorstellen, keine einzige Szene.

Und ich wäre niemals Effi geworden und niemals Paula.

Es war nicht einfach, ein »Star« zu sein. Nach »Verwirrung der Liebe« wollte mich ein Förster heiraten, unter meinem Scheibenwischer steckten öfter Liebesbriefe. Die meisten aber kamen mit der Post. Und am Theater wollten die Männer am liebsten mit mir nach Hause gehen. Wahrscheinlich nicht alle, ich habe das erst später gehört. Ich habe es nämlich gar nicht gemerkt, weil ich trotz der »schwarzen Paspeln« und der Tatsache, dass ich immerzu Huren spielte, ungemein unschuldig war. Ich war von einer ganz erheblichen Scheu gegenüber Männern. Und ich hatte Gründe.

Würden die, wenn sie mit mir schlafen, hinterher sagen: Ich war mit der Domröse im Bett! – ? Nein, das wollte ich auf keinen Fall. Der Gedanke, als erotische Trophäe gesammelt zu werden, war mir unerträglich. Und ich kannte die Sammler.

Nein, eher Sammlerinnen.

Auch am Berliner Ensemble gab es welche. Sie sammelten Männer und ordneten sie dann nach Ländern und Erdteilen. Ein Schwede, ein Däne ... Es lag oft gar nicht an den Männern selbst, dass sie dem Frauenauge so begehrenswert erschienen, sondern an den Längen- und Breitengraden, zwischen denen sie wohnten. Norwegen! Ein Norweger noch, dann wäre Skandinavien vollständig.

Und diese Leidenschaft im Blick, wenn in der Kantine des BE das Gespräch mit einem Gast den Punkt berührte, woher er kam. Wir hatten sehr viele Gäste am BE.

Natürlich ist die Jagd eine erotische Tätigkeit. Und die Leidenschaft jedes Sammlers ist die Vollständigkeit. Ein erotischer Privatglobus! Aber diese Passion kannte mich nur als Zeugin. Ich verstand den Rausch, sich die ganze Welt einzuverleiben, gewissermaßen, auf einer eher philosophischen Ebene. Es muss ein Imperatorengelüst sein. Andererseits bin auch ich eine große Sammlerin.

Uhren. Tassen. Bilder. Aber keine erotischen Privatgloben.

»Sind Sie verwandt mit Frau Domröse?«

Ich weiß noch, wie aufregt ich war, als meine Mutter zur »Ratten«-Generalprobe kam. Das war an der Filmhochschule. Ich bin nicht sicher, ob sie nachher Hauptmannianerin wurde. Wahrscheinlich nicht. Brechtianerin wurde sie ja auch nie.

Sie hat mit einer gewissen Kühle meine Filme und das BE gesehen. Meine Mutter liebte Liselotte Pulver. Liselotte Pulver galt ihr als Inbegriff von Kunst. Das sympathische Mittelmaß fand ihre ganze Anteilnahme. Merkst du denn nicht, wie die hier am BE Theater spielen?, das ist doch was anderes als Liselotte Pulver, belehrte ich sie. – Meine Mutter sah mich fragend an, wagte aber nicht zu widersprechen. Sie merkte es nicht. – Dann lerne es mit mir!, schlug ich vor. Da sprach meine Mutter vom EDV-Kurs, den sie gleich machen müsse, und überhaupt sei sie zu alt, um noch den Unterschied zwischen dem BE und Liselotte Pulver zu lernen. Sie bleibe bei Liselotte.

Meine Mutter war eben doch eher der Algebratypus, obwohl sie so schön singen konnte. Aber stolz war sie doch auf mich. Und damit auf sich selbst. Wenn sie beim Arzt betont beiläufig ihren Namen nannte, die Schwestern aufsahen und fragten: »Sind Sie verwandt mit der Domröse?«, entgegnete meine Mutter mit unvergleichlicher Würde: »Ich bin ihre Mutter.«

Domröse. Sie hätte nie geglaubt, dass sie diesen Namen irgendwann so genießen würde.

Sie selbst lebte nach der Scheidung ganz für den Beruf. Sie schaffte es bis zum »Reichsbahn-Hauptsekretär«. – Diesen Titel habe ich auf einer alten Urkunde gelesen. Am 23.9.1976 wurde

»Frau Reichsbahn-Hauptsekretär« Irma Domröse die »Medaille für treue Verdienste in Gold« verliehen, für dreißigjährige Betriebszugehörigkeit. Sehr spät erst hat sie, die wusste, was Not ist, in der DDR achthundert Mark verdient.

Irgendwann zogen alle weg aus der Gartenstraße 85. Das Haus sollte geräumt werden. Es muss Mitte der Sechziger gewesen sein. Wahrscheinlich kamen der DDR Häuser, deren Türen in den Westen führen, vorsätzlich staatsfeindlich vor. Ich konnte meine Mutter nicht sehr oft besuchen, aber ich erschrak sehr, als ich sie plötzlich allein fand in dem leeren Haus, allein in dem fast schon leeren Straßenende. Das war 1966. – Hast du denn keine Angst hier?, fragte ich und war meiner Mutter gar nicht mehr böse, dass sie meine komplette Schauspieler-Autogrammsammlung weggeschmissen hatte. – Wo soll ich denn hin?, fragte sie zurück. Ich wusste, ich musste meiner Mutter eine Wohnung besorgen.

In Hohenschönhausen standen drei neue Hochhäuser auf der Wiese. Ich bekam eine Zwei-Zimmer-Wohnung für sie und fiel fast um vor Stolz, als ich ihr das sagte. Sie erklärte nur kühl:

Zwei Zimmer stehen mir nicht zu. Ich kann die Wohnung nicht nehmen.

Bald würden alle sagen, nur weil sie die Mutter von der Domröse ist, hat sie diese Wohnung gekriegt. Sie, Irma Domröse, wolle so nicht leben. Ich hatte keine Chance.

Sie besorgte sich dann selber eine Wohnung, in Pankow, gleich bei der Kirche. Viel später zog auch ich nach Pankow. In der Zeit meiner Ausreise wurde diese Nachbarschaft überaus wichtig. Die Stasi legte unser Telefon still, also telefonierte ich um die Ecke bei meiner Mutter. Ich weiß nicht, ob die Stasi von meinem Ersatztelefon wusste. Wahrscheinlich nicht, sonst hätte sie es doch auch stillgelegt. Andererseits: Was wusste die Stasi nicht?

Ihre Pankower Wohnung, befand meine Mutter zufrieden, war klein genug für sie. Sie würde ruhig darin schlafen können. Eine Preußin? Eine richtige DDR-Bürgerin?

Sie wollte ja nicht mal mit Tante Deter in den Westen. Ach lass mal, sagte sie zu Tante Deter, ich gehe lieber arbeiten. Auf solche Alternativen musste man erst mal kommen. Lieber zur Arbeit gehen anstatt in den Westen.

Meinen Stiefvater habe ich noch einmal getroffen. Wir waren allein in der Straßenbahn. Es war wie eine Filmszene. Ich begann zu zittern. Meine Kinder-Angst kam zurück. Wir benahmen uns wie Fremde. Wir waren Fremde. Er stieg zuerst aus.

Dann fuhr ich nach langer Zeit wieder durch die Invalidenstraße. Gedankenverloren schaute ich aus dem Fenster und merkte sofort: Da fehlt was! Richtig, drüben in der Gartenstraße fehlte unser Haus. Mir wurde heiß – ich erinnerte mich des Wunsches aus meiner Kindheit. Dass dieses Haus in die Luft fliegen möge. Es ist gar nicht märchenhaft, wenn Wünsche in Erfüllung gehen. Es gibt nichts Unheimlicheres.

Dort, wo einmal unser Haus war, stand jetzt ein Wachturm. Der Wachturm als Symbol. Ich habe nie gewagt, es zu deuten.

Hoffmann oder Domröse?

Wir galten als Konkurrentinnen, Jutta Hoffmann und ich. Heiner Carow sagte, er hätte uns mal bei einer Kostümprobe beobachtet. Einem gönnerhaften »Sieht doch gar nicht so schlecht aus!« soll ein anspielungsreiches »Das kann aber nicht jede tragen!« gefolgt sein. Nichts übrig von den Schauspielerinnen, nur zwei Weibchen, auf die das böse Wort Prousts gepasst hätte, dass sich alle großen Tragödien des Lebens für Frauen am Ende doch auf die Frage: Was ziehe ich dazu an? reduzieren.

Hoffmann oder Domröse? Es gab aber noch andere Möglichkeiten, Regisseuren zu helfen, diese Frage zu beantworten. Obwohl Heiner Carow schon eine clevere Idee hatte. Hoffmann und Domröse!, dachte er, als er »Jeder hat seine Geschichte« drehen wollte. Benno Pludra hatte das Buch geschrieben. Am Anfang des Films gibt es eine Straßen-Umfrage: Was verstehen Sie unter Glück?

Heiner Carow kam zum ersten Mal zu mir in die Kiefholzstraße, um mir seinen Film zu erklären. Mein zweiter Film mit ihm würde »Paul und Paula« sein, aber das wussten wir beide noch nicht. Wir redeten einen ganzen Nachmittag lang. Der Nachmittag ging anders zu Ende, als Carow dachte.

Ein junger Mann hat eine Freundin, es ist eine habgierige Freundin. Alles will sie haben, neue Strümpfe, ein Auto ... Ich schaute Carow prüfend an, er merkte es nicht, er war schon am entscheidenden Umschlagspunkt der Geschichte. Die Habgierige verlässt den jungen Mann trotz Strümpfe und Auto, da trifft er eine Eisverkäuferin, eine ganz bescheidene Eisverkäuferin. Eine wunderbare Eisverkäuferin. Ich ahnte Schlimmes.

Und wer, fragte ich Carow, soll nun die bescheidene, liebe Eisverkäuferin spielen?

Na, Jutta Hoffmann!, antwortete Carow, und nicht der Hauch eines Zweifels überflog seine Stirn. Der dramatische Punkt ist doch, dass der junge Mann zuerst auch bei seiner neuen Freundin glaubt, nur Strümpfe und ein Auto machen ihn beachtens-/liebenswert. Bis er dann erfährt, dass seine neue Freundin ihn verlässt, wegen der Strumpf- und Autoförmigkeit seines Weltbildes.

Na und, konnte ich das etwa nicht zeigen?

Hier waren eine Goldmarie und eine Pechmarie zu vergeben, und ich bekomme das leichtlebige, oberflächliche »Lärvchen«. War das nicht eine tragische Verkennung meines Charakters, meines Talents?

Aber Heiner, begann ich und ließ mir nichts anmerken, weißt du denn nicht, dass das nicht geht? Die Gute und die Schlimme – das muss doch dieselbe spielen. Verstehst du, es ist dieselbe, nur ganz anders! Das ist doch – gewissermaßen – die Idee der Geschichte, wenn ich das richtig verstanden habe.

Schließlich kam ich vom Berliner Ensemble und verstand was von Dialektik. Ich schaute Carow an wie Erich Engel mich bei den Polly-Proben. Engel hatte sich auch immer so gefreut, wenn jemand seine Rolle verstanden hatte. Ein Schauspieler also. Aber ist es nicht noch wunderbarer, wenn Regisseure beginnen, ihren Stoff zu verstehen?

Carow war aufrichtig überrascht. Welche Dialektik! Wahrscheinlich begriff er erst in diesem Augenblick, dass ich Recht hatte. Natürlich, der Junge liebt immer denselben Typus Frau. Und dann ist es doch ein anderer. Ich hatte die Rolle, nein, ich hatte beide. Meine zweite Doppelrolle, die erste war in einem Kurzfilm, »Hase und Igel« von Horst Seemann, für den wir in Oberhausen sogar einen Preis bekamen. Jetzt drehten wir eine schöne kleine schwarz-weiße, gar nicht so schwarz-weiße Geschichte.

Diesmal war noch alles leicht. Aber wie Heiner Carow acht

Jahre später dazu bringen zu erkennen, dass ich seine Paula war? Regisseure können ja so blind sein.

Ich mochte Heiner damals schon. Obwohl niemand so schrecklich sein konnte wie Heiner Carow. Es gab eine Szene, in der ich am Ende weinen sollte. Es war spät, ich musste bald ins Theater. Ich konnte nicht weinen. Wir probierten es immer wieder – unmöglich. Zum Weinen gehört Zeit. Man kann nicht unter Zeitdruck weinen, schließlich ist das Weinen nicht zuletzt ein Mittel, die Zeit außer Kraft zu setzen. Ein negativer Bezug zur Ewigkeit. Da schrie der Carow mich an: So eine lächerliche Szene, und ich kriege das nicht hin. Ich halte hier alle auf wegen ein paar Tränen. Aber das meine er doch jetzt nicht ernst, fragte ich. Und ob er das ernst meine, Carow steigerte sich, das Team sah ihn fassungslos an. Ich fing an zu weinen. Wir drehten die Szene. Carow war hochzufrieden. Ich verließ den Set ohne Gruß, ohne ihn noch einmal anzusehen. Die Kollegen sagten: Der Carow ist ein solches Schwein.

Am nächsten Tag kam er zu mir. Er wollte sich entschuldigen. Es war für den Film, sagte er. Er musste es tun.

Ich glaube, dass Schauspieler, wenn sie etwas Wichtiges machen, immer einen Regisseur haben, der sie erst wirklich entdeckt, der etwas anderes in ihnen sieht als das, was alle sehen. Sie werden sein Gesicht.

Für mich war es Heiner Carow. Jemand, der dich meint, so wie kein Zweiter. Man nennt das auch einen Mentor haben. Am Berliner Ensemble fand ich einen solchen Mentor nicht.

»Es ist besser, Pupperl, wenn du gehst!«

30. August 1966, 11.00 Uhr, Weigel. So stand es in meinem Kalender. Eine andere Verabredung war durchgestrichen.

Ich wusste nicht, zu welchem Gespräch ich da ging. Hinterher war mir klar, dass manchmal ein minimales Sich-Verschieben der Dinge genügt, und nichts ist mehr wie vorher. Oder nein, es hatte sich überhaupt nichts verschoben während der halben Stunde, die ich bei ihr war. Alles sah auf heimtückische Weise aus wie immer. Die Flure, das Foyer, der Schiffbauerdamm, sie spielten Alltag. Eine Harmlosigkeitsverschwörung der Dinge.

Das Übelste an Weltuntergängen ist, dass man sich so schwer auf sie vorbereiten kann. Oder eher gar nicht. Auch die Weigel war wie immer. Sie saß auf ihrem kirchenbankstrengen Worpsweder Lehnstuhl. Mütterlich, beinahe liebevoll sagte sie zu mir: Pupperl, ich glaube, es ist besser, wenn du gehst!

Vielleicht hat sie es auch ein bisschen anders gesagt. Ich kann mich an nichts mehr erinnern, was nach ihren ersten Worten kam. Ich fiel und fiel. Immer weiter hinunter in Abgründe, von deren Existenz ich bis eben nichts geahnt hatte. Die Weigel merkte nichts. Sie sprach zu mir, als sei ich noch da. Wahrscheinlich wollte sie mir erklären, warum es denn besser sei, dass ich gehe. Ich habe es nicht gehört. Wie ich aus dem Intendantenzimmer hinauskam, weiß ich nicht mehr.

Danach lag ich drei Tage im Bett in der festen Überzeugung, nie wieder aufstehen zu wollen. Wozu auch? Nach sechs Jahren schmeißen sie mich einfach so raus. Ich verstand es nicht. Mag schon sein, dass ich keine große Brecht-Schauspielerin war, meine Babette in den »Tagen der Commune« war eine kleine Rolle – aber ich war doch ein poetisches Moment in dieser Inszenierung. Und meine Polly, die kleine Hure, was sollte nun aus denen werden?

»Es ist besser, Pupperl, wenn du gehst.«

Am BE änderte sich vieles, Erich Engel war gestorben, und Manfred Wekwerth schickte sich an, endgültig Manfred Wekwerth zu werden. Oder besser, er begann, den Manfred Wekwerth, der er einmal war – ein begabter Regisseur – , endgültig zu verlieren. Heute weiß ich, dass es nicht Helene Weigel war, die es besser fand, wenn ich gehe. Aber der, der nie gut fand, dass ich da war, fand es besser, wenn ich gehe. Er war jetzt mächtig geworden und Helene Weigel immer ohnmächtiger. Er würde bis zum Ende der DDR noch viel mächtiger werden.

Seine Muse war Renate Richter, nicht ich. Man sollte Erinnerungen wie diese nicht für Abrechnungen benutzen – was mir passiert ist, geschieht jeder Schauspielerin überall auf der Welt. Nur war es das erste Mal. Und nichts deutete vorher darauf hin. Nichts? Dass ich jene O'Casey-Hauptrolle nicht bekam, für die ein Regisseur mich schon ausgesucht hatte und für die ich einen Fernseh-Fünfteiler abgesagt hatte – war das kein Zeichen?

Und dieser Satz von Wekwerth, gesprochen auf einer Probe, der sich der Einundzwanzigjährigen eingebrannt hatte: »Nehmt doch mal die Jule vom Film da weg!« – er hatte mich gemeint, aber er hatte mich nicht angesprochen, es wäre sonst schon der siebte Satz in sechs Jahren gewesen. Ich war also etwas, das im Wege stand. Hier auf der Probe und überhaupt?

Und dabei war ich so voller Bewunderung gewesen. So stolz, zu diesem Zirkel der Eingeweihten zu gehören. Die DEFA bekam es zu spüren. Mit der ganzen Arroganz eines Mitglieds des Berliner Ensembles habe ich mich unter den Filmleuten bewegt. Ich kam einfach von dort, wo der Geist wehte. Sagen wir, es war eine Gralsburg auf theatralisch-marxistischer Grundlage. Und ich hielt es für angemessen, diese Abkunft nicht zu verleugnen.

Ich habe den Geist ja selbst noch gespürt in diesen Räumen, als ich kam 1961. Naheliegenderweise hielt ich ihn für den Geist Brechts. Die andere Seite von Eingeweihtenzirkeln, von denen es natürlich äußere und innere gibt, ist, dass man sich in einem System aus Schallmauern bewegt. Insofern ich wirklich zum BE gehört habe, so auf einer alleräußersten Umlaufbahn. Aber ist das nicht egal? Entweder du gehörst zur Sonne oder nicht. Und ich dachte, ich gehöre dazu.

Mein Vertrag lief noch bis zum August 1967.

An der Schule lernst du nicht spielen, ich habe es am BE gelernt.

Und mich, die größte, ehrfürchtigste Zuschauerin des Theaters, wollten sie nicht mehr?

Und meine eigenen Rollen. Man ist auf den Proben wie ein Kind, das die Welt neu erfindet. Jedes Mal neu. Du staunst, wie ungeschickt du bist, und irgendwann gelingt es doch. Und man muss wirklich alles lernen, noch einmal ganz von vorn: Laufen lernen, erste Gesten, Bewegungen. Und als ich laufen konnte, und sogar ein paar Gesten dazu, fragte die Weigel plötzlich: Pupperl, was hast dir denn dabei gedacht? – Ich erklärte der Weigel ausführlich, was ich mir gedacht hatte. – Ja, denken kannst' viel, Pupperl, sehen will ich's!, sagte sie.

Die Weigel war eine große Lehrerin. Sie gab alles so freizügig. Und über den V-Effekt brauchte sie gar nicht erst nachzudenken, sie war ein V-Effekt.

Immerhin, sie haben auch von meinem Gesicht eine Maske genommen. Nur von festen Ensemblemitgliedern wurden Masken angefertigt.

Andererseits: Ich habe nie einen Mentor gehabt am BE. Und man braucht einen Mentor, wenn man jung ist an einem solchen Haus, jemanden, der deine Eigenheiten bemerkt und deine Begabung fördert. Das habe ich erst später begriffen.

Ich lag also in meinem Bett, aus dem jemals wieder aufzustehen ich nicht beabsichtigte, und alles fiel mir wieder ein. Natürlich täuschte ich mich nicht über die Beklemmung, mit der ich jahrelang dieses Haus betreten hatte. Diese ungeheure Disziplin. Dieses Pflicht-Ethos. Das BE war nicht der Ort, Freude am Spiel zu haben. Wahrscheinlich wäre ein solcher Affekt dem BE auch verdächtig erschienen. Zu unernst. Obwohl es schon mal passieren konnte, dass Wolf Kaiser in Brechts »Schwejk im zweiten Weltkrieg« schweigend über die Bühne ging – dabei war er gar nicht besetzt im »Schwejk«. Aber Martin Flörchinger hatte Geburtstag, und mit jedem Glas wuchs in Kaiser das lebhafte Empfinden, dass er jetzt dringend mal auftreten müsse, da konnte er keine Rücksicht auf den Spielplan nehmen.

Das Berliner Ensemble war ein System von Schallmauern. Ein Spezialfall der Schallmauer ist die Intrige. Die Intrige ist der Normalfall an jedem Theater, warum sollte das BE da eine Ausnahme machen? Aber ich wehrte mich lange gegen solche Wahrnehmungen. Ich war eben noch keine bedeutende Dialektikerin. Dass etwas so Großes zugleich auch ganz klein sein konnte, lag jenseits meiner Vorstellungskraft, oder besser: meines Vorstellungswillens.

Sei froh, dass du da weg bist, sagte mein Mann, was ist schon ein Theater? Es gibt viele Theater. Und wer ist überhaupt Brecht? Gut, dass es nicht viele gibt. Du kannst auch anderswo spielen. Jetzt bist du frei!

Es war gut, dass ich meinen Mann hatte. Ohne ihn wäre ich vielleicht wirklich im Bett liegen geblieben.

Mein Mann, der Clown

W as ist schon das Theater? Was ist schon das BE? Es waren die schönsten, tröstendsten Sätze während der schlimmsten drei Tage meines Lebens. Und vor allem: Sie waren vollkommen echt. Mein Mann verstand wirklich nicht, was an einem Theater oder an Brecht so Besonderes sein sollte.

Stars oder »Prominente«, wie die DDR sagte, werden immer geliebt und ebenso werden sie beneidet. Mich traf das aber noch in besonderem Maße. Denn viele haben mich sehr um meinen Mann beneidet. Vor allem die Kinder.

Mein Mann war Clown Ferdinand.

Wer bitte?, fragte ich zurück, als man mir sagte, dass mein Partner in »Chronik eines Mordes« Clown Ferdinand sein sollte. Ich war eine ernsthafte Schauspielerin. Ich dachte, »Chronik eines Mordes« sei ein sehr ernsthafter Film – immerhin war die Vorlage von Leonhard Frank, und es ging um das Schicksal einer Jüdin –, ich wusste nicht, dass da auch Clowns mitspielen sollen. Außerdem kannte ich keine Clowns, höchstens Clown Popow. Clown Ferdinand? Nie gehört.

Unser erster gemeinsamer Drehtag war in Bautzen, im Knast. Im schlimmsten Gefängnis der DDR habe ich Jiri Vrstala zum ersten Mal gesehen. Am nächsten Tag sagte ich zu Bambi, meiner Studenten-Liebe, dass wir uns jetzt trennen müssten.

Hatten die von der DEFA mich beschwichtigen wollen, als sie sagten, ein Clown spielt da auch mit? Ich sah keinen Clown, als ich Jiri Vrstala zum ersten Mal gegenüberstand. Was ich sah, war tiefster Ernst. Tiefster Ernst auf den ersten Blick. Ich musste am

Nachmittag gleich wieder zurück zur Vorstellung nach Berlin, aber das änderte nichts mehr.

Wir drehten »Chronik eines Mordes«, meinen vierundzwanzigsten Geburtstag feierten wir schon zusammen, am Morgen nach einem Nachtdreh im tschechischen Pavillon. Vrstala war Tscheche und längst ein bekannter Schauspieler. Er hat wunderbare Filme gemacht, er spielte auch in »Transport aus dem Paradies« von Zbynek Brynych. Auf die Rolle des Clowns legte ihn erst die DDR fest. Soeben hatte er in Prag ein schönes Mannequin geheiratet. Aber was machte das? Er wurde mein großer Ernst, ich wurde sein großer Ernst.

Ulrich Thein war mein zweiter Partner in »Chronik eines Mordes«, er wollte mich warnen:

Nur das nicht, Angelica, keinen Tschechen!, rief Thein, als er alles wusste. Wahrscheinlich hielt er das wunderschöne Mannequin für kein gutes Omen. Keinen Tschechen!, tremolierte Thein. Dabei war Ulrich Thein gar nicht ausländerfeindlich. Aber Jana Brejchova hatte ihn eben verlassen, und Jana Brejchova war Tschechin. Die West-Illustrierte »Revue« hatte sie gerade in spärlicher Bekleidung am Telefon abgebildet und dazu meine Stellungnahme gedruckt: »Die Tschechin Jana Brejchova ist kein aufdringlicher Sextyp.« Die »Revue« hatte gehört, dass die Moskauer Zeitung »Iswestija« die Ostfrauen aufgerufen hatte zu beweisen, dass östliche Schönheit auch der härtesten westlichen Konkurrenz gewachsen sei, und nun sammelte sie Ost-Stars unter der Überschrift »Genossin, magst du roten Sex?« und hatte mich zur Kronzeugin bestellt. Ich habe nicht geantwortet, noch nie eine derart bescheuerte Frage gehört zu haben, sondern erklärte in BE-geschulter Herablassung: »Sex und Sex ist zweierlei …«

Schließlich war ich selbst gerade im Begriff, das zu erfahren.

Gerade eben war noch ein Foto von Bambi und mir in einer Fotozeitschrift erschienen. Ohne Namen. Jemand hatte uns in Halle auf dem Boulevard fotografiert. Er hatte nicht gewusst, wer wir sind, und wir hatten ihn nicht bemerkt.

Es war einfach das Bild eines jungen Paares – ich lege die Hand
um seinen Hals und habe ein unglaubliches Täschchen am Ellen-
bogen. Der Fotograf hat mit diesem Bild einen Preis gewonnen.
Ein wenig trübte sich unsere Beziehung – soll ich wirklich dieses Wort aus der heute weit verbreiteten Diplomatensprache benutzen? Vielleicht ist das richtig, denn ein paar diplomatische
Züge hatte unser Zusammensein schon – ein wenig also trübte
sich unsere Beziehung bereits, als ich das Engagement am BE annahm. Bambi, der in Halle war, sagte, ich sei vom Ehrgeiz zerfres-
sen. – Ehrgeiz galt damals nicht als positive Eigenschaft; er hatte
eher die Bedeutung von Selbstsucht und Egoismus. Es war ein
Schimpfwort. Bambi war vielleicht der unehrgeizigste Mensch,
den ich kannte, obwohl er sein Abitur mit eins gemacht hatte. Irgendwann ging er weg aus Halle und kam zu mir nach Berlin. Das
heißt, er wollte zu mir, aber mir war das nicht recht. Die Sachen
eines anderen in meiner Wohnung – das konnte ich mir nicht vorstellen. Nicht Bambis Sachen. Was wohl bedeutete: nicht ihn. Er
wohnte dann zur Untermiete in Mitte und wollte mich immer
noch heiraten. Ich habe den Hochzeitstermin verpasst, weil ich
einen Film drehte. Es klingt wie eine Gemeinheit, war aber wohl
nur Hilflosigkeit. Irgendetwas fehlte.

Als ich Vrstala traf, war es einfach ein anderes Raumgefühl. Da
fehlte nichts mehr, es war plötzlich die Überfülle. Und trotz Überfülle – ich wusste, auch seine Schreibmaschine würde noch in
meine Wohnung passen. So einfach, so ungerecht. Jiri Vrstala zog
sofort bei mir ein, gleich nach »Chronik eines Mordes«.

Jiri ließ sich von seiner schönen Tschechin scheiden. Sie heiratete später einen noch schöneren Schweizer. Und Bambi heiratete
später eine noch schönere Polin, viel jünger als ich.

Vrstala und ich haben uns in der Prager Theynkirche verlobt.
Ein Freund spielte ein Orgelkonzert, nur für uns. Vrstala kam
eigentlich aus Liberec, dem früheren Reichenberg. Seine Familie
hatte ein großes Haus dort. Ich weiß noch, es gibt ein schönes
Theater in Liberec. Jiri ist zweisprachig aufgewachsen, seine Mutter

sprach hervorragend deutsch. Wir heirateten 1966 im Mai auf der Burg Karlstein. Im August hatte ich den Termin bei der Weigel. Zwei Wochen später war ich in Venedig. Es war ein BE-Gastspiel. Mein letztes, wusste ich.

Es gab keine traurigere Stadt als Venedig. Ich verstehe jetzt, warum Jiri Vrstala Brecht nicht mochte. Ich dachte immer, die Slawen können mit dieser strengen Gedankenarithmetik einfach nichts anfangen. Ihnen fehlt die Seele bei Brecht. Aber es ist noch etwas anderes: Bei Brecht gibt es nichts zu lachen, oder anders: Sogar das Lachen folgte der pädagogischen Absicht. Und Clowns, diese Ur-Anarchisten, sind in diesem Weltbild nicht vorgesehen. Das Lachen, das sie provozieren, ist anders. Clowns sind die natürlichen Feinde jedes strengen selbstbezüglichen Systems. Brecht war ein strenges selbstbezügliches System. Und mein Mann war ein Clown.

*»So ein kleines Schiff zieht
so einen großen Dampfer.« Venedig 1966*

Drei Tage nach dem Gespräch im Intendantenbüro bin ich
gegen meinen Willen wieder aufgestanden. Ich musste drehen, »Ein Lord am Alexanderplatz« war noch nicht fertig. Wie
hätte ich absagen sollen? Ja, wenn ich eine Hirnhautentzündung
gehabt hätte! Oder eine furchtbare Erkältung. Dabei stimmte die
Diagnose genau: Erkältung des gesamten Wesens, lebenswurzel-
tiefe Verzagtheit.

Mit diesen Symptomen fuhr ich zum BE-Gastspiel nach Venedig.
Wir spielten im »Fenice« die Dreigroschenoper. Und ich war Polly.

Zum ersten Mal fiel mir auf, dass ich mit niemandem am Haus
wirklich befreundet war. Alle behandelten mich wie immer. Keiner wusste, dass ich bald nicht mehr zu ihnen gehören würde.

Hatte ich denn zu ihnen gehört?

»Na, Miss Titelfoto!«, begrüßte mich Wolf Kaiser gern. Das lag
an dem Satz von Oliver Hagen: »Aus der mache ich die Brigitte
Bardot der DDR...« Nein, am BE tat er mir wirklich nicht gut.
Manchmal dachte ich, dieser Komödiant zählt mich einfach nicht
zu den ernst zu nehmenden Tatsachen des Lebens.

Kaiser und ich fuhren zusammen hinüber zum Lido, wir saßen
auf einer Bank, vor uns der Strand, hinter uns ein Hotel. Es war
nicht das »Des Bains«, in dem Visconti bald den »Tod in Venedig«
drehen würde. Der Tod in Venedig. Gustav von Aschenbach konnte kaum verzweifelter gewesen sein als ich. Kaiser rauchte, ich
rauchte auch. Wir blickten beide hinaus auf das Wasser. Ein kleines Lotsenboot zog einen großen Dampfer durch die schmale
Öffnung der Lagune. – Da sagte Kaiser und blies den Rauch aufs

offene Meer: »Stell dir vor, so ein kleines Schiff zieht so einen großen Dampfer!« – Dann sagte er nichts mehr. Ich merkte auf. Ich
war es nicht gewohnt, dass Kaiser, der Komödiant, derart ernste
Ansprachen an mich richtete. Und dass kleine Schiffe große Schiffe ziehen können, das grenzte schon an eine philosophische Be-
trachtung. In radikalisierter Lesart bedeutete es: Kleine Schiffe
wissen oft viel eher als große, wo es lang geht. Wir schwiegen wieder. Kaiser rauchte seine roten Dunhill, eine nach der anderen. Ich
rauchte auch.

Ich dachte an die schöne türkisblaue Kette, die ich eben von
einem Straßenhändler mitgenommen hatte. Ja, mitgenommen.
Denn ich hatte bereits einen Koffer gekauft, und mein Devisenver-
mögen war nicht unbegrenzt. Die Kette hatte mir gefallen, und da
ich beim BE rausgeflogen war, dachte ich, nun ist sowieso alles
egal, nun kannst du die auch noch mitnehmen. Das kleine Schiff
hatte inzwischen das große wirklich in die Lagune gezogen, die
schöne türkisblaue Kette brannte in meiner Tasche, und ich war
gekündigt – ich brauchte dringend einen Mitwisser. Jetzt sofort.
Jeder Mensch braucht einen Mitwisser. Aber es war unmöglich zu
reden. Nicht mit Kaiser.

Da sagte Kaiser:

Ich will weg vom BE.

Ich war fassungslos. Der Mann, der am BE große Rollen spielte,
der Mann, der Mackie Messer war – er wollte nicht mehr bleiben.

Und mich, sagte ich zu Kaiser mit plötzlichem Eifer, es klang
fast wie Überschwang, mich haben sie gekündigt!

Kaiser nickte langsam und sehr verständig, als wäre das völlig
klar. Ich konnte nicht wissen, dass sie alle gerade dabei waren, vom
BE wegzugehen. Thate, Karge und Matthias Langhoff, es wurden
sehr viele in den nächsten Jahren. Ob der Mann hinter Helene
Weigel, dessen Sätze immer begannen: »Brecht hat einmal zu mir
gesagt ...«, das auch besser fand, weiß ich nicht. Das BE wurde
müde, es fing an, sich selbst zu zitieren. Theaterschicksal. Aber so
was weiß man erst später. Noch begriff ich nichts davon.

150

Ich sagte Wolf Kaiser, dem großen Komödianten und Kettenraucher, wie es um mich stand, und ließ nichts weg. Nur die türkisblaue Kette verschwieg ich im letzten Augenblick. Das mit der Kette hätte er nicht verstanden. Er hörte mir mit großer Anteilnahme zu. Irgendwie schienen ihm meine Geschichte, sein Wegwollen und das sehr kleine Schiff, das ein sehr großes in den Hafen zog, gut zueinander zu passen. Wir rauchten noch eine Zigarette. Dann fragte mich Kaiser, ob ich Lust hätte, mit ihm zusammen an der Volksbühne »Cäsar und Cleopatra« zu spielen. Er wäre Cäsar, ich Cleopatra. Ich war sprachlos.

Hinterher sind wir auf dem Lido in einem tollen Hotel essen gegangen. Zurück in Venedig habe ich mir große rosa Ohrringe gekauft. Ich weiß nicht, ob ich sie mir nur kaufte, um sie ordnungsgemäß bezahlen zu dürfen. Gewissermaßen als Wiedergutmachung. Denn ein neues Leben soll man nicht mit Schulden beginnen.

Am nächsten Tag fuhr ich gleich noch einmal zum Lido, mit einer Kollegin. Ich schaute nach der Bank. Vielleicht wollte ich sicher sein, dass der Abend mit Kaiser keine Täuschung war. Es kam kein kleines Schiff mit einem großen hintendran. Also sind wir weiter nach Torcello gefahren, dort haben wir gegessen. Hier saß einst Hemingway. Als wir fertig waren, merkten wir, dass unser Geld niemals reichen würde. Rosa Ohrringe! Da betraten Gisela May und Ernesto Grassi das Restaurant. Ein richtiger Impresario, Chef des »Fenice«. Der Impresario zahlte unsere Rechnung und nahm uns hinterher auch noch mit nach Burano.

Ich war beeindruckt. Wenn es also ganz hart kommt, wenn man aus einem Theater fliegt oder seine Rechnung im Hemingway-Restaurant nicht zahlen kann, ist am Ende immer jemand bei dir.

Das stimmte mich sehr zuversichtlich. Im Oktober schon hatten wir unser erstes Gespräch an der Volksbühne über »Cäsar und Cleopatra«. Und einen Vertrag.

Zwei Jahre Provinz in der Hauptstadt

Es wurde eine wunderbare Verschwörung. Es wurde meine Befreiung. Wir gingen an die Volksbühne. Die Volksbühne galt in den Sechzigern als das Allerletzte. Wer schlechtes Theater sehen wollte, musste unbedingt in die Volksbühne gehen. An ein schlechtes Theater zu kommen hatte aber auch bemerkenswerte Vorteile. Man kann machen, was man will, vor allem als Ex-BE-Schauspieler. Und niemand hat es so sehr nötig, endlich mal zu machen, was er will, wie ein Ex-BE-Schauspieler.

Das sah man schon an Wolf Kaiser. In unsere Inszenierung schlich sich etwas am BE übel Beleumundetes ein: Spaß. Shaw macht Spaß. Kaiser war in einem Alter, wo er den »Lear« und alle Shakespeare'schen Könige auf einmal hätte spielen müssen. Er bekam sie nicht am BE, wahrscheinlich ist er darum gegangen. Also wurde er statt Lear nun römischer Kaiser. Dass Wolf Kaiser ein geborener antiker Imperator war, stand außer Zweifel. Dass ich eine geborene altägyptische Prinzessin war, musste sich erst noch zeigen. Denn ich hatte doch etwas durchaus Erschreckendes vor mir: meine erste Titelrolle auf der Bühne. Und ohne Regisseur.

Teenager ist Teenager, dachte ich, ob altägyptisch oder nicht. Ich lümmelte auf dem Thron. Ich fasste Kaiser ans Knie. Meine alte Frechheit von der Straße aus Kindertagen war wieder da. Zum ersten Mal bin ich ohne Krücken gelaufen. Ich dachte an Sohnys Rock'n Roll-Schule: Weniger ist mehr! Auch bei Verführungen.

Was nützt dir dein Seelenleben, wenn keiner es sieht!, hatte Helene Weigel zu mir gesagt. O doch, man sah Cleopatras Seelenleben. Keine Hospitanten überwachten unsere Proben. Natürlich hatten wir doch einen Regisseur, aber der blieb ohne Chance gegen den römischen Imperator. Denn schließlich war Kaiser auch vom BE weggegangen, um möglichst nie wieder einem Regisseur zu begegnen. Er war einfach viel zu alt für Vorgesetzte, fand er.

Kaiser glaubte nicht an Regisseure, er glaubte an die Sterne. Als Brecht seine letzte Grippe hatte, sagte Kaiser zu Helene Weigel: Du, Helli, das wird wieder! Ich hab's aus den Sternen. – Dann starb Brecht. Kaiser sagte zu Helene Weigel: Du, Helli, ich hab's gewusst. Es stand in den Sternen.

Jeden fragte er zuerst, welches Sternzeichen er sei, und erschrak regelmäßig über den Aszendenten. Besonders interessante oder gefährdete Fälle pflegte er nach Leipzig zu überweisen an einen Sterndeuter, der bereits für Goebbels das Horoskop gestellt habe. Und meins!, fügte Kaiser dann seelenruhig an.

»Cäsar und Cleopatra« wurde ein Erfolg. Normalerweise war der große Saal der Volksbühne halb leer, aber »Cäsar und Cleopatra« war immerzu ausverkauft. 160 Mal. Wir spielten West-Theater im Osten: Kaiser und Domröse kriegen das Haus voll.

Die Westkritik schrieb, ich sei eine Entdeckung. Das fand ich auch. Ich war eine Entdeckung für mich selbst. Wie gern ich jetzt zum Theater ging. Wahrscheinlich ist es wie bei der Gartenarbeit. Du steckst eine Knolle in die Erde, vergisst sie fast, und dann kommt da plötzlich ein Krokus raus. Während meiner Zeit am BE müssen unaufhörlich Knollen in die Erde gesteckt worden sein – aber es kamen keine Blumen. Jetzt kam ich mir vor wie in einem blühenden Garten. Jetzt hielt ich Berliner-Ensemble-Ernte. Ich wollte am liebsten nie mehr runter von der Bühne.

Ich habe meine zwei Jahre Provinz in der Hauptstadt nachgeholt. Ich spielte mich frei.

Dann kamen »Troilus und Cressida« und »Don Carlos«. Ich hätte gewarnt sein müssen. Schiller! Jetzt holt er mich doch noch ein.

Wenn auch nicht als verliebtes Bürgermädchen, sondern als Prinzessin. Ohne Regisseur?

Ich hatte Angst. Trotzdem, diesmal würde ich den Schiller nicht mit dem Rücken zum Publikum sprechen.

Es hat aber nichts genützt. »Don Carlos« wurde ein Reinfall.

Kaiser hätte wohl gesagt, die Sache stand unter keinem guten Stern. Und außerdem ärgerte er sich über einen Kollegen.

Sie können doch hier nicht reinkommen wie in die Kantine! Sie müssen knien!, forderte Kaiser von Marquis Posa, und zwar vor mir. Kaiser war Philipp II. von Spanien, und Philipp wollte einen Kniefall. Posa antwortete fest:

Ich knie nicht! Nie!

Nun mach doch mal!, dachten wir, jeder für sich allein. Aber es war aussichtslos. Marquis Posa, auch wenn er nicht Marquis Posa war, war schon immer sehr eigensinnig gewesen und wusste alles besser. Wenn er die Seite 382 eines Buches gelesen hatte, leitete er dir die Welt vollständig von Seite 382 ab. Nein, er kniete nicht. Er würde niemals knien. Kaiser war wirklich sehr böse. Für solche Situationen, dachte ich, braucht man unbedingt einen Regisseur.

Ungelöstheiten vom Typus Knien oder Nichtknien, das ist hier die Frage, klärt normalerweise der Regisseur. Doch der war nach Kaiser die entbehrlichste Figur des ganzen Theaters. Natürlich hatten wir auch jetzt einen, aber das merkte man gar nicht. Höchstens wenn die Königin ihn fragte: Du, Hannes, was war eigentlich mit mir, bevor der Vorhang aufgeht?

Hannes war der Regisseur. Ich habe zuerst die Frage gar nicht verstanden. Bis mir klar wurde, sie wollte wissen, was sich Schiller gedacht hat zwischen den Szenen. Das, was er nicht aufgeschrieben hat, wollte sie wissen. Also: Kommt die Königin gerade vom Klo, wenn sie mit Posa spricht? Oder war sie Blumen pflücken? Die Königin und unser Regisseur diskutierten diese Frage volle zwei Stunden. Ich weiß nicht, was Kaiser inzwischen machte. Ich versuchte mir vorzustellen, ich hätte die Weigel oder Engel oder

Wekwerth gefragt: Du, was ist eigentlich mit mir, bevor der Vorhang aufgeht? – Es ging nicht. Es war unvorstellbar. Als ich das wusste, bin ich aufgestanden und gegangen.

Es begann mir etwas zu fehlen. Der eigentliche Regieeinfall war, das Stück mit lauter Namen zu besetzen, »bekannt aus Funk und Fernsehen«. Wir spielten einen Prominenten-Schiller, ein TV-Sternchen-Schiller mit Kaiser als Mars in der Mitte. Und ich war ganz auf mich gestellt mit meiner Prinzessin Eboli.

Kaiser konnte ich doch nicht fragen, wie sich eine Prinzessin fühlt, die gerade erfährt, dass ihr Mann eine andere liebt. Das musste ich selber wissen. Ich hatte einen großen Monolog, ich bin ganz tief in den Stanislawski, den Theater-Theoretiker, hineingekrochen und dann in die Prinzessin. Ich wusste ja, dass es gar keine Monologe gibt, dass man immer mit jemandem spricht, und sei es mit sich selbst. Niemand, der zu einem anderen spricht, deklamiert. Das Deklamieren ist die Todsünde des Theaters.

Ich glaube, meine Prinzessin deklamierte nicht. Trotzdem sind wir im Kostüm hängen geblieben. Die Sprache stand zwischen uns und Schiller.

Mit Shakespeares »Troilus und Cressida« war es dasselbe. Theatralik und Pappmaché. Mir ist ganz schlecht geworden in dem historischen Plüsch unserer Inszenierung.

Mein '68 in Prag

Ein kleiner Zettel von Helene Weigel hatte genügt, und ich besaß ein Jahres-Visum für die Tschechoslowakei. Ich hatte ein moralisches Recht darauf, schließlich war mein Mann Tscheche, ich konnte doch nicht jedes Mal ein Visum beantragen.

Als die Mauer gebaut wurde, stand ich noch zwischen dem Pro-Mauer-BE und meiner Tante Deter, die sich rein fluchttechnisch von ihrem Oberkellner scheiden ließ und ihn, im Westen angekommen, gleich wieder heiratete. Das heißt: Ich bewunderte Tante Deter und ihren Oberkellner für ihre Tathandlung der Liebesflucht: »Eingesperrt bei den Russen, Irmchen, wie hältst du das nur aus?« Und mit derselben Aufrichtigkeit bewunderte ich das Berliner Ensemble für seine Gabe, mir schlüssig nachzuweisen, dass kein Weg an der Mauer vorbeiführte. Ja, dass zur besten aller möglichen Welten gewissermaßen eine Mauer gehört.

Als sie viel später anfingen, die Alten, Kranken, die Blinden und die Lahmen in den Westen zu lassen, fand ich das nur noch zynisch.

Den Prager Frühling dagegen erkannte ich gleich. Ich war einfach zu oft mit meinem Mann, dem Tschechen, in seiner Heimat gewesen. Ich habe 1968 in Prag erlebt, diese Fröhlichkeit in der Stadt. Diese unerträgliche Leichtigkeit des Seins – hier stimmte das schöne Wort, genau wie es später für den Herbst '89 in der DDR stimmte. Sie sagten uns, kein Land dürfe einfach ausbrechen aus dem sozialistischen Lager, und genau das hätten die Tschechen vor. Aber nicht mal das BE hätte mir noch die Notwendigkeit des russischen Einmarschs in Prag erklären können, so wie es mir einmal die Mauer erklären konnte.

Ich habe nicht verstanden, dass bei uns so wenig darüber geredet wurde. Aber ein »Bekenntnis« wurde an der Volksbühne herumgegeben. Alle sollten unterschreiben, dass sie der Niederschlagung des Prager Frühlings zustimmten. Ich war die Einzige, die nicht unterschrieben hat. Der Intendant bestellte mich zu sich.

Da fehlt noch eine Unterschrift, hat er gesagt, dieser Tonfall war es. Ich erklärte, dass da keine Unterschrift mehr fehle. Es war nicht Heldenmut, ich konnte einfach nicht unterschreiben. Mein Mann ist Tscheche, Prag ist meine zweite Heimat – das können Sie nicht von mir verlangen, habe ich gesagt. Nach einer halben Stunde hat der Intendant mich rausgeschickt. Ich hatte nicht unterschrieben.

Als alles vorbei war, war die Stadt nicht wiederzuerkennen. Professoren wurden Straßenbahnschaffner oder Glasbläser, viele sind emigriert. Ich habe gerade gelesen, dass Mao Tsetung sich rühmte, so viele Intellektuelle umgebracht zu haben. Es bleibt, dass kein sozialistisches Land bisher das Denken und die Denkenden ertragen konnte.

Meinen einzigen ausländischen Film habe ich 1967 in Prag gedreht, wenn ich die österreichische Produktion »Die Skorpionfrau« (1988) nicht mitzähle – ich drehte ja in derselben Sprache. »Ja, Spravedlnost« (»Ich, die Gerechtigkeit«) von Zbynék Brynych kam unter dem Titel »Als Hitler den Krieg überlebte« in die bundesdeutschen Kinos. Es war ein Film des Prager Frühlings. Regisseur Zbynék Brynych fragte Jiri vor Probeaufnahmen: Sag mal, ist das nur eine schöne Frau oder auch eine gute Schauspielerin? – Sie kannten ihn eben viel länger als ich. Vielleicht hatten sie Grund, bei Jiris Frauen misstrauisch zu sein. Jiri erwiderte ernst: Ich glaub schon, dass sie eine gute Schauspielerin ist!

Ich spielte eine fanatische Deutsche in diesem Psychothriller, der Hitler den Krieg überleben ließ in der Gewalt einer Antinazi-Organisation, die ihn erleiden lassen will, was er seinen Opfern angetan hat. Leiden soll er – also darf er nicht sterben. Die böse, bittere Pointe des Films ist, dass aus den Antifaschisten von gestern die Faschisten von morgen werden, dass sich aus den Verfolgten die neuen Verfolger rekrutieren. Ich wusste damals noch nicht, welch grausame Wahrheit ich da spielte.

Zwei Angebote hatte ich aus Ungarn, ich war schon auf ungarischen Titelfotos, habe dann aber doch abgesagt wegen des Theaters. Viel später, 1984, kam ein wunderbares Angebot aus England. Eine Pianistin sollte ich spielen. Ich hätte eine Rede halten müssen vor einem bis auf den letzten Stehplatz gefüllten Opernhaus. In Englisch. Davor versagte meine Courage. Die Klavierstunden meiner Kindheit hätten vielleicht gereicht. Aber Englisch sprechen in einem englischen Film vor einem englischen Opernhaus? Ich hatte es doch nie gelernt. So habe ich nur diesen einen Prager-Frühlings-Film in einer anderen Sprache gemacht.

Brecht mit Kaiser

Die Idee zu unseren Brecht-Abenden hatte auch Kaiser. Du kannst doch so schön singen, sagte er zu mir, das klingt so zart in den Höhen, das klingt fast wie in den Zwanzigern, das ist sehr gut, das brauchen wir für Brecht!

Wir machten einen Brecht-Abend. Alle lobten uns. Auch auswärts, denn unser Brecht-Abend erwies sich als Exportschlager. Wir sahen unsere Bilder in fremden Zeitungen unter Überschriften wie »Oostberlijners met Brecht« oder »Natuurtalenten uit DDR op Brechtavond in KVS« oder »Brecht-avond fascinerend«. Unsere Dolmetscher übersetzten Hymnen. Wir begannen, die Hymnen zu glauben.

»Der enorme, mehr als lebensgroße Wolf Kaiser und die kleine, zierliche Angelica Domröse sind ein sonderbares Paar, aber sie sind zu wunderbaren Dingen im Stande«, hatte eine Brüsseler Zeitung bemerkt. Wolf Kaiser fand das schon lange. Und er dachte bereits über eine Fortsetzung nach.

Wir saßen im Flugzeug, zurück vom holländischen »Brechtabend«. Unsere herrenlose Zeit würde nun zu Ende gehen, wir wussten es beide. Benno Besson sollte die Volksbühne übernehmen. Alle waren voller Vorfreude. Benno Besson, der Brechtschüler, das Regie-Talent, das zuletzt Triumphe gefeiert hatte am Deutschen Theater. Ausgerechnet er wollte also an die Volksbühne, von der alle glaubten – trotz Kaiser und Domröse –, ihr sei nicht mehr zu helfen. Aber einen gab es, der freute sich gar nicht. Wolf Kaiser. Er brauchte nicht mal einen Regisseur, und nun kriegt er auch noch einen richtigen Intendanten?

Kaiser hatte nicht nur diesen Astrologen in Leipzig, der schon für Goebbels die Horoskope gestellt hatte, er hatte außerdem nach Art der Überlebensgroßen Schuhgröße 49. Die gab es in der DDR gar nicht. Die sozialistische Produktion hatte Leute, die auf großem Fuß leben, nicht vorgesehen. Darum ging Kaiser bei jeder Gastspielreise zuerst in den Schuhladen. Aber er hatte nicht nur die 49, er lebte auch so. Und er empfand so. Benno Besson, hatte der nicht viel zu kleine Füße?

Als wir das letzte Mal von einem Brecht-Abend kamen, auf der Fähre von Finnland nach Hause, ist mir nachts sehr übel geworden. Der Seegang draußen war plötzlich der Seegang in meinem Magen. Ich habe es aus meiner Kabine nur noch bis zu Kaisers linkem Schuh geschafft. Er war von Bally. Kaiser achtete immer sehr auf seine Schuhe. Der gesamte Inhalt meines Magens passte in Kaisers linken Schuh. Ich war beeindruckt. Bally – das war wirklich Qualität. Er hielt absolut dicht. Kaiser schlief. Nachher war mir immer noch schlecht, auch aus Sorge, Kaiser könnte was merken. Ich habe Bally gewaschen und bis zum Morgen war er trocken. Ich konnte gar nicht schlafen vor Angst, Bally und ich würden es nicht schaffen. Aber Bally, der Qualitätsschuh Größe 49, verriet mich nicht. Nur als wir schon wieder in Berlin waren, am Ostbahnhof, bewegte Kaiser plötzlich mit leichter Verstörung den Fuß im linken Schuh und sagte: »Bally ist auch nicht mehr das, was es mal war.« Diese Rückfahrt, die ein Rückflug war, würde härter werden, ich ahnte es. Wenn auch aus ganz anderen Gründen.

Kaiser trank im Flugzeug einen Whiskey nach dem anderen. Und er entwarf einen Plan: Exodus Kaiser/Domröse, der Zweite. Wir gehen zum Fernsehen!

Da haben wir keinen Intendanten, nun gut, Adameck, der Chef des Fernsehens, aber der zählt nicht, oder wenn doch, dann ganz anders. Außerdem verdienen wir viel mehr Geld. Das braucht man mit Schuhgröße 49. Kaiser begann ganz behutsam, fast wie damals in Venedig. Was ich denn denken würde über den – Intendanten?

Endlich wieder lernen dürfen!, teilte ich Kaiser in einem Anflug

160

spontaner Begeisterung mit; die letzten zwei Jahre seien doch schrecklich gewesen. In gewissem Sinne. So ganz ohne lenkende Hand. Kaiser sah mich entsetzt an. Er spürte, dass wir verschiedene Himmel hatten. Ich hatte einen mit Regisseur, er einen regielosen. »Ich brauche nichts mehr zu lernen. Ich kann schon alles!«, beschied er kühl, aber er gab noch nicht auf. »Für unsere Brecht-Abende werden wir auch nicht mehr freibekommen, du wirst sehen! Wenn Besson erst mal da ist, geht die Tyrannei wieder los.«

Wolf Kaiser hat mir nie verziehen, dass ich nicht mit ihm zum Fernsehen gegangen bin. Er hat später noch einen Brechtabend mit Eva-Maria Hagen gemacht, nie mehr mit mir. Aber meine »Paula« hat er gemocht.

Kaiser wurde sehr erfolgreich beim Fernsehen. Irgendwie passte das zu ihm. Nach 1990, als das Fernsehen der DDR aufgelöst wurde, war er plötzlich ohne Arbeit. Er dachte, dann fange ich wieder am Berliner Ensemble an, jetzt, wo Wekwerth weg ist. Aber niemand dachte an Wolf Kaiser. Keiner rief ihn. Ihn, der früher am BE genau erspäht hatte, wenn irgendwo zwei Plätze leer waren: Dort, zwei Plätze in Reihe 1 nicht besetzt, konnte er rufen, klarer Fall von Sabotage! Er glaubte das wirklich.

Im Herbst 1992 ist Wolf Kaiser gestorben. Er sprang aus dem Fenster seiner Wohnung in der Friedrichstraße. Weil ihn niemand gerufen hat?

Er hatte Schuhgröße 49, die es gar nicht gab in der DDR. Aber das neue Deutschland war doch zu groß für ihn – und zu klein zugleich.

Besson rettet die Volksbühne und mich

B esson kam. Endlich ein richtiger Regisseur. Den »Drachen« hatte er gemacht, »Lorbas« und »Ödipus Tyrann« von den Co-Autoren Sophokles-Hölderlin-Müller am Deutschen Theater. Ein Wind erhob sich in dem alten großen, unregierbaren Kasten, er strich um die Mauern, ging durch alle Flure und Zimmer. Ein südlich leichter Wind war das, ein Föhn am Rosa-Luxemburg-Platz, mitten in der DDR-Tristesse. Er wehte durch die Linienstraße, drehte eine scharfe Kurve um die Volksbühne und bewachte fortan unser Theater. Wer kam, spürte ihn sofort, die alten und die neuen Zuschauer. Volkstheater war das, eine randvolle Bilderschau.

Das hätte ich von einem großen Regisseur nicht erwartet. Diese Leichtigkeit, eine geradezu südländische Leichtigkeit, die sich auf alle und alles übertrug.

Ich überlegte: Köthen lag in Sachsen-Anhalt. Yverdon lag in der Südwestschweiz. Manfred Wekwerth, der Helene-Weigel-Nachfolger und Nehmt-die-Filmjule-mal-da-weg-!-Sager kam aus Köthen. Wenn Wekwerth sprach, sprach Köthen. Benno Besson kam aus der Südwestschweiz. Wenn Besson sprach, sprach die Südwestschweiz. Ich konnte mich gar nicht satthören an der Südwestschweiz.

Außerdem hatte die Schweiz eine ganz andere demokratische Tradition. Das merkte man sofort. Köthen regierte nach dem Hauptsatz: Köthen gibt es nicht noch einmal! Die Südwestschweiz aber wusste, dass es außer ihr noch die Westschweiz, die Südschweiz, die Ostschweiz und die Nordschweiz gab. Und dass man dort überall anders sprach. Während am BE die führenden Atheisten das Gebot ausgaben: Du sollst keine Götter haben neben mir!, baute

Besson ein ganzes Götterreich auf. Mit sagenhaft vielen Parallel-göttern und Altären. Er holte Karge und Matthias Langhoff, die am Berliner Ensemble den »Brotladen« gemacht hatten, er holte Fritz Marquardt aus Potsdam, von uns fortan »der Ostgrüber« ge-nannt.

Heiner Müller bekam die erste feste Stelle seines Lebens. Chris-toph Hein, der schon mit zwölf Jahren Theaterstücke schrieb und sich überlegt hatte: Ich gehe nur zum besten Regisseur! Also zu Besson! – kam auch. Er wurde Dramaturg und schrieb viele Stücke, die wir niemals spielten.

Und von überall holte Besson die jungen Schauspieler. Ich wer-de es in diesem Buch bestimmt nicht noch einmal tun, aber jetzt zähle ich mal auf. Es kamen Dieter Montag, Winfried Glatzeder, Hermann Beyer, Michael Gwisdek, Henry Hübchen, Junghans und so begabte Jung-Frauen wie Heide Kipp, die ich sehr bewunderte, Gabriele Gysi, Carmen-Maja Antoni, Walfriede Schmitt und Ur-sula Karusseit. Rolf Ludwig, Eberhard Esche und Hilmar Thate waren auch da, der eine länger, die anderen ganz kurz – drei schon geschliffene Diamanten.

Der junge Achim Freyer kam, Einar Schleef und Brigitte Sou-beyran. Auch der Maler Roland Paris.

Und dann wehte dieser junge Venezianer herein, Ezio Toffolutti, mit seinem noch feuchten Diplom. Er hatte genau wie einst der zwölfjährige Christoph Hein gedacht: Ich arbeite nur mit dem Besten. Also mit Besson! Dafür tauschte er Venedig gegen Ostber-lin, so wie Besson einst die Schweiz.

Und ich? Diese neue Sinnlichkeit des Theaters ging auf mich über. Ich meinte, unendliche Kraft zu haben, wie ein Tier, das alle Muskeln spannt und Anlauf nimmt. Alles war stärker als in mei-nen zwanziger Jahren, der Atem tiefer, der Zorn länger, die Um-sicht weiter.

Natürlich haben wir geglaubt, dass das Theater die Welt, nein, vielleicht nicht aus den Angeln heben, aber doch etwas verrücken kann. Ohne diesen Glauben, und sei er noch so illusorisch, fängt niemand zu spielen an. Du bist mehr als eine Arabeske, eine Verzierung des Abends.

Wenn Schauspieler sagen, das Theater ist mein Leben, hört sich das immer entsetzlich pathetisch an. Aber vielleicht hat man es nur noch nie richtig verstanden. Denn es stimmte genau. Wir frühstückten schon im Theater, zwischen Probe und Vorstellung gingen wir in die Theater-Sauna. Am liebsten hätten wir die Volksbühne gar nicht mehr verlassen.

Und es störte uns gar nicht, wenn Besson den Satz »Haltet den Dieb!« aus dem »Sezuan« dreieinhalb Stunden probieren ließ. Wahrscheinlich gefiel ihm die Betonung des Schauspielers nicht. Wir verstanden das sehr gut. Präzision ist das Alter Ego der Leichtigkeit. Und beides zusammen ist Theater.

Heiner Müller ist schuld

Heiner Müller hatte also seine erste feste Stelle. Mit folgenschweren Auswirkungen. Denn so wahr es ist, dass ich nie wieder so etwas Leichtes, Freizügiges am Theater erlebte wie Bessons Volksbühne, so war sie doch auch der Ort meiner tiefsten Verzweiflung.

Im Eisenhüttenkombinat Schwedt war ein Theatermann angekommen. Er wollte dem Geist der Stunde gemäß zu »unseren Menschen«, er hatte ein Theaterstück über »unsere Menschen« verfasst und es mit Kollegen aus dem Kombinat inszeniert, mit Ingenieuren, Sekretärinnen und Buchhaltern. Er hatte Shakespeare mit der Kybernetik gekreuzt und beide zusammen mit der sozialistischen Produktion. Die Kybernetik war damals gerade sehr modern, nachdem sie lange verfemt war. Die DDR hatte nämlich viel früher einen Kybernetiker als die Sowjetunion – Georg Klaus, eine Unperson –, und erst als die Russen auch die Kybernetik entdeckt hatten, wurden alle schlagartig zu Kybernetikern. Kybernetik ist eine Art Ur-Computerwissenschaft, und die leitenden Genossen entdeckten einen neuen Weg zum neuen Menschen: Man muss ihn programmieren! – Genau das hatte der an der Basis operierende Theatermann versucht: einen kybernetischen Sommernachtstraum in Schwedt. Und Benno Besson mit ein paar anderen inszenierte das in Schwedt zu Ende. Walter Ulbricht und seine Frau Lotte kamen nach Schwedt, der Theatermann am Puls der sozialistischen Großindustrie erhielt den FDGB-Preis, und Besson – so erinnerte sich Müller – wurde von Lotte geküsst. Seitdem kam Lotte Ulbricht in jede Aufführung von Besson.

Müller, in der ersten festen Stellung seines Lebens, aber hatte die desaströse Idee: Ich schreibe das ein bisschen um, sagte er zu Besson, und dann machen wir es an der Volksbühne.

Besson fand den Gedanken wunderbar – Müller: »Besson hatte die schweizerische Idee, dass man mit dem Staat zusammenarbeiten muss, mit der Partei« –, also wurden auch Parteisekretär und Verwaltungschef hinzugezogen. Alle dichteten mit, sagte Müller später. Vielleicht wollte er auch nur von seiner Verantwortung ablenken.

Besson also beschloss, dass dies der richtige Stoff sei, die neue Ära der Volksbühne zu eröffnen.

Die kybernetischen Sommernachtsverwirrungen leitender »Kader« im »Naherholungswald« eines sozialistischen Kombinats. Und ich sollte Sukko sein, die Werkschemikerin mit Programmfehler, zwischen Liebe und Wissenschaft. Wolf Kaiser hatte Recht gehabt. Ich schlief keine Nacht mehr. Sukko! Müller! Müller hatte sich eine Art Kybernetik-»Umsiedlerin« geschrieben. In mir reifte ein dunkler, verzweifelter Entschluss. Ich beschloss, das Theater aufzugeben.

Ich lernte Text mit Hilmar Thate bei mir zu Hause, er war gerade von Wekwerths Brecht-bin-ich-BE weggegangen. An der »Volksbühne« war er wie einer vom anderen Stern, er sagte immer: Ich kann mit dem Gemüse nicht spielen! – Von Brecht zu »Horizonte«. Härter konnte es nicht werden. Aber mir war der Volksbühnen-Stern doch näher als der BE-Stern, ich schob es mehr auf mich. – Ich sagte: Ich bin eine schlechte Schauspielerin. Er antwortete: Ach was, das Stück ist schlecht. Und er verriss das Müller-Stück. Müller sah uns immer sehr freundlich-ermutigend an, seine Gesten hatten etwas betont Beiläufiges.

Die Arbeit an »Horizonte« verfehlte bei uns die beabsichtigte Wirkung vollständig. Mit der Kybernetik zum neuen Menschen? Wir tauchten ein in sämtliche Finsternisse. Ich borgte Thate unserer Stimmungslage entsprechend Solschenizyn und die anderen Dissidenten, die ich hatte. Ich besaß eine wohl sortierte Dissidenten-Bibliothek, nicht so sehr aus Staatsfeindschaft als wegen des instinktiven Bedürfnisses zu wissen, was alles auf einen zukommen kann. Denn man sollte sie kennen, die immanenten Gefährdungen des Systems, in dem man lebt. Wenn wir mit dem Müller-Text fertig waren, sprachen wir über Solschenizyn. Wir fürchteten das Schlimmste. Es geschah.

Die Premiere wurde ein Flop. Müller sagte: Es lag am Bühnenbild. Und daran, dass Besson seinen »genialen Schluss« verworfen habe, den Auftritt der unbekannten Oma, einer Riesin: »Die halbe Industrie läg schon im Koma / Wenn ich nicht wär, die unbekannte Oma.« Die »Junge Welt« schrieb dazu: »Die Aufführung beschäftigte weniger, denn Heiner Müller hat das im Arbeitertheater Schwedt entstandene Stück bearbeitet, und für ihn scheint die Bühne eine Art Laboratorium für Verknappung bei gleichzeitiger intellektueller Verklausulierung zu sein.«

Am Ausgang des Theaters hing eine große Losung: »Optimiere dich!« Ein Kritiker bescheinigte mir »mathematisch gebrochene Erotik«. Ich war sehr erstaunt.

Ich gab das Theater nicht auf.

Später haben wir »Horizonte« noch im Patenbetrieb der Volksbühne, dem Berliner Glühlampenwerk »Narva« gespielt. Im Kultursaal standen überall Podeste, und darauf standen wir. Die Arbeiter saßen dazwischen, aßen und tranken und schauten zwischendurch zu uns hoch. Wir sprangen von einem Podest zum anderen. Es ging alles sehr schnell. Plötzlich, dieses eine Mal, funktionierte das Stück.

Das Gepäck der Partei

Horizonte« hatte trotzdem Nachteile. Mit »Horizonte«, egal wie viel Heiner Müller darin war, wären wir niemals nach Italien eingeladen worden. Aber als Zweites inszenierte der Brecht-Schüler Besson Brecht.

»Der gute Mensch von Sezuan«.

Für mich war darin die Rolle der »armen Verwandten vom Lande« vorgesehen. Von Cleopatra zur »armen Verwandten vom Lande«. Eine Karriere war das nicht gerade. Ach, Besson! Ich hatte ja nicht mal einen Namen.

Heute würde eine Schauspielerin, die auf sich hält, solche Röllchen ablehnen. Nicht mal alle Volksbühnen-Schauspieler hätten ja gesagt. Aber mir machte das kränkende Landei Spaß. Ich bekam Hüften und Oberschenkel, die jedes Maß sprengten, vor allem jedes ästhetische. Adipositas, Stufe drei, mindestens. Strumpfmasken trugen wir alle. Sie waren nicht Ausdruck einer strengen Brecht-Observanz, sondern entsprachen Bessons Sinn fürs Komödiantisch-Groteske. Achim Freyer, unser Bühnenbildner, schob mir noch zwei Schaumgummi-Bäckchen unter die Maske. Die Leute schauten dreimal auf den Besetzungszettel, ehe sie glaubten, wen sie da vor sich hatten.

Die Inszenierung wurde ein großer Erfolg.

Wir fuhren mit dem »Sezuan« nach Italien, von Stadt zu Stadt. Florenz, Genua, Mailand, Turin. Ich war öfter mit Dieter Klein unterwegs, das war der Volksbühnen-Parteisekretär. Wer vom BE kommt, ist nicht gerade mit einem Misstrauen gegen Parteisekretäre aufgewachsen. Und Klein mochte ich wirklich. Wie er mich aus den Proben geholt und behutsam erklärt hatte, dass Jiri Vrstala, mein Mann, einen schweren Autounfall hatte. Kein Psychologe hätte das schonender tun können, dabei waren die Partei und die Psychologie nie gut aufeinander zu sprechen.

Doch mit Dieter Klein durch Italien zu laufen erwies sich als zunehmend beschwerlich, denn er trug immerzu zwei Koffer, seinen eigenen und einen fremden. Der fremde schien besonders schwer zu sein. Das gab seinen Sätzen etwas Ächzendes. Es ist einfach anstrengend, mit einem Menschen zu plaudern, der spricht, als würde er jeden Augenblick zusammenbrechen.

Was ist das denn für ein Koffer?, fragte ich den Parteisekretär und meinte den zweiten, den schwereren.

Klein gestand, das auch nicht zu wissen. Achim Freyer, der Bühnenbildner, habe ihm den Koffer gegeben, und nun senkte Klein die Stimme, obwohl niemand um uns war. Achim Freyer habe nämlich ihm, seinem Parteisekretär, gestanden, unbedingt nach Rom zu müssen.

Ich muss nach Rom!, hat Freyer gesagt. Das war in Mailand. Oder in Florenz. Und Klein, weich wie er war, hat das augenblicklich verstanden. Freyer wurde nicht mehr dringend gebraucht beim »Sezuan«, also kamen das Ensemblemitglied und sein Parteisekretär überein, dass das Ensemblemitglied gewissermaßen illegal die ewige Stadt besichtigte, während sein Parteisekretär inzwischen die volle Verantwortung für seinen Koffer – und die Abwesenheit des Ensemblemitglieds – tragen wollte.

Und das tat Klein jetzt.

Was hat er nur da reingepackt?, fragte ich Klein, denn der Inhalt des Koffers besaß die Angewohnheit, unmittelbar nach dem Anheben stark nach vorn zu fallen und so die Schräglage zu symbolisieren, in der – zumindest vom Standpunkt der Partei aus gesehen – der Genosse Klein sich gerade befand. Vielleicht trug er auch darum so tapfer den Koffer. Als selbst auferlegte Strafmaßnahme.

Zum Rückflug in Turin wollte Freyer pünktlich wieder da sein.

Wir warteten auf unsere Chartermaschine und auf Freyer. Das Flugzeug kam, Freyer nicht. »Die ewige Stadt«. Sie heißt wohl so, weil man dort alles Zeitgefühl verliert. Aber dann wurde uns statt Freyers ein Brief übergeben. Wir gaben Freyers Koffer auf, die Maschine startete, Klein öffnete in 10 000 Meter Höhe den Brief des Ensemblemitglieds Achim Freyer und las durch den Bordlautsprecher des Cockpits:

Liebe Kollegen!, lieber Benno!, es tut mir Leid, aber ich bin ein Künstler. Dieses Land (er meinte Italien) macht mich verrückt. Ich bleibe da. Euer Achim

Ungefähr so. Wie unter dem Gewicht von dessen Koffer fiel Dieter Klein in seinen Sitz. Ich verstand ihn. Und niemand würde mir mehr die Schaumgummi-Bäckchen unter die Strumpfmaske stecken.

In Schönefeld holten wir Freyers Koffer vom Band. Jetzt wollten wir wissen, was da drin ist. Der Parteisekretär öffnete und blickte auf eine nicht unbedeutende Sammlung italienischer Hotelbibeln. Freyer hatte in jeder Stadt die Zimmer-Bibel mitgenommen.

Der Parteisekretär der Volksbühne hatte einen Koffer voller Bibeln durch Italien getragen, als käme er geradewegs vom »Tabibu«, dem Taschenbibelbund.

Achim Freyer sollte einmal ein beachtlicher Regisseur werden.

Ich bin Effi

E ffi Briest« war mein Erfolg, ich weiß, aber ich mag ihn nicht, ich halte ihn für missglückt. Er ist konventionell. Ein konventioneller Film über eine Frau, die an der Konvention zerbricht. Aber »Effi Briest« wurde geliebt, er machte mich schlagartig auch im Westen bekannt, lange vor »Paul und Paula«. Mag sein, er war viel sinnlicher als Fassbinders »Effi Briest« mit Hannah Schygulla. Der war überaupt nicht konventionell, was man schon am Titel erkannte: »Fontanes Effi Briest oder viele, die eine Ahnung haben von ihren Möglichkeiten und Bedürfnissen und dennoch das herrschende System in ihrem Kopf akzeptieren durch ihre Taten und es somit festigen und durchaus bestätigen«. Ein Quasi-'68er-Fontane. Die Männer diskutieren immer, und Effi geht spazieren. Das machten sie in Gründgens' »Effi Briest« mit Marianne Hoppe nicht. Der hieß auch anders: »Der Schritt vom Wege«.

Es begann wieder so: Das Fernsehen weiß genau, es gibt genau zwei Effis in diesem Land, Jutta Hoffmann und Angelica Domröse, teilte mir der Regisseur mit bedeutungsschwer gesenkter Stimme mit, um dann eine etwas längere Pause zu machen. Aber er habe da eine Idee, begann er wieder. Wenn ich jetzt gleich einen Zweiteiler über den sozialistischen Wettbewerb in einem realsozialistischen Chemiekombinat mit ihm drehe, dann, sagte Wolfgang Luderer, und hob die Stimme in verlockende Höhen, dann bekommst du nächstes Jahr die Effi, Angelica!

Ich hatte keine guten Erfahrungen mit zeitgenössischen Chemikerinnen, wie kurz darauf die »Horizonte«-Sukko bestätigte. Trotzdem sagte ich ja.

Ich habe die »Alchimisten« nie wieder gesehen, es war ein schauderhafter Film, aber ohne DDR-Petrochemie keine Effi, das galt auch für Luderer selbst.

Ich liebte Effi, dieses Menschenkind in seiner Vereinsamung war mir so nah. Und ein alter Apotheker als einziger Mensch, mit dem sie reden kann, diese beklemmenden Besuche bei den Honoratioren der Stadt. Vor allem aber die Momente, da das Kind sie besucht und auf all ihre Fragen nur antwortet, wie eine Marionette: »Oh gewiss, wenn ich darf!«

Ich verstand vieles nicht. Sie haben mein Gesicht maskengleich zugeschminkt. Aber ich brauche es doch, ich muss damit die Effi spielen, habe ich protestiert. Umsonst. Und warum musste ich blond sein? Manfred von Ardenne – das Schicksal seiner Großmutter war die Vorlage für Fontanes Roman – hat mir ein Foto der Ur-Effi gezeigt, da war es zu sehen: Effi war brünett! Wieder umsonst. Der Regisseur sah seine Effi blond.

Man kann nicht sagen, dass das Theater mich überforderte in diesen Jahren. Aber ohne das Theater hätte ich diese Effi niemals spielen können. Alles, meine ganze Bühnenerfahrung, war in dieser Rolle.

Am liebsten ist mir die Erinnerung an Tina. Tina war mein Pferd. In Hoppegarten musste ich wieder reiten lernen, vor allem im Damensattel. Ich finde heute noch, der Ritt im Damensattel hat viel mehr Grandezza, als so flegelhaft-breitbeinig auf einem Pferd zu sitzen. Allerdings weiß ich mich mit dieser Auffassung unter Jockeys sehr allein. Tina, ich und der ganze Stab fuhren hinauf an die Ostsee. Wir hatten sechzig Drehtage. Tina hatte noch nie das Meer gesehen. Oben auf der Düne blieb sie wie versteinert stehen, ging nicht vor und nicht zurück. Sie hielt die Nüstern in den Wind, und dann, Schritt für Schritt, feierlich beinahe, trabte sie auf das Meer zu, um sich fortan zu weigern, es wieder zu verlassen. Wir hätten den ganzen Film in der Ostsee drehen können. Im Sommer darauf mussten wir noch ein paar Szenen nachdrehen. Jetzt war Tina trächtig, aber ihre Wiederbegegnung mit der Ostsee war so leidenschaftlich, dass sie Instettens und Krampas' Pferden von ganz allein davonlief.

Ein leidenschaftliches Pferd in einem recht leidenschaftslosen Film. Das Fernsehen sah das auch so, wenn auch aus anderen Gründen. Es besaß ein Vernichtungswort dafür: kleinbürgerlich!

Im Abnahme-Protokoll des Fernsehens stand: »Das vorgelegte Ergebnis konnte nach Auffassung der Bereichsleitung nicht befriedigen. Vor allem die Figur der Effi bleibt in der Gestaltung dieser Rolle, die zu den großen Frauenfiguren unserer Literatur gehört, zurück. Sie erreicht nicht die menschliche Größe, die Fontane ihr im Roman zumisst, und wirkt dadurch stellenweise außerordentlich sentimental und unreif.« Sentimental? Unreif? Außerdem war man nicht einverstanden mit der Zeichnung der »Kräfte des Volkes«, insbesondere die Gespielinnen der Effi, »dumme Gänse« nach Meinung der Abnahmekommission, wären rigoros zu streichen, genauso wie die »Schönheit des damaligen Preußen«. Durch ihren Umgang hätte Effi »überhaupt keine Anlagen für eine menschliche Entwicklung«. – Die Lebensfreude meiner Effi hat die Genossen verstimmt. Sie konnten Freude und Tragik nicht zusammenbringen. In diesem Punkt muss ich unseren Film dann doch verteidigen. Vielleicht liegt gerade darin seine Stärke, dass so viel unbedingte Jugend noch durch meine zentimeterdicke Schminke hindurchscheint.

Das Fernsehen brachte »Effi Briest« im März, verbannt ins zweite Programm. Das war wie eine Erklärung seiner Nichtexistenz. Denn das zweite Programm des DDR-Fernsehens konnte man damals nur mit Konverter empfangen. Etwa zweihundert Leute in der ganzen Republik hatten die Chance, im März 1970 »Effi Briest« zu sehen. So wie Professor Manfred von Ardenne. Elisabeth von Ardenne, Urbild der Effi Briest, war Ardennes Großmutter. Er war der Einzige, der, noch sehr jung, seine Großmutter nach ihrer Jugendliebe gefragt hat. Sie schenkte ihm die Briefe dieser Liebe. Und einen davon schenkte Ardenne jetzt als Abschrift mir. Anders als die Abnahmekommission Fernsehen hatte Ardenne Effi-Elisabeth in mir erkannt.

Sollen wir ihr die Stirn aufmeißeln?

Ich habe mich nicht gesehen als Effi im 2. Programm. Nicht, weil wir keinen Konverter fürs zweite DDR-Fernsehen besaßen, aber ich durfte im März gerade nichts und niemanden sehen. Fernsehen war streng verboten, Bücher sowieso. Besucher auch. Zum Sendetermin hatte mein Äußeres nämlich gerade jede Ähnlichkeit mit der jungen Frau in Kessin eingebüßt. Geschwollene Stirn, Augen irgendwo darunter. Linker Vorderzahn nicht vorhanden, Hautfarbe: grün, mit Einsprengseln von schwarz, blau und gelb. Aber hauptsächlich grün. Und am ganzen Körper steckten Splitter. Das eigentliche Wunder, so befanden die Ärzte, bestand darin, dass man so aussehen und immer noch leben kann. Bloß wie lange noch? Wir müssen ihr die Stirn aufmeißeln!, überlegten die Mediziner. Eine Schwester erkannte mich trotz der aberwitzigen Form meiner Stirn und gab zu bedenken, dass ich eine Schaupielerin sei. Mit aufgemeißelter Stirn aber wohl eine Schaupielerin gewesen sein würde. Das war der zweite Teil ihres Satzes, den sie nicht aussprach.

Die Ärzte haben sie wohl mit einem Weiber!-Blick bedacht, außerdem ist eine tote Schauspielerin ja wohl auch keine Schauspielerin mehr. Aber vielleicht waren sie doch ein wenig erschrocken. Sie meißelten nicht in der Nacht vom 11. zum 12. März im Krankenhaus Zossen. Professor Oberländer habe ich das zu verdanken. Aber das wusste ich noch nicht, als ich im OP-Saal des Krankenhauses Zossen wach wurde. Ich wusste auch nichts vom Meißeln, ich wusste überhaupt nichts von mir. Nur einen entsetzlichen Verdacht hatte ich sofort:

O Gott, ich bin in der Provinz! Ich will nach Berlin! Bringen
Sie mich sofort nach Berlin! – So sprach ich zur Provinz, aber die
Provinz schaute mich nur voller Mitleid an. Natürlich hat es viele
Ursachen, wenn die »Provinz« Berlin nicht mochte, und wie leicht
hätte ich eine davon werden können, dabei hatte ich es gar nicht
böse gemeint. Ich hatte nur an Helene Weigel gedacht. Als ich bei
den Proben am BE nicht mehr stehen konnte, sagte die Weigel zu
mir: Pupperl, das müssen wir untersuchen lassen! Und ließ mich
in das Polizeikrankenhaus von Berlin schaffen. Für Helene Weigel
gab es nur das Polizeikrankenhaus von Berlin. Sie war überzeugt,
dass man in keinem anderen Krankenhaus die Chance hatte, wieder gesund zu werden. Etwas in mir, oder besser in dem, was von
mir noch übrig war, hatte sich unwillkürlich daran erinnert.

Mein zweiter Befehl an die Provinz aber lautete: Wo ist mein
Notizbuch? Ich will mein Notizbuch!

Der Gedanke, dass jemand meine Notizen lesen könnte, schien
mir unerträglich. Das beweist meine relative Lebendigkeit. Denn
ich habe noch nie von Toten oder Halbtoten gehört, die sich dafür
interessieren, wer ihre Notizen liest. Allerdings sind diese Übergänge ja fließend.

Manchmal, wenn ich aufwachte, war über mir ein weiches,
doch sehr männliches Gesicht mit schlohweißem Haar drumrum.
Ich konnte das nicht klar denken, aber ein Provinzgesicht war das
nicht, es hätte dem Polizeikrankenhaus von Berlin bestimmt alle
Ehre gemacht. Irgendwie muss mich dieses Gesicht beruhigt haben. Es gehörte Professor Oberländer, etwa sechzig Jahre alt, groß
und schlank. Er war einer jener Ärzte, wie sie in Arztserien aufzu-
treten pflegen. Wenn Professor Oberländer durch sein Krankenhaus ging, eilte ihm in allen Fluren ein Raunen voraus: »Der Professor kommt! Der Professor kommt!«

Professor Oberländer vom Kreiskrankenhaus Zossen hat mich
operiert, nachdem sie mich am späten Abend aus den Ruinen des
Wagens geklaubt hatten. Ein Fahrer der DEFA hatte mich nach der
Vorstellung von »Cäsar und Cleopatra« in Berlin abgeholt, wir

fuhren zu einem Nachtdreh für »Salut Germain« mit Ulrich Thein, aber wir kamen niemals dort an. Plötzlich splitterte alles, und ich fiel in alle Richtungen auf einmal. Wir waren auf ein Armeefahrzeug aufgefahren. Das heißt, eigentlich nur ich, die rechte Seite des Autos, wo ich saß. Die linke Seite wäre ohne die rechte fast an der Nationalen Volksarmee vorbeigekommen. Noch ein Jahr später habe ich meine eigenen Schreie gehört.

Vierzehn Tage lag ich auf der Intensivstation. Ab und zu erschien über mir das weiß gerahmte Gesicht von Professor Oberländer. Als es das zweite Mal erschien, beschloss ich, oder was von mir übrig war, ihm einige Fragen zu stellen, denn ich musste doch rauskriegen, wie viel von mir übrig war.

Ist mein Zahn weg?

Ja, lautete die Antwort, Sie werden jetzt sehr schön pfeifen können!

Sind meine Beine dran?

Ja, alle beide.

Ich spüre sie nicht.

Die Beine sind dran. Und wenn Sie jetzt ganz ruhig liegen, nicht denken, nichts wollen, werden Sie sie bald wieder gebrauchen können!

Kann ich einen Spiegel haben?

Nein!

Professor Oberländer habe ich es zu verdanken, dass noch nie jemand meinen Kopf von innen gesehen hat. Denn er hat im Zweiten Weltkrieg Hunderte von Soldaten behandelt, deren Köpfe ungefähr so aussahen wie meiner. Und da hat er erfahren, dass das nicht in jedem Fall ein großes Loch in der Schädeldecke bedeuten muss. Ein schweres Hirntrauma hatte ich, aber die absurden Schwellungen kamen vom Wasser zwischen den Hirnhäuten.

Meine Mutter hat geweint, als sie mich sah. Mein Mann war in Polen und drehte einen Film. Mein Unfall stand in keiner Zeitung. Und ich lag auf der Wachstation, mir gegenüber hinter der anderen Tür ein sechsjähriger Junge. Der war mit dem Schlitten gegen einen

Baum gefahren. Er hatte einen Holzsplitter im Bauch, als sie ihn herbrachten. Nachts habe ich ihn schreien hören. Nachts? Ich kann gar nicht wissen, ob es Tag war oder Nacht. Es gab keine Tageszeiten auf der Wachstation, ich schlief fast immer. Etwas später standen unsere Türen offen, und wir konnten uns halb sehen, wenn wir aufwachten, der Schlittenjunge und die Autofrau. Ich hatte eine Gehirnerschütterung zweiten Grades, er wohl auch. Wir kannten uns nicht. Aber das war auch nicht nötig. Wir mochten uns sehr.

Einmal stand ein Schneeglöckchen im Schnapsglas auf meinem Nachttisch.

Am zehnten Tag wiederholte ich meine Frage nach dem Spiegel. Pfeifen hatte ich noch immer nicht geübt. Aber dass das Polizeikrankenhaus von Berlin Humbug war gegen das Kreiskrankenhaus Zossen, ahnte ich längst. Professor Oberländer und die Schwestern sahen mich nachdenklich an. Aber nur wenn Sie versprechen, nicht verrückt zu spielen, beschlossen sie. Ich versprach es und sah mich an.

Es war nicht schwer, das Versprechen zu halten. Was ich erblickte, war ja nicht ich. Dieses Vorkommnis im Spiegel, grün, blau, schwarz und gelb hatte nichts mit mir zu tun. Haare besaß ich eigentlich keine mehr, oder nur noch hinten. Die geschwollene Stirn rasiert bis zu den Ohren. Sie nahmen mir den Spiegel wieder weg und bewunderten meine Fassung.

Ich durfte nichts denken mit meinem erschütterten Hirn, aber wie hätte es jetzt nicht erschüttert sein sollen? Ich war doch noch nicht mal dreißig. Ich besaß ein vollständig natürliches Verhältnis zu mir. Dass ich von einer Sekunde zur anderen nicht mehr die sein könnte, die ich war – mit einer solchen Möglichkeit habe ich nie gerechnet. Dass ich von einem Augenblick zum anderen gar nicht mehr sein könnte. Ich hatte auch nie Zeit, darüber nachzudenken. Jetzt hatte ich Zeit. Und ich erfuhr, was Demut ist. Solche Dinge lernt man nicht, man erfährt sie. Ich war sehr geduldig. Außer Stande sein, die Schnabeltasse zu halten. Das erste Mal aufstehen und zum Eckschrank kriechen. Es war kein Entsetzen. Es war Fortschritt. Sieh da, du kannst also kriechen. Später nahm ich meine Schnabeltasse doch selbst und sagte mir: So ist es also, wenn du alt bist. Für die Zeit bis dahin nahm ich mir vor, nur noch Filme zu machen, die mir wichtig sind. Nicht mehr, wie bisher, überall mitzuspielen.

Als ich wieder zu Hause war, hatte Jiri eine Überraschung für mich. Das Orchester vom Brecht-Abend spielte auf unserem Balkon. Es schneite, dabei musste es beinahe Mai sein. Diese Musik und dazu der Schnee – das war zu viel, solchen Eindrücken, einem solchen Übermaß Außenwelt war ich nicht mehr gewachsen. Ich brauchte Tage, um mich von dieser Überdosis Wirklichkeit zu erholen.

Einen Menschen wie Wilhelm Oberländer habe ich nie mehr getroffen. Ich bin später oft nach Zossen gefahren und habe ihn besucht; er kam mit den Schwestern zu meiner ersten Volksbühnen-Vorstellung nach dem Unfall. »Cäsar und Cleopatra« am 3. Mai. Er wohnte Am Weinberge 4, das weiß ich noch. Er hatte sich ein schönes altes Haus ausgebaut und Bäume davor gepflanzt, so wie man das macht, wenn man irgendwo alt werden will.

Aber dann ist Wilhelm Oberländer, da war er schon pensioniert, in den Westen gegangen. Vielleicht, weil er eine Fluchtmöglichkeit brauchte – auch vor sich selbst. Er hatte einen Sohn, den er über alles liebte. Medizin sollte er studieren, Rockmusiker ist er geworden. Wilhelm Oberländers Sohn hatte einen Blinddarmdurchbruch und ist daran gestorben. Das Kreiskrankenhaus Zossen konnte ihn nicht retten, Oberländer arbeitete längst nicht mehr im Krankenhaus. Den Weltkriegssoldaten hat er geholfen, mir hat er geholfen, dem eigenen Sohn konnte er nicht helfen. Der neue Chef hatte ihn nach Hause geschickt: »Das überlassen Sie mal mir!«

Oberländer zog weg aus Zossen in eine Stadt am Rhein. Dort saß er auf einer Bank und blickte auf den Fluss. Wohlmeinende kamen vorbei und fragten: »Na, was haben Sie denn so gemacht?«

178

Sie meinten früher, im Leben vor den Rheinbänken. Wilhelm Oberländer war außer Stande, auf solche Fragen zu antworten. Er hätte nie weggehen dürfen aus Zossen. Dort kannte man ihn, dort war er ein Gott. Hier fragte man ihn nur, was er denn so gemacht habe. Eine tödliche Frage. Nein, Zossen war nicht Provinz.

Zurück in Berlin, musste ich anfangs vor und nach jeder Vorstellung in die Charité zur Kontrolle.

Die DEFA fragte immerzu, was mit ihrem »Klein Paris«-Film sei. Hirntrauma hin, Hirntrauma her, ich hätte unterschrieben und Verträge wären zu halten. Ich war empört. Zwar gewann ich wieder zunehmend Ähnlichkeit mit mir selbst, aber Fieber, Kopfschmerzen und Übelkeit blieben mir noch lange. Und das hatte mir schließlich die DEFA eingebrockt. Ich fragte Professor Doktor Kaul, den bekanntesten Rechtsanwalt der Republik, ob er mir nicht helfen könne gegen die »Klein Paris«-Leute. Ob man die DEFA nicht verklagen solle? Und ob es etwas gäbe wie Schmerzensgeld. Kaul betrachtete mich sehr versonnen. Er überlegte, dass der Kapitalismus unter gewissen Umständen doch gewisse Vorteile bot. Was für eine Zahnlücke! Wenn ich Schauspielerin wäre in Westdeutschland oder Amerika, ich brauchte nie wieder einen Film zu machen, das verspreche er mir, ich würde gar nicht fertig mit dem Schmerzensgeld-Zählen. »Und Sie haben so schöne Zähne!«, sagte Professor Dr. Kaul.

Ich freute mich, dass ich nicht in Westdeutschland lebte oder in Amerika. Denn Schmerzensgeld-Zählen war in meiner Vorstellung eher was für alte Leute. Ich aber wollte unbedingt noch Filme machen.

Seit meinem Unfall bin ich die schlechteste Beifahrerin, die es gibt. Ich sitze jedes Mal hinten rechts, auf meinem Glückssitz. Aber es hilft nicht, ich höre die Bremsen noch immer. Wenn ich selber fahre, höre ich sie nie. Ich kann das nicht erklären.

Die Volksbühne wird Alcatraz
und ich bin schuld

Eine Journalistin wollte ein Interview wegen »Effi Briest«, ganz schnell, »Effi Briest« komme nun doch im Ersten. Genau Neujahr. Na endlich! Haben sie es sich also doch noch anders überlegt. Ich sagte der Journalistin, dass das aber auch Zeit würde. Ein wenig gekränkt hatte der Erst-Sendeplatz mich schon: 2. Programm. So schlecht war der Film ja nun auch wieder nicht. Und was heißt hier »keinerlei Anlagen für eine menschliche Entwicklung«? Den Satz aus dem Abnahmeprotokoll hatte ich mir gemerkt. Kränkungen sitzen tief. Haben sie also bereut. Befördert ins 1. Programm. – Und die Fernsehzeitschrift muss Effi im Ersten ankündigen, sagte die Frau. Sie hatte Recht. Ich sah das vollkommen ein.

Allerdings hatte ich gar keine Zeit für ein Interview, denn es war Anfang Dezember, und am nächsten Tag hatte ich Premiere. Unter einer Bedingung, sagte ich, Sie schauen sich heute Vormittag die Generalprobe vom »Goldenen Elefanten« an und danach reden wir kurz in meiner Garderobe. Sie kam.

Und?, fragte ich nachher, noch ganz heiß von der Probe. Sie sagte nicht viel über unser neues Stück über die Moral der russischen Bauern in den Zeiten der Kollektivierung. Bisschen dünn, dachte ich. Also sprachen wir über Effi. Zum Schluss fragte sie mich, wo sie jetzt noch Fotos herkriege. Ich fand die Erkundigung dilettantisch. Keine Meinung zu unserem russischen Kolchose-Stück haben und dann noch fragen, wo sie Fotos herbekommt. Wer heute so alles Journalist wird.

Ein paar Tage später rief Dieter Klein an. Bibel-Koffer-Klein. Er klang beinahe ein wenig übellaunig. Und überanstrengt, so früh am Morgen. Ich solle umgehend zu ihm ins Büro kommen. Unten am Pförtner bauten ein paar Handwerker eine Gitter-Sperre. Wahrscheinlich haben die das Theater mit einem Knast verwechselt. So wie die Volksbühne aussieht! Beinahe hätte ich denen was gesagt, aber ich musste zu Klein. Und zwar schnell.

Bibel-Koffer-Klein, der freundlichste Genosse, den ich kannte, war aschfahl. Vor ihm lag eine »Hörzu«. Morgens um 7.00 Uhr hätten »die« ihn angerufen, sagte er und schaute mich an, als hätte ich soeben die Deutsche Demokratische Republik an den Klassenfeind verraten. Wenn Dieter Klein »die« sagte, waren immer irgendwelche Ober-Genossen gemeint. Was konnte ich dafür, wenn »die« um 7.00 Uhr Lust haben, mit Dieter Klein zu telefonieren? Hat eben auch Nachteile, Genosse zu sein. Klein wies auf die »Hörzu« auf seinem Schreibtisch. Das hätten sie gelesen. Ich staunte. Morgens um 7.00 Uhr liest die SED schon die neue »Hörzu«. Kann gar nicht früh genug erfahren, was im Westfernsehen kommt. Mein Gott, war das eine Doppelmoral.

Und bis heute Abend, unterbrach Dieter Klein meine Gedanken, tiefe Resignation in der Stimme, muss unser Gitter fertig sein.

Er sah mich an, als sei ich schuld, dass die Genossen schon vorm Frühstück die Neue »Hörzu« lesen und die Volksbühne ab heute Abend aussehen wird wie Alcatraz. Er gab mir wortlos die »Hörzu«.

Ich las ein Porträt von mir aus Anlass der »Effi Briest«. Sendeplatz ARD, 20.15 Uhr. Neujahr. Ich konnte dieses Datum und den Sendeplatz gar nicht richtig bejubeln – von wegen 2. Programm, Genossen! –, ich las weiter. Das Porträt hieß »Ein Star von drüben«, und darin stand, dass es für Westjournalisten fast unmöglich sei, mit jemandem wie mir in Kontakt zu kommen. Geheim-Telefonnummer, perfekte Abschirmung. Aber eine Möglichkeit gebe es doch: »Mit fünf Mark (Visumgebühr) sind wir in Ostberlin während der Proben der Volksbühne dabei, um die Domröse zu erwischen.« Man brauche nur am Pförtner vorbei, »das Theater kann man ohne die geringsten Kontrollen betreten«, jubelte die »Hörzu«. Eine tiefe Kränkung sprach aus Kleins Augen. Vielleicht war es auch nur eine stellvertretende Kränkung, denn Klein konnte mir nicht wirklich böse sein. Vielleicht konnte er keinem Menschen wirklich böse sein, hätte er sonst Achim Freyers gesammelte Hotel-Bibeln durch Italien getragen?

Am Abend war das Alcatraz-Gitter fertig, und das Ensemble vom »Goldenen Elefanten« glaubte, dass es die Pflicht habe, zu dessen Einweihung eine Versammlung einzuberufen. War ich gar vor die »Konfliktkommission« geladen? Alle großen Betriebe der DDR verfügten über solche Foren. Ich weiß nicht, ob es die »Konfliktkommission« war. Alle mussten hoch in den »Grünen Salon« kommen. Auf der Versammlung hielt Fritz Marquardt eine Rede, in der er alle daran erinnerte, was für ein mutiges Theater die »Volksbühne« mache. Und zeitgenössische Stücke wolle man herausbringen, russische Stücke, politisch nicht ganz einfach durchsetzbar, aber er, Marquardt, stehe dafür. Dem Regisseur schien erst jetzt beim Reden der ganze Umfang seiner Verantwortung klarzuwerden; er sah sich eingebettet in immer größere Zusammenhänge, und am Ende konnte niemand mehr daran zweifeln, dass Sieg oder Niederlage des Sozialismus direkt abhängig waren von der »Volksbühne«. Von der »Volksbühne« hier und heute, »von uns allen, Genossen!«. Marquardt konnte eine gewisse Rührung über seine Rede nicht verbergen. Er sprach nun darüber, wie der junge sowjetische Autor im Jahre 1942 gegen die deutschen Faschisten gekämpft hatte und dabei an der Front zu Tode kam. Derselbe Autor, von dem er auch »Zar Potap« inszenieren wolle. Marquardt blickte, sich seiner Wirkung versichernd, in die »Elefanten«-Versammlung. Und nun, fuhr er fort, dem dramatischen Höhepunkt seiner Ansprache entgegeneilend und darum die Stimme leicht anhebend, kommt also Angelica Domröse und gibt in ihrer maßlosen Eitelkeit der Springer-Presse Interviews. Es klang, als hätte die kleine »Hörzu«-Journalistin Alexander Kopkow auf dem Gewissen, der 1942 gegen die Faschisten kämpfte und starb. Es entstand eine gewisse Solidargemeinschaft zwischen der kleinen »Hörzu«-Journalistin und mir. Wir beide hatten also Alexander Kopkow umgebracht.

Ich sagte nicht viel zu meiner Verteidigung. Es interessierte auch niemanden. Ich war maßlos erstaunt. Nichts, woraus meine Welt – und die »Volksbühnen«-Welt doch auch – bis eben bestand, schien mehr einen Wert zu haben. Unsere Probenarbeit, mein Eifer, mein Mut zum Grotesken.

Wir hatten die Abende für Chile gemacht, die Tage der offenen Tür in allen Räumen, überall war ich dabei, und jetzt sagen sie, mir fehle der Kollektivgeist. Ich fühlte mich sehr allein. All die Menschen, die ich doch so gut kannte, sah ich plötzlich wie durch Glas.

Zum ersten Mal hatte ich den leisen Anflug eines Gefühls, das ich ein paar Jahre später so gut kennen lernen sollte. Fremd zu werden im Vertrauten. Die Welt weicht zurück. Du willst sie fassen, aber sie entzieht sich. Es gibt keine Wirklichkeit mehr, sie ist nur noch Schein. Was du auch tust, du greifst ins Leere. Nein, es war noch längst nicht deutlich, dieses Gefühl.

Zum ersten Mal ging ich durch ein Gitter nach Hause und notierte in meinen Kalender: Die Genossen spinnen. Gut, dass ich in keiner Partei bin.

»Effi Briest« in der ARD wurde ein überraschender Erfolg und bekam die beste Beurteilung, die man einer Literaturverfilmung auf West-Bildschirmen je zugestand. Bewertungsziffer 7 des Fernseh-TÜVs.

Bin ich Paula? Bin ich Helena?

Ob mit oder ohne Gitter. Meine Welt schien grenzenlos. Ich
ging nicht, ich schwebte durch diese Jahre. Ich wurde zur
»Schönen Helena«. Und ich wurde »Paula«.

Am 5. Februar 1972 kam ein Drehbuch in einem Hotel in Plauen
an. Ich drehte dort gerade einen Film. Ich las das Buch, ich konnte
nicht mehr aufhören. Als ich den Schluss las, kamen mir die Tränen. Ich wusste, dass ich Paula war. Heiner Carow, künftiger Regisseur der »Legende von Paul und Paula« wusste es nicht. Ich rief
ihn an.

Sag mal, was bildest du dir eigentlich ein, schickst mir über
einen Aufnahmeleiter ein Drehbuch! Warum kommst du nicht
selber?

Und dann sagte ich ihm wie der Held der Kirchensonntage
meiner Kindheit: Ich bin's! – Ich bin Paula.

Denn die wichtigsten Botschaften sind immer die kürzesten.
Aber es schien ihn nicht zu beeindrucken.

Er kam zu mir. Nicht euphorisch, wie man eben aussieht nach
einer großen Vergeblichkeit. Heiner Carow suchte seine Paula. Er
hatte Probeaufnahmen gemacht, landauf, landab. Er suchte nicht
über eine Zeitungsannonce wie damals Dudow, aber hunderte
Frauen und Mädchen aus Schulen und sozialistischen Betrieben
haben schon vor seiner Kamera gestanden, wochenlang. Doch
Heiner Carow fand seine Paula nicht. Jetzt dachte er an Schauspielerinnen. Ich glaube, es war Carows Frau, die ihm irgendwann
sagte: Ruf doch mal Angelica an!

Und nun saß ich ihm gegenüber.

Das kann sowieso nur ich spielen, ergänzte ich meine Telefon-nachricht, Paula bin ich. Oder anders: Paula muss ganz ich sein!

Carow glaubte das noch nicht. Er erzählte mir etwas von ande-ren Schauspielerinnen, an die er auch schon gedacht hätte. Stumm hörte ich die Namen, um dann zu entscheiden: Geht nicht, Heiner, die kannst du nicht nehmen, ich bin nackt besser!

Und natürlich muss man nackt gut sein für diesen Film.

Carow schwieg noch immer. Wir mochten uns wirklich. Er mochte auch meine Effi. Aber Paula stellte er sich anders vor. Nicht so was Feines, Bürgerliches. Nicht Effi. Paula sollte von der Straße kommen, sie musste die Poesie der Straße haben...

Sag ich doch!, stimmte ich Carow zu, passt einfach alles. Und ob ich von der Straße komme!

Aber Paula soll auch ein Gesicht von der Straße haben. Ein un-bekannteres Gesicht. Sie soll auftauchen aus der Anonymität.

Jetzt schwieg ich. Mein Gesicht in die Beinahe-Anonymität zu-rückzuinterpretieren war unmöglich.

Und außerdem, fuhr Carow fort, soll Paula zweiundzwanzig sein. So stünde es im Buch. Das hätte ich doch gelesen, nicht wahr? Carow sah mich an, wie man auf das Uralter blickt. Ich war schon über dreißig. Auch darum hatte er also nie an mich gedacht. Der Regisseur wollte kein Stadt-und-land-bekanntes Effi-Gesicht von dreißig Jahren.

Er hatte das Projekt übernommen, als die DEFA-Regisseurin Ingrid Reschke, die schon mitten in der Arbeit war, tödlich verun-glückte. Paul-und-Paula-Autor Plenzdorf kam zu Heiner Carow. Carow steckte in einer tiefen Krise, sein letzter Film war verboten worden, nichts Neues gelang. Carow sagte ja und wollte alles an-ders. Ursprünglich sollte es eine Geschichte im Sinne des »doku-mentarischen Realismus« werden. Ganz klar, was Realismus in der Liebe bedeutet. Liebes-Realismus heißt immer und überall: Paula kriegt Paul nicht.

Aber ist es nicht trivial, nicht zu bekommen, was man will?, fragte sich Carow, und Plenzdorf verstand das sofort. Zusammen erfanden sie die Legenden-Form.

Ich entließ den mecklenburgisch starrsinnigen Regisseur mit der Drohung, dass ich Paula spielen würde, ob er wolle oder nicht. Da drehte er sich noch einmal um und sagte mit einem kränkenden Unterton von Resignation: Machen wir Probeaufnahmen!

Was bitte willst du?

Probeaufnahmen.

Wusste der nicht, dass ich grundsätzlich keine Probeaufnahmen mehr machte? Carow erklärte, dass Probeaufnahmen meine einzige Chance seien, Paula zu werden. Ich fand ihn fast so abscheulich wie damals, als er mich in »Jeder hat seine Geschichte« zum Weinen brachte. Wolf Kaiser hatte doch Recht. Regisseure haben zu viel Macht. Probeaufnahmen waren eine handfeste Beleidigung, aber was will man machen gegen einen vollkommen blinden Regisseur, der sich weigert, seine Paula zu erkennen?

Am Tag der Probeaufnahmen war ich sehr erkältet, und am nächsten Morgen würden wir in die Hohe Tatra fahren zu Außenaufnahmen für die »Brüder Lautensack«. Mit 38,3 Grad Fieber kündigte ich vor Carows Kamera an, noch heute Nacht ein riesengroßes Fass aufmachen zu wollen. Es war genau die Szene, als Paula alle Kohlen allein in den Keller gebracht hat und sich zwecks Vermeidung eines Wiederholungsfalls entschließt, doch den Reifen-Saft zu nehmen. Nur vorher wolle sie noch einmal ein Fass aufmachen.

Ich sah es gleich, ich las es auf Carows Gesicht, ich hatte gesiegt. Heiner Carow glaubte mir, dass ich dieses Fass aufmachen würde, einen ganzen Film lang. Fehlte noch Paul.

Alexander Lang sollte Paul sein.

Wir probierten die Szene, als Paula ungebeten zu dem Empfang für die afrikanische Delegation kommt und beide gehen hinaus auf den Dachgarten. Lang und ich sollten das spielen. Ich weiß nicht, ob ich zu erkältet war oder Alexander Lang im Geiste gerade ein neues Theaterstück inszenierte – Heiner Carow sah unsere Szene auf der Leinwand und schrie:

Genau wie ich's mir gedacht habe! Das ist ein zweimal geschiedenes Ehepaar, das sind niemals Paul und Paula!, tobte er und sprach jedes Wort, als sei er vorher dreimal draufgetreten.

Ursprünglich hatte Carow an Winfried Glatzeder gedacht, aber den fand er eigentlich zu jung für mich. Nun also doch – Glatzeder?

Eine Woche später stand ich mit Glatzeder auf dem Dachgarten, aber das lasse ich besser Carow selbst erzählen: »Etwas später machte sie mit Winfried Glatzeder Probeaufnahmen, und sie verwandelte sich, wie ich es vorher noch bei keiner Schauspielerin erlebt hatte. Sie war nicht nur viel jünger, sie war scheinbar eine ganz andere Person. Naiv, zärtlich, voll von Liebessehnsucht und absolut in ihrem Anspruch auf Harmonie und Glück.« Glatzeder und ich waren Paul und Paula. Nun stimmte alles.

Es stimmte nicht alles. Denn es gab auch noch die DEFA-Direktion. Die DEFA-Direktion wollte die Probeaufnahmen sehen. Das Projekt wurde aufwändiger durch mich, und die DEFA-Direktion sah nicht ein, dass einer im ganzen Land suchen muss, um am Ende auf mich zu kommen. Wer Paula sein würde, das entscheide sie, die DEFA-Direktion. Carow zeigte Glatzeder und mich ganz am Anfang, um den DDR-Filmgewaltigen dann eineinhalb Stunden lang übel zusammengeschnittene Schnipsel zu präsentieren, bis sie aufstanden und stumm den Vorführungsraum verließen.

Im Mai und Juni drehten wir die »Paula«. Aber meine »Brüder Lautensack« waren noch nicht fertig. Es blieb nichts übrig als eine Parallelaktion. Die Volksbühne war zum Glück gerade wegen Umbau geschlossen.

Da hatte Benno Besson eine Idee. Die Volksbühne stand tief in den roten Zahlen wegen ihres Umbaus. Aber sie war ein sozialistischer Betrieb wie jeder andere. Also hatte sie ihr Plansoll zu erfüllen. War die vorübergehende Schließung einer Einrichtung ein Grund, nicht die vorgesehenen Einnahmen zu erwirtschaften?

Wer die sozialistische Planwirtschaft kannte, weiß, auf solche Aus-
reden konnte sie keine Rücksicht nehmen. Das war kein Hinde-
rungsgrund, das war eine Herausforderung! Benno Besson also
saß mitten in seinen roten Zahlen und nahm die Herausforderung an.

»Die schöne Helena«, eine Operette für Schauspieler von Peter
Hacks nach Offenbach. Besson hatte sie schon zwei Jahre zuvor an
den Kammerspielen des Deutschen Theaters inszeniert, mit Elsa
Grube-Deister als Helena und Fred Düren als Paris. Es war ein
umwerfender Erfolg, mehr intellektuelles Vergnügen als Operette,
ironisch von der ersten bis zur letzten Minute. Eine Sensation.
Besson wollte den Wiederholungsfall. Aber diesmal pur. Hacks
wollte das wohl auch. Operetten muss man ernst nehmen! Also
einfach raufbesetzen. Dieter Montag sollte Paris sein, Armin Mueller-Stahl Menelaos, Katharina Thalbach, Bessons Tochter, gerade
siebzehn Jahre alt, die Venus. Wenn sie nicht gerade Venus war,
machte sie ihr Abitur. Alles passte. Und du, sagte Besson zu mir, du
bist die »schöne Helena«!

Ich erschrak furchtbar. Ich war doch schon Paula.

Besson hatte mich als namenlose arme Verwandte vom Lande
im »Guten Menschen von Sezuan« singen hören. Jetzt würde ich
noch viel mehr singen müssen, lauter kleine hohe Lieder.

Hatte ich eine Chance gegen intelligente Ironie? War die Volksbühne nicht viel zu groß für diese Mini-Operette?

Es gibt da noch eine Schwierigkeit, erklärte unser Intendant.
Wir haben keine Zeit zum Proben. Im Sommer ist Premiere. Es war
fast Sommer. Aber der Sommer gehörte zur Idee der Sache. »Die
Schöne Helena« en suite während der Theaterferien. Noch nie
hatte ein Theater der DDR das gemacht, seit 1945 nicht. Weil in der
DDR, wo sogar die Bauern Urlaub machten mitten im August,
eben auch die Theater in die Ferien gingen. Also der August!

Jetzt musste ich Helena und Paula zugleich werden und Ilse
Kadareit in den »Brüdern Lautensack« den Rest geben. Drei Frauen
auf einmal.

188

Von Ilse Kadareit wusste Carow. Ilse war ich schon, als ich Paula noch gar nicht kannte. Aber die Schöne Helena!

Das Entsetzen stand hell in Carows Gesicht. Die Schöne Helena war doch wie Effi Briest, nur viel, viel schlimmer. Ein girrendes antikes Weibchen! Operette!

Carow sprach die Vokale vor Schrecken noch breiter. Und allein in dem Namen »Helena« waren drei. So klang sie nicht mehr wie eine Verführerin, eher nach mecklenburgischer Fischfrau.

Wir fanden die Lösung. Morgens probte ich »Helena«, ab 16.00 Uhr drehten wir »Paul und Paula«, abends probte ich wieder »Helena«. Manchmal drehte ich nachts die »Gebrüder Lautensack« und morgens »Paula«. Und als die Endproben für »Helena« kamen, setzte der Film für eine Woche ganz aus. Kann sich das jemand vorstellen?

Nun gut, Carow, der gewissermaßen meine Probenpausen bekam, entwickelte eine lebhafte Abneigung gegen das alte Griechentum. Als wir in der Stralauer Bucht auf dem Spreekahn »Paula« waren und all die alten Leute sollten uns zudecken mit Blumen, da geriet Carow außer sich. Ich war zu spät gekommen. Ich bin falsch gelaufen. Ich hatte das falsche Lächeln. Ich plauderte, ganz beseelt von Helena.

Das ist Helena, nicht Paula!, schrie Carow, und seine Vokale klangen wie die Laute eines Nebelhorns. Vorsicht Riff!

Ich verwandelte mich auf der Stelle zurück in Paula. Die eine war die schönste Frau des Altertums, die andere sollte die größte Liebende der Deutschen Demokratischen Republik werden. Und die Szenen am Stralauer Ufer gehören vielleicht zu den schönsten des ganzen Films. Es ist Verklärung ohne einen Anflug von Sentimentalität. Wer das sieht, versteht es sofort. Aber noch hatte es ja keiner gesehen. Heiner Carow musste den Achtzigjährigen erklären, warum sie Glatzeder und mich mit Stricken am Bett festbinden und in Blumen ersticken mussten. Ich beneidete ihn nicht.

Ich verstand ihn. Die schöne Helena störte. Sie war kokett. Paula durfte nicht kokett sein. Die schöne Helena kannte keine HO-

Kaufhallen mitsamt Flaschenannahmen, sie existierte jenseits der Registrierkassen. Ich nicht. Für die kurze Szene an der Kasse musste ich jeden Tag eine Stunde üben, damit jeder mir die Qualifizierung von der Flaschenrücknahme zur Kassiererin glaubte. Übers Wochenende mieteten wir eine Kaufhalle und drehten zwei Tage lang mit einem Stab von Kleindarstellern. Ich war später immer wieder erstaunt über die Leichtigkeit der Szene.

Unserem Filmkomponisten Peter Gotthardt fiel kurz vorher noch das Lied »In Berlin, im schönen Friedrichshainchen« ein – ich lernte es ganz schnell. Am nächsten Morgen sang ich wieder Helena-Offenbach.

Die Konzertszene auf dem Mont Klamott musste ich ohne Orchester spielen. Ich zeige nichts als die Wirkung der Musik auf einen Menschen, dessen Tore zur Welt ganz weit offen stehen, der unfähig ist, sie wieder zu verschließen, ich schaue unentwegt nach vorn – und höre nur Band. Dafür schleppte ich die Kohlen selber.

Paula und Helena haben einfach eine andere Erdenschwere, eine andere Bodenhaftung. Auch Paula konnte schwerelos werden, aber Paula und Helena schweben anders. Ihre Poesie ist eine andere.

Dann wechselten Paula und Helena die Plätze. Im August war ich am Tage Paula und abends Helena. Jeden Abend. En suite spielen. Es ist eine ungeheure Anstrengung. Und immer die Angst, heiser zu sein. Meine Stimme musste sehr hoch und ganz klar sein.

»Wir weih'n, Adonis, bittere Tränen, deiner Not
und Venus, du, fühl unser Sehnen.
Die Liebe stirbt,
die Lieb ist tot.«
Das war Helena, Paulas Schwester.
»Denn das Leben ist Lieb',
denn Lieben ist Leben.«
Ich fand das toll in diesem Sommer. Es klang wie »Mamatschi, schenk mir ein Pferdchen«. Paula hätte das auch sagen können.

Besson wollte die ganze, ungeteilte Operette. Er bekam sie.

Sage keiner, dass Operette nicht originell sein kann. Kurz vor der Premiere erst kam die Idee, meine Haare wie einen Pinsel nach oben zu schrauben. Das machte Helena auf einen Schlag ganz und gar unverwechselbar und war ein treffliches Phallussymbol. Jeden Abend schwebte ich so aus dem Keller herauf. Zuerst sah man nur den Zopf. Die Pinselspitze. Dann ein herrlicher Gang zum Lämpchen kurz vor dem Orchestergraben, und dann begann es: Wir weih'n, Adonis, …

Und jedes Mal, wenn Helena fleischliche Lust spürt, fasst sie sich ans Knie!, schlug Besson vor. Es war einer jener komödiantischen Einfälle, für die ich ihn liebte.

Ich habe nicht gezählt, wie oft ich mich an einem Abend ans Knie fasste. Es wurde mir eine schöne Angewohnheit. Ich habe sie noch jahrelang beibehalten.

Wir wurden belohnt. Das Riesen-Haus war jeden Tag ausverkauft, den ganzen August durch und dann noch mal ab Mitte Dezember, am 26. und Silvester spielten wir sogar zweimal hintereinander.

Benno Besson bestand im sozialistischen Wettbewerb. Er erfüllte den Plan.

Heiner Carow hat sich »Die schöne Helena« nie angesehen.

Eine Premierenparty als Leichenbegängnis.
DDR-Kinder heißen Paul und Paula.
Der Westen versteht Paula nicht

Würde es »Paul und Paula« bis zur Premiere schaffen? Es gab Gerüchte, der Film würde verboten. Wir hatten Angst um »Paul und Paula«, bis zum letzten Tag, aber die Premire fand statt, am 29. März 1973 im Filmtheater »Kosmos«. Das »Kosmos« ist doch viel zu groß, sagte Carow zum Filmverleih »Progress«, das ist doch gleich leer nach der Premiere, und Carow fragte, ob er nicht das kleinere »International« haben könne. Aber es blieb beim »Kosmos«. Wir hörten den Szenenapplaus, wir hörten das Kino kreischen vor Lachen über Pauls Spießer-Verwandschaft. Noch nie hat man das Spießertum in der DDR so gezeigt. Noch nie hatte das Publikum bei einer Premiere so unmittelbar reagiert. Und als ich mit den Kohleneimern auf der Straße stand, riefen sie: »Ja, so isses! Keiner hilft dir. Muss die kleine Frau alles allein tragen.« Als ich zum Fass-Aufmachen überging, haben die Leute mir hör- und fühlbar die Daumen gedrückt. Nicht alle, natürlich nicht. Auch bei »Paul und Paula« saß das übliche DDR-Premierenpublikum auf achthundert bestellten Plätzen. Es war dazu da, die neuen DEFA-Filme von einem »klassenbewussten Standpunkt« zu sehen. Es saß, die Jacken hoch geschlossen, die Gesichter hoch geschlossen. Aber es pfiff nicht, es randalierte nicht. Das war eigentümlich. Die Achthundert waren ratlos. Nur einer verließ, Sekunden vor Ende, Sekunden vor dem Beifall, unter lautem Türenknallen den Saal. Das war der Stadtrat für Kultur von Berlin.

Und dann brach das los. Das Publikum hat zwanzig Minuten lang geklatscht. Ich war die Erste, die nach vorn ging. Ich stand da, sechs Minuten lang und es war eine Ewigkeit, ich winkte ab, wollte Glatzeder auf die Bühne holen, aber sie hörten nicht auf. Eine solche Sympathie und Wärme hatte ich noch nicht erlebt.

Dann sind wir in die »Möwe« gegangen, nur Carow und seine Frau, Glatzeder, seine Frau und ich. Es war ein wahnsinnig trauriger Abend, als kämen wir von einer Beerdigung. Eine Beerdigung mit 20-Minuten-Dauerbeifall? Meist schwiegen wir, und in das Schweigen fielen kurze traurige Sätze. Evelyn Carow, Heiners Frau, hob den Kopf und sagte: »Morgen ist der Film weg.« Schweigen. Wir wussten alle, was sie meinte. Beyers »Spur der Steine« ist genau zwei Tage gelaufen. Und drei Jahre nach dem 11. ZK-Plenum 1965 wurde Carows bis dahin persönlichster Film verboten. Er hieß »Die Russen kommen«. Carow hatte ihn bis zur Unkenntlichkeit umgeschnitten, umsonst. »Die Russen kommen« zeuge von einer »falschen Sicht« auf den Faschismus. Danach hatte er Drehverbot. Warum sollte es diesmal anders sein? Ohne Zusammenhang sprach Carow in das Schweigen hinein: Aber die Leute mögen den Film! – Ein Schrei, zur Hälfte Beschwörung, zur Hälfte Nachruf. Wir nickten ein düsteres »Umso schlimmer!« in seine Richtung. Nie habe ich eine traurigere Premierenparty erlebt. Es war ja auch eher eine vorgezogene Beerdigung. Wir trugen einen Film zu Grabe, im Geiste. Denn auf Todesfälle muss man sich vorbereiten. Morgens um drei Uhr waren wir fertig, uns von unserem Film zu verabschieden.

Am nächsten Tag war er immer noch nicht verboten. Es war ein Filmtag »für Jugend und Studenten« im Kosmos, ich bin mit Jiri hingegangen, denn schließlich sollte mein Mann den Film sehen, solange noch Zeit war. Außerdem wollte ich nachschauen, ob er wirklich läuft. Wieder war es wie am Vortag. Das Kino als Fest.

Das ging so weiter. Die Genossen verboten »Paul und Paula« nicht, nur die Bezirke Rostock und Erfurt hielten das für eine unverzeihliche Nachlässigkeit und verboten den Film in Eigeninitiative. Im nördlichsten Mecklenburg und in Thüringen, am Wasser und in den Bergen konnte man »Die Legende von Paul und Paula« nicht sehen. Die Chefredakteure der Zeitungen im Lande bestellten bei den Kritikern Verrisse, und die meisten schrieben sie. Das Neue Deutschland erkannte in unserem Film »Zeichen der Isolation von der Gesellschaft« und auch die »Junge Welt« fand, dass »die Gestaltung der individuellen Liebesprobleme zu sehr von unseren gesellschaftlichen Beziehungen losgelöst« wurde. Und warum qualifiziert sich Paula, das Mädchen von der Flaschenabnahme, nicht?

Aber das störte keinen Menschen. Die Leute strömten in die Kinos, überall waren die Vorstellungen ausverkauft. Das »Kosmos« war ein viertel Jahr lang ausverkauft. Meine Kollegen wurden ganz böse. Keine Chance, ins Kino zu kommen. Und das bei einem DEFA-Film! Die Empörung vibrierte in ihren Stimmen. Die Kinder liefen hinter mir her und schrien: Paula! Paula!

Ich wurde Dauergast im »Kosmos«. Immer wenn ich Lust hatte, ging ich hin, mein Platz war der Klappstuhl neben dem Tonpult. – Kinder, der Ton ist zu laut!, sagte ich manchmal schon beim Reinkommen. Ach was, winkten die Vorführer ab, je lauter, desto besser.

Und etwas Seltsames geschah, etwas, womit ich nie gerechnet hatte. Nicht nur, dass die Waschkörbe mit Autogrammwünschen noch mehr wurden – man fragte mich um Rat.

Wie sollen wir leben? Was würde Paula machen?

Woher sollte ich das wissen?

Eltern nannten ihre Kinder Paul und Paula. Ich wurde zur moralischen Instanz. Plötzlich war ich viel mehr als eine Schauspielerin. Natürlich ist es naiv, einen Schauspieler mit seiner Rolle zu identifizieren. Aber hier war das etwas anderes. Ich habe diese Paula nicht gespielt, habe sie mir nicht bloß anempfunden, sondern sie war mein gesteigertes Selbst. Das haben die Menschen gespürt.

Einmal kamen wir in ein kleines Dorf, der Film lief schon, hinterher sollten wir zu einem Gespräch da sein. Fast alle vom Team gingen essen, nur Carow und ich gingen in das Kino. Als das Licht wieder anging, lief ich nach vorn und sagte nur: Hallo Leute, da bin ich! – Die Frauen sind zu mir gekommen, sie haben mich in den Arm genommen, an der Hand gefasst, alte Bäuerinnen, und sie haben gesagt: »Weißt du, Kleine, wir verstehen dich …« Carow ist gegangen – aus Respekt vor dieser Intimität, hat er gesagt. Nachher beim Gespräch meldete sich ein Mann und gestand, die ganze Aufregung nicht zu verstehen, wenn die Paula nun mal kein Kind kriegen könne, dann solle sie eben keins kriegen. Er war noch nicht zu Ende, da erhob sich ein düsteres Grollen, die Bäuerinnen stellten sich wie ein Mann – wie eine Frau – vor Paula.

Diese ungeheure Kräftigkeit der Paula, ihre Unfähigkeit zur Verstellung, ihr unbedingter Glückswille auf verlorenem Posten hatten in der DDR eine andere Bedeutung. Kein Film heute könnte eine solche Wirkung wieder erlangen.

Millionen haben Paul und Paula gesehen. Ausverkaufte Kinos wegen eines DEFA-Films. Davon hatten unsere Filmstudios immer geträumt, und Carow hatte gezeigt, dass es möglich war.

Der Westen kaufte »Paul und Paula«. Ich glaube, es war sein allererster DEFA-Film im Kino. Neuland gewissermaßen, Terra incognita. Der Erfolg im Osten und das Interesse des Westens – die von Berufs wegen Misstrauischen wurden misstrauisch. Die Verträge mit der Münchner »Constantin« waren zwar geschlossen, aber man ließ ihr mitteilen, die für die Bundesrepublik bestimmten Kopien könnten wegen »eines Negativschadens« leider nicht ausgeliefert werden. – Nun gut, überlegte die »Constantin«, dann organisieren wir eben Busreisen zu DDR-Kinos. Auf diese Weise verschwand der »Negativschaden« wieder von den Kopien.

Nähe und Ferne von Menschen, auch von Teil(nationen) ist kein räumliches Problem. Es ist eine Frage gemeinsamer Erfahrungen, des Angenommen- und Verstandenseins. Es ist ein atmosphärisches Problem. So wie die deutsch-deutschen Vereinigungsschwierigkeiten nicht bloß, vielleicht nicht mal hauptsächlich auf ein Wohlstandsgefälle zurückgehen, sondern atmosphärische Störungen sind.

Es war die freundliche Herablassung in manchem Kritikerurteil, die mich nach der »Paula«-Premiere im Westen irritierte, das

Abschätzige, das noch im Wohlwollen lag, obwohl die Filmbewertungsstelle uns ein »Besonders wertvoll« verliehen und eine sehr feinsinnige Begründung dazu geschrieben hatte. Aber Ponkie fragte sich in der Münchner »AbendZeitung« mit der landesüblichen Arroganz: »Ein guter Film?« und antwortete: »Sagen wir: ein origineller. Ein flott-banales Gemenge aus verpoptem Liebesmärchen und modischem Großstadtkitsch.«

Die Wahrnehmung war mir fremd; ich fand es irritierend, dass diese westliche Kritik augenscheinlich die Sprache für Liebe verloren hatte.

Sie nahm diesen Film als Erotik-Ersatz, als Fortführung der pseudopornografischen Rundumversorgung des bundesdeutschen Normalbürgers mit anderen Mitteln und fügte an, dass solche Freizügigkeit nun wohl nur für den Osten ein Ereignis sei. Sie hatte nicht mal die Augen zu sehen, dass es hier gar nicht um das Lüsterne ging, das die bunten Magazine sich angewöhnt haben »Erotik« zu nennen, weil sie den Eros vergessen haben. Paul und Paula im Bett – das sollte eben mehr als eine Bettszene sein. Jede gelungene Bettszene ist mehr als eine Bettszene. Ein sinnliches Fest, eine Weltenbegegnung. Selbst wohlwollende Stimmen erblickten hier einen »schlimm-fröhlichen, bürgerlichen Traum«, »für hiesige Augen furchtbar bieder«. Bürgerlich? Bieder?

Die beiden deutschen Teilstaaten hatten sich in den wenigen Jahren seit dem Mauerbau voneinander entfernt. Das begriff ich schlagartig. Es war eine andere soziale Intelligenz, die ich kennen lernte. Ich las in der »Frankfurter Rundschau«: »Die Geschichte von Paul und Paula ist noch um einiges zynischer, als es die Welle der Aufklärungs- und Edelkomödienpornos in den sechziger Jahren war, nicht nur, dass hier die Frau als Lustobjekt ›verscherbelt‹ wird ... Zu all dem unsäglichen Kitsch, der mit einer befreiten Sexualität so viel zu tun hat wie der röhrende Hirsch auf dem Sofakissen mit der Natur, kommt noch hinzu, dass Paula, Mutter zweier Kinder, die Befreiung ihrer Sexualität permanent mit dem Ingangsetzen ihres biologischen Fortpflanzungsapparates in eins setzt.« – Die Kritikerin tat mir Leid. Entfremdung, nicht durch die Partei, sondern Entfremdung durch Wissen. Gehört sie zu jenen, die noch im privatesten Rahmen reden, als kämen sie geradewegs aus einem Soziologie-Seminar? Menschen, an denen nichts mehr stimmt. Sie sind nicht mehr sie selbst, aber wer sind sie dann? Solch halb verdauter Akademismus bringt den Einzelnen um das Grundlegende: um seine Wahrnehmungsfähigkeit. Ich glaube, dieser Halb-Akademismus als Massenphänomen ist eine Spezialität des Westens. Die »Frankfurter Rundschau« vermutete zusammenfassend, »das ganze Spektakel diene vielleicht keinem anderen Zweck als der Steigerung der sinkenden Geburtenrate« in der DDR. Jemand nannte Paula eine »promiskuitive Masochistin«. Irgendwie schienen mir die Verrisse der DDR-Zeitungen da beinahe verständlicher, und nicht nur, weil sie bestellt waren.

Ich fuhr zur Münchener Premiere von »Paul und Paula«, zusammen mit Carow und Glatzeder. In München haben mich, ich sagte es, die Journalisten »Dornrose« getauft wegen meiner Einsilbigkeit und auf Grund gewisser Schmähungen ihrer Intelligenz (»Eine so dämliche Frage ...«). Aber für die Mercedes-Fahrt durch die Hauptstadt aller Bayern, ohne Rücksicht auf die Farbspiele der Ampeln – denn man kann sich nicht auf alles zugleich konzentrieren – hat die Reise sich gelohnt.

Etwas später, im Februar 1975, kam ein Anruf vom Ministerium für Kultur. Da gäbe es so ein kleines Kunstkino in Zürich, in der Schweiz, und das habe unseren Film gekauft. Das Ministerium setzte eine ebenso gönnerhafte wie desinteressierte Miene auf und sagte so beiläufig wie möglich: Wenn ihr wollt, könnt ihr dahin fahren, aber ohne Geld! Was ihr esst, ist eure Sache.

Ihr – das waren Plenzdorf, der Legenden-Erfinder und ich. Ich war unfähig, etwas zu sagen. Man hätte das Ministerium natürlich fragen können, ob es etwa der Meinung sei, die Abgesandten der sozialistischen Kultur hungernd in den Westen zu schicken würde dem Ansehen der Deutschen Demokratischen Republik im Ausland dienlich sein? Aber, das spürte ich, es war hier nicht der Ort für solche prinzipiellen Anfragen, das Ministerium war im Begriff, eine Mildtätigkeit an uns zu verüben. Das galt es anzuerkennen. Plenzdorf begriff das sofort, er rettete die Situation. Ich sorge für Angelica!, sagte er etwas vormundschaftlich zum Ministerium und sah mich an wie eine Mutter.

Plenzdorfs Stück »Die Leiden des jungen W.« lief in jedem westdeutschen Theater. Plenzdorf hatte das richtige Geld, ja mehr noch, er besaß ein Konto im Westen. Und er erfüllte sein Versprechen, für mich zu sorgen. Ich habe auch später eine gewisse Fürsorglichkeit erfahren von Menschen, an denen man diese Eigenschaft sonst gar nicht wahrnahm. Dramatiker zum Beispiel sind nicht gerade Ammen-Typen. Trotzdem hat mir Heiner Müller einmal einen Ölradiator geschenkt und Westgeld, die deutsche Währungsunion vorwegnehmend, grundsätzlich eins zu eins getauscht, jedenfalls mit mir.

Wir hungerten also nicht in der Schweiz. Im Gegenteil. Unter einem Besitzer eines »kleinen Kunstkinos« stellte ich mir eine Art Spät-Achtundsechziger vor mit langen Haaren und weitgehend mittellos. Das muss falsch gewesen sein, dachte ich, als ich mein Hotelzimmer betrat. Drei Zimmer. Das erste war voller Rosen, das zweite war der Aufenthaltsraum, und im dritten würde ich schlafen. Der Kunstkinobesitzer scheint keine ganz einflusslose Persönlichkeit zu sein, wenn er uns solche Übernachtungen besorgen kann. Und noch etwas anderes erfuhren wir in unserer ersten Schweizer Nacht.

Nicht nur eine soziale Intelligenz beim Filmegucken trennte Ost und West, nein, es trennte uns auch eine technische Intelligenz. Dabei waren Plenzdorf und ich gewarnt.

Viele kommen nicht klar mit dem Fernseher. Da ist ein Knopf am Bett, den müssen Sie benutzen!, hatte der Zimmersteward uns nachsichtig erklärt, um sich selbst und uns Nachfragen zu ersparen. Ich lag im Bett und wollte fernsehen. Am Vortag waren wir bis um 5.00 Uhr bei der Züricher Studentenfasnacht, und ich hatte einen Film abgelehnt. Wir trafen uns mit von Sydow, sie wollten

Plenzdorfs »Neue Leiden des jungen Werther« im Westen verfilmen. Und ich sollte Lotte sein. Plenzdorf sagte nichts. Aber ich sah von Sydow an wie Heiner Carow einst mich: Zu alt!, hatte ich erklärt, ich bin doch viel zu alt!

Und alte Menschen dürfen fernsehen. Ich fand den Knopf neben dem Kissen und schaute in die Richtung, in der ich den Fernseher vermutete. Aber da war überhaupt kein Fernseher! Ich benutzte den Knopf. Bestimmt würde er jetzt erscheinen. Der Fernseher erschien nicht. Möbel mit Facetten, Blenden, Spiegeln, aber kein Fernseher. Ich schaute in meinen anderen beiden Zimmern nach, ob er vielleicht dort erschienen war. Nichts. Ich traute mich nicht zu fragen. Man hatte uns doch alles erklärt. Nicht mal zu Plenzdorf bin ich gegangen. Eine Frau! Und dann noch aus dem Osten.

Am nächsten Morgen stand Plenzdorf vor meiner Tür:

Du, Angelica, kommst du mal rüber? Ich krieg das Wasser nicht aus der Badewanne!

Gemeinsam brachten wir die avantgardistische Badezimmertechnik zur Herausgabe des Wassers.

Und, fragte ich vorsichtig, hast du gestern noch Fernsehen geguckt?

Na klar, aber diese Badewanne hier!, antwortete Plenzdorf und war in Gedanken noch immer bei dem Stöpsel, der ihm eine so tiefe Kränkung zugefügt hatte.

Ich dachte über das Leichte und über das Schwere nach. Kann man in einer Welt mit solchen Badewannenverschlüssen und versteckten Fernsehern noch Filme wie »Paul und Paula« machen?

Am Vormittag war Pressekonferenz. In der Kronenhalle! Höher hinauf geht es nimmer als in die Kronenhalle mit ihren Feiningers, van Goghs darin. Was für ein Rahmen! Die Pressekonferenz begann, nur die Presse fehlte. Es war bloß ein einziger Journalist gekommen – oder waren es nachher doch zwei? –, und die stellten vor Schreck keine einzige Frage. Vielleicht hatten sie einfach keine. Mein Mitgefühl mit dem Betreiber des kleinen Züricher Kunstkinos wuchs. Kunstkino in der Schweiz musste so was sein wie der

199

DEFA-Film im Osten. Er lud uns ein zu sich, wir waren ja schon fertig mit der Pressekonferenz, und bis zur Premiere am Abend war noch viel Zeit. Der Kunstkino-Besitzer besaß eine bemerkenswerte Villa. Mit großer Repektlosigkeit betrachtete ich seine Bilder. Er hatte irre Bilder für seinen Beruf.

Dann fragte er, was wir heute noch gern machen würden.

Ooch, sagte ich, ich möchte mal nach Sankt Moritz! Das stimmte. Das Vormittagslicht stand so schön in der Villa, ich war in der Laune zu träumen – und ein wenig unernst zu sein. Ich lächelte den Kunstkinobesitzer an. Ich hatte einen Spaß gemacht, er würde ihn verstehen. Er verstand ihn nicht. Ernst sah er auf seine Uhr und sagte: Wenn wir jetzt losfliegen, könnten wir zum Mittagessen in Sankt Moritz sein!

Nicht schlecht, dachte ich, der ist ja noch besser als ich.

Aber dann verließen wir wirklich die Villa, stiegen in sein Privatflugzeug und flogen los.

Ich hatte furchtbare Angst, als wir durch die Berge kamen. Es sah ja immer aus, als würden wir mitten in die Berge fliegen. Und gegen die Berge. Wir gingen in Sankt Moritz Mittag essen, und ich revidierte meine Meinung über unseren Gastgeber. Kunstkinobetreiber war nur eine seiner Tätigkeiten, hauptberuflich war er Erbe. Und ein Vertriebener.

Denn vor dem Krieg gab es zwei große Filmfirmen, nicht nur die UFA, sondern auch die Terra. Und die gehörte seinen Eltern.

Wir waren pünktlich zurück in der Stadt.

Am Abend gingen manche Züricher ins Kunstkino. Und wir gingen ins Theater, zwei Minuten, nachdem es dunkel war im Kino. Wie sahen einen Kishon, »Die Nachtigall war's«, und bevor der Kishon zu Ende war, liefen wir zurück ins Kino. Die Züricher hatten einfach einen Liebesfilm gesehen, keine Schweizerin hat sich wohl jemals die Frage gestellt: Wie würde Paula entscheiden? Und warum Paul plötzlich so eine komische Uniform trägt, sie haben es nicht verstanden. Sie hatten keine Fragen. Ich durfte mir eine Schweizer Uhr aussuchen.

Am nächsten Morgen begann um 9.00 Uhr an der Volksbühne die Aufzeichnung der »Wildente«. Karge und Langhoff hatten meine Szenen an den Schluss verschoben.

Aus Paula würde keine Schweizerin werden. Vielleicht lag es wirklich an der sozialen Intelligenz. Aber bei der technischen haben wir sie noch eingeholt. Nicht nur dass Plenzdorf das Wasser aus seiner Badewanne allein raus kriegte. Ich habe auch den Fernseher gefunden. Er war im Schrank.

Ich habe nie einen Preis bekommen für die Paula. Carow auch nicht. Wir waren auf keinem Festival, nicht bei der »Berlinale«, nicht beim Moskauer Filmfestival. Von dort zog die DEFA »Die Legende von Paul und Paula« wieder zurück. Sie wollten ihn nicht vertreten. Es gab wohl auch Bedenken in Moskau: Das ist ein Lebensentwurf, den wir nicht sehen wollen!

Da irrte das Filmfestival Moskau. Sie wollen ihn noch immer sehen. Im Berliner Kino »Börse« läuft »Paul und Paula« nun seit zehn Jahren ohne Unterbrechung.

Jedes Kunstwerk, das bleibt, wurzelt ganz tief in seiner Zeit und weist zugleich darüber hinaus. Es ist zeitgebunden und zeitlos zugleich. »Paul und Paula« war ein Glücksfall. Seine Wirkung rührte nicht daher, dass er in der DDR öffentliche Auseinandersetzungen ersetzte. Würde er sonst noch immer laufen?

Meine überwältigendste Erfahrung gleich nach der Wende war die Wiederaufführung im Freiluftkino Friedrichshain. Wir waren alle eingeladen, Kameramann, Regisseur, Drehbuchautor und die Schauspieler; ich kam später, weil ich noch Vorstellung hatte am Schlosspark-Theater.

Das riesige Halbrund war schwarz von Menschen, die Absperrungszäune waren gefallen. Viele ganz Junge sahen diesen Film – und verstanden ihn.

Seitdem war ich nie mehr bei einer »Paul und Paula«-Aufführung.

Der goldene Elefant

K aum hatten wir »Paul und Paula« hinter uns, spielten Winfried Glatzeder und ich schon das nächste Liebespaar. Diesmal am Theater, an der »Volksbühne«. Ich war siebzig, Glatzeder ein wenig älter. Es wurde jenes Stück über die Moral der russischen, postrevolutionären Bauern, dessen Generalprobe die »Hörzu«-Journalistin beiwohnte, weshalb die Volksbühne dann eingezäunt werden musste. Für den »Goldenen Elefanten« lehnte ich sogar einen Film ab, »Orpheus und Eurydike« – dabei sollten sowohl Orpheus als auch Eurydike deutlich unter siebzig sein. Die »Hörzu« wollte den »Elefanten« nicht kritisieren, weil eine «Hörzu«-Journalistin eben keine Ahnung hat von russischen postrevolutionären Bäuerinnen fortgeschrittenen Alters, deren Männer goldene Elefanten finden und fortan alles versuchen, um der Kolchose nichts davon abgeben zu müssen. Man nennt das auch kleinbürgerliches, reaktionäres Verhalten. – Nein, die »Hörzu« konnte das nicht verstehen. Aber die »Berliner Zeitung« verlieh mir sofort den Kritikerpreis für meine Marfa. Ich war sehr stolz auf sie.

Marfa war also eine russische Bäuerin vom Lande. Und die siebzig Jahre sah man ihr an. Sie trug riesige Röcke, darunter Hosen und Socken. Mein neuer Busen erschreckte mich selber, wenn ich an mir heruntersah. Büschel grauen Haares standen mir zu Berge. Ich hatte keine Zähne mehr, was eine gewisse Eigentümlichkeit meiner Lautbildung erklären mochte.

Woiiij, Woiiij, begann ich – das war meine Art, mit Gott ein Gespräch anzufangen – Woiiij! Woiiij!, und dabei musste ich aufpassen, dass mein Kopf zwischen den Schultern stecken blieb, denn Marfa hatte nach dem Willen des jungen russischen Autors Kopkow sowie unseres Regisseurs Fritz Marquardt keinen Hals. Kopkow, der Autor, kam gar nicht vom Lande, sondern war ein gerade so durch die Mittelschule gekommener Bauarbeitersohn. Er wurde Stuckateur, schrieb zwei Stücke und fiel 1942 als Soldat einer Luftabwehreinheit während der Leningrader Blockade. Ich hatte ein etwas gespaltenes Verhältnis zu ihm, weil Marquardt diesen jungen Russen meiner quasi-bürgerlichen Dekadenz gegenübergestellt hatte, als die Volksbühne wegen mir eingezäunt werden musste. Aber seine Marfa liebte ich.

Sie besaß nicht nur keinen Hals, sondern auch einen Hinkefuß.

Marquardt fand das überhaupt nicht zu viel für eine Siebzigjährige oder zu viel für mich. In der Pause fragten manchmal Zuschauer, wann Angelica Domröse denn nun auftrete.

Komisch sollte ich sein. Kein Mensch hielt mich für komisch – ich glaube, selbst Marquardt, der Regisseur, nicht. Bis ich Marfa wurde. Glatzeder verfügte vergleichsweise über eine wohl geformte Körperlichkeit, obwohl von Paul auch nichts mehr zu erkennen war.

Wenn ich es recht bedenke, war es doch seltsam, dass die »Hörzu« Marfa und ihren Mann nicht verstanden hatte. Denn sonst verstand uns jeder. Wir sind mit dem »Elefanten« über italienische Marktplätze gezogen, am Tage bauten wir die Bühne auf, jeden Abend um 21.00 Uhr begann ich – »Woiiij! Woiiij!« – meine deutsche Unterhaltung mit Gott über diese Strafe von einem Mann, die er auf mich herabgesandt hatte, und passte auf, dass mein Kopf nicht zwischen den Schultern hervorrutschte. Und die Menschen in Florenz, Terni, Pavia und Bologna – Familien mit Kindern, die bald mit ganzem Einsatz mitspielten – begriffen alles. Sogar die Eigentumsfrage in einer postrevolutionären Kolchose: Auch wer einen goldenen Elefanten findet, muss ihn teilen. Spricht das nun für oder gegen den Sozialismus?

Mann mit Rose. Tausche einhundertvierzig
Quadratmeter in Pankow gegen vierzehn in Lichtenberg
im Haus für Aufhörer und Anfänger

Wir spielten Molières »Der Menschenhasser« im Frühjahr 1976. Ein Mann mit einer Rose wartete auf mich. Er sagte: »Guten Abend, Frau Domröse!« Er bekannte, dass er Schneider heiße. Groß, blond, Mitte dreißig, Aktentasche. Heute würde ich sagen: entweder Steward, 1. Klasse, Lufthansa, oder Bankangestellter. Der Typus war es. Die Linienstraße am Hinterausgang Volksbühne war sehr dunkel. Rose, Mann, Nacht – wie kitschig. Herr Schneider also. Er zeigte mir sogar seinen Ausweis. Das machen Romantiker sonst eher selten. Auch hatte er bald so eine seltsame Überlegenheit im Blick, obwohl seine Stimme weich war. Sie blieb auch weich, als er mir sagte, ich hätte nun also schon wieder ein Interview gegeben im Westen. Ohne Erlaubnis. Es war der Ton, in dem man zu ungezogenen Kindern spricht, mit denen man es noch einmal im Guten versuchen will. Nein, das war kein Verehrer, begriff ich plötzlich, das war die Staatssicherheit. Ich hätte lachen mögen. Ich konnte es nicht glauben. Was will die Staatssicherheit von mir?

Die Dunkelheit der Linienstraße bedeutete demnach Krimi, nicht Romanze. Ich erklärte Herrn Schneider, dass, wenn er das Interview mit der »Neuen Ruhr Zeitung« meine, das ich ohne Erlaubnis gegeben hätte, er es nur einmal lesen müsse, um festzustellen, dass ein harmloseres Gespräch als dieses mit den Kollegen einer, nun ja, befreundeten Arbeiterzeitung schlechterdings nicht möglich sei. Herr Schneider sah mir ungerührt ins Gesicht. Er wolle nicht auf dem Interview beharren. Da wären außerdem diese anonymen Briefe, über die wir einmal reden müssten. Bis zur klärenden Aussprache werde man jedoch der Kaderabteilung der

»Volksbühne« nichts berichten, da solle ich mich mal ganz auf ihn,
Herrn Schneider, verlassen.

Verlassen? Auf die Staatssicherheit? – Die Empörung kroch in
mir hoch. Machte sich da irgendwer einen bösen Spaß mit mir?
Jeden Augenblick würde ich aufwachen. Träume sind ja manchmal
so übergenau, so realistisch wie die Wirklichkeit das nur selten
hinkriegt. Aber was für anonyme Briefe überhaupt? Egal, ob Traum
oder Wirklichkeit, das wollte ich von Herrn Schneider jetzt noch
wissen. Herr Schneider senkte, wohl unter dem Gewicht der über-
großen Anschuldigungen, die mich betrafen, den Blick. Jawohl,
man bekäme seit einiger Zeit anonyme Briefe aus Westberlin, in
denen es um meine illegale Aktivität im Antiquitätenhandel gehe.
Aber, wie gesagt, die Kaderabteilung wisse wirklich noch nichts.

Meine Aktivität im Anti-was? – Ich glaube, jetzt habe ich Herrn
Schneider beinahe angeschrien. Der beruhigte mich, wir müssten
nicht alles heute bereden. Ohnehin sei er nur gekommen, um mir
zu sagen, dass wir uns einmal treffen sollten. Er werde sich bald
melden. Jetzt aber könne ich erst mal nach Hause fahren. Nach
Hause – also zu Herrn Thate, ich würde doch derzeit bei Herrn
Thate nächtigen. Es klang wie: Ein richtiges Zuhause hätte ich ja
nicht mehr. Also bitte – jetzt war Schneiders Stimme hart wie ein
Auftrag – nichts dem Herrn Thate sagen!

Apropos Thate!, rief ich, plötzlich überwach, der wird sich wun-
dern, wo ich bleibe. Den muss ich gleich mal anrufen.

Und zu Schneider: Das überlassen Sie mal mir, ob ich das dem
Thate erzähle oder nicht!, sagte ich Herrn Schneider und nahm
das Volksbühnen-Pförtner-Telefon:

– Du, ich werde aufgehalten! Jetzt ist es passiert.

Ich dehnte das »es« in geheimnisvolle, beziehungsreiche Länge.
Ich hatte Hilmar Thate erzählt, dass man mich 1972 auf einem
Botschaftsempfang schon mal angesprochen hatte. – Sie sind so
frisch, so offen, man glaubt gar nicht, dass Sie aus dem Osten sind!,
erklärte mir damals ein Abgesandter des konspirativen heimat-
lichen Graus. Er meldete sich aber nie wieder.

Hilmar antwortete sinngemäß, dass ich spinnen würde, formulierte das nur ein bisschen schöner und sagte genau dasselbe wie Herr Schneider: dass ich sofort nach Hause kommen solle.

Thate glaubte nicht an die Staatssicherheit. Jedenfalls nicht, dass sie so war, wie der Westen schrieb. War das nicht antikommunistische Propaganda?

Das nächste Mal, wenn die was wollen, rede ich mit denen!, schlug er vor. Wie man Kindern vorschlägt, dabei zu sein, wenn nachts die Geister wiederkommen. Trotzdem, ich fand die Idee sehr gut und ergänzte: Wir beide reden mit denen!

Dann, zu Hause, war ich tödlich beleidigt. Ja, für wen halten die mich? Schicken einen Mann mit Rose, diese Operettengemüter. Keinen alten Genossen, keinen Rodenberg-Typus, sondern einen, der mir wohl gefallen sollte. Ich wusste gar nicht, worüber ich wütender war – über das Frauenbild der Staatssicherheit oder den Vorwurf des illegalen Antiquitätenhandels. Dass sie mich schon »IM Elfriede« getauft hatten, konnte ich nicht wissen. IM ist ja bereits skandalös, aber Elfriede! Wieso, um Gottes willen, Elfriede?

In meinen Stasiakten las ich den »Vorschlag zur Kontaktaufnahme« vom 13.4.: »Da ›Elfriede‹ im Bekanntenkreis der _____ eine zentrale Stellung einnimmt, sowie auf Grund ihrer gesellschaftlichen Stellung gute Kriterien für einen IM besitzt, wurde die weitere Aufklärung von ›Elfriede‹ durchgeführt.«

Die »Aufklärung von Elfriede«! Am Ende hatten die Genossen »weitere Maßnahmen« notiert:

»›Elfriede‹ wird unter geeignetem Vorwand vom Mitarbeiter angesprochen, ohne dass dabei Arbeitskollegen oder andere offizielle Personen Kenntnis erhalten. / Nach erfolgter Legitimation als Mitarbeiter des MfS soll sie gebeten werden, zur Klärung eines diskreten, persönlichen Problems, einem ihr genehmen Termin zuzustimmen.« Letzter Satz: »Elfriede soll glaubhaft zur Diskretion angehalten werden.«

Meine Gedanken waren nur noch zu Kreisbewegungen fähig:

Warum kamen die ausgerechnet jetzt, warum kamen die überhaupt zu mir?

Plötzlich verstand ich: Die dachten, es geht mir schlecht. Sie kommen, wenn du nicht weiterweißt im Leben. Sie holen einen immer, wenn es dir nicht gut geht. Verunsicherte, Gebrochene, wollten sie. Menschen mit akuten Rückgratproblemen. Die dachten: Die Domröse ist unstet momentan. Sie ist ihrem Mann weggelaufen. – Wie verderbt muss eine Gesellschaft sein, die auf solchem Grunde baut. – Andererseits hatten sie ja Briefe über mich. Wer schreibt solche Briefe? Wollten sie mich warnen?

In der Rechnung der Stasi war nur ein einziger Fehler. Es ging mir gar nicht schlecht. Ich war maßlos verliebt. Aber woher sollte der Geheimdienst das wissen? Dass Geheimdienste strukturelle Versager sind, ist kein Erkenntnisprivileg des letzten Jahres.

Wenn jemand aus einer wunderbaren großen Wohnung mit Garten in Niederschönhausen, dem Villenviertel Ostberlins, nach Lichtenberg zieht in eine 14-Quadratmeter-Wohnung, musste der nicht am Ende sein? So hat die Stasi gedacht.

Ich weiß nicht, ob sie die Wohnung kannte, in der ich nun Untermieterin war. Der Vorraum war drei Schritte lang, Küche und Dusche und Klo waren so groß wie ein Tisch, in das einzige Zimmer passte ein Bett. Immerhin, wenn man die Balkontür öffnete, war es etwas größer. Aber jedes Mal, wenn ich hinaustrat, wurde mir schwindlig. Nicht, weil Lichtenberg damals schon genau so hässlich war wie heute. Wohin das Auge reicht, Beton. Eine Welt aus Beton. Aber es war der 12. oder 13. Stock. Über uns wohnten die, die schon alles hinter sich hatten, unter uns die, die nicht mehr viel vor sich hatten. Ein Haus voller Aufhörer und Anfänger. Alte und Geschiedene. Und immer allein, denn zu zweit passte man in diese Wohnungen nicht mehr hinein. Oder der Tisch oder ein Schrank mussten raus, wenn ein Zweiter kam.

Aber Hilmar Thate und ich wohnten hier zu zweit. Seit ein paar Monaten. Thate hatte die Wohnung mal von der großen Wohnungsmaklerin Helene Weigel bekommen für die Zwischenzeiten, da er sich konzentrieren musste und das aus verschiedensten Gründen entweder bei seiner Frau oder seiner Freundin nicht konnte. Die bekannteste Filmschauspielerin der DDR und der große Brecht-Darsteller lebten nun also in der Baikalstraße, Lichtenberg, auf vierzehn Quadratmetern. Zwei Weggelaufene, deren Partner nun die großen Wohnungen hatten. Zwei Widder, beide Schauspieler. Er, der vor jedem Auftritt immer langsamer wird vor Anspannung, ich, die immer schneller wird. Ein Mann, der Brecht liebt und die Operette. Eigentlich geht das gar nicht. Jeden Tag gab es Krach. Denn wir mussten erst festlegen, wer wann nachgibt. Das dauerte ungefähr vier Jahre.

Kann schon sein, die Stasi hielt das für ein ernstes Krisenphä-nomen. Aber es war keins.

Es war ein Glücksphänomen.

Wir waren kleinlich in den kleinen Dingen und dachten groß in den großen Dingen. Wie Liebende sind.

Natürlich gab es auch ernsthafte Krisenmomente. Etwa, wenn man ohne Vorwarnung am Sonntagmorgen gefragt wird: Und was hast du dir heute vorgenommen? – Diesen Schreck vergesse ich nie. Vorgenommen? Am Sonntagmorgen? Ich sagte, dass ich die Bal-kontür aufmachen, die Luft von draußen atmen und dann wieder ins Bett gehen würde. Ich hielt das für extremen Aktionismus an einem Sonntag. Und etwas anderes konnte man sich in unserer Wohnung ohnehin nicht vornehmen. Wenn man nicht da war, war sie groß genug. Oder wenn man im Bett lag. Die höchste Form von Freiheit, behauptete ich, ist das Sich-treiben-Lassen. Ein Nichts spüren, das ins Nichts führt. – Die Ansichten des Hegel- und Brechtgeschulten Hauptmieters der Baikalstraße 14 über das We-sen der Freiheit und meine stimmten nicht völlig überein.

Ja, ich war glücklich, meine Verzweiflung war vorüber. Die Stasi hatte sie um Jahre verpasst. Als ich Paula war und Helena, da hät-ten sie kommen müssen. Obwohl – ich wüsste nicht, was ich da-mals mit Herrn Schneider gemacht hätte. Unglückliche reagieren sehr verschieden, und sogar jetzt, im Zustand einer gewissen see-lischen Gefasstheit, hielt mich die Staatssicherheit bald für eine hysterische Ziege.

Hysterisch? Ich? – Das Einzige, was hier hysterisch war, war doch sie selbst. Die Staatssicherheit der DDR war nichts anderes als die anschaulich gewordene Hysterie eines Staatswesens. Dieser ganze Sozialismus war eine nervöse Überreaktion, wenn man das mal psychiatrisch diagnostizieren sollte. Aber das mache ich später.

Jetzt muss ich erklären, warum meine glücklichsten Jahre, die Paula-und-Helena-Jahre, zugleich die unglücklichsten waren. Es stimmt schon, alles war Liebe um mich herum. Paula liebte anders als Helena. Ich spielte nichts als die Liebe. Die Grenzen meiner Sprache sind die Grenzen meiner Welt, hatte Wittgenstein gesagt. Aber das ist nicht wahr. Wittgenstein kannte, wie die meisten Phi-losophen, die Liebe nicht. Es muss vielmehr heißen: Die Grenzen meiner Liebe sind die Grenzen meiner Welt. Also war ich grenzen-los. Ich war welt-weit. Nur für mich selbst, für mein kleineres, privates Ich, war das alles nicht mehr wahr. Wenn Künstler-Sein bedeutet, die Dinge stellvertretend zu tun: nicht selber lieben, sondern die Liebe für andere erfinden, dann war ich eine große Künstlerin. Ich fühlte umso stärker, was die Liebe war, da ich sie selbst nicht mehr hatte.

Für mich und Jiri war sie unerträglich schwer geworden, beina-he unlebbar.

1975 trennte ich mich von meinem Mann, aber zerstört war unsere Ehe schon in den Jahren vorher. Der Augenblick, in dem man merkt, dass es vorbei ist und die Zeit, da es wirklich vorbei ist, fallen nie zusammen. Er war einundzwanzig Jahre älter als ich. Aber es lag nicht an dem Altersunterschied, wir hatten wunderbare Jahre.

Der Alkohol hat unsere Ehe auf dem Gewissen. Vielleicht sind die traurigsten Trennungen die, an denen keiner schuld ist. Jeden-falls nicht in einer einfachen Weise. Mein Mann hatte sich nicht verändert, der Alkohol hatte ihn verändert.

Er trank schon immer gern – so wie andere auch trinken in unserem Beruf –, man merkte ihm das nie an. Er vertrug es. Betrunkene waren ihm ein Gräuel. Irgendwann aber vertrug er es nicht mehr.

Der Mensch fällt aus seiner Mitte. Alles wird ihm schwer, bis die kurzen Stunden kommen, da das Leben wieder seine alte Höhe gewinnt. Die können abends kommen oder nachts. Wenn sie nachts kamen, musste ich manchmal mit ihm aufbleiben, obwohl ich todmüde war und frühmorgens zum Drehen abgeholt wurde. Es gibt in »Paul und Paula« diese Szene, da ich im Türspalt stehe und vom Tod des Jungen erfahre. Ich hatte an dem Tag, als wir drehten, die richtige Verfassung für diese Szene. Ich brauchte fast gar nichts zu spielen. Ich hatte die ganze Nacht mit meinem Mann durchwacht, er wollte reden, ich wollte schlafen. Ich fühlte mich, als sei ich tausend Jahre alt, und so schaute ich durch den Türspalt.

Dabei musste er in dieser Zeit selber viel arbeiten. Zweieinhalb Jahre lang drehte er die Clown-Ferdinand-Filme, insgesamt zwölf Folgen. Und jedes Jahr im November/Dezember spielte er den Ferdinand en suite im alten Berliner Friedrichstadtpalast. Jiri Vrstala füllte diesen zauberischen Riesenraum. Nie werde ich die Nachmittage vergessen, diese Zirkusluft voller Erwartung, Tausende von Kindern in den Reihen. Hier, im alten Friedrichstadtpalast, waren Louis Armstrong und Juliette Gréco aufgetreten – und eben mein Mann. Er hat immer gesagt, der Ferdinand gehört zu meinem Leben. Er hat diese Rolle geliebt. Aber vielleicht war sie zu ausschließlich sein Leben geworden. Er war ein guter Schauspieler, er hat große Filme gemacht, in der Tschechoslowakei, in Polen. Mag sein, eine neue, ganz andere Aufgabe hätte ihn aufgefangen. Er hätte sich selber aufgefangen.

Denn ich konnte ihm nicht helfen. Ich habe ja nicht mal verstanden, dass das eine Krankheit ist. Ich war nur maßlos gekränkt und fühlte mich verraten. Heute weiß ich – und habe es selbst erfahren –, dass man anders reagieren muss. Auf die Idee einer Therapie bin ich gar nicht gekommen. Irgendwann habe ich gedroht, ihn zu verlassen. Er hat versprochen, nicht mehr zu trinken. Er hat nicht geglaubt, dass ich ernst machen würde.

Und selbst wenn? Ist diese Haltung: Wenn er mich nur genug liebt, wird er schon aufhören zu trinken, nicht selbstherrlich-naiv?

Andererseits verstehe ich jeden, der in ähnlicher Situation so denkt. Denn es ist unmöglich, nicht so zu denken. Man sieht jemanden, mit dem man lebt, der sich nicht mehr unter Kontrolle hat, und fragt sich: Warum tut er sich – warum tut er mir das an?

Dazu kam sein Defätismus. Ich weiß nicht, ob es die Weltverdunklung eines Alkoholikers war oder höherer Realismus. Plötzliche Abwehr, wenn es etwas gab, das mich begeisterte. »Hast du's gelesen?«, fragte ich ihn immer wieder, als ich das Drehbuch von der »Paula« hatte. – Das machen die ja doch nicht!, sagte er nur, als er es endlich gelesen hatte. Es ist schwer, mit einem zu leben, der an nichts mehr glauben will. Nicht an das (fast) Unmögliche, nicht an sich selbst.

Und alles, was schön war, was einmalig war zwischen zwei Menschen, wird täglich kleiner und scheint irgendwann nicht mehr wahr. Ich musste mich entscheiden – für die eigene Arbeit oder dafür, Krankenschwester eines anderen zu werden. Beides zusammen war zu schwer für mich.

Nach der »Paula« gehe ich, nahm ich mir vor. Ich blieb dann doch länger. Wohin sollte ich denn gehen? Der Wohnungsmangel war das größte Scheidungshindernis in der DDR. Und Jiri rauswerfen kam nicht in Frage.

Mitte der Achtziger hat Jiri Vrstala die Entziehungskur geschafft. Er hat unsere Wohnung in Niederschönhausen immer behalten.

Ausgerechnet Jiri Vrstala überredete mich damals, den »Daniel Druskat« zu machen. Ich wollte schon ablehnen. Wegen halbherziger Darstellung der Produktionsbedingungen in der sozialistischen Landwirtschaft.

Wir drehen einen Landwirtschaftsfilm

A ndererseits: Was gingen mich die Produktionsbedingungen in
der sozialistischen Landwirtschaft an? Ich sollte doch nur die
ziemlich kranke polnische Frau des neuen LPG-Vorsitzenden sein,
die außerdem bald stirbt. Aber seit »Paula« war ich gewohnt, pau-
lahaft, also kompromisslos zu denken. Und mit Paulas Augen las
ich das »Druskat«-Drehbuch nach dem Roman von Helmut Sakowski, den Riesen-Schinken. Nee, dachte ich, das ist doch nur die
halbe Wahrheit. Das ist doch wieder so was wie »Wege übers Land«.
Warum verfilmen die nicht mal »Die Bauern« von Heiner Müller?
Das ist viel kürzer und viel realistischer. Ich Asphaltassel wusste
nicht viel vom Wesen der Bauern, aber dass Müller Recht hatte,
ahnte ich. Also sprach ich zu Jiri: Ich mach das nicht! Und dann
noch diese todkranke polnische Frau! – Vrstala sah mich nachdenklich an; er las zwar meine Bücher nie, und der entscheidende
Unterschied zwischen Müller und Sakowski bei der Darstellung
der sozialistischen Landwirtschaft blieb ihm zeitlebens verborgen,
aber er sagte zu mir:

Schau mal, das hier ist so ein kleines Land. Nicht, dass ein kleines Land notwendig kleine Filme macht, aber es macht nicht unend-
lich viele. Und wenn du anfängst, die großen Projekte des kleinen
Landes abzulehnen, dann weiß ich nicht, wo das hinführen soll!

Aber das hier, sagte ich und schlug mit den Fingern auf den
Einband des Drehbuchs, das hier ist doch ganz hart die Fabelkante.

Mag sein, sagte Vrstala, aber eben erst die Kante.

Kanten muss man spielen.

Es war dieser eigenartige östliche Realismus meines Mannes. Er wusste früher, dass vom BE nicht mein Leben abhängt. Und er wusste andererseits, dass man manche Dinge, die man machen kann, auch machen sollte. Und wirklich, die Großen des kleinen Landes spielten alle mit: Krug, Thate, Norbert Christian, Angelika Waller. Ursula Karrusseit. Alle an der Kante.

Dann kam die erste »Druskat«-Vorbesprechung mit Lothar Bellag, unserem Regisseur. Ich sah Hilmar, dessen kranke polnische Ehefrau ich werden sollte. Er würde der gute LPG-Vorsitzende eines kleinen, schwachen Dorfes sein, der gegen den bösen LPG-Vorsitzenden eines großen, starken Dorfes kämpft, das sich fortschrittswidrig weigert, mit dem kleinen, schwachen Dorf zu kooperieren. Es war überhaupt nichts Außergewöhnliches, Thate zu sehen. Ich sah bereits vor zwanzig Jahren den jungen Brecht-Star auf dem Hof des Berliner Ensembles sein Auto waschen und fand das ausgesprochen albern. So sind sie, die großen Pathetiker, dachte ich. Hätte nicht auch Brecht für ein neues Auto die Weltrevolution verraten? – »Na Kleene, jehste wieda üben?«, fragte er mich mit Putzlappen in der Hand und dennoch aller Arroganz dessen, der schon ein paar Monate länger – nun gut, Jahre – an diesem Theater ist.

Ich antwortete: »Den Ton verkneifen wir uns aba, wa?«

Das war's.

Doch in den »Tagen der Commune« haben Thate und ich gut zusammengepasst, und er war der Einzige, der mir einen großen Strauß Blumen schenkte an meinem letzten Tag am BE.

Dann trafen wir uns kurz bei »Horizonte«. Er war bei mir in der Tschaikowskistraße, wir lernten wie brave Schüler unseren Text zusammen, wobei sich unsere stückfremden Dialoge auf Sätze wie »Ich bin eine schlechte Schauspielerin!« und »Unsinn, das ist schlechtes Theater!« beschränkten. Ich sagte das schon. Auch, dass Thate alles schlecht fand an der Volksbühne. Er suchte ein zweites BE und fand keins. Ich hatte ihm die Dissidenten ausgeliehen. Seit »Horizonte« hatten wir uns nicht mehr gesehen.

Und jetzt fragte er mich nach der Druskat-Vorbesprechung:

Was machst du? – Ich sagte: Ich geh zum Trödler. (Antiquitätenhandel!, hätte die Stasi vermutet.) – Thate sagte: Ich komm mit zum Trödler. – Das war's. Alles entschieden.

Man spürt so was.

Wir drehten die Geschichte vom LPG-Vorsitzenden und kranker polnischer Ehefrau und seinem Widersacher in Neubrandenburg. Gewissermaßen im Exil. Denn was konnte man beginnen in Neubrandenburg nach dem Drehen? Thate und ich machten endlose Spaziergänge. Wir kannten uns und kannten uns nicht.

Als ich rollengerecht starb, war ich wie neugeboren. Ich hätte wissen können, dass es so was gibt: Wiedergeburten. Schließlich war mir das schon einmal passiert. Ich kannte mich doch damit aus. Aber der Unglückliche glaubt nicht an diese Dinge. Er glaubt einfach nicht an ein Leben nach dem Tod. Ich verstehe das. Ich begreife Menschen nicht, die an ein Leben nach dem Tod glauben können. Ich beneide sie. Aber dass eine Wurzel solchen Glaubens unsere Anwärterschaft aufs Wiedergeborenwerden ist, solange wir leben – das glaube ich.

Als ich zurückkam aus Neubrandenburg sagte ich zu Jiri Vrstala, dass es nun zu Ende ist. Und dass ich gehe. Ich bin so. Ich ertrage nichts Doppeltes. Ich brauche das Klare, das ganz und gar Durchsichtige in diesen Dingen. Nicht mal das hat die Stasi gewusst. Sonst hätte sie geahnt, wie idiotisch es war, mich holen zu wollen. Das zeichnet mich nicht aus. Das betrifft eine völlig vorpolitische Ebene. Ich kann einfach nicht doppelt leben. Nicht als Frau zweier Männer, nicht als Spitzel. Das Spitzeltum wäre viel zu anstrengend für mich gewesen. Ich bin konspirativ ganz und gar unbegabt.

Ich habe nie verstanden, dass manche Menschen bei meiner Berufsgruppe an Verstellung denken. Schauspieler sind Menschen, die sich von Berufs wegen verstellen. Und dann fallen ihnen gleich Politiker ein. Das ist doch eine grobe Fehlinterpretation. Nicht die Fähigkeit zur Verstellung ist es, sondern die zur Hingabe an ein anderes Sein. Die Fähigkeit zur Wahrheit – zuletzt.

Kleiner Grundkurs Marxismus-Leninismus
mit der Staatssicherheit

Ich bin kein Aufklärer, ich will nicht Menschen bekehren. Hilmar ist eher ein Aufklärer. Er mag es, Menschen zu bekehren. Wenn es sein muss, sogar die Staatssicherheit.

Herr Schneider rief wieder an. Wir sollten uns treffen. Ich sagte: Aber der Thate kommt mit! – Mag sein, es klang wie eine Kinderdrohung. Wie man, schon in die Ecke getrieben, den großen Jungs, die einen verkloppen wollen, Mütter, Väter oder große Brüder ankündigt, um sie doch noch von ihrem Vorhaben abzubringen. Es klang auch, als ob ich irgendetwas zu diktieren hätte. Ich hatte gar nichts zu diktieren. Aber Schneider war einverstanden. Ich hatte ihm versichert, dass Thate alles, aber auch alles wisse. Ich sagte es, als wolle ich den Rest eines schlechten Gewissens treffen, den doch selbst ein solcher Mensch noch besitzen muss. Er besaß keinen. Er sagte nur, wann sie da sein würden. Keine Frage, ob es recht sei, ob wir Zeit hätten.

Nur, dass sie kommen.

Wir mussten zu ihnen ins Auto steigen. Diesmal waren sie zu zweit. Herr Schneider hatte einen älteren »Genossen« mitgebracht. Wir fuhren kreuz und quer durch Berlin. Als wir ins Stasi-Auto stiegen, war Hilmar überzeugt: Den Schneider gibt es also wirklich. – Denn manche Dinge muss man mit eigenen Augen sehen.

Ich bildete mir ein, die Stadt gut zu kennen, aber am Ende kannte ich sie nicht mehr. Wir hielten vor einem Nachkriegsbau mit dem typischem Fünfziger-Jahre-Putz. Es war vollkommen dunkel. Im Hof heulte ein Schäferhund. Nie würde ich in einem derart albernen Krimi mitspielen, sagte ich mir. Es half nichts. Ich hatte Angst. Die Stasi nannte es »Objekt Linde«, weiß ich heute.

Sie zeigten mir die Briefe aus Westberlin, sechs oder acht Stück. Ich las sie in ihrer Gegenwart. Sie waren voller Lügen. Ich hoffte, sie würden unter meinem Blick zu Staub zerfallen. Auf den Gedanken, dass die Stasi diese Briefe selbst geschrieben hatte, kam ich nicht.

Herr Schneider und sein Kollege wussten alles. Sie wussten, dass ich gern Sekt trinke, sie wussten, was ich gern esse. Sie wussten, dass ich mich vor zwei Jahren in Sofia mit einem französischen Kollegen getroffen hatte. Sie wussten, mit wem ich in Karlsbad zusammen war. Sie wussten, was ich abends bei Freunden gesagt hatte. Sie wussten sogar, dass mir ein Westberliner Arzt die Pille mitbringt.

Warum das? Sie wissen doch, dass die Einfuhr von Medikamenten verboten ist.

Na und? Ich vertrage die Pille vom Osten nicht.

Warum kommen Sie nicht zu uns, auch wir könnten das für Sie organisieren!

Mich packte das Entsetzen. Was wäre, wenn ich gesagt hätte: Dann besorgen Sie mir die Pillen!? Wäre ich dann schon Mitarbeiterin der Staatssicherheit? Es mag naiv sein, ich weiß, aber ich misstraue Menschen, die kühl bleiben, wenn eine Behörde – nicht ein anderer Mensch – alles über einen weiß. Ich misstraue der Abgeklärtheit.

Die Stasi spürte das auf ihre Weise. Denn »abgeklärt« war das Adjektiv, das meine Reaktionen wohl am wenigsten verdienten.

Was wollen Sie denn von mir?, sagte ich zu Herrn Schneider, schrie fast ein bisschen, ich weiß nicht, woher diese Westberliner Briefe kommen, die mir Antiquitätenhandel unterstellen. Ich habe nie mit Antiquitäten gehandelt! – Ich glaube, ich habe Herrn Schneider wirklich angeschrien.

Mit der kann man doch nicht reden, sagten sie später zu Hilmar. Was die Stasi »Hysterie« nannte, war meine Unfähigkeit zur Verstellung. Wahrscheinlich fand die Stasi das dilettantisch. Eine Schauspielerin, die sich nicht verstellen kann.

Ich weiß nicht, ob Thate Herrn Schneiders Realitätsgrad auf die
Probe stellen wollte – er fing an, mit ihm zu diskutieren. Gespens-
ter knicken schnell ein bei Marxismus/Leninismus. Mag also sein,
es war ein überlegenes Kalkül dabei. Aber ich verstand nicht, warum ich mit einem Menschen, der mich ausspioniert, über Marxis-
mus/Leninismus reden sollte.

Hilmar blickte finster. Wahrscheinlich nahm er sich vor, Herrn
Schneider mit Dialektik zu durchlöchern und ihn so zur Strecke
zu bringen. Er fing ganz einfach an, denn die Dialektik fängt immer ganz einfach an:

Herr Schneider, warum machen Sie das?

Und ob er nicht merken würde, wie falsch das sei? Dieser Sozialismus sei so komplexbeladen. Schneider und Thate fielen in ein
tiefes Gespräch über das Wesen unserer Gesellschaft und was sie
von einem Teenager mit Minderwertigkeitskomplexen unterschei-
de. Und ob der Teenager sich diese Minderwertigkeit nur einbilde
oder ob sie überaus real sei. Und was man dagegen machen könne.
Sie formulierten das nur anders. – Antiquitätenhandel! Antiquitätenhandel!, hämmerte es inzwischen in meinem Kopf, warum, um
Gottes willen, Antiquitätenhandel?

Hinterher stellte ich Hilmar zur Rede: Bist du denn wahnsinnig? Du kannst doch nicht anfangen, mit denen zu diskutieren! –
Das hatte ich nämlich bei Solschenizyn gelesen. Wer erst mal anfängt, sich auf ein Gespräch »mit denen« einzulassen, steckt schon
mittendrin. Solschenizyn. Er entsprach meinem Empfinden. – So
ein Unsinn, sagte mein Mann, der Dialektiker. Er diskutiere, mit
wem er wolle. Denn eben das sei das Kennzeichen der Vernunft.
Sie lässt sich erproben ohne Ansehen der Person. Ja, die Probe auf
die Vernunft sei gewissermaßen der Unvernünftige. Und dass es
sich bei der Staatssicherheit um einen akuten Fall von Unvernunft
handele, darüber wären wir uns doch einig. Außerdem sollte sich
mit einem vorgeblichen Marxisten doch marxistisch reden lassen,
ansonsten könnten wir den ganzen Marxismus vergessen.

Sie riefen immer wieder an, mal in kürzeren, mal in längeren

Abständen. Sie sagten nur kurz, dass sie um 19.00 Uhr kommen. In einem Ton, der auf Widerrede nicht gefasst ist. Sie wussten immer, wann wir zu Hause waren.

Sie sagten so schreckliche Sätze wie: Wir können Ihnen die Teppiche beschaffen, die Sie suchen! – Woher wussten die, was uns gefiel, was wir suchten?

Die Stasi kochte sogar für uns. Diesmal war es ein sehr vornehmes Haus, in das sie uns einluden. Vielleicht war es das »Objekt Wintergarten«. Dann haben sie uns einen Parka geschenkt, jedem einen. Ich habe ihn angefasst und gleich wieder fallen lassen. Die Stasi hat gelacht: Aber Frau Domröse!, hat sie gesagt.

Wir haben den Parka mit nach Hause genommen. Dann plötzlich war mir alles klar: Du, Hilmar, sagte ich, da ist ein Sender drin! Da ist garantiert ein Sender drin!

Ich weiß nicht, ob Hilmar das auch so sah oder ob er nur nicht wagte, mir zu widersprechen. Es wäre auch zwecklos gewesen, mich jetzt noch aufzuhalten. Ich nahm den Parka und zerschnitt ihn in viele sehr kleine Teile. Mutmaßliche Chipgröße. Dann brachte ich die Überreste des Parka-Massakers zur Mülltonne, und eine stille Freude erfüllte mich bei dem Gedanken, dass der Parka-Sender jetzt getreulich aufzeichnen würde, was sich im Innern eines Müllcontainers zuträgt.

Aber wie sollte das weitergehen? Ich kann mich doch nicht mein Leben lang abholen lassen zu einem Gespräch, zu dem ich gar nicht bereit bin.

Dann plötzlich wollte Herr Schneider nur noch mit Thate allein sprechen. Ich war der Staatssicherheit zu anstrengend geworden. Hatte ich gesiegt?

Nein, die Stasi hatte gesiegt. Wenn ich ins Theater kam, sah ich nur noch Spitzel. Jeder ein potenzieller Spitzel. Mein Blick hatte seine Unschuld verloren. Die Welt hatte in meinen Augen ihre Unschuld verloren.

Natürlich, ich weiß, andere wurden jahrelang beschattet und wussten es und lebten und arbeiteten trotzdem weiter – vielleicht auch, weil dieses Land für sie nie unschuldig war –, aber in mir war etwas kaputtgegangen.

Ich bin durchleuchtet! Ich bin durchleuchtet!

Immer wieder dachte ich diesen Satz. Und das Entsetzen, das ich dabei fühlte, war jedes Mal echt.

Als die Mauer fiel, war meine erste Frage: Wie wird Herr Schneider wohl jetzt heißen?

Was für ein Anlass! Was für eine Frage.

Antiquitäten sammeln

Ich hatte mal einen Freund, vielleicht stimmte es auch nicht, und er war gar nicht mein Freund, aber ich habe es geglaubt. Das ist an sich nicht wichtig. Es gibt Menschen, die gehörten mal zu einem, das ist lange her, und es ist schon lange nicht mehr wahr. Es tut nicht weh, eher ist ein Erstaunen dabei: dass jemand, den du mochtest, dir mal so gleichgültig werden kann. Und ich fühle jetzt eine gewisse Unlust, an ihn zu denken. Darf eine Autobiografin Personen weglassen, die ihr Unlust erregen?

Ich werde ihn den Antiquitätensammler nennen. Entrückt in die Literatur, fast schon Fiktion. Das entspricht meinem Verhältnis zu ihm. Und das Antiquitätensammeln war unsere gemeinsame Sache. Denn alte schöne Dinge mochte ich schon immer. Wahrscheinlich war der, von dem ich einmal annahm, er sei mein Freund, der drittgrößte Antiquitätensammler der DDR – wenn ich das mal so durchzähle –, und ich war die einhundertdrittgrößte Antiquitätensammlerin der DDR. Kann aber auch sein, ich rechne falsch, und wir belegen nur die Plätze fünf und einhundertfünf, oder sieben und einhundertsieben.

Ich war eine redliche Sammlerin. Mein erstes antiquarisches Objekt war der Silberlöffel, den mein Stiefvater in den Ruinen des Nordbahnhofs gefunden hatte, zusammen mit der Milchkanne, die er wieder zurechtklopfte. Irgendwann später fragte ich meine Mutter, ob ich den Löffel nicht bekommen könne, ihr sei er doch sowieso egal, und ich fand diesen Silberlöffel nun einmal viel schöner als die Blech-Favoriten meiner Mutter. Meine Mutter fand den Silberlöffel eher albern.

Überall, wo ich drehte, suchte ich die ortsansässigen Trödler auf. Dreharbeiten in der Nähe von kleinen Dörfern waren besonders gut, denn da fand man oft ganz merkwürdige Dinge. Die Bauern hatten für solche Kostbarkeiten ungefähr dieselben Namen wie meine Mutter. Sie hießen wahlweise Plunder, Kram oder altes Zeug.

Das unterschied die Bauern und meine Mutter zum Beispiel von einem Mann wie Kurt Jung-Alsen. Ich muss jetzt mal zu einem filmischen Mittel greifen und eine Rückblende machen. Kurt Jung-Alsen war der Regisseur einiger sehr mittelmäßiger Filme. Er hat überhaupt sehr darauf geachtet, niemals etwas anderes zu machen als strenges Mittelmaß. Mit mir inszenierte er Theaterstücke fürs Fernsehen, »Emilia Galotti«, Sternheims »Die Hose« und den mehrteiligen Fernsehfilm »Schatten über Notre Dame«. Alle drei passten nahtlos in sein Gesamtwerk. Aber ich hatte Kurt Jung-Alsen sehr gern. Er war so wahnsinnig gebildet. Und er sah auch so aus.

Kurt Jung-Alsen war der ideelle Gegentypus eines Gartenstraßen-Bewohners. Er war groß, trug eine Brille, und die bemerkenswerte Kultiviertheit sah ihm aus jedem Knopfloch. Von Kurt Jung-Alsen lernte ich den Unterschied zwischen Steindruck, Druckgrafik und Kupferstich. Er fuhr mit mir ins »Internationale Buch« nach Leipzig, und ich musste mir fünf Bücher kaufen über das Wesen und die Geschichte des Kupferstiches. Ich habe den Unterschied zwischen Steindruck, Druckgrafik und Kupferstich nie vergessen.

Angelica, warum weißt du eigentlich so wenig über die Expressionisten?, fragte er mit einem Ausdruck zwischen Tadel und Verwunderung, zog die Schübe seines Sekretärs auf und zeigte mir alles zwischen Pechstein und Max Klinger. Von der Decke sah über unsere Schultern Barlachs Engel herunter. Dann kaufte ich mir meine ersten eigenen Grafiken.

Feininger oder Zille? Ich habe gesagt, wir hatten zu Hause nur zwei Bücher, das stimmt nicht, wir besaßen noch ein drittes: einen großen Zille-Band. Und war ich nicht selbst wie aus einem Zille-Band? Eine Asphalt-Assel, die nun zufällig bei sehr bürgerlichen

fremden Männern in den Wohnzimmern stand, die aussahen wie
eine öffentliche Bibliothek mit Barlachs Engel obendrüber. Vielleicht lag es an diesem Blick zurück. Ich nahm Zille, nicht Feininger. Ich kaufte den Zille im Hauptantiquariat Unter den Linden.
Der Hauptantiquar Wolfgang W. wurde mein Freund. Er und Kurt
Jung-Alsen fühlten sich persönlich verantwortlich für Inhalt, Umfang und Zustand meiner Bibliothek. Genauer gesagt: Ich besaß
zwei persönliche Bibliothekare, ein Luxus, den ich mit Herrschafts-
häusern früherer Jahrhunderte teilte. Der Hauptantiquar sagte
mir, was zu lesen sei, was unbedingt zu lesen sei und was besser
nicht zu lesen sei. Unter den Büchern, die unbedingt zu lesen waren, befanden sich viele, die es in der DDR gar nicht gab oder nur
unter großen Schwierigkeiten. Friedrich Dürrenmatt, Max Frisch –
der Hauptantiquar besorgte sie alle.

Wenn Kurt Jung-Alsen mich anrief, bildete er meist einfache
Aussagesätze:

Angelica, ich habe hier die Thomas-Mann-Werkausgabe. Komplett. Pergament.

Nach »Pergament« machte er eine wundervolle Pause, und ich
hatte das Gefühl, dass ich sie jetzt füllen sollte. Ich fragte, auch
weil es sich irgendwie anbot: Wie teuer? – Für Augenblicke war die
Leitung tot. Der Tadel breitete sich aus in ihr, er war vollkommen
stumm, aber ich konnte ihn hören. Schließlich sagte Jung-Alsen:
Angelica, so was fragt man nicht! Thomas Mann gehört in eine
Bibliothek.

Ich schämte mich sehr.

Manchmal stellte Kurt Jung-Alsen mir auch Fragen, nicht nur,
um meinen Wissensstand zu prüfen: Angelica, was machst du eigentlich mit deiner Emilia-Galotti-Gage?

Ich antwortete wahrheitsgemäß, das nicht zu wissen, aber der
Emilia-Galotti-Regisseur interessierte sich gar nicht für meine
Antwort, denn er wusste schon, was ich damit mache: Angelica, du
magst doch Biedermeier? Ich habe zwei Biedermeier-Sekretäre
gesehen. Du kannst dir einen aussuchen!

Das machte ich dann. Noch heute, wenn ich meinen Biedermeiersekretär anschaue, denke ich an Kurt Jung-Alsen und Emilia Galotti. Und manchmal auch an eine Mitarbeiterin des Märkischen Museums Berlin. Die stand am Tage unseres Umzugs nach Westberlin vor unserer Tür und sagte, sie sei gekommen, unsere Möbel zu begutachten. Etwas später stand sie vor meinem Emilia-Galotti-Sekretär. Das Märkische Museum mochte Biedermeier auch. Und wie! Dieser Sekretär passt wunderbar ins Heimatmuseum Köpenick, sagte sie. Aber ich greife vor. Zurück zum drittgrößten Antiquitätensammler der Republik.

Ich besaß also bemerkenswerte Bildner und Förderer meines Geschmacks. Und nie lagen sie daneben. Auch die fünf Bücher über Wesen und Geschichte des Kupferstichs waren gewissermaßen Lektüre für den Tag. In Potsdam lebte ein alter Mann in einem einzigen winzigen Zimmer, und über ihm an der Wand hingen zwei englische Kupferstiche. Es waren alte, wunderbare Stiche, vollkommen wie aus meinen fünf Kupferstich-Bänden. Ich wollte sie ihm abkaufen, aber der alte Mann hing an seinen Stichen, oder er war einfach nur eigensinnig. Er verkaufte nicht. Ich ging ihn regelmäßig besuchen, das erfüllte einen doppelten Zweck. Der alte Mann hatte jemanden, der zu ihm kam, und ich sah hin und wieder meine Stiche und erkundigte mich vorsichtig nach meinen Chancen. Es waren immer dieselben: gleich null. Aber der wahre Sammler gibt nicht auf. Eines Tages, als ich wieder bei ihm war, sagte der Alte plötzlich: Ja! Ich schaute ihn ungläubig an, diese eine einfache Silbe aus seinem Mund klang so fremd, sie wollte gar nicht zu ihm passen. Dann sagte er es noch einmal: Ja! – Ich fasste nach meiner Tasche und begriff augenblicklich meine Lage: Ich hatte kein Geld dabei, jedenfalls nicht genug. Würde der Alte nicht morgen wieder Nein! sagen. Ganz sicher würde er das tun.

Ich erklärte ihm, dass er sein Ja nicht zurücknehmen dürfe und dass er gut auf seine Stiche aufpassen solle, ich käme gleich morgen wieder. Dann würde ich seine Stiche kaufen.

Am nächsten Tag war ich wieder da, die Stiche waren weg. Der alte Mann hatte sie tatsächlich von seiner Wand abgenommen. Hatte er sie schon für mich verpackt? Er wand sich, er sprach viel, ich verstand nicht alles, nur so viel bekam ich mit. Dass er keine Chance gehabt habe. Absolut keine Chance. Und dann verstand ich. Der drittgrößte Antiquitätensammler der Republik war da gewesen.

Dann passierte die Geschichte mit den Empireleuchtern. Es waren meine Empireleuchter, ich hatte sie reserviert, trotzdem fand ich sie nicht mehr. Da wusste ich schon, wer sie hatte. Abends nach meiner Vorstellung fuhr ich, obwohl ich todmüde war, zum drittgrößten Antiquitätensammler nach Hause. Er war nicht da, ein Freund, auch Antiquitätensammler, hatte Geburtstag. Ich kannte den Freund, ich war nicht eingeladen, aber es gibt Situationen im Leben, da kann man auf solche Formfragen keine Rücksicht nehmen. Ich fuhr hin. Ich gratulierte dem, der mich nicht eingeladen hatte zum Geburtstag, ein Geschenk hatte ich nicht. Ich sprach nicht viel. Ich war einfach anwesend, was den Gastgeber irritierte, weil er einen so eigentümlichen, ungebetenen Gast wie mich noch nie hatte. Wenn es etwas gibt wie einen stummen Vorwurf, so war ich seine perfekte Verkörperung. Als der späte Abend sich anschickte, in tiefe Nacht überzugehen, nach drei oder vier Stunden, sagte der drittgrößte Antiquitätensammler der DDR zu mir: Schön, dass du gekommen bist, Angelica! – Wollte er ein Gespräch mit mir beginnen?

Ist es wegen der Leuchter?

Ich antwortete nicht, ich sah ihn nur an.

Dann kriegst du sie eben wieder. Wann soll ich sie bringen? Um elf?

Ich nickte. Um elf Uhr.

Am nächsten Tag um elf Uhr hielt ein Moped vor meiner Haustür. Ich schlief noch, denn ich hätte nie geglaubt, dass ein Antiquitätensammler frisch gesammelte Antiquitäten zurückbringt. Und dieser erst recht nicht. Im Arm hatte er meine beiden Empireleuchter.

Du hast doch schon solche Leuchter!, sagte ich noch und nahm sie ihm aus der Hand. Er lächelte gequält.

Ich besuchte ihn wieder, als ob nichts gewesen wäre. Er gehörte zu den Menschen, die einen Stuhl grundsätzlich zuerst von unten angucken. Denn nur von unten kannst du einen Stuhl erkennen. Ich fühlte mich wohl bei ihm. Wir sprachen über Gläser, Hölzer, Steine und Nägel. Ich habe nie wieder jemanden getroffen, der so unterhaltsam über Gläser, Hölzer, Steine und Nägel plaudern konnte. Nie zuvor hatte ich darüber nachgedacht, wie viele Sorten Nägel es gibt. Und dass sie alle völlig verschiedene Köpfe haben. Wenn ein Schmetterling vorbeikam, konnte er nahtlos von der Wissenschaft der Nägel zu der der Schmetterlinge übergehen. Er verstand wirklich etwas von Schmetterlingen. Stühle. Schmetterlinge. Es waren, kann man zusammenfassend sagen, ziemlich unpolitische Gespräche.

Der drittgrößte Antiquitätensammler der Republik wäre ein Glücksfall für die Urania gewesen, aber er besaß schon einen Beruf. Er war Schauspieler. Über Filme sprachen wir eigentlich nie. In der DDR, wo es hauptsächlich Arbeiter und Bauern gab, spielte er vor allem Arbeiter und Bauern, auch ziemlich widerborstige, renitente Zimmermänner und LPG-Vorsitzende, die keine Lust haben, mit anderen LPGen zu kooperieren so wie in »Daniel Druskat«. Später in der Bundesrepublik, wo die Anwälte plötzlich eine bevölkerungsrelevante Berufsgruppe darstellten im Gegensatz zu den Arbeitern und Bauern, spielte er einen Anwalt. Allerdings genau da, wo man fast keine Anwälte vermutet: in Kreuzberg. Übers Theater sprachen wir nur insofern, als er sagte, dass ich endlich damit aufhören solle. Er konnte auch ziemlich gut singen, noch viel besser als ich. Er sang auch viel, viel öfter als ich. Übers Singen sprachen wir auch nie.

Biermann oder mein verrücktestes Jahr

1976. Bei dieser Jahreszahl denken alle an Wolf Biermann. Ich auch. Vor allem aber denke ich bei dieser Jahreszahl an mich. An uns, Thate und mich. Es war mein verrücktestes Jahr.
Im Januar wurde ich von Jiri Vrstala geschieden. Ostern lief »Daniel Druskat« im Fernsehen. Hilmars Vater starb, aber wir heirateten trotzdem, 1976 im Juli. Vorher begingen wir das Wohnungsjubiläum: ein Jahr auf vierzehn Quadratmetern. Im Oktober bekamen wir den Nationalpreis 2. Klasse, für den »Druskat«. Der Nationalpreis war die höchste Auszeichnung, die die DDR zu vergeben hatte. Im November unterschrieben wir Nationalpreisträger gegen die Ausbürgerung Wolf Biermanns.

Am Morgen des 18. November 1976 fiel dem Defa-Regisseur Hans-Joachim Kasprik im Bad der Rasierapparat aus der Hand. Er hatte gerade Westnachrichten gehört. Er hörte, dass seine Hauptdarstellerin gegen Biermanns Ausbürgerung unterschrieben hatte. Er glaubte es nicht.
Regisseure, die an einem Film arbeiten, sind oft sehr egoistisch. Sie denken nur an ihren Film und sehen es nicht gern, wenn ihre Schauspielerinnen sich in irgendwelche Staatsaffären und die große Politik einmischen. Wir drehten gerade »Abschied vom Frieden«.

Man kann diesen Film vielleicht am besten charakterisieren durch eine spätere Reaktion unserer österreichischen Freunde. Als wir sie zum ersten Mal besuchten, Anfang der Achtziger, lief im ORF gerade »Abschied vom Frieden«. Es war ein Film nach ihren Herzen: »Diese Kostüme, diese Sorgfalt!« – Ja, so war die DEFA. Wenn sie die Reaktion, den Klassenfeind, die untergehende Welt schon bloßstellte, dann mit allen Details, mit allen Schleifen und Rüschen. Die Welten von gestern moderten bei der DEFA immer auf höchstem Niveau. Insofern hatte das sozialistische Filmschaffen viel mehr Talent zum Bürgerlichen als unser bürgerlicher Nachbar, den wir nach Landessitte gern mit der Vorsilbe »spät« versahen.

Eigentlich konnte Kasprik im November 1976 bei »Abschied vom Frieden« gar nicht mehr viel passieren, auch nicht durch mich – ich hatte nur noch drei Drehtage vor mir. Aber Jutta Hoffmann und der Antiquitätensammler hatten auch unterschrieben, und beide spielten mit. »Abschied vom Frieden« – der Titel bekam plötzlich eine völlig unerwartete Bedeutung. An der Volksbühne hatte noch einer unterschrieben – Matthias Langhoff war mein Co-Unterzeichner. Hilmar aber war der Einzige an der »Akademie der Künste«.

Warum ausgerechnet wir, warum nicht die anderen?

Am 16. November waren Hilmar Thate und ich in Güstrow. Drehpause bei »Abschied vom Frieden«, und nach Güstrow mussten wir unbedingt, weil wir dort bald einen Volksliederabend aufzeichnen wollten fürs Fernsehen. Den Titel hatten wir schon: »Kein schöner Land«. Wir trafen uns mit Regisseurin und Kameramann zwecks »Landschaftserschließung«. Dass Thate und ich im Fernsehen zusammen Volkslieder singen würden mit Güstrow im Hintergrund, hielten wir für eine wunderbare Idee. Dass Biermann zur selben Zeit irgendwo im Ruhrgebiet singen würde, wussten wir gar nicht. Dass viele es für überhaupt keine gute Idee hielten, dass Biermann überhaupt noch sang, wussten wir schon. Wir fuhren abends durch den Schnee zurück nach Berlin, uns war sehr volkstümlich zu Mute, zu Hause, das heißt, in der Baikalstraße, in dem Haus für Aufhörer und Anfänger, machte Hilmar den Fernseher an. Und dann kam die Biermann-Nachricht. Kein Mensch dachte jemals wieder an unseren Volkslieder-Abend in Güstrow. Wir

227

nicht, das Fernsehen auch nicht. Es war ein bisschen wie nach dem
11. September 2001. Die Welt und die Zeit zerfielen in ein Davor
und Danach.

Zuerst sagten wir gar nichts. Dann sagte Thate: Man muss was
machen! Ich sagte: Ja. Dann sagten wir nichts mehr. Schlagartig
wusste ich, dass unsere Baikalstraßen-Wohnung eine Art Mini-
DDR war. Die Klaustrophobie als System. In einer 14-Quadratme-
ter-Wohnung stehen und denken: Du musst hier was machen! Das
ist grotesk.

Sollten wir einen Brief an Erich Honecker schreiben? Wir riefen
den Antiquitätensammler an. Das könnte immerhin ein Anfang
sein. Er hatte auch schon überlegt, ob er einen Brief an Erich Honecker schreiben sollte, und sagte, dass wir morgen zu ihm kommen
sollen. Dann tauchten zwei Schriftsteller bei ihm auf, und die
hatten einen Text, den noch andere Schriftsteller geschrieben hatten. Der Verfasser des unvollendeten Briefes an Erich Honecker
sagte, dass es ein guter Text sei und wir könnten uns da vielleicht
reinhängen. Wir fanden diese Arbeitsteilung sehr vernünftig. Die
Schriftsteller schreiben die Texte, ist ja schließlich ihr Beruf, und
wir unterschreiben sie.

Aber, überlegten wir – oder eigentlich kam Jurek Becker auf die
Idee –, man müsste noch andere fragen, ob sie auch unterschrei-
ben wollen. Schon wegen des Nachdrucks. Und wegen der Massen-
basis. Nein, Massenbasis war falsch, das legten sie einem sofort als
Plattformbildung aus. Also wegen der Repräsentativität unseres
Protestes.

Der Antiquitätensammler rief sofort: Ich frage Drinda! – Drinda ist der aus »Klotz am Bein«, einem meiner ersten Defa-Erlebnis-
se, später spielte er noch DDR-Kapitäne auf hoher See. Thate fand
die Idee, andere zu fragen, gut und sagte, wir reden aber nur mit
ganz sicheren Kandidaten. Mit solchen, die hundertprozentig auf
unserer Seite sind. Also Ernst Busch, Inge Keller, Marianne Wünscher!

Buschs Stimme war schon von draußen zu hören, stark und

228

kämpferisch wie immer. Wir hielten das für ein gutes Zeichen. Seine Frau öffnete, nein, ihr Mann sei nicht da. In Buch zur Kur! Aber wir haben doch seine Stimme ...? – Schallplatte, erklärte Frau Busch und hörte sich stumm an, was wir von ihrem Mann wollten. Dann wiederholte sie noch einmal, dass er krank sei und außerdem nicht da. Dem alten Arbeitersänger ist so ein folgenreicher Schritt gegen seine Partei erspart geblieben. Kaum, dass wir weg waren, griff Frau Busch zum Telefon und rief die Partei an.

Inge Keller trat auf Inge-Keller-Weise vor die Tür. Ihr Hund befeuchtete die Hauswand, vor Freude, uns zu sehen. Eine so eindeutige Gemütsregung konnten wir bei Hilmars Kollegin am Deutschen Theater nicht ausmachen. Am Ende unseres Berichts hob Inge Keller auf Inge-Keller-Art die Augenbrauen und sagte: »Kinder, Kinder, also ich weiß nicht!« Schließlich ging ein Ruck durch die Dame. Nein, sie könne uns »in dieser Angelegenheit« nicht weiterhelfen. Ihr Hund war mindestens so enttäuscht wie wir, als sie die Tür vor uns schloss. Nie wieder hat man etwas von ihr »in dieser Angelegenheit« vernommen. Erst später haben wir das richtig zu schätzen gelernt. Keine Denunziation, nichts.

Blieb noch Marianne Wünscher. In unserer Stasi-Akte lasen wir später, Marianne Wünscher hätte Hilmar aus dem Haus geprügelt. Hilmar aber besteht bis heute auf seiner Variation des Abends: Marianne hat uns hineingebeten und uns Suppe angeboten. Vielleicht war das ihr mütterlicher Instinkt dafür, was uns jetzt noch alles bevorsteht – da muss der Mensch vorher gut essen. Sie hörte mitfühlend und allesverstehend zu. Aber unterschreiben, nein, unterschreiben wolle sie nicht. Und wir sollten ihr das nachsehen. Sie hätte Kinder. Sie wäre allein stehend. Ihr Sohn wolle Koch werden auf dem Traumschiff der DDR. Sie sagte damals nicht »Traumschiff«, sie sagte nur den Schiffsnamen, ich glaube, es war damals gerade die »Völkerfreundschaft«. Jeder kannte diesen Schiffsnamen. Die DDR hatte immer einen Dampfer, mit dem die besten Arbeiter und Bauern um die Welt fahren durften. Später, als die »Völkerfreundschaft« zu alt war, hat die DDR der Bundesrepublik ihr Traumschiff abgekauft, das TV-Serien-Traumschiff. Gewiss war, dass auf sämtlichen Traumschiffen der DDR durch die Jahrzehnte hindurch nur politisch zuverlässige Söhne von politisch zuverlässigen Müttern kochen durften. Und diese Gewissheit stand unumstößlich in Marianne Wünschers großen braunen Augen. Zum Abschied nahm sie uns freundschaftlich in die Arme. Vielleicht dachte sie mit ein wenig Sorge an Hilmars Sohn.

Kaum dass wir weg waren, lief auch Marianne Wünscher zum Telefon und rief die Partei an. Ihre Partei. Am nächsten Morgen fuhr sie hin – zu einer Aussprache. Marianne Wünscher war in der LDPD. LDPD hieß Liberaldemokratische Partei Deutschlands, das war eine Art FDP der DDR und außerdem eine gute Möglichkeit, nicht in der SED zu sein und trotzdem einer Partei anzugehören. Später fand man das unfreundliche Wort »Blockflöten« für solche Parteizugehörigkeit.

Trotzdem war Suppe-Essen bei Marianne Wünscher immer noch besser als der Ausflug des Antiquitätensammlers zu Drinda. Er musste unten auf dem Treppenabsatz stehen bleiben. Drinda hat ihn gar nicht erst reingelassen. Vielleicht war es das einzige Mal in seinem Leben, dass der Antiquitätensammler irgendwo nicht reingelassen wurde.

Man sieht, Plattformbildung hatte auch ihre Schwierigkeiten. Dabei wollten wir gar keine Plattform bilden, wir wollten nur nicht ganz allein sein. Das hat die Partei nie verstanden. Warum seid ihr denn nicht zu uns gekommen?, hat sie gefragt. Sie verstand nicht, dass es sinnlos gewesen wäre.

Wir haben folgenden Text unterzeichnet:

»Wolf Biermann war und ist ein unbequemer Dichter – das hat er mit vielen Dichtern der Vergangenheit gemein … Unser sozialistischer Staat, eingedenk des Wortes aus Marxens 18. Brumaire, demzufolge die proletarische Revolution sich unablässig selbst kritisiert, müsste im Gegensatz zu anachronistischen Gesellschaftsformen eine solche Unbequemlichkeit gelassen nachdenkend ertragen können. Wir identifizieren uns nicht mit jedem Wort und jeder Handlung Wolf Biermanns und distanzieren uns von den Versuchen, die Vorgänge um Biermann gegen die DDR zu missbrauchen. Biermann selbst hat nie, auch nicht in Köln, Zweifel darüber gelassen, für welchen der beiden deutschen Staaten er bei aller Kritik eintritt.

Wir protestieren gegen seine Ausbürgerung und bitten darum, die beschlossenen Maßnahmen zu überdenken.

17. November 1976«

Die Partei spricht mit uns

Am Abend des 19. November brüllte der Chef des DDR-Fernsehens durch unser Telefon:

Was bilden Sie sich eigentlich ein?

Adameck, derselbe, der mir einst meinen schwarzen Wartburg besorgt hatte, war unzufrieden mit den Helden der sozialistischen Landwirtschaft. Krug, Thate, Domröse – das war ja eine reine »Druskat«-Verschwörung.

Ihr kommt sofort her, befahl Adameck. Der Mann verstand nicht, wie man gerade eben den Nationalpreis entgegennehmen konnte und hinterher Schriftstücke unterschreiben, in denen das Wort »Protest« vorkam. Sein Missfallen war aufrichtig.

Es steigerte sich noch, als wir bei ihm waren. Menschen wie er, die ein Amt haben, das größer ist als sie selbst, neigen zur Unbeherrschtheit. Dann sagte er, dass wir jetzt ins Zentralkommittee fahren, der Genosse Lamberz möchte uns auch sprechen. Adameck fuhr voran, wir kamen in unserem Lada hinterher. Natürlich, wir hätten irgendwo abbiegen können, aber wir waren auch neugierig.

Jetzt wirst du etwas ganz Besonderes erleben, sagte Hilmar zu mir: Der große Adameck wird zum Zwerg! Pass auf! – Mein Mann freute sich darauf. Und wirklich, kaum waren wir im Zentralkommitee, blickte Lamberz den obersten Chef des Fernsehens der DDR kurz an, so von den Schuhen aufwärts, ohne je sein Gesicht zu erreichen, in das so viele sonst unterwürfig schauten – und sprach: Du besorg mal was zu essen!

Hilmar hätte vor lauter Spaß an dieser Szene den Grund unseres Hierseins beinahe vergessen. Er schaute Lamberz fast vergnügt an, aber diese Stimmung war durchaus einseitig.

Wir haben euch gemacht, sagte das Politbüromitglied Lamberz, und wir kannten schon den Komplementärsatz: Wir werden euch vernichten! – Aber Lamberz würde so was doch nie sagen. Denn Werner Lamberz war etwas Besonderes. Der intelligente Funktionär! Lamberz war groß, klug, er sprach mit einem weichen rheinischen Akzent und galt schon als Kronprinz des Saarländer Dachdeckers. Der erste Mann im Staate aus dem Saarland, der Zweite aus dem Rheinland – wurden wir nicht von einer westlichen Verschwörung regiert? Der Mensch denkt manchmal seltsame Dinge, wenn es eng für ihn wird.

»Wir haben euch gemacht!« In Hilmars Zügen, einer leichten Verhärtung des Kinns, las ich einen Anflug von Trotz: Wieso haben die uns gemacht? Wenn uns jemand gemacht hat, dann doch wir selber. Oder Brecht. Oder die Weigel. Aber doch nicht das Zentralkommitee!

Uns wurde klar, dass Lamberz jetzt keineswegs die Absicht hatte, unser Künstlertum zu würdigen, wenn auch mit leichter Fehlinterpretation der Eigentumsrechte daran, obwohl Lamberz das Künstlertum eigentlich mochte. Vielleicht wusste er tief innen selbst, das er uns nicht gemacht hatte. Aber er brauchte etwas, das uns verpflichtete. Er wollte uns umstimmen. Er wollte unser Gewissen treffen. Wir blieben uneinsichtig. Stunde um Stunde sprachen wir. Er nannte uns versuchsweise »Rattenfänger«, die man versehentlich »gezüchtet« habe. Aber das passiere ihnen nicht noch einmal. Hilmar und ich wagten nicht, uns anzusehen. Rattenfänger! Und züchten! – Nein, so haben wir das noch nie betrachtet.

Die Tür flog auf. Ein Mitarbeiter sagte leise etwas zu Lamberz, der übersetzte laut und etwas ungehalten: Jetzt ist es passiert! Jetzt ist alles in den Westnachrichten. – Er meinte unsere Erklärung. Ein schuldbewusster Blick wollte uns nicht gelingen. Es war einfach nur unangenehm.

Aber wir würden das Volk nicht vom Weg abbringen, fuhr Lamberz fort, denn er habe schon den richtigen Kontakt zum Volk, oder ob wir meinen würden wie Wolf Biermann, er sei mit dem Fallschirm über dem ZK abgesprungen? Nein, sei er nicht. Vielmehr sei er – im Gegensatz zu uns – ein gewählter Vertreter des Volkes.

Der harte Zug um Hilmars Kinn wurde stärker, und auch Lamberz merkte, dass er auf dem besten Wege war, uns ganz zu verlieren. Plötzlich besann er sich und sagte in versöhnlichem Kölsch: »Isch mag euch doch!«

Wir kamen überein, dass man über alles noch einmal reden müsse. Richtig reden. Hilmar sagte: Aber dann in größerem Kreis. Der Antiquitätensammler, Jurek Becker, Christa und Gerhard Wolf, Stefan Heym und wir beide, fiel uns spontan ein. Lamberz war einverstanden. Eigentlich wollten wir Werner Lamberz gar nicht abschaffen, selbst wenn er doch mit dem Fallschirm über dem ZK abgesprungen sein sollte, wir wollten nicht mal das ZK abschaffen, wir wollten nur endlich ein Ende dieser Selbstherrlichkeit. Wir wollten eine erwachsene Gesellschaft.

Vom ZK aus fuhren wir zum drittgrößten Antiquitätensammler. Es war uns augenblicklich klar, dass die geplante Runde zwischen Lamberz und den »Unterzeichnern« nicht bei uns stattfinden könnte. Vierzehn Quadratmeter für ein ZK-Mitglied, Heym, Wolf und die anderen? Vielleicht wäre unser Haus für Aufhörer und solche, die alles hinter sich haben, auch ein wenig zu symbolisch gewesen. Also bei ihm! – Es wurde der Vormittag, über den der Antiquitätensammler in seinem Buch »Abgehauen« berichtet hat. Als wir ankamen, saß da schon eine Riesenrunde. Überrascht schauten wir uns um. Lamberz nicht minder. Das ist aber gegen die Abmachung!, knurrte er Thate ins Ohr.

Irgendwie hatte er Recht. Mein Mann sagte dann die schweren ersten Sätze.

Als alles vorbei war, ging ich durch die Schiebetür; ich war gewohnt, mich beim Antiquitätensammler ungezwungen zu bewegen. Hinter der Tür stand das Tonband. »Mann, bist du aber eine freche Sau!«, entfuhr es mir. Was, wenn nicht ich, sondern ein Sicherheitsbeamter zuerst durch diese Tür gekommen wäre? Der Antiquitätensammler winkte ab: »Hat aber nicht funktioniert!«, und er zeigte auf die laut tickende Standuhr.

Der Abwinker, man weiß es, hat alles aufgenommen. Thate und ich haben unsere Anteile des Gesprächs nicht autorisieren lassen. Sie sind gestrichen und nur in indirekter Rede wiedergegeben. Ich werde das noch erklären.

Noch heute habe ich den Satz Stefan Heyms im Ohr, dass dies erst ein Anfang sei … Wir alle hörten damals diesen Satz, wir alle wussten nicht wirklich, wie wahr er werden würde. Man hört das Datum 17. November und denkt, mein Gott, ein paar Tage noch, die Aufregung legt sich. Wir dachten es. Aber noch mehr dachten es die Herrschenden. Hier ging nichts vorbei. Hier fing es erst richtig an. Denn die Genossen entwickelten einen sehr verqueren Ehrgeiz. Sie wollten uns überzeugen, unsere Unterschriften wieder zurückzuziehen.

Sie nannten das ideologische Arbeit. Kollegen sollten mit uns sprechen, aber nicht so direkt, denn Künstler sind sensibel, sondern vertraulich, in »angenehmer Atmosphäre«. Der erste Beauftragte war Lothar Bellag, unser »Druskat«-Regisseur. Er hatte das mit der »angenehmen Atmosphäre« sehr ernst genommen und ein schönes Abendessen vorbereitet. Als wir kamen, hatte er ungefähr 1,8 Promille, als wir gingen, waren es mindestens 3,8 Promille. Andere Fortschritte gab es nicht während unseres Gesprächs. Brigitte, seine Frau, hatte mit großen ernsten Augen stumm dabei gesessen.

Als Nächstes aßen wir bei dem Dokumentarfilmer Gerhard Scheumann zu Abend. Scheumann sagte uns, dass er Ostpreuße sei und das nicht vergessen könne. »Die Marienburg ist meine Heimat.« Natürlich lassen sich solche Sätze auch in Promille angeben. Es waren sehr viele. Den eigentlichen Gegenstand des Abends haben wir irgendwie aus den Augen verloren.

Scheumann und Bellag meldeten an die zuständigen Stellen, mit Domröse und Thate ein politisches Gespräch geführt zu haben. Noch Tage danach hörte ich den Satz »Die Marienburg ist meine Heimat«.

Morgen, hatte uns Lamberz am Abend unseres Gesprächs beim Antiquitätensammler gesagt, morgen werdet ihr im »Neuen Deutschland« lesen, was andere Künstler denken. Es klang sehr einschüchternd. Wir lasen. Die »Stellungnahmen« von »Künstlern und Kulturschaffenden unserer Republik zur Aberkennung der DDR-Staatsbürgerschaft Biermanns« standen unter der Überschrift »Wir sind es gewohnt, mitzudenken«. Die erste Stellungnahme war von Ernst Busch, dessen Stimme wir nur von der Schallplatte hörten, als wir vor seinem Haus standen, um zu fragen, ob er nicht unsere Petition unterschreiben wolle. Seine Frau hatte entschieden, dass Busch zu krank sei, um irgendetwas zu unterschreiben. Jetzt war er also schon gesünder. Busch fand es falsch, sich mit »Text und Stimme an den Klassenfeind« zu verkaufen. Er hatte auch ein Brecht-Gedicht gefunden, das den Titel »Der Klassenfeind« trug. Das Brecht-Gedicht ging so:

»… und was immer ich auch noch lerne
Das bleibt das Einmaleins.
Nichts habe ich jemals gemeinsam
Mit der Sache des Klassenfeinds
Das Wort wird nicht gefunden
Das uns beide jemals vereint:
Der Regen fließt von oben nach unten
und Du bist mein Klassenfeind!«

Ich bin mir immer noch nicht sicher, ob sich Brecht mit diesem Gedicht nicht über uns lustig machen wollte. So ein krankes Gedicht. Aber vielen hat es gefallen, sie haben sich häufig darauf berufen. Ich weiß bis heute nicht, was Busch, den wir liebten, und auch große Frauen wie Anna Seghers derart blind machen konnte.

Oder Paul Dessau, dem sie seine Opern verboten haben und der trotzdem schrieb: »Die DDR, in der ich seit ihrer Gründung arbeite, ist eine historische Gesetzmäßigkeit und kein Experiment ... Es ist unsere Pflicht, die dreckigen Methoden des Klassenfeindes zu durchschauen und ihnen geschlossen entgegenzutreten.« Bei den etwas Kleineren wog es nicht so schwer. Da konnten wir über Sätze wie: »Unser Staat hat Biermann ausgebürgert. Das ist sein Recht. Unser Staat musste ihn ausbürgern. Das war seine Pflicht; ...« schon wieder lachen.

Bemerkenswert war überdies, dass alle Positionen – das ND druckte sie mehrere Tage hintereinander – sich zumindest indirekt auf eine Nachricht bezogen, die das ND gar nicht gebracht hatte, nämlich unsere Protestnote. Insofern standen die Empörungen im luftleeren Raum, aber solche Verstöße gegen die Logik hatten das »Zentralorgan« noch nie gestört.

Die DDR hatte ein Metaphysikproblem, das war ganz offenkundig. Unser neuer Pragmatismus reizte die Verfechter der substanziellen Weltanschauung. Metaphysiken können Pragmatiker nicht ausstehen.

Der »Spiegel« erschien mit Fotos von uns. An der Volksbühne kam es mir vor, als ob man jetzt einen Bogen um mich machte. Einen Bogen im Geiste. Besson ging an mir vorbei und sprach scherzhaft über die neuen Aufständischen, welche die Welt verändern wollten.

Wollt ihr Revolution spielen?, fragte er und hielt die perfekte Balance zwischen Nonchalance und Abfälligkeit. Um mich herum wuchs wie im Märchen eine Hülle aus Eis. Kein Laut drang mehr durch wie früher, keine Gebärde. Der Ton war verändert, und was ich anfasste, schien kalt. Plötzlich lebte ich in einer anderen Welt.

Dieter Klein, der Volksbühnen-Parteisekretär und Anwärter auf Ehrenmitgliedschaft im Tabibu, dem Taschen-Bibel-Bund, seufzte tief auf. Auch er musste nun ein Gespräch mit mir führen:

Mensch, Angelica, wie konnte das denn passieren?

Nun ja, ich find es nicht gut, dass man um ein ganzes Volk eine Mauer baut und einen Sänger nicht wieder reinlässt.

Aber Angelica, du weißt doch gar nicht die Hintergründe!

Nein? Dann müsst ihr sie eben schreiben. In der Zeitung.

Ach, Angelica, Biermann wusste Bescheid. Er hätte sich nur an die Absprachen halten müssen.

Falsch ist es trotzdem.

So ging das noch eine Weile fort. Dieter Klein schien aufrichtig betrübt über seine ungelehrige Schülerin. Er hat nicht gesagt: Du bist also für den Klassenfeind! Er war nur traurig.

Hilmars Aussprache am Deutschen Theater war viel schwerer. Er war der Einzige, der unterschrieben hatte. Andere zogen ihre Unterschrift wieder zurück, auch aus Gründen, die ich verstehe. Es gibt Verpflichtungen anderen Menschen gegenüber, da hätte auch ich nicht unterschrieben. Mag sein, dass Hilmar Inge Kellers Lächeln in diesen Tagen noch ein wenig ingekellerhafter vorkam als sonst. Auch er spürte zum ersten Mal, wie wahnsinnig allein man unter vielen Menschen sein kann. Sie bestellten Hilmar in die Akademie der Künste, Sektion Darstellende Kunst. Er musste hingehen, denn er war ja Mitglied. Und Gerhard Scheumann war der Präsident. Heute sah er gar nicht aus, als ob die Marienburg seine Heimat sei. Den Mitgliedern der Akademie, Sektion Darstellende Kunst, fiel zum ersten Mal seit Anbeginn ihres Bestehens auf, dass sie ja gar keine Parteigruppe haben. Also fing das Tribunal gegen Hilmar etwas später an, erst wurde die Parteigruppe gegründet. Vielleicht, weil es leichter ist, den Standpunkt der Partei zu vertreten, wenn man eine Parteigruppe hat.

Der Regisseur Wolfgang Heinz dröhnte, dass wir dem Klassenfeind nicht nur die Kanonen geliefert hätten, sondern den Sprengstoff gleich dazu. Dann explodierte er wie ein ganzes Munitionslager. Dabei hatte Heinz mit Adolf Dresen am Deutschen Theater diesen wunderbaren »Faust« gemacht, dessen Vorstellung Walter Ulbricht einst vor Ende empört verließ. Das lag nicht an Goethe, denn Ulbricht hatte durchaus ein Verhältnis zum »Faust«, ja er war der Ansicht, dass man ihn erst noch zu Ende schreiben müsse. Es fehle der dritte Teil, Goethe konnte ihn nicht schreiben, weil die Zeit nicht reif war. Mein Mann betrachtete Wolfgang Heinz mit jenem fast neutralen, sachlichen Interesse, mit dem man eine Theaterszene verfolgt. Jetzt schien es ihm gar nicht undenkbar, dass Heinz und Ulbricht den »Faust« zu Ende schreiben.

Hans Rodenberg, der schon in Moskau war, um gegen die Faschisten zu kämpfen, als es mich noch gar nicht gab, was er zum Anlass nahm, mich von den Moskauer Filmfestspielen zu relegieren, erklärte auf Hans-Rodenberg-Art: Hilmar, ich sage dir (lange Pause) ... Was will ich sagen? ... Ich sage: (kürzere Pause) Überzeugt hast du mich nicht!

In diesem Duktus hatte Rodenberg schon als Intendant des Theaters der Freundschaft zu meinem Mann gesprochen, als der noch sein Ferdinand in »Kabale und Liebe« war. Und ähnlich unversöhnlich gesonnen wie Ferdinand antwortete mein Mann:

Sie überzeugen war das Letzte, was ich wollte!

Das dachte ich mir, sagte Rodenberg finster dräuend mehr zu sich selbst. Das Ergebnis der Versammlung ist durch diesen Dialog erschöpfend beschrieben. Scheumann nahm Hilmar beiseite und fragte: Ich war doch fair, oder?

Seine Besorgnis – um Hilmar? um sich? – war ehrlich. Er war ein weicher Mann. Hilmar kehrte zurück in die Baikalstraße. Bis zu diesem Abend habe ich nicht gewusst, dass ein Mensch so gelb im Gesicht sein kann wie Hilmar, als er in der Tür stand.

Die Parteisekretärin des Deutschen Theaters schrieb einen Brief an die Partei, in dem stand, dass Hilmar ein westgeldgeiler Karrierist ist, der mit dem dunklen Vorsatz an diese große Bühne gekommen sei, die Kollegen zu verderben und das ganze Deutsche Theater dazu.

An der Volksbühne hatten wir inzwischen die 50. Vorstellung des »Menschenhassers«. Hinterher kam eine Gruppe Studenten zu mir und fragte mit beinahe revolutionärer Entschlossenheit: Frau

Domröse, wo ist die Liste? Es war gar keine Frage, eher eine Aufforderung. Wir wollen unterschreiben! – Ich sagte denen, dass ich keine Liste hätte, und riet ihnen von Unterschriften jeglicher Art aufrichtig ab – vorausgesetzt, sie hätten vor, Studenten zu bleiben. War das Opportunismus?

Ich selbst unterschreibe und sage anderen: Bloß das nicht!–?

Was ist eigentlich passiert, fragte ich mich in meiner Garderobe. Gleich fing die kleine Feier zur 50. Vorstellung an. Ich wusste nicht, ob ich hingehen sollte. Es kam mir vor, als gehöre ich schon gar nicht mehr dazu. Dabei hatte sich nichts verändert. Alles war, wie es immer schon gewesen war. Nur dass ich das bis eben nicht wahrhaben wollte. Und die anderen lebten eben immer noch in ihrem Wachtraum, den ich mit ihnen teilte bis eben. Kann man ihnen das vorwerfen? Was haben wir uns denn vorgestellt? Ich ging zu der Feier, Hilmar kam mit.

Unser kleines Ensemble saß im Kreis. Wir waren scheinbar mittendrin – Kreise schließen keinen aus und jeden ein – und doch, wir spürten es, standen wir längst jenseits des Kreises.

Hätte ich Herrn Schneider nicht kennen gelernt, wäre ich aufgewacht? Auch ich hätte vielleicht nicht gegen Biermanns Ausbürgerung unterschrieben. Ein wenig seltsam war das schon, wie viele ihre Existenz in diesem Land riskierten für einen, mit dem sie nicht mal befreundet waren. Ich musste an unsere kurze Begegnung denken, als ich Flörchinger das geborgte Geld für mein erstes Auto zurückbrachte und plötzlich Biermann mit Gitarre in der Tür stand. So viel umgestürztes Leben wegen einem, der sogar die Gitarre mitnimmt, wenn er in die Küche will?

Aber es ging ja nicht um Biermann; es ging um uns.

Die Eishülle um mich herum wuchs. Manchmal wollte ich sie noch durchbrechen; einfach so tun, als wäre nichts geschehen, dieselbe Unbefangenheit haben wie früher – aber es ging nicht. Wenn keiner mit dir redet oder jemand drückt dir die Hand, im Vorbeigehen, ohne dich anzusehen, kannst du ihn nicht aufhalten und fragen: Warum bist du nicht wie gestern zu mir?

Schauspieler haben es schwerer als Schriftsteller. Schriftsteller schreiben einfach weiter, wenn sie können, und veröffentlichen ihre Bücher eben später. Oder gleich im Westen.

Nur sich selber haben. Für einen Schauspieler ist das zu wenig. Es kamen keine Rollenangebote mehr. Nach »Abschied vom Frieden« war Schluss. Nun sind Pausen für einen Schauspieler nichts Ungewöhnliches. Man wird vergessen, für kurze Zeit oder länger, das ist normal. Aber mir war es noch nicht passiert. Es war unmöglich, meine Unterschrift und die plötzlich ausbleibenden Angebote nicht in Verbindung zu bringen.

Die Domröse besetz ich fünf Jahre lang nicht, dann ist sie alt, dann will sie ohnehin keiner mehr sehen, überlegte der DDR-Medienzar Adameck. Aber das habe ich erst später erfahren.

Hilmar spielte am Deutschen Theater »Richard III.«. Er sei ein großartiger Richard III., schrieben die Zeitungen – vor dem 17. November 1976. Dann verließ der Herzog von Buckingham »Richard III.«. Sie besetzten das Stück nicht um; sie setzten es ab.

Wir waren ratlos. Nur Herr Schneider wusste Rat, wenn er sich ab und zu allein mit Hilmar traf, denn mich, die hysterische Ziege, wollte er nicht dabeihaben.

Haben Sie Ihr Bild in der Zeitung gesehen, fragte er meinen Mann, es war ein bisschen klein, nicht wahr? Es könnte natürlich auch wieder größer werden!, sprach mit dem gönnerhaften Sarkasmus der Mächtigen Herr Schneider. Wir könnten dafür sorgen, dass Sie den Richard wieder spielen!

Es gibt wirklich eine Künstlerseele. Und Herr Schneider wusste nichts von ihr. Denn er hatte meinem Mann soeben etwas Ungeheuerliches gesagt. Dass er den Richard nicht etwa spiele, weil er der Beste aller möglichen Richarde sei – oder jedenfalls der beste Richard weit und breit – , sondern dass schon eine Petzerei, eine kleine Miesheit, eine winzige Charakterlosigkeit genügen würde, ihn auf den Thron von England zurückzubringen. Das bedeutete die völlige Entwertung dessen, was wir taten.

Natürlich, wir hätten widerrufen können wie andere. Wir dach-

241

ten daran wie an eine Möglichkeit, die wir nicht hatten. Vor uns selber hatten wir sie nicht.

Wir waren durchdrungen von diesem Gefühl, dass nun alles nichts mehr wert war. Dass, was wir auch anfassen, sich auflöst in unseren Händen.

Nicht »abgehauen«

Ich sehe mich noch draußen in unserem kleinen Blockhaus am See vor dem Fernseher sitzen. 22.30 Uhr, Tagesthemen. Sarah Kirsch geht. Ich saß nur auf der Kante des Stuhls. Sogar in der Mitte eines Stuhls zu sitzen schien mir schon zu zentriert, falsche Geborgenheit. Es gibt keine Mitten mehr. Und nun geht Sarah Kirsch. Es war, als würde ein Schalter umgelegt. Ein plötzliches Verlustempfinden, wie ich es vorher nicht gekannt hatte. Nicht als Thomas Brasch und Katharina Thalbach gingen. Nicht als der ging, den ich für meinen Freund hielt. Dabei waren es meine Freunde, und Sarah Kirsch kannte ich gar nicht. Nur ihre Gedichte.

Diese Gedichte, die ich liebte, würden nun auch nicht mehr zu diesem Land gehören.

Ich glaube, in dem Augenblick, als ich auf der Stuhlkante saß und Sarah Kirsch aus der DDR weggehen sah, wusste ich, dass wir es auch tun würden. Ein Schauspieler hält vieles aus, aber man darf seinen Humus nicht zerstören. Wer eine zu dicke Haut bekommt, kann nicht mehr spielen. Wessen Haut zu dünn wird, kann es auch nicht mehr.

Irgendwann 1978 kam das Gerücht auf, dass der drittgrößte Antiquitätensammler der Republik sein Tagebuch, das er seit dem Tage der Unterschrift führte, beim Politbüro abgegeben habe. Mit geschwärzten Namen, aber wen sollte das schützen? Zuerst hielt ich das für einen frivolen Scherz, ich bekam einen Lachanfall. Der Witz war gut. Aber dann spürten wir, dass es ernst war. Jurek Becker hatte Krugs Tagebuch beim ZK abgegeben. Ja, wozu braucht dieser Staat noch die Herrn Schneider, wenn wir jetzt selbst anfangen, alles aufzuschreiben – über uns und unsere Freunde – und es dann ins ZK tragen? Wir wussten nicht, was drinstand. Nur dass vieles, was wir bei ihm gesagt haben, jetzt beim ZK nachzulesen wäre, glaubten wir. Der drittgrößte Antiquitätensammler der Republik, der sich später zum Ober-Abgehauenen der Republik promovieren ließ, war weg, ihm konnte es egal sein. Die Dagebliebenen konnten ihm egal sein.

Wie wird ein Sammler zum Abhauer? Er ist doch der Gegentypus des Weggehers. Das Antiquitätensammeln hat nämlich auch Nachteile. Man kann nicht einfach so »abhauen«. Der Sammler ist viel zu schwer. Ich verstand den drittgrößten Antiquitätensammler, und ich verstand ihn nicht. Er war der Erste, der alles mitnehmen durfte. Welchen Preis also musste er zahlen? War das Tagebuch der Preis? Er war der Erste, der nicht mit einem Koffer in der Hand über die Grenze ging. Alle bisher hatten alles zurücklassen müssen. Das, ich wusste es, hätte er nie gekonnt.

Nein, er ist nicht »abgehauen«. Auf Achim Freyer passte das Wort – mit einer kleinen Tasche in der Hand in Verona stehen, und seinen eigentlichen Koffer, nunmehr voller Hotelbibeln, trägt der Parteisekretär noch eine Woche lang durch Italien. Dafür gibt es kein anderes Wort als »abgehauen«. Aber wenn einer die eigene Ausreise zum Staatsakt macht – was ist das? Der »große Deal«?

Wir sind nicht zum Abschiedsfest des Antiquitätensammlers gegangen am Abend vor seiner Ausreise. Ich wusste, überall würde die Stasi sein. Kann schon sein, andere konnten damit spielen. Der Tagebuchschreiber spielte mit denen um die Wette, wer das größere Schlitzohr sei. Und sogar mein Mann widmete sich immerhin dem Projekt einer Widerlegung der Staatssicherheit vom marxistischen Standpunkt aus. Heym übte sich in der Pose des Fuchses, der die Welt kennt. Er kannte sie wirklich. All das konnte ich nie. Abscheu war meine erste Reaktion. Und Angst. Angst wie in meiner Kindheit vor dem Zuhause. Sie war immer stärker geworden über die Jahre.

244

Wer kein Zuhause mehr findet, bekommt eins

Wer kein Zuhause mehr findet, bekommt eins. Manchmal. Bisher wohnten wir provisorisch, aber unser Dasein stimmte; nun, da alles provisorisch wurde, unsere gesamte Existenz, bekamen wir eine Wohnung in Pankow, sehr schön, sehr groß.

Honeckers späterer Anwalt Friedrich Wolff hatte uns vor Jahren gesagt, in der Wolfshagener wird eine Wohnung frei. Wir sollten sie bekommen, mussten aber warten, bis das Haus saniert wurde. Vielleicht sollte, wer eine neue Wohnung will, nicht zwischendurch irgendwelche Petitionen unterschreiben. Nach der Unterschrift dachten wir, jetzt nehmen sie uns die Wohnung weg. Machten sie aber nicht. Die Baufirma kam, und so oft ich konnte, fuhr ich in die Wolfshagener, denn unsere Handwerker hatten merkwürdige Vorstellungen vom Verschönern alter Häuser. Sie wollten die großen Türen herausnehmen und durch selbst gemachte kleine ersetzen. Ich kämpfte um jede alte Tür, um jeden Messinggriff, als würden wir eine Ewigkeit dort wohnen wollen. Ich glaube, die Bauleute fürchteten mich längst mehr als ihren Chef. Und doch sagten wir einmal am Tag: Wenn die Wohnung fertig ist, gehen wir.

Im Sommer 1977 zogen wir ein. Die Wohnung war das Einzige, was fortan richtig war in unserem Leben. Mit einer gewissen Traurigkeit sahen wir sie an. Dass die Nachbarn über uns täglich aufschrieben, wann wir kamen, wann wir wieder gingen, erfuhren wir erst später.

Eine gute Nachricht kam. Heiner Carow drehte einen neuen Film. Und er fragte mich mit seinen breiten Rostocker Vokalen, ob ich denn mitspielen möchte. Es war gut, Heiner Carow zu hören.

245

Denn letztlich ist das ganze Leben eine Frage der Aussprache. In Carows Norddeutsch lag eine solche Zuversicht und Unverrückbarkeit, dass ein Rest Weltvertrauen zu mir zurückkkehrte. Aber noch war ich misstrauisch.

Ach Heiner, sagte ich, du weißt, was mit mir ist. Ich habe Berufsverbot. Das wird sowieso nichts.

Das wird!, sagte Carow, und ob das wird.

Und ich spielte wirklich die »Schwester« in »Bis dass der Tod euch scheidet«, Carows zweitem Film nach »Paul und Paula«. Es war mein erstes Filmangebot nach der Unterschrift.

Und dann kam »Fleur Lafontaine«, wieder in der großen Halle in Babelsberg, wo ich meinen allerersten Film »Verwirrung der Liebe« gedreht hatte. Berlin in den Zwanzigern. Die Verführung war da: wieder schwerelos werden. Vielleicht hatte ich genug gebüßt, und sie wollten es wirklich wieder mit mir versuchen. Es war ein wunderbarer Stoff, diese Geschichte der jungen Fleur, geboren und aufgewachsen in einem Bordell, hoffnungslos verliebt in und verheiratet mit den zeit- und milieuüblichen Hochstaplern und Betrügern (Eberhard Esche!), bis sie zu dem Richtigen (zurück)-findet, dem ziemlich linken Arbeiter (Philipp Pomeraz) mit starkem hessischen Akzent. Es war Hilmar, wer sonst?

Wir haben elf bis zwölf Stunden manchmal gedreht. Horst Seemann war der Regisseur.

Horst Seemann, der für sein späteres »Hotel Polan und seine Gäste« einen Löwen in Venedig bekam, der den wunderbaren Film »Levins Mühle« gemacht hat, nach Bobrowskis Roman. Horst Seemann, der später, nach der Wende, ziellos durch München lief, eine Plastiktüte in der Hand. Er arbeitete nun bei einer reichen alten Dame als Gärtner. Manchmal, wenn er genug gepflanzt, geharkt und umgegraben hatte, erzählte er der alten Dame, dass er einmal ein sehr bekannter Regisseur gewesen sei. Und welche Filme er gemacht habe. Dann sah die alte Dame ihn tadelnd an: dass heute nicht mal mehr die Gärtner bescheiden bleiben können. Was muss das für eine Gesellschaft sein, wenn schon die

246

Rasenmäher der Größenwahn packt. So ungefähr dachte die alte Dame. Irgendwann hat sie dann Erkundigungen eingeholt und war sehr erschrocken: Wer heute alles Gärtner werden muss. Was soll das für eine Gesellschaft sein, wenn schon die Regisseure Gärtner werden?

Horst Seemann starb als Gärtner in München. Als wir »Fleur Lafontaine« drehten, war er noch auf der Höhe der Berliner Gesellschaft der zwanziger Jahre. Und ich stritt mit ihm über Tapeten. Weil ich bunte Tapeten zu unseren bunten Kleidern entsetzlich fand. Andererseits lebten wir in einem Bordell. Trotzdem, Visconti hätte das nicht gemacht, sagte ich Seemann. Umsonst.

Am Ende des Films war ich schwanger – und glücklich. Ich stand wie meine Paula vor ihrem Arzt. Ich wusste ja schon, wie es ist, gesagt zu bekommen, dass man schwanger ist.

Das Theater in Basel wollte meinen Mann verpflichten für Marlows »Juden von Malta«. Im Theater der DDR brauchte man ihn ohnehin nicht mehr. Nicht als Richard und auch sonst nicht. Warum also nicht in die Schweiz? Und das Unerhörte geschah. Hilmar durfte annehmen, 1978.

Woanders arbeiten. Für andere arbeiten. Nie vorher war uns das möglich gewesen. Meine Angebote wurden immer abgelehnt, ob in den Siebzigern das Theater in Köln mich wollte oder Itzenplitz mir einen Film anbot. In den Sechzigern durfte ohnehin keiner im Westen arbeiten, nur Ekkehard Schall. In den Siebzigern bröckelte diese Mauer nun langsam, und ein großer Neid entstand – die einen durften, die anderen nicht. Jetzt gab man also auch uns frei, genauer: Hilmar.

Und ich sollte schwanger ganz allein bleiben in diesem mir feindlichen Land? Nein, ich wollte mit nach Basel, und wenn ich dafür die Volksbühne aufgeben müsste. Wahrscheinlich war das schon eine allererste Mutter-Reaktion. Ich teilte Besson meinen Schweiz-Entschluss mit, mitsamt der Volksbühnen-Konsequenz, er kam ja aus der Schweiz, er würde mich verstehen. – Aber, aber, sprach Besson, das kriegen wir doch viel eleganter hin! Ich durfte in die Schweiz und trotzdem an der Volksbühne bleiben. Da verbot Basel den »Juden von Malta«. Aha, dachten wir, haben die also auch Verbote. Wahrscheinlich dachten sie, ein Stück, das so heißt, könnte antisemitisch sein. War es aber nicht. Das Verbot blieb. Hilmar spielte statt des »Juden von Malta« zwei Molières in Basel.

Basel tat gut. Von der Schweiz aus gesehen, wurde die DDR endlich so klein, wie sie wirklich war.

Das Kind, unser Kind, habe ich verloren.

Wir gehen auch. Regen in Grünau

Manchmal sah es aus, als fände das Land seinen Frieden wieder. Als könnten wir unseren Frieden mit ihm machen. Aber das waren nur Augenblicke. Die Normalität täuschte. So viele waren schon gegangen seit Biermanns Ausbürgerung, doch die Partei- und Staatsführung war noch nicht zufrieden.

Unser stellvertretender Kulturminister Klaus Höpcke, auch der »Bücherminister« genannt, hatte gerade Dieter Nolls Roman »Kippenberg« gelesen, und der hatte ihm so gut gefallen, dass er in der »Sinn und Form« eine Rezension darüber schrieb. Er schrieb auch hinein, was er alles nicht leiden könne und was denen passiere, die Sachen schreiben, die er, der Vize-Kulturminister, nicht ausstehen kann: »(W)er dichtend, malend oder tönend den Hass aufs Leben zu kultivieren trachte, wer im Gewand der Kunst gegen den Sozialismus agiere, (werde) eine Zurückweisung erleben, die entschiedener ausfalle, als manchem geläufig sei.«

Nun war uns seit dem November 1976 vieles geläufig. Und Zurückweisung ist dafür ein sehr freundliches Wort. Trotzdem sollte der Kulturminister Recht behalten. Denn der massenhafte Ausschluss von Schriftstellern aus dem Schriftstellerverband war bis dato eher ungeläufig. Im Sommer 1979 beriefen die Partei und ihre Schriftsteller ihr Tribunal gegen die wichtigsten Autoren des Landes ein. Sie hatten Bücher geschrieben, die den Oberen nicht so gut gefielen wie Dieter Nolls »Kippenberg«. Unser Freund Klaus Poche hatte seinen in der DDR verbotenen Roman »Atemnot« in der Schweiz veröffentlicht und außerdem das Drehbuch zu dem Fernsehfilm »Geschlossene Gesellschaft« von Frank Beyer geschrieben. Der Film hatte im Herbst 1978 in höchsten Kreisen höchstes Missfallen erregt. Eine düstere, zermürbende Ehe-Geschichte. »Kultivierung des Hasses auf das Leben«, hätte unser Kulturminister gesagt.

Ich konnte dieses Land nicht mehr ertragen, nicht seinen geistigen Kartoffelsuppengeruch, nicht seine kleinbürgerliche Selbstgerechtigkeit. Ich wollte raus. Bis jetzt hatten wir mit diesem Gedanken gespielt, wenn wir meinten, es nicht mehr aushalten zu können. Denn allein der Gedanke an diese Möglichkeit ließ freier atmen. Nun war es ernst, und wir erschraken selber, als wir es zum ersten Mal bemerkten. Wir erschraken vor der Unumkehrbarkeit unseres Entschlusses.

Dieses Weggehen ist ganz falsch, hatte Stefan Heym 1977 zu uns gesagt. Das wollen sie doch nur. – Wir fanden das auch.

Soll das Politbüro doch ausreisen, ich wohne hier. – So dachte Heym über diese Dinge. Außerdem hatte er mindestens genauso lange wie das Politbüro über den Kommunismus nachgedacht, nur war er zu anderen Ergebnissen gekommen. Wir waren zu Heym gegangen. Wir mussten ihm sagen, dass wir jetzt auch gehen. Wir hatten noch einmal mit jemandem reden wollen, der, was wir ihm sagen, nicht gleich benutzt. Man soll ja nicht so tun, als ob man keine Freunde braucht.

In seinem Haus in Berlin-Grünau konnten wir nicht sprechen. Heym wurde abgehört, vor seiner Haustür warteten die Spitzel. Es half nichts, wir mussten in den Wald. Es regnete. Stumm gingen wir die ersten Schritte.

Stefan, wir wollen jetzt auch gehen.

Der Regen fiel. Noch nie habe ich Regen so laut gehört. Nur die Spitzel vor Heyms Haus wurden nicht nass – die saßen im Auto. Heym schwieg. Wir wurden immer nässer.

Dann antwortete er: Ihr wisst, was ich euch vor zwei Jahren gesagt habe. Heute sage ich euch: Geht! Ihr seid noch jung. Es wird nicht besser.

250

Es war überraschend. Dass er uns nicht mal zurückhalten wollte, traf uns im Grunde noch härter. Wenn schon Stefan Heym resignierte, wie aussichtslos musste es sein.

Ich hatte Stefan Heym am Berliner Ensemble kennen gelernt. Wir machten einen »Nachkriegs-Abend«, mit Liedern, Schwarzmarkt-Witzen und der BE-Kapelle. Noch auf der Bühne bemerkte ich Stefan Heym. Nachher beim Trümmerfrauen-Bankett forderte ich ihn zum Tanzen auf.

Darf ich bitten, Herr Heym?

Woher kennen Sie mich denn?, fragte mit schlecht gespieltem Erstaunen, aber deutlichem Wohlgefallen der Schriftsteller, der schon damals ständig Ärger mit dem Staat hatte. Das interessierte mich. Einer, der so viel Talent hatte zu missfallen.

Ach, antwortete ich, Herr Heym, wer kennt Sie nicht? – Eine Diva hätte nicht anders zurückgeschaut als Heym in diesem Augenblick. Hatte ich sein Herz gewonnen?

Nur hatte unsere Abschiedsszene jetzt nichts von der Leichtigkeit von damals. Und hatte er denn Recht? Waren wir noch jung? Er hatte nicht Recht. Ich war bald achtunddreißig. Es ist idiotisch für eine Schauspielerin, mit achtunddreißig Jahren noch einmal von vorn anfangen zu wollen.

Etwas später fuhren wir noch einmal in Richtung Berlin-Grünau, wo Heym wohnte. In Eichwalde lebte mein Uhrmacher. Es war ein besonderer alter Uhrmacher für meine besonderen alten Uhren. Die Straße war trist und leer. Da lief eine kleine Frau quer über die Straße auf uns zu:

Und Sie, Sie wollen jetzt also auch noch gehen?, rief sie, aber das dürfen Sie doch nicht!

Aufrichtiger Ärger klang in ihrer Stimme. Und Enttäuschung. Wo kommen wir denn hin, wenn plötzlich alle weglaufen? Irgendwer muss doch auch hier bleiben! – Wie konnten wir ihr erklären, dass wir nicht »einfach so« gehen? Dass es schwer war? Thate sagte ihr, dass er als Schauspieler nicht für die Schublade spielen könne. Wir waren wieder bei dem Hauptunterschied zwischen

Schriftstellern und Schauspielern, gipfelnd in der Suggestivfrage: Heute kennen Sie uns noch! Sollen wir warten, bis uns kein Mensch mehr kennt, wenn wir nicht mehr spielen dürfen?

Die Frau schien das einzusehen. Das heißt, etwas in ihr verstand uns, die andere Hälfte brannte noch immer vor Empörung.

Der Feind schläft nicht, sagten die alten Kommunisten. Sie hatten Recht. Er schlief wirklich nicht. Er war hellwach. Und lockte mit dem, was die DDR uns gerade entzog und dann wieder krümelweise zuteilte: grenzenlose Arbeit. Der Feind?

In Hamburg bereitete Boy Gobert, der Intendant des Hamburger Thalia-Theaters seine Abschiedsinszenierung vor. »Faust«, beide Teile. Mit sich selbst als Mephisto. Er hatte in dieser Stadt, in dieser Rolle einen nicht ganz unbekannten Vorgänger: Gustav Gründgens. Es sollte ein ganz großer Abschied werden. Zur Komplettierung der Außergewöhnlichkeit suchten er und sein Regisseur Hans Hollmann eine außergewöhnliche Helena. Sie fragten Romy Schneider, denn Romy Schneider hatte Gobert gesagt, dass sie einmal wieder Theater spielen möchte. Aber Romy Schneider wollte nicht.

Und dann fragten sie tatsächlich mich, ganz ordnungsgemäß über die DDR-Künstleragentur. Die Künstleragentur sagte ja. Und ich auch. Ich habe nie darüber nachgedacht, dass Hamburg schließlich eigene Anwärterinnen auf die Helena hatte. Ich war ein Eindringling. Warum nicht?

Am 1. Oktober 1979 kam ich mit Hilmar in Hamburg an. Es war viel Presse da, jede Zeitung hielt es für ihre Pflicht, diese Ankunft zu bemerken.

Ich sah die Innen- und die Außenalster, ich staunte, wie sauber eine Stadt sein kann. Es waren hochkonzentrierte Proben. Ich habe zum ersten Mal im Kino einen Fassbinderfilm gesehen, »Die Ehe der Maria Braun«. Ich fuhr mit 120 Stundenkilometern die staubigen DDR-Landstraßen zurück nach Berlin. Ein Polizeiauto nahm die Verfolgung auf, ich merkte es nicht mal.

Na hör'n Se mal, ..., hielt der mich schließlich an, 120 Stundenkilometer! Wo kommen Sie denn her? – Aus dem Palast des Menelaos zu Sparta hätte ich sagen können, und hätte damit den Wohnsitz der Helena benannt und vielleicht ein kleines Stück Außenalster mit. Ich weiß nicht, was ich ihm sagte. Aber es muss ihn überzeugt haben. Er ließ mich ohne Strafe weiterfahren.

Ich war Gast in Hamburg, ich gehörte nicht ins Ensemble, nichts war mir vertraut. Ich habe das genossen. Ich habe später viel so gearbeitet.

»Faust« sollte am 19. Januar 1980 in Hamburg Premiere haben. Es war schon Dezember, Weihnachten, als ich plötzlich Angst bekam. Wir mussten unseren Ausreiseantrag jetzt abgeben, es hatte keinen Tag mehr Zeit. Denn was, wenn »Faust« und meine »Helena« durchfielen bei der Kritik? Würde ich noch die Courage haben, auszureisen? Und andersherum, noch schlimmer: Wenn ich Erfolg hätte, würden nicht alle sagen: Deshalb geht sie also!

Nein, ich musste das Schicksal Helenas und meins voneinander trennen. Dabei wollte Seemann mit mir den nächsten Film machen, und mit Günther Rücker war schon lang ein großer Stoff geplant. Konnte schon sein, dass ich wiederum eine Arbeitserlaubnis bekommen hätte, »Fleur Lafontaine« hatte ich schließlich auch annehmen dürfen.

Aber Angelica, Ausreise ist doch gar kein Problem! Wir machen erst unseren Film, und ihr reist hinterher aus, schlug Seemann vor, der gerade »Hotel Polan und seine Gäste« plante. Aber ich wollte nicht mehr. Ich sah all die kleinen und großen Beamten des Landes an ihren etwas kürzeren oder längeren Hebeln sitzen. Sie bedienten die Hebel, drückten ihre Schalter – sie entschieden, ob ich etwas tun durfte oder nicht. Nein, das nicht mehr. Vielleicht ist es wie in einer lange zerrütteten Ehe. Einmal kommt der Tag, dass man zum Scheidungsrichter geht und niemand kann sagen, warum es ausgerechnet dieser Tag sein musste.

Es war zwei Tage nach Weihnachten. Es schneite. Hilmar setzte seine Schapka auf und lief zum Briefkasten des Zentralkommitees. Er sagt, er hat kaum gezögert, den Umschlag hineinfallen zu lassen. Es war ein kurzes dumpfes Geräusch. Papier trifft auf Papier. Mehr nicht. Ich probierte meine Helena in Hamburg. Sie sagte: »Gegrüßet seid mir, der ehrnen Pforte Flügel ihr! Lasst mich hinein!, und alles bleibe hinter mir, was mich umstürmte bis hierher, verhängnisvoll.« Ich glaube nicht, dass Goethe diesen Satz für mich geschrieben hat. Aber mir kam er so vor. Ich würde ihn mit weit offenen Armen vor dem Publikum sprechen, diesen Sparta-DDR-Satz, und niemand in Hamburg würde seinen doppelten Boden bemerken. So kam es.

Das Ende unseres Lebens in der DDR?

Suhrkamp auf Knien

Ich war Ende dreißig. Ich hatte in Jahrzehnten DDR keine Zeile Goethe laut gesprochen. Für den alten Weimarer musste ich erst nach Hamburg kommen.

Ich hatte auch noch nie einen Satz der Expressionisten auf einer Bühne gesagt. Und keinen der modernen Dramatik. Ich greife vor – warum nicht? Allein um dieser Erfahrungen willen, habe ich nie bereut, in den Westen gegangen zu sein.

Im Januar hatte »Faust II« in Hamburg Premiere. Ich hatte es geschafft. Mein Schicksal war nicht mehr das Helenas. Nun mochte ihr auf der Bühne geschehen, was wolle.

Es gab zwei Premieren. Die erste war für die Freunde und Förderer des Theaters. Eine Karte kostete zwischen 200 und 500 DM. West-Mark! Ich überlegte kurz, was ich mit 500 Westmark machen würde, wobei die Option »Faust« sofort ausfiel, auch wenn es hinterher noch einen großen Empfang für die »Freunde und Förderer« im »Atlantik« gab. Außerdem zweifelte ich sehr, dass ich eine 500-DM-Helena auf die Bühne stellen könne. Solche Sorgen hatte ich in der DDR nie. Sie steigerten meine Premierenangst beträchtlich.

Nach der richtigen Premiere war ein kleiner Kreis zum Essen ins Abthaus geladen, höchstens zwanzig oder dreißig Gäste. Plötzlich sah ich Siegfried Unseld, Chef des großen Suhrkamp-Verlags, vor mir auf Knien. Da zog ich ein messerscharfes Fazit: Die Frau dort vorhin auf der Bühne muss wirklich Helena gewesen sein. Würde Unseld sonst immer »Wunderbar!«, »Wunderbar!« rufen mit einer gewissen, für einen Mann der Literatur erstaunlichen

Monotonie der Wortwahl? Aber dann sagte Unseld noch etwas anderes, überaus Leichtsinniges. Er sagte:

Frau Domröse, wählen Sie aus meinem Programm, was Sie wollen! Ab heute, und Sie werden es bekommen!

Ich fand das Angebot sofort bemerkenswert. Neben uns stand Loki Schmidt, die Frau des Noch-Bundeskanzlers. Sie war die Zeugin und musste unsere Hände durchschlagen. Obwohl ich geradewegs aus Arkadien kam, besaß ich noch genug Geistesgegenwart für solche unarkadische Rückversicherung.

Ich weiß nicht, worin Unselds Irrtum lag. Vielleicht dachte er, Helenen lesen keine Bücher. Gewiss hat er auch nicht mit dem Bücher-Hunger einer Ex-DDR-Bürgerin gerechnet. Und die Bücher waren plötzlich so ungewohnt teuer.

Noch im selben Jahr bestellte ich die Hesse-Gesamtausgabe, natürlich für mich, und die Hegel-Gesamtausgabe, natürlich für Hilmar. Die Dostojewski-Gesamtausgabe besaß ich auch noch nicht. Und ob Siegfried Unseld wohl geahnt hat, was mir immer schon Hermann Broch bedeutete? Der Suhrkamp-Verlag hatte den Leichtsinn besessen, eine Broch-Gesamtausgabe in sein Programm aufzunehmen, die bestellte ich auch.

Irgendwann kamen freundliche Grüße von Herrn Unseld, er schrieb über seine Hoffnung, dass ich mich freuen möge über die prompte Erfüllung meiner Wünsche, und verband diese Hoffnung mit dem Vorschlag einer finanziellen Beteiligung an zukünftigen Gesamtausgaben. Vielleicht mit vierzig Prozent?

Ich schrieb einen bösen Brief zurück. Fuck 40 Prozent!, schrieb ich, sinngemäß. Nicht, weil ich wieder Geld für Bücher bezahlen sollte – das hatte ich doch schon immer getan. Meine Enttäuschung war mehr metaphysischer Art. Dass große Männer so kleinlich sein können.

Andererseits konnte Siegfried Unseld ja nicht wissen, dass er in Hamburg gar keine richtige Ost-Helena vor sich hatte. Und dass es schon keine deutsch-deutsche Hilfe mehr war, die zu leisten er sich anschickte.

33–36 »Die Legende von Paul und Paula«

37 *(oben)* »Richards Korkbein«. Schiller-Theater, Berlin 1983
38 *(rechts)* Bei Ludwig Schirmer mit seiner Katze

39 Privat – nicht Paula

40
41 *(oben rechts)* Als Effi, auf Tina
42 *(unten)* »Effi Briest« (DEFA)

43 *(oben links)*
In »Horizonte«.
Volksbühne,
Berlin
44 *(oben rechts)*
Als Cleopatra
in »Cäsar und
Cleopatra«.
Volksbühne,
Berlin
45 *(links)*
Probe für »Die
Wildente«
mit Matthias
Langhoff.
Volksbühne,
Berlin

46 *(oben links)* Meine Freundin Helga bei der Arbeit an der Maske von »Cressida«

47 *(unten)* Eboli-Monolog

Am »Faust«-Premierenabend, weit nach Mitternacht, als Unseld schon wieder aufgestanden war, hielt unser Regisseur plötzlich den »Spiegel« in der Hand. Sein Gesicht zeigte eine zunehmende Tendenz ins Farblose, Hollmann nahm seine Frau und ward nie wieder bei einer »Faust«-Vorstellung gesehen.

Sie hatten ihn verrissen.

Arbeiten im Kapitalismus, schlafen im Sozialismus?

Am 21. Januar nachmittags um drei mussten wir wieder ins ZK. Abends würde ich den »Menschenhasser« an der Volksbühne spielen.

Auf Kurt Hagers Tisch lagen die Hamburger Helena-Kritiken. Auch die vom »Spiegel«. Sie waren unbarmherzig, aber meine Helena hatte bestanden. Und mehr als das. »Theater heute« erklärte meine Helena später zur Mitte des Faust II., endlich einmal ein Helena-Akt, in dem nicht die Langeweile ihr Medusenhaupt erhebe. Ich glaube, Hager wäre nie darauf gekommen, dass Helena die Mitte des Faust sein könne, denn hat Helena etwa die Schlussvision, in der Walter Ulbricht und die anderen die DDR vorweggenommen sahen? Der Westen pries meine Helena für ihre sublime Koketterie – schließlich hatten Besson-Hacks' »schöne Helena« und sogar Cleopatra ein wenig mitgespielt. Und »Theater heute« kam zu dem Schluss, das Land der Griechen, das man nicht nur mit der Seele suche, müsse eine Hauptstadt haben mit Namen Spreeathen. Weil ich da wohne! Und genau darum ging es jetzt, um meinen Wohnort. Ich sah Hager gleich an, dass hier mit »sublimster Koketterie« nichts auszurichten sein würde.

Der Genosse Hager machte uns einen Vorschlag. Nein, es waren zwei Vorschläge. Der erste Vorschlag stammte von Ursula Ragwitz – jenem fehlgeleiteten Hausfrauentypus, dessen Militanz sich irgendwann ein überraschend weiträumiges Betätigungsfeld eröffnet hatte: die Politik. Ragwitz hatte die Herausforderung angenommen und verfügte auch über die eigentümliche Ironie völlig humorfreier Menschen.

Wollen Sie nicht nach Weimar gehen?, fragte sie und sah uns triumphierend an, Weimar hat ein sehr gutes Theater.

Ich weiß nicht, ob Kurt Hager zum ersten Mal Zweifel an seinem Flintenweib Ragwitz befielen oder ob es sich um eine tiefere Verstimmung handelte. Er warf sie kommentarlos raus.

Dann machte er den zweiten Vorschlag.

Wir sollten arbeiten dürfen, wo wir wollen. Wir würden einen Pass bekommen.

Aber bleiben Sie hier! Wohnen Sie weiter in der Deutschen Demokratischen Republik!

Arbeiten im Kapitalismus, wohnen im Sozialismus?, fragte ich mich. Hager sah uns erwartungsvoll an. Er fand sein Angebot unwiderstehlich. Denn was er und sein Zentralkommittee am meisten fürchteten, war ein neues Aufrauschen des Blätterwaldes.

Ich erklärte Hager, dass ich es für unlauter halte, im einen System zu arbeiten und im anderen System zu schlafen. Außerdem schiene uns das Überqueren der Systemgrenzen als täglicher Weg zur Arbeit doch unkomfortabel.

Das Politbüromitglied Kurt Hager war enttäuscht. Vielleicht bin ich wie Paula im Film: entweder oder. Und solange wir hier waren, in dieser gläsernen Gesellschaft, hielten sie uns in der Hand.

Wir bekamen die Ausreisegenehmigung noch im Januar.

Meine Möbel sollen ins Heimatmuseum Köpenick
und ich laufe heulend durchs ZK

Jeden Tag sagten wir uns: Wir sind frei. Wir dürfen raus. Es gab
nur ein Problem. Wir hatten überhaupt keine Zeit, auszureisen.
Mein Mann drehte mit Katharina Thalbach einen Film nach Thomas Braschs Drehbuch:»Engel aus Eisen«. Ich war bis Juli Helena
in Hamburg und begann gleich danach meinen ersten West-low-
budget-Film,»Don Quichottes Kinder«. Im Osten an der Volksbühne spielte ich noch »König Hirsch« und den »Menschenhasser«.
Benno Besson, unser Intendant, hatte das Theater und die DDR
schon verlassen. Mit seinem glanzlosen politbürokratischen Nachfolger verband mich nichts.

Ich habe niemandem in Hamburg gesagt, dass ich im Grunde
schon zu ihnen gehörte. Zum Westen. Das Gefühl, frei zu sein,
genügte mir, frei und unerkannt. Eine schwebende Identität.

Da rief mich Boy Gobert, Hamburgs scheidender Intendant
zu sich, seine Helena. Es sei dringend! Ich dachte sofort das
Schlimmste: Jetzt gibt es Schwierigkeiten mit dem Pass! Entweder
lassen sie uns nicht wieder rein, oder sie lassen uns nicht wieder
raus! – Denn wer konnte nach der Biermann-Ausbürgerung noch
wissen, wann dieses Land das nächste Mal sagte: Du bleibst draußen! Nur weil es sich wieder geärgert hatte. Biermann war doch
nur ein Anwendungsfall. Diese kindische Willkür kränkte noch
immer.

Wir traten in Goberts Zimmer und waren auf der Stelle ruhig.
Wer Sorgen mit dem Pass-und Meldewesen der DDR hat, sieht
anders aus. Der Noch-Intendant des Hamburger Thalia-Theaters
bot uns einen Platz an, und schon in dieser Geste lag ein ungeheu-

res Mehr: Ich biete Euch viel mehr als einen Stuhl! Boy Gobert wollte uns mitnehmen nach Berlin. Er hatte also erfahren, dass wir weggehen. Ich dachte an Klaus Völker, den Dramaturgen, als Geheimbotschafter. Er hatte Hilmar schon nach Basel geholt. Er ist immer noch unser Freund. Heute kämpft er mit dem Berliner Senat um die Erhaltung der Hochschule »Ernst Busch«, deren Direktor er seit vielen Jahren ist.

Gobert war zehn Jahre lang Intendant in Hamburg gewesen und wollte am Westberliner Schiller-Theater ganz neu anfangen. Und wir, Hilmar und ich, wollen also auch neu anfangen, überlegte Gobert laut: Was läge da näher, als das zusammen zu tun? – Ich lege euch das Schillertheater zu Füßen, sagte er. Das klang gut. Und ich bin Berlinerin. Und wenn man schon das Land wechselt, den Staat, ja, das komplette Gesellschaftssystem – sollte man da nicht wenigstens in derselben Stadt bleiben dürfen? Obwohl ich lange nicht mehr in Westberlin war, nur einmal mit Wolf Kaiser zu einem Brecht-Abend am 1. Mai.

Und hatte das Schiller-Theater nicht sogar ein wenig Ähnlichkeit mit der Volksbühne? Dieses Klotzhafte. Und wie Metzkes dort unsere Kostüme bemalt hatte und die Ausstattung, sollte auch im Westen gleich die Ära der Theatermalerei beginnen. Mit Grützke! Aber nein, das konnte ich noch nicht wissen.

Das Stuttgarter Theater machte inzwischen meinem Mann ein Angebot, und Hamburg wollte uns auch behalten, beide zusammen. Auch die »Verkäufer« traten auf den Plan und sagten: Euch »verkaufen« wir als Ehepaar! – Nie!, antworteten wir.

Da sage noch einer, dass es schwer sei, im Kapitalismus Arbeit zu finden. Aber eine Wohnung!

Dass es im Osten keine Wohnungen gab, wussten wir. Dass es im Westen erst recht keine Wohnungen gab, wussten wir noch nicht. Wir brauchten aber eine ziemlich große Wohnung für alle unsere Stichworte.

Ich nannte meine Möbel meine Stichworte. Jeder Sekretär, jede Uhr gehörte zu einem bestimmten Film, zu einem Jahr. Ich konnte mir nicht vorstellen, sie zurückzulassen. In dieser Hinsicht habe ich den drittgrößten Antiquitätensammler der Republik auch immer verstanden.

Ich machte die überraschende Erfahrung, dass nicht nur Ost-Intendantinnen gute Wohnungsbeschafferinnen sind, West-Intendanten stehen ihnen mitunter kaum nach, sogar wenn sie einen gar nicht unter Vertrag haben. Der Chef der Freien Volksbühne Hübner setzte für uns zwei riesige Annoncen in die »Morgenpost«. Das beeindruckte mich sehr. Allerdings war er nicht halb so erfolgreich wie damals die Weigel. Der freie Markt ließ sich durch unsere extragroßen Annoncen nicht beeindrucken.

Für Menschen, die in einem System arbeiten und im anderen System schlafen und außerdem umziehen wollen, ist es von Vorteil, ein Telefon zu besitzen. Unseres versagte bald auf mysteriöse Weise seinen Dienst und wurde, trotz inständiger Bitten, nicht mehr repariert. Ich hatte es gewusst. Wohnen im Sozialismus und Theater spielen im Kapitalismus ist ein allzu fragiles Modell.

Und was, wenn sie uns plötzlich eines Morgens gar nicht mehr zur Arbeit lassen? Der Gedanke, dass »Faust« an mir scheitern sollte, war mir unerträglich. Und unerträglich war mir nun unsere schöne Pankower Wohnung. Mein Blick auf meine »Stichworte« war schmal geworden, lauernd. Ich sah keine Möbel mehr, ich sah durch sie hindurch, ich suchte überall die Wanzen. Nein, so nicht mehr.

Ein Hotelzimmer im »Askanischen Hof«, heute »Continental«, in Westberlin wurde unsere provisorische Wohnung.

Andererseits: Wenn man schon eine richtige Ausreisegenehmigung hat, sollte man sie auch nutzen. Was, wenn die es sich noch einmal anders überlegten? »Frist nicht eingehalten, tut uns Leid, Frau Domröse, Sie müssen hier bleiben!« – Als solche inneren Stimmen des Schreckens sich häuften, hatte die Schauspielerin Sabine Sinjen endlich eine Maklerin für uns gefunden. Wir zogen nach Zehlendorf.

Es wurde ernst. Am 28. Juli um acht Uhr früh kamen drei Packer und drei Zollbeamte. Der 29. war unser vierter Hochzeitstag. Unsere Wohnung wurde zum Zollgebiet erklärt. Wenn jemand kam, musste er seinen Ausweis abgeben. Es klingelte noch einmal. Eine Dame mit dicken Brillengläsern stand draußen, sie sah aus wie die Originalbesetzung aus »Ladykillers« und sagte: »Guten Morgen. Ich bin vom Märkischen Museum!« Ich konnte mir nicht erklären, was das »Märkische Museum« von uns wollte, da ging sie schon an mir vorbei in die Wohnung.

In unserer Küche saß ein Stasi-Offizier und tippte Umzugs- und Inventarformulare. Manchmal stand er auf und inspizierte unser Bücherregal. Vor Trotzki blieb er stehen: »So, so, Trotzki wird auch gelesen!« Durch die Zimmer strichen Zoll und die Museumsfrau. Die Stasi-Männer packten. Nur meine Mutter behielt die Nerven. Sie stand am Herd, fest entschlossen, ein größtmögliches Maß an Normalität zu bewahren, sah durch den tippenden Stasi-Mann hindurch und kochte Suppe.

Kinder, rief sie, ihr müsst doch etwas essen!

Der Stasi-Offizier sah kurz auf, merkte aber sofort, dass er nicht gemeint war. Ich war starr vor Staunen. Meine Mutter! Das hätte ich ihr nie zugetraut. Sie hatte einen Herzinfarkt gehabt, sie war, als wir im Westberliner Hotel wohnten, zu uns in die Wolfshagener Straße gezogen und hatte unsere Katzen gefüttert. Und jetzt dieses Suppen-Solo. Hanno aber, Hilmars Sohn, überwachte seinerseits ohne Zurückhaltung die Staatssicherheit sowie den Zoll der Deutschen Demokratischen Republik.

Dennoch scheiterte der Normalitäts-Plan meiner Mutter aufs Kläglichste, und zwar an mir.

Die Abgesandte des Museumswesens besah mit unleugbarem Wohlgefallen unsere Möbel. »Was für schöne Sachen, und alles so vollständig!« Besonders zwei Barocksessel, mein Biedermeierzimmer, ein Kastentisch und eine Truhe hatten es ihr angetan. Insgesamt spähte sie zweiundzwanzig Stücke aus, die sie zum Verbleib in der Deutschen Demokratischen Republik auserkor. Sie wusste auch schon, was besonders gut ins Köpenicker Heimatmuseum passen würde.

Ich stand neben ihr, dachte an Hilmars Mahnung, es immer mit den Mitteln der Vernunft zu versuchen, und klärte sie über ihren fundamentalen Irrtum auf. In unserer Wohnung befänden sich keineswegs Museumsleihgaben, sondern ausschließlich unser Eigentum, jedes einzelne Stück käuflich erworben. Der Museumsengel zeigte keine Reaktion.

Aber das sind alles meine Stichwörter!

Sie schoss einen halben Blick in meine Richtung, so wie man Überführte oder Geständige ansieht, und gab den Wink zum gesonderten Einpacken. Meine Mutter vergaß die Suppe in der Küche und bekam große Angst. Ich weiß nicht, ob sie um mich fürchtete oder um die Dame vom Märkischen Museum. Der Stasi-Offizier tippte weiter, er sah nicht mal auf, als er sagte: »Sie haben doch janz dicke Beziehungen nach oben. Probier'n Sie's doch mal dort!« Dann fügte er an, dass die Zeit aber rennen würde. Und der 28. Juli wäre schließlich auch nur ein Tag.

29. Juli, 9.00 Uhr. Jetzt erwies es sich als großer Nachteil, dass die Stasi uns des Besitzes eines Telefons nicht mehr für würdig befunden hatte. Die Zeit rannte, ich rannte auch, zuerst zum Telefon in die Wohnung meiner Mutter. Frau Hinkel, die persönliche Referentin von Kurt Hager, war am Apparat. Ich schrie etwas von Kastentischen, Stichwörtern und Barockstühlen ins Telefon. Frau Hinkel verstand nichts. Kommen Sie her!, sagte sie. Ich fuhr zum Zentralkommitee, so wie ich war.

Ich trug ein blau-weiß gestreiftes viel zu großes Matrosen-T-Shirt von Hilmar, es war schmutzig vom Arbeiten. Ich rannte in dem Matrosen-Shirt durch die Flure des Zentralkomitees der SED. Unbeteiligte, die nur kurz aus ihren Türen schauten, müssen mich für eine Reinkarnation der Matrosenaufstände gehalten haben. Oder jedenfalls für deren Vorboten. Ich stand vor einer Tür wie jede andere. Dahinter saß Frau Hinkel.

Die wollen unsere Möbel behalten! Zweiundzwanzig Stück. Mein Biedermeierzimmer und den Kastentisch und die Barockstühle!, schrie ich Frau Hinkel wieder an.

Noch nie hat das Zentralkommittee einen solchen Tumult erlebt, wie ich ihn verursachte, als ich auf seinen Treppen in der zu allem entschlossenen Pose der Matrosen die Eigentumsfrage stellte. Noch nie hatte ich einen so tiefen Vorbehalt gegen die kommunistische Idee der Verstaatlichung gespürt.

Frau Hinkel beruhigte mich. Dann begann sie zu telefonieren, nach einer Ewigkeit hob sie den Kopf in meine Richtung und erklärte: Und nun müssen Sie einen Brief an den Minister für Kultur schreiben, einen Antragsbrief, und in dem Brief muss drinstehen, dass Sie alle Möbel wieder mitbringen, wenn Sie einmal in die DDR zurückkehren. – Wusste Frau Hinkel denn nicht, dass die Zeit rannte? Und wieso In-die-DDR-Zurückkehren? Aber es musste wohl so sein. Frau Hinkel nahm mich in den Arm. In dem Augenblick tat es mir gut.

Auf der Rückfahrt wurde mir leichter. Egal, was die Zeit inzwischen machte, wir würden einen Brief schreiben. Jetzt tippten nicht nur der Stasi-Offizier und der Zoll, sondern wir auch. Seltsamer Umzug, wo alle an der Schreibmaschine sitzen.

Mit dem Brief fuhr Hilmar zum Kulturministerium am Molkenmarkt. Dann hatten wir beide einen Termin bei Frau Ragwitz. 13.00 Uhr. Unterwegs dachte ich kurz: Sollen sie von mir aus die Möbel behalten. Ich habe gekämpft. Nicht alle Helden sind siegreich.

Und was, wenn sie uns jetzt nicht rauslassen? Wegen Ungehorsam gegen die Staatsgewalt?, fragte ich Hilmar. Ich hatte ja keine Ahnung, was man für Matrosenaufstände im Zentralkommittee kriegen kann. Sollten wir nicht besser auf die Möbel verzichten?

Aber Hilmar sagte:

Nein. Wir gehen nicht ohne das Biedermeierzimmer!

Es klang endgültig. Im Kulturministerium las man unseren Brief, und ein wohl gelaunter Kulturministeriumsbeamter fragte: Warum haben Sie das denn nicht gleich gesagt?

Wir konnten nicht mehr antworten. Wir durften alles mitnehmen. Die Dame vom Märkischen Museum verließ, anstatt auf der

Stelle im märkischen Sand zu versinken, stumm unser Haus. Kurz darauf kam Post vom Märkischen Museum: »Für die Begutachtung von Kunstgut stellen wir 4 Arbeitsstunden in Rechnung. 32 Mark. Unterschrift: Märkisches Museum, Träger des Ordens Banner der Arbeit.« Meine Mutter hat die Rechnung bezahlt.

Neunundneunzig Kisten waren gepackt. Unsere Bibliothek zu kontrollieren, hatten sie nicht mehr ganz geschafft. »Die Ermittlung« von Peter Weiß, »Leben und Tod König Richards III.« sowie »Kinder der Sonne« von Gorki wurden nicht zur Ausfuhr aus der DDR zugelassen. Das Textbuch zum »Goldenen Elefanten« musste ich auch dalassen.

Am dreißigsten und einunddreißigsten Juli kamen neunundneunzig Kisten beschädigt und nicht ganz vollständig in Berlin-Zehlendorf an, als hätten sie einen Übersee-Transport statt einer Stadtfahrt hinter sich.

Ein Journalist schrieb »Ein Star wechselt den Staat«.

Zurück blieb ein Pferd. Es stand ein Jahr in einem Stall, der nicht mehr sauber gemacht wurde. Als ich es schließlich holen konnte, wäre ich am liebsten auf Kronadler über die Grenze geritten. Aber das Reiten über die Staatsgrenze der DDR war vom Gesetz nicht vorgesehen, erfuhr ich.

Meine Mutter blieb auch da. Sie hatte noch immer große braune Augen, eine griechische Nase und wog jetzt zwei Zentner. Mit fünfzig hatte sie ihren ersten Herzinfarkt. Ab Anfang der fünfziger Jahre gab es wieder Kuchen. Vielleicht hat meine Mutter erst da wirklich geglaubt, dass der Krieg vorbei war – und sich täglich neu davon überzeugt. Vielleicht war es auch eine Spätfolge des Typhus. Und ich war immer unterwegs. Ich fürchtete die Anrufe, die mich manchmal beim Dreh erreichten, Krankenhäuser, die sich meldeten: »Ihre Mutter liegt bei uns.« Wunderbar ist sie gewesen während unserer Ausreise. Jetzt hatte ich Angst um sie.

Zurück blieb auch Hanno, Hilmars Sohn, der Buchdrucker gelernt hatte und später Steinmetz und Restaurator wurde.

In unsere schöne Pankower Wohnung zog Volker Braun. Mit

266

Braun zusammen habe ich meinen ersten Preis bekommen, den Kunstpreis der FDJ, 1964, für die Babette in den »Tagen der Commune«. Er blieb mir der Wertvollste von allen DDR-Auszeichnungen, viel wichtiger als später der Nationalpreis.

Am 4. Juli hatte ich meine letzte Vorstellung an der Volksbühne. »König Hirsch«. Zum 169. Mal. Zwei Kollegen kamen hinterher zu mir. Gabriele Gysi und Hermann Beyer. Und meine Freundin und Maskenbildnerin Helga, die mich zwölf Jahre lang bei jeder Rolle unter ihren Händen hatte. Sie waren die Einzigen, die mir Auf Wiedersehen sagten. Ich habe das nie vergessen. »Solidarität« war ein Hauptwort in der DDR. Ein sehr reizbares Wort. Für mich war es am 4. Juli 1980 gegenstandslos geworden.

Am Deutschen Theater hat sich niemand von meinem Mann verabschiedet. Ein paar Tage später war in Hamburg die letzte Vorstellung von Faust II. Danach gab es ein großes Fest – für Gobert, für uns alle.

Mit Leo, Emil und Hugo nach Zehlendorf

Aber es ist nicht richtig, dass ein System Opportunismus hervorbringt und das andere nicht. Vielmehr muss man zwischen den verschiedenen Arten des Opportunismus unterscheiden. Jede Gesellschaft bringt ihren eigenen hervor.

Den Opportunismus, den der Westen erforderte, praktizierte ich bereits, bevor ich dort ankam.

Ich hatte gehört, dass Hausbesitzer im Westen so eine Art Stellvertreter Gottes auf Erden sind – ungefähr wie bei uns das Zentralkommitee, nur dass es jetzt plötzlich viel mehr solcher Allgewaltigen gab und dass sie mehr Macht besaßen über den Einzelnen. Ich wusste auch schon um eine ihrer Eigenarten: Meistens mögen sie keine Haustiere. Und keine Kinder.

Kinder hatten wir nicht. Aber drei Katzen. Es war so schwer gewesen, diese Wohnung zu finden, sollte ich sie wegen Hugo, Emil und Leo aufs Spiel setzen? Was, wenn Frau W. aus Zehlendorf nun keine Katzen mochte?

Ich war gewarnt. Frau W. hatte in ihrer Annonce ziemlich viele Quadratmeter angegeben. Wir sahen die Wohnung, sie wirkte, als fehlten ihr mindestens vierzig versprochene Quadratmeter, wir maßen nach – die vierzig Quadratmeter fehlten wirklich. Frau W. deutete eine Gebärde tiefer Ratlosigkeit an, gepaart mit Unschuld. Nun hatten wir so um unsere Möbel gekämpft und konnten sie nicht unterbringen. Wir probierten alles, es war unmöglich. Sofa, Sessel und Tisch – ich hatte sie einst bei einem märkischen Bauern im Geräteschuppen gefunden –, unser Freund Klaus Völker stellte schließlich alles bei sich in Schöneberg unter, mehr als elf Jahre lang. Aber Hugo, Emil und Leo konnten wir doch nirgends unterstellen. Ja, mehr noch, ohne Hugo, Emil und Leo konnten wir nicht leben.

Die Katzen gehörten zu uns. Dabei habe ich immer gewusst, dass Haustiere nicht zu der Unstetigkeit meines Berufs passen. Das sagte ich auch dem Antiquitätensammler, als er einmal vor Jahren zu mir meinte, er wisse genau, was mir fehle: eine Katze! An diesem Tag begannen wir, nicht nur über schöne alte Dinge zu sprechen, sondern auch über Katzen. Und er habe da eine Katze für mich. Seine hatte nämlich Junge bekommen, und es erwies sich als schwierig, alle unterzubringen. Eine galt auf Grund ihrer außergewöhnlichen Hässlichkeit als besonders schwer vermittelbar. Die sollte für mich sein. Er formulierte das nur viel gewinnender. Ich wehrte mich. Ich benutzte alle Unmöglichkeitsworte, die mir einfielen. Aber ich ließ mich überreden, das Katzenkind anzuschauen. Das war mein Fehler. Eine letzte Bastion blieb. Wenn überhaupt, sagte ich – und legte alle Eventualität der Welt in diese beiden Worte – , dann nehme ich ohnehin nur eine Katze, keinen Kater. Ich weiß nicht, warum ich keinen Kater wollte, aber es war so. – Das ist doch eine Katze!, rief der Ziehvater unvermittelbarer Katzenkinder und hielt mir das Knäuel mit weitabgespreizten Beinen wie ein Indiz bäuchlings vors Gesicht. Ich war besiegt. Ich nannte meine Katze Anna.

Bald bekam Anna beunruhigende Schwellungen in der Indizien-Gegend. Ich hatte Angst um meine Katze und alarmierte den Antiquitäten- und Katzenhändler. Der besah mit ruhigem, leicht verlegenen Blick zwei Kugeln an Annas Hinterteil. – Krank ist die nicht, sagte er schließlich. Anna war ein Mann.

Und ich nenne ihn Anna! Soll ich Anna etwa jetzt noch einen ganz neuen Namen geben?

Ein Hauch von Schuld überzog das Gesicht des Katzenvermittlers, er strich an meinem Bücherregal entlang und blieb plötzlich stehen, genau vor Anatole France. Seine Miene klarte auf: Genau, das ist es, Anatole, Anna-tole. Jetzt ist es ein Mann!

So wurde aus Anna Anatole, und weil Anatole doch oft einsam war, wie ich es befürchtet hatte, holte ich ihm eine Katzenfrau zur Gesellschaft. Das war Paula. Paula war hochneurotisch, hatte rote Haare und immerzu Scheinschwangerschaften. Vielleicht ging es Anatole und Paula wie den Menschen auch. Manchmal ist man noch einsamer zu zweit als allein. Als ich mit Hilmar in Lichtenberg in der Baikalstraße wohnte, in unserem Haus für Aufhörer und Absteiger, musste ich sie zu Freunden geben. Anatole und Paula sind von Lichtenberger Balkons gefallen, aus dem 14. Stock.

Nach Anatole und Paula kamen Anton und Jeppe. Anton und Jeppe waren vom Dorf, wo unser kleines Blockhaus stand, sie liebten das Landleben. Jeden Morgen liefen sie zur Schweinemästerei, Schwalben fangen. Wenn wir aufwachten, lagen die toten Schwalben neben unseren Betten als Morgengabe. Erwartungsvoll, süchtig nach Anerkennung blickten sie uns an. Ich versuchte, sie nicht zu enttäuschen. Der Weg zur Schweinemästerei führte über eine Landstraße. Anton wurde zuerst überfahren, zehn Tage später Jeppe.

Jetzt ist es genug, dachten wir. Katzen zu haben ist eine sehr traurige Angelegenheit. Aber in Kleinmachnow hatte sich inzwischen eine Siamzuchtkatze mit dem Dorfkater eingelassen, was ihren Kindern hässliche nackte Rattenschwänze zu echtem Kleinmachnower Dorfkaterfell einbrachte. Es waren eineiige Zwillinge, und sie waren absolut unverkäuflich. Bastarde. Wir sahen sie und nahmen sie mit, Hugo und Leo. Emil dagegen war aus Siethen und gehörte einem Bauern, der ihn nicht brauchen konnte. Wer zwei Katzen hat, wird auch mit drei Katzen fertig, dachten wir und nahmen auch Emil auf. Da kannten wir Frau W. noch nicht. Drei Katzen oder zwei Katzen – für Zehlendorfer Vermieterinnen machte das vielleicht doch einen Unterschied. Und begeht bloß keinen Fehler beim Ausfüllen des Fragebogens, hatten uns Freunde gewarnt.

Aber was hieß das? Sollte ich alle drei Katzen verschweigen? Ich entschloss mich zum typischen Mittelweg des Opportunisten. Ich gab nur zwei Katzen an.

Im Osten wäre ich noch als Eigentümerin von zehn Katzen der Meinung gewesen, dass es keinen Menschen etwas anginge, wenn alle meine zehn Katzen auf einmal Junge bekämen. Ich glaube, wenn der Westen den Besitz von Katzen generell untersagt hätte – wir wären, Repression hin, Repression her, niemals ausgereist.

Es ist ohnehin eine schwierige Sache mit den Repressionen. Die Autorin Daniela Dahn hat viel öffentlichen Unmut erregt mit dem Verdacht, dass die Summe der Repressionen am Ende doch immer gleich bleibe. Ich glaube, sie meinte das gar nicht politisch; sie hatte eher den Druck im Auge, dem der Einzelne ausgesetzt ist. Die Summe seiner Bedrückungen. Die Stasi waren wir los, aber meine neue vorauseilende Demut vor Frau W. kam mir auch entwürdigend vor. Wie kann ein freier Mensch sein, wer unfrei wohnt?

Hugo mit dem Rattenschwanz muss das ähnlich empfunden haben, denn er mochte den Westen anfangs überhaupt nicht. In Zehlendorf angekommen, verkroch er sich ganz tief unterm Sofa und war durch nichts mehr hervorzulocken. Wäre Frau W. jetzt gekommen, sie hätte wirklich nur zwei Katzen zählen können.

In unserer ersten Nacht in der eigenen Wohnung im Westen rief ich eine Tierärztin an, die erste, die ich fand im Telefonbuch. Sie war aus Kreuzberg und sagte, dass sie eigentlich keine Hausbesuche mache, schon gar nicht nachts, und auch nicht wegen Katzen, die gar nicht krank sind, sondern nur ein Systemwechsel-Trauma haben. Aber dann kam sie doch. Leo bekam eine Beruhigungsspritze. Aus dem Ostkater wurde allmählich ein Westkater. Nur bei uns dauerte dieser Prozess etwas länger und ist bis heute nicht ganz abgeschlossen.

Die erste West-Antinomie, die ich bemerkte, war wie gesagt die zwischen Freiheit des Seins und Unfreiheit des Wohnens. Und das nicht erst, als Frau W. uns eines Tages einen Briefumschlag unter der Tür hindurchschob mit der Mitteilung, dass sie unsere Miete um dreißig Prozent anzuheben gedenke.

Meine Mutter hat den Brief gefunden, denn sie durfte uns besuchen und sah nach den Katzen, wenn wir nicht da waren. Meine herzkranke Mutter also las die Korrespondenz unserer Vermieterin, und ein aufrichtiges Entsetzen umkrampfte ihr krankes Herz. Hätte Frau W. nicht warten können, bis wir wieder da waren? Wir haben Frau W.s Mieterhöhungsidee dann vor Gericht gebracht. Mietpreisgebundener Wohnraum, lautete das Urteil. Frau W. verlor gegen uns. Wahrscheinlich wurden wir ihr dadurch nicht sympathischer. Man wohnt doch nicht mit seiner Vermieterin im selben Haus, sagten Freunde und ergänzten, dass es sich dabei um eine Grundregel des Wohnens im Kapitalismus handele. Aber wenn es doch keine Wohnungen ohne Vermieterin untendrunter gab?

Hilmar, sagte ich schon bevor Frau W. die Idee mit der neuen Miete hatte, wir müssen unabhängig werden von Frau W. Wir brauchen, koste es, was es wolle, eine eigene Wohnung! Ich nannte das fortan die Idee der kleinsten Freiheit. Ein freier Mensch in einem freien Lande darf nicht unfrei wohnen!

Die Formulierung »Koste es, was es wolle!« verstehe ich erst richtig, seit ich selbst Eigentümerin einer Wohnung bin.

Mit einer leisen Wehmut dachte ich daran, dass mir einmal jemand ein Haus schenken wollte, noch tief im Osten. Ein riesiges, wunderschönes Jahrhundertwende-Eckhaus mit mehr als zwölf Wohnungen darin. Das Haus, in dem ich mit Jiri Vrstala wohnte. Es gehörte Fleischermeister Buchholz.

Fleischermeister Buchholz und seine Frau waren schon sehr alt. Sie sahen mit einem gewissen Erstaunen, dass ich eine Hecke pflanzte in meinem Garten, der eigentlich ihr Garten war. Als ein Sturm den alten Nadelbaum vor meinem Fenster umriss, kaufte ich einen neuen. Diese Fürsorglichkeit muss sie gerührt haben. Bei mir, dachten Herr und Frau Buchholz, wäre ihr Haus in guten Händen. Denn sie hatten niemanden, dem sie es vererben konnten. Dabei hatten Herr und Frau Buchholz einmal einen Sohn. Diese schwerste Geschichte, die Eltern berichten können, haben sie mir erzählt, als sie mir ihr Haus schenken wollten.

Im April 1945 kämpfte sich ein junger Soldat von Birkenwerder durch bis nach Hause, bis nach Niederschönhausen. Er schaffte es.

272

Mutter, Vater, ich bin wieder da, der Krieg ist schon fast zu Ende! Die Eltern versteckten den Sohn. Den Deserteur? Fleischermeister Buchholz und seine Frau hatten Angst. Die Angst wurde stärker. Und wenn man ihn findet, einen entlaufenen Soldaten? Die beiden Alten sagten, dass sie ihren Sohn zurückgeschickt hatten zu seiner Einheit nach Birkenwerder. Auf dem Weg zurück nach Birkenwerder wurde er erschossen. Frau und Herr Buchholz standen vor mir und weinten. Ich ahnte, sie hatten diese Geschichte noch nie jemandem erzählt. Der Sohn hätte ihr Haus geerbt. Jetzt wollten sie es mir schenken, wie einer Tochter.

Aber Herr Buchholz, sagte ich, was soll ich denn mit einem Mietshaus? Im Grunde konnte einem in der DDR nichts Schlimmeres passieren, als ein Haus zu erben. Die DDR hatte Eigentum zur Bürde gemacht. Ein eigenes Haus war etwas, was Geld kostete. Und was bei aller Mühe kaum zu erhalten war. Ein eigenes Haus war ein Fass ohne Boden, ein Albtraum. Nein, ich würde mich nicht um das Haus der Buchholzens kümmern können.

Ich konnte ihr Geschenk nicht annehmen.

Ich habe eine Mieterin

Im Westen kam niemand auf die Idee, mir ein Haus zu schenken. Oder wenigstens eine Wohnung. Und in der Wohnung, die wir schließlich kauften, wohnte schon jemand. Das war Frau Sauermilch. Frau Sauermilch hatte allen bisherigen Umzugs-Avancen und -Verlockungen ihres Hauseigentümers aufrecht widerstanden. Etwa der Suggestion, dass eine, nun ja, schon etwas ältere allein stehende Frau doch gar nicht so viele Zimmer braucht. Was Frau Sauermilch braucht, wusste Frau Sauermilch ganz allein. Sie wohnte seit 1944 in der Wohnung, die wir gerade zu kaufen gedachten, gewissermaßen mit Mietpreisbindung. Seit sie in der Schillerstraße ausgebombt wurde, woran jeder erkennen könne, meinte Frau Sauermilch, dass sie in diese Wohnung und nur in diese Wohnung gehöre. Daran änderte nach Frau Sauermilchs Auffassung auch die Tatsache nichts, dass die Straße vorm Haus ungefähr zweimal im Jahr gesperrt werden musste, nämlich immer dann, wenn Frau Sauermilch wieder umgefallen war und niemand den Schlüssel hatte. Meistens schaffte sie es noch bis zum Telefon, dann kam ein Feuerwehrauto, die Straße wurde gesperrt, die Leiter ausgefahren und die Retter drangen über den Balkon zu Frau Sauermilch vor.

Wir kauften also die Wohnung mit Frau Sauermilch drin. Plötzlich war ich nicht mehr Mieterin, sondern eine Art Frau W. Ich hatte eine eigene Mieterin. Sollte ich ihre Wohnung wegen Eigenbedarf zur Baustelle machen? Licht- und Gasleitungen legen, solche Sachen. Jeder hätte mich verstanden.

1952 war Frau Sauermilchs Mann gestorben. Seitdem hatte sie

nichts mehr an der Wohnung verändert. Auch nicht die Tapeten. Als ich das erste Mal in Frau Sauermilchs Zuhause stand, überlegte ich: Ist »Wohnung« wirklich das richtige Wort für das, was ich sehe? Am liebsten hatte Frau Sauermilch das Zimmer, in dessen Decke in den letzten Kriegstagen eine große Bombe stecken geblieben war. Dort wohnte sie mit ihren Papageien und einem großen wild wuchernden Knöterich auf dem Balkon. Die anderen Zimmer hatte sie abgeschlossen und eins vermietet. Manche zeigten noch Spuren der Pelzwerkstatt, die Frau Sauermilch hier eingerichtet hatte, als sie jung war. Jetzt war sie alt.

Frau Sauermilch war viel zu alt, um sich vorzunehmen, ein wirklich freier Mensch zu werden, also ganz und gar vermieterunabhängig.

Aber das brauchte sie auch nicht. Frau Sauermilch war ein völlig freier Mensch, eine große Mieterpersönlichkeit. Sie flößte jedem Hauseigentümer eine natürliche Furcht ein, so dass wohl nicht mal Frau W. gewagt hätte, in Frau Sauermilchs Gegenwart an das Verlegen von kompletten Elektro- oder Gasleitungen zu denken. Dennoch war ich nicht ganz frei vom Übermut des Neueigentümers. Als Vermieterin, dachte ich, hat man das Recht, ein paar Verschönerungen vorzuschlagen. Nicht, dass ich Frau Sauermilch zu einem Tapetenwechsel überreden wollte, ich wusste, dass ich keine Chance hatte gegen die Form- und Farbgebungen von 1952, aber meine Mieterin blieb auch kleineren Ansinnen gegenüber unzugänglich. Mein Gott, Frau Sauermilch, es riecht nach Gas! – Nicht nur einmal habe ich ihr das gesagt. Meine Mieterin schaute mich jedes Mal aus sehr schrägen Augenwinkeln an: Ich rieche nichts! Trotzdem ließ sie sich zu der Erlaubnis überreden, dass ich jemanden mitbringen konnte, die undichte Stelle zu suchen. Die durften wir dann flicken. Aber nur die undichte Stelle.

Frau Sauermilch wusste, dass wir nach ihrem Tode in die Wohnung ziehen wollten. Vielleicht gab ihr das die Kraft und Energie, sehr alt zu werden. Denn man darf es den anderen nicht zu leicht machen.

Andererseits wartete ich gar nicht, dass meine Mieterin endlich stürbe, ich hatte keine Zeit, mich um mein Eigentum zu kümmern. Mir genügte das Wissen, dass es nun einen Ort gab, der mir gehörte. Ich war in Sicherheit vor allen Vermieterinnen der Welt.

Zugleich habe ich gelernt, dass diese Gesellschaft, Kapitalismus hin, Kapitalismus her, gar nicht so menschenfresserisch sein kann, wenn sie alte Frauen, die öfter mal umfallen, ganz allein in so großen Wohnungen einer nicht gerade unattraktiven Gegend wohnen lässt.

Der Zehlendorfer Gynäkologe versteht mich nicht

B ald führten wir auch unsere erste ideologische Auseinander-
setzung, darin hatten wir in den letzten Jahren schließlich
einige Übung erlangt, nur führten wir sie diesmal im Westen. Das
kam überraschend.

Ein Gynäkologe aus Zehlendorf, wo wir nun wohnten inmitten
der Zehlendorfer Witwen, äußerte mir gegenüber die Ansicht, dass
die DDR Künstler genauso gezüchtet habe wie Sportler und Kader
überhaupt. Er hatte nämlich gehört, dass Schauspieler in der DDR
besser ausgebildet seien als die im Westen, und suchte dringend
eine Erklärung dafür. Dass das nicht mit rechten Dingen zugehen
konnte, setzte er voraus.

Kann man Künstler züchten?, fragte ich den Gynäkologen zurück, und wir begannen, jeder aus seinem Erfahrungsschatz zu
berichten. Ich aus der Weltsicht der Schauspielerin, er aus der
Weltsicht des Gynäkologen. Nein, eben nicht ganz. Zum ersten
Mal stieß ich auf diese Eigentümlichkeit des Gemüts unserer westlichen Landsleute, die ich sonst nur vom Politbüro her kannte:
alles besser wissen zu wollen.

So wie es im Osten eine Kaderschmiede und eine Sportler-
schmiede gibt, existiert auch eine Künstlerschmiede!, erklärte der
Gynäkologe mit Nachdruck. Seine Miene war von formvollendeter
Arroganz. Arroganz ist ein besonderes Mischungsverhältnis aus
Ignoranz und Dummheit. Er bemerkte nicht einmal, wie er uns
kränkte. Mein Gott, dachte ich, der ist ja noch dümmer als das
Zentralkommitee, nur eben seitenverkehrt.

Bald, das war klar, musste ich auch mein erstes öffentliches

Interview geben. Die haben das Land verlassen, die müssen doch Gründe haben. Als Erste wollte Lea Rosh sie hören, Livetalkshow im Funkturm. Das war noch im August 1980. Ich war ratlos. Mein altes Problem kehrte zurück: Wie rede ich mit West-Journalisten? Es hatte sich nur etwas verschoben. Es konnte mir nun schnurzpiepegal sein, was der Osten von meinen Antworten hielt. Aber es war mir nicht egal.

Thomas, sagte ich zu unserem guten Freund Thomas Brasch, Verfasser des noch zu erwähnenden Theaterstücks »Frauen. Krieg. Lustspiel« und ein Abgehauener der ersten Stunde – mit einem Koffer in der Hand gingen er und Katharina Thalbach über die Grenze –, Thomas, sagte ich, ich kann mich doch hier nicht in dieser anderen Gesellschaftsordnung hinsetzen und über die DDR herziehen. Ich sagte wirklich »andere Gesellschaftsordnung«. Ich sagte in Gesprächen auch »euer Land« und »unser Land« – erstaunte Blicke legten sich dann immer auf mein Gesicht. Man lächelte. Was ist das für eine Dissidentin, die diese DaDa-eR da drüben als »mein Land« bezeichnen kann? Sie scheint also zu glauben, dass es wirklich ein Recht hatte zu existieren. Aber hatte ich nicht Recht? Diese beiden Deutschländer haben nach dem Mauerbau doch so gänzlich verschiedene Entwicklungen genommen, dass es wirklich unmöglich war, hier im Singular zu reden.

Nicht dass ich Angst hatte, Lea Rosh wäre wie der Zehlendorfer Gynäkologe. Und trotzdem. Ich wusste jetzt schon, was sie hören wollten. Mensch Angelica, überlegte Brasch, dass ist doch gar kein Problem. Du sagst einfach: Die DDR war eine gute Schule, aber jede gute Schule muss man mal verlassen. Da hast du die DDR nicht in den Staub getreten, und trotzdem scheint es ganz logisch, dass du weggegangen bist. Brasch sah hochzufrieden aus. Er war überhaupt ein großer Logiker in solchen Weggeh- und Dissidenten-Dingen. Wenn ihr Charakter hättet, hatte er uns noch in der DDR erklärt, wenn ihr Charakter hättet, würdet ihr den Nationalpreis zurückgeben. Ja, gar keine Frage, ihr müsst den Nationalpreis zurückgeben. Das geht gar nicht anders! – Brasch redete sich in ein dissidentisches Eiferertum. Wir hörten ihm aufmerksam zu und nickten ab und zu abwägend, wie man das bei Vorschlägen von Leuten macht, die man nicht brüskieren will, ohne ihre Standpunkte zu teilen. Denn wir sahen überhaupt keinen Grund, den Nationalpreis zurückzugeben, den wir einen Monat vor unserer Biermann-Unterschrift bekommen hatten. Den Nationalpreis bekommt man für große Verdienste um die DDR. Nun kann man sich darüber streiten, ob wir mit unserem »Daniel Druskat« ein großes Verdienst um die DDR erworben hatten. Aber wir waren inzwischen nicht zu ihren Feinden geworden. Wir waren dieselben wie zur Preisverleihung. Der Sänger war auch nicht ihr Feind. Sie wusste das nur nicht. Warum also einen Preis zurückgeben, um ihren Irrtum zu bestätigen? – Alles Quatsch, zurückgeben!, beharrte Brasch.

Kurz darauf bekam Brasch den Bayerischen Filmpreis. Für »Engel aus Eisen«. 50 000 DM aus der Hand des bayerischen Ministerpräsidenten. – Das geht aber nicht, sagte ich zu Thomas und gab mir Mühe, die Miene tiefster innerer Zerknirschtheit zu wahren, nein Thomas, das nicht. Du kannst diesen Preis nicht annehmen. Du bist links. Du kannst dir nicht von Franz-Josef Strauß 50 000 DM schenken lassen! – Brasch nickte stumm. Er sah das vollkommen ein. Ein linker Dichter, ein Revolutionär des Wortes, ein Anarchist wie er und ausgerechnet Franz-Josef Strauß?

Brasch hat den Bayerischen Filmpreis für »Engel aus Eisen« doch angenommen. Aus politischer Klugheit, wie er sagte. Denn Brasch beschloss, diese Entgegennahme zu einer Anti-Strauß-Demonstration zu machen. So würde er etwas Doppeltes erreichen – er hätte dem Kapital 50 000 DM abgenommen und zugleich ein politisches Zeichen gesetzt. Thomas Brasch hielt dem bayerischen Ministerpräsidenten einen Vortrag, wie er ihn sicher noch nie gehört hatte. Er machte die Filmpreisverleihung zur quasikommunistischen Aufklärungsveranstaltung – und dankte seinen Lehrern im Osten –, wann bekommt man schon mal die Gelegenheit, die CSU zu agitieren? Unruhe im Publikum, nur Brasch und Strauß blieben gefasst. Als Brasch fertig war, erklärte Strauß Brasch wiederum den Wert der freiheitlichen Gesellschaft, den wo sonst könne es vorkommen, dass einer wie er – Strauß – einem wie ihm – Brasch – einen Preis verleihe?

Nicht hingucken oder Sätze wie: »Die DDR war eine gute Schule, jede gute Schule muss man mal verlassen«, das war Brasch. Ich sagte seinen schönen diplomatisch-undiplomatischen Satz bei Lea Rosh wirklich und habe ihn noch oft wiederholt.

Nach der SFB-Talkshow warteten Hilmar und Thomas in der Kneipe. Sie begrüßten mich, als käme ich geradewegs aus einer Arena. Die Männer waren hochzufrieden mit mir. Dann legte Thomas Brasch, der nachmalige Empfänger des bayerischen Filmpreises, die Stirn in Falten, nein, in Ackerfurchen und sprach: Du musst dich aber anders anziehen! Es war gar nicht gut, was du anhattest! Du hast deinen Stil noch nicht gefunden!

Der Mann war nicht mal vier Jahre vor uns im Westen und sagte mir schon Sachen über den Stil.

Es war eine Zumutung. Da hat man gerade in Zorn, Wut und Ohnmacht ein Land verlassen, und anstatt diesen Zorn, diese Wut in Ruhe austragen und pflegen zu dürfen, wird man gezwungen, sein Ex-Land zu verteidigen. Ich sagte, was gut daran war und wie das Gute mit dem Miesen zusammenhängt – nicht um der DDR willen, ich war so froh, sie los zu sein – sondern um der Wahrheit willen. Um meiner Wahrheit willen. Denn ich glaube nicht, dass es *die* Wahrheit gibt. An meine Wahrheit aber glaube ich.

Aber nicht nur mit den Journalisten und Gynäkologen, auch mit manchen Frauen verstand ich mich nicht. In diesem neuen Land war Frau-Sein plötzlich ein politisches Bekenntnis. Diese Bekenntnis-Frauen konnten so nachdrücklich sein, vor allem die Ober-Bekenntnis-Frau. Ich glaube, sie war maßlos enttäuscht von mir. Wir dachten einfach zu verschieden. Bei der Jahreszahl 1968 denken sie grundsätzlich an sich, mir fällt immer Prag ein, da kann ich machen, was ich will.

Ich kann mit dem verbalen Feminismus nicht viel anfangen. Es kommt mir immer vor, als würde man mit Kanonen auf Spatzen schießen. Damit sage ich nicht, dass Männer Spatzen sind. Aber ich mag es sogar, wenn mein Mann sich aufregt. Ich mag seine Aggressionen, zum Beispiel, wenn wieder jemand bei uns auf der Treppe geraucht hat. Ich glaube nicht, dass die Oberfeministin das verstehen konnte.

Dabei glaube ich auch, dass Frauen mit ihren Erfahrungen anders umgehen, viel unkriegerischer. Ich finde, dass Frauen die Welt komplexer sehen, nicht schwarz-weiß. Das ist es wohl, was mich am Feminismus stört – dass er das Schwarz-Weiß nur umkehrt. Gut, dass ich damals noch nicht Regie führte. Als ich »Michael Kramer« und »Maria Magdalena« inszenierte und Hilmar unter meiner Regie spielte, wurde ich öfter gefragt, wie sich das denn anfühlt. Dass Frauen nicht nur mitspielen, daran haben sich inzwischen alle gewöhnt, aber dass sie Regie führen, scheint immer noch seltsam. Hilmar und ich hatten damit keine Probleme. Und dabei kann mein Mann sehr diskriminierend sein. Er ist mittelmaßfeindlich. Unter bestimmten Umständen kann Mittelmaßfeindlichkeit wie Frauenfeindlichkeit aussehen. Aber ich hatte Glück. Denn mein Mann hält mich für eine gute Regisseurin, sagt er.

Aber noch war die Regisseurin Angelica Domröse weit weg. Die DDR dagegen war nah. Und ich verteidigte die Frauen der DDR gegen den Feministinnen-Verdacht, ihre Emanzipation sei eine Scheinemanzipation gewesen.

Vielleicht hätten wir doch nach Italien auswandern sollen. In Italien wäre ich viel toleranter gewesen. In Italien gibt es, glaube ich, auch nicht so viele Feministinnen. Ich habe mich dort an so vieles gewöhnt. Als ich mit der Volksbühne in Mailand spielte, ging direkt vor uns der lange Mittelgang zur Tür nach draußen. Die Tür öffnete sich und schloss sich wieder, während wir spielten. Ich konnte von der Bühne direkt in die untergehende Abendsonne blicken. Der erste Italiener geht ungefähr zehn Minuten nach Beginn der Vorstellung eine rauchen und kommt dann wieder rein. Es ist ungeheuerlich, aber ich glaube, ich hätte mich daran gewöhnt. An den Zehlendorfer Gynäkologen, das wusste ich, würde ich mich nie gewöhnen.

Ich weiß nicht, ob ich das Mailänder Theater in Interviews erwähnt habe. Oder Venedig, Turin, London oder Stockholm – schließlich gaben wir in ganz Europa Gastspiele, nur in der Bundesrepublik waren wir nie.

Was, merkten die Journalisten auf, Sie durften also reisen? Aber dann waren Sie ja privilegiert! – Es klang wie ein Vorwurf. Sie dachten gar nicht daran, dass wir eingeladen wurden, weil das Theater der DDR etwas Besonderes war; es war ihnen egal, dass wir schließlich arbeiteten in Italien, England oder Schweden, und nicht einfach »reisten«. In ihren Augen war es ein Privileg. – Und nicht nur das, stimmte ich zu, ich hatte auch einen Fleischer, der mich mochte. Ich bekam alles, was ich wollte. »VEB Angelica« nannten das die Kollegen. Doch das sagte ich den Journalisten nicht.

Aber Sie hatten Arbeitsverbot, nicht wahr? – Nicht so direkt, antwortete ich, am Theater war ich festes Ensemblemitglied.

Ich sah die Journalisten-Weltbilder reihenweise zusammenbrechen. Ich konnte ihnen nicht helfen, ich hätte zu viel erklären müssen.

Und dann war da noch eine politische Richtung. Der waren unsere »Privilegien« egal. Das waren die Westlinken. Wir trafen sie, wo wir sie gar nicht vermutet hatten. In Österreich, am Irrsee bei Salzburg. Jochen Steinmayr, damals der Chef des »Zeit«-Magazins, hatte uns dorthin eingeladen, in unserem ersten Sommer im Westen. Wir saßen am See in den schönen Häusern, und immer kamen Gäste.

Wenn sie hörten, dass wir aus der DDR kamen, benahmen sie sich sehr unterschiedlich. Manche reagierten so:

Mensch, warum seid ihr denn da weggegangen? Ist doch ein toller Entwurf, ein wahnsinnig aufregendes Gesellschaftsmodell, diese DDR. Und was für Theater ihr da drüben habt! Hier wird doch alles nur für den Markt gemacht, auch die Kunst.

Die Westlinken schauten mit zukunftsvoll verklärtem Blick

über den See. Der machte keine aufrührerischen Wellen, ein mattes Kräuseln, das war alles. Irgendetwas am Gestus unserer Kritiker weckte in mir den Verdacht, dass auch sie die Lebensform des sanften Kräuselns bevorzugen könnten, und ich machte den Test:

Na, dann geht doch rüber, wenn ihr die DDR besser findet!

Eine kurze Eintrübung ging über ihr Gesicht, dann lächelten wir wieder.

Warum die aus dem Osten immer so übertreiben müssen!

Nur bei jenen, die selber im Osten gelebt hatten, gab es diese Schwierigkeiten des Verstehens nie. Jochen Steinmayr war viele Jahre in Polen gewesen – wir wussten beide, worüber wir sprachen.

Wir wollten unsere bundesdeutschen Pässe in Hamburg ausstellen lassen. Jochen Steinmayr verstand das nicht gleich: Du bist doch Berlinerin, du bleibst in Berlin, wenn auch in der anderen Hälfte! – Ja, sagte ich und erklärte ihm, dass Westberlin viel zu unsicher sei, um sich dort einen Pass ausstellen zu lassen, wer weiß, wie lange es das noch gibt! Ich meinte es völlig ernst. Ich war nach den letzten Jahren und Monaten noch viel neurotischer als ein Westberliner, der die Blockade und den Mauerbau mitgemacht hat. Ich wollte endlich wieder Sicherheit. Also Hamburger Pässe!

»Ein Star wechselt den Staat«, hatte der »tip«, das Berliner Stadtmagazin, in unserem Umzugsmonat geschrieben. Solche Überschriften haben natürlich auch Nachteile. Na, wenn sie euch jetzt noch rauslassen!, kassandrate unser Freund Thomas Brasch von Westberlin herüber.

Und was sollte mein Mann dazu sagen? Wir machten bald die Erfahrung, dass ich bekannter war als er, natürlich, ich war »Helena«. Er war nur mein Mann. Das ist psychologisch sehr ungünstig. Männer halten so was nicht aus. Sie sind nicht dafür gemacht, hinter jemandem zu stehen. Hamburger Begrüßungen wie »Guten Tag, Herr Domröse!« konnte Hilmar einfach nicht ausstehen.

Hier konnte nur Arbeit helfen.

Das Theater des Westens

Wir kamen mit dem Eben-noch-Intendanten des Hamburger Thalia-Theaters wie von selbst zurück nach Berlin. Und ich lernte, was ein Intendanten-Wechsel im Westen bedeutet. Zuerst einmal braucht ein neuer Intendant ein nagelneues Büro. Unabdingbar sind Renovierungen aller Art. Man kann auch die Stühle im Zuschauerraum neu beziehen lassen. Das alles tat Gobert. Denn der Beginn einer neuen Intendanz signalisiert den Anbruch eines neuen Zeitalters.

Ich verstand das schon, aber ich sehe noch immer Helene Weigel vor mir in ihrem kleinen Büro. Ich glaube, sie wäre nie auf den Gedanken gekommen, dass man das mal renovieren müsste.

Zum Schluss, wenn Büro und Zuschauerraum fertig sind, braucht der neue, nie da gewesene Intendant noch eine neue, nie da gewesene Inszenierung. Ein großer Regisseur musste her. Gobert dachte an Peter Zadek. Zadek wiederum dachte an meinen Mann als Fallada. Denn er wollte zum Anfang des neuen Schiller-Theaters »Jeder stirbt für sich allein« verzadeken. Und irgendwann bemerkte der Regisseur auch mich, die Frau vom Mann. Er sah mich mit schwimmendem Blick an und fragte dann, ob ich mir vorstellen könne, die Frau vom Minetti zu spielen. Minetti? Der war damals noch nicht so alt, wie er zehn Jahre später war, als er seine »Märchen in Deutschland« las, aber trotzdem, es war erstaunlich. Ist der nicht ein bisschen alt?, fragte ich zurück. Immerhin war ich eben noch Helena gewesen, und nun sollte ich eine arme Proletarierfrau, verheiratet mit einem fast Achtzigjährigen sein. Ooch, machte Zadek, das geht schon. Ich habe mal einen

284

Film gemacht, da war der Mann auch viel, viel älter als die Frau, und es war großartig.

Ich wusste, dass dieser Regisseur unvergleichlich war, ich ahnte, dass man ihm nicht widersprach und auch keine Bedingungen stellte – aber genau das tat ich. Anna Quangel! Ich überlege mir die Anna, sagte ich zu Zadek. Zadek nickte. Gut, antwortete er, wir telefonieren Ostern um 16.01 Uhr. Er meinte das ganz ernst. Ich spielte noch die Helena in Hamburg und Ostern erst recht (Fausts Osterspaziergang!), als wir den Neuanfang in Berlin beschlossen. Ich konnte mir den Termin gut merken. Ostern um 16.01 rief Zadek tatsächlich an, und ich erklärte ihm, dass ich ihm seine arme Proletarierfrau spielen würde unter einer Bedingung: Ich will auch eine Punklady sein. Keine Prolein ohne Punk! – Zadek muss diese Logik irgendwie eingesehen haben. Um zu verstehen, was eine Punkerin bei Fallada macht, muss man nur wissen, dass Zadek mit Jerome Savary eine riesige Faschismus-Entlarvungsprozession plante, auf die ich noch komme, und da ich gerade viel Nina Hagen hörte, dachte ich mir, dass sie mich da noch brauchen könnten. Die Revuen sollten immer zwischen den tragischen Komplexen liegen, und das Problem war, dass ich, wenn ich eben noch auf der Bühne punkte, im nächsten Augenblick als Anna Quangel mit Fieber im Bett liegen musste.

Minetti, also Anna Quangels Mann, machte nicht bei den Punkszenen mit, was vielleicht ein Fehler war. Der Mann war nicht ausgelastet. Denn ungeachtet seiner fast achtzig Jahre erwies es sich als beinahe aussichtslos, mit Minetti das Alter zu spielen. Denn Zadek hatte eins nicht gemerkt. Minetti war zwar schon alt, aber er hatte keinerlei Ahnung, was das bedeutet. Er hatte überhaupt kein Talent zum Alter. Wenn meine vom Schicksal geprügelte Proletarierfrau nach dem Tod ihres Sohnes unter Stöhnen den Kopf fallen lässt, als wollte sie sich die Stirn an der Welt einstoßen, sollte Minetti den Kopf seiner Frau auffangen. Aber der Mann konnte nicht warten. Er fing meinen Kopf immer schon, bevor ich ihn überhaupt hatte fallen lassen. Und als wir nach unserem ersten

Anti-Kriegs-Aufruf ganz langsam und sehr lange über die Bühne gehen, nahm ich irgendwann – stumme Ergebung und Solidarität – seine Hand. Ich hatte immer ein genaues Gefühl, wann der Augenblick zum Handnehmen da war. Aber Minetti hatte ein anderes Gefühl. Meist dauerte es ihm zu lange, und er nahm einfach meine Hand. Ich ärgerte mich.

Herr Minetti, sagte ich, Sie spielen vorweg!

Ich hatte gegen die Ausbürgerung von Wolf Biermann protestiert, also werde ich doch einem vorwitzigen Schauspieler erklären dürfen, was er falsch macht. Aber das war ein Fehler. Denn mit Minetti war es ungefähr wie mit dem Politbüro. Man kritisierte es einfach nicht. Bernhard Minetti und das Politbüro waren es nicht gewohnt, dass man an ihnen etwas auszusetzen hatte. Minetti war fassungslos. Ottooo, rief er immer schon von weitem, Ottooo, stell dir vor, die Angelica… Was ist das eigentlich – vorwegspielen?… Nein, Ottooo…

Otto… war Otto Sander, der als Nazi-Mann Hilmar in den Tod treiben musste. Die beiden warteten immer schon in bester Laune auf Minetti und die Kinder-Ungläubigkeit in seinem großen alten Gesicht: Nein, Ottooo…

Ich traf noch mehr alte Männer am Schiller-Theater. Es waren insgesamt drei leibhaftige Theater-Denkmäler. Bernhard Minetti eben, Martin Held und Erich Schellow. Was sie einte, war ihr Lebensalter, das man diplomatisch oft »fortgeschritten« nennt. Ansonsten waren sie so grundverschieden, dass man unwillkürlich erstaunt war, dass sie unter dasselbe Dach in das dasselbe Theater passten. Minetti mit seinen fast achtzig Jahren war von einem ungezügelten jugendlichen Ehrgeiz; Erich Schellow erinnerte von fern, auch von nah, an einen Leutnant und sprach nur von den »Klassikern«, die er zu spielen gedenke. Ich kann mir nicht vorstellen, dass Zadek bei seinem Anblick nicht an einen Leutnant dachte, aber er besetzte ihn als Arbeiter. Im »Orpheus« musste er später sogar die verwandelte Fliege verkörpern und, beide Arme in Propellerstellung, auf Schmeißfliegenweise summen. Vielleicht bestärkte Schellow das in seinem Vorsatz, künftig nur noch die Klassiker zu spielen.

Am liebsten hatte ich Martin Held. Held war der Leidende. Als wir bald zusammen in »Lulu« auftraten, klopfte er fast jeden Tag an meine Garderobe, mit immer dem gleichen Satz: Oooach, Kleene, heute geht's mir gar nicht gut. Oooach, ich wollte nur, dass du das weißt, dass du dich nachher nicht wunderst! – Er meinte, wenn er vor aller Augen auf offener Bühne versagen würde. Ich wunderte mich jedes Mal. Keines seiner mannigfachen Leiden schien den Schritt ihres Trägers auf die Bühne zu überstehen. Sie warteten alle in der Garderobe auf ihn, um ihn in Besitz zu nehmen, sobald er wiederkam. Auch konnte es passieren, dass der kränkelnde Martin Held große schwere Porzellanstücke in den Kofferraum seines Autos wuchtete und durch Berlin fuhr zu dem einzigen Zweck, sie mir nachher im Theater zu zeigen. Helds Vater war nämlich Porzellanmaler gewesen, die Stücke waren Familienarbeit. Und man konnte mit Held mindestens so gut über Porzellan reden wie mit dem drittgrößten Antiquitätensammler der Republik über Holz und Glas.

Mit Martin Held hatte ich auch meine erste und einzige Boulevard-Schlagzeile im Westen. In riesengroßen Lettern las ich: »Martin Held riss junge Kollegin mit sich in den Abgrund« oder so ähnlich. Er hatte hoch oben auf der Bühnentreppe, mich am Arm, eine Wand vermutet, wo gar keine Wand mehr war. Außerdem hatten wir – was seine Aufmerksamkeit stark herabsetzte – gerade über die »Lulu«-Regie gestritten: »Hör mal, meene Kleene ...« – da stürzten wir in die Tiefe. Das war bei den Proben.

Im Krankenhaus sah ich gar nicht mehr aus wie die große Vernichterin der maskulinen Welt Lulu, die die Männer im Vorbeigehen pflückt: grün und blau um die Augen, gespaltene Lippe, Zahn weg. Wo hatte ich dieses Gesicht schon mal gesehen? Im Spiegel von Chefarzt Dr. Oberländer nach meinem Autounfall, genau. Nur war es diesmal nicht ganz so schlimm. Held, der sich jetzt auf jeden Fall noch schlechter fühlen musste als vor unserem Absturz, erklärte als Erstes im Krankenhaus, als Hilmar vor seinem Bett stand: »Und sag der Kleenen, das hat nichts mit unserem Streit zu tun!« Bald stöhnte Martin Held aus seinem Krankenhausbett wieder auf vertraut-beruhigende Weise. Die Premiere wurde drei Wochen verschoben. Aber es hat dem Stück nicht mehr geholfen. Am Morgen nach der »Lulu«-Premiere fuhr ich zum ersten Drehtag von »Flüchtige Bekanntschaften«. Ich hörte die Frühkritik im Autoradio, kurz nach sechs Uhr, vielleicht als Erste an diesem Morgen. Unsere »Lulu« war durchgefallen. Nie werde ich vergessen, wie traurig ich war, frühmorgens im Taxi. Dabei, ich fühlte es, hatte der Kritiker Recht.

Held und ich haben nie mehr über »Lulu« und die Regie gesprochen. Dafür kam Elisabeth Bergner mit Klaus Völker in die Vorstellung und ließ mir ausrichten, ich würde das wunderbar machen, sie habe die Lulu mit neunzehn gespielt und gar nichts verstanden. – Ich dachte: Der einzige Unterschied ist wirklich das Alter. Ich verstehe die Lulu auch nicht.

Die drei Alten. So verschieden, wie sie waren, reagierten sie auch auf die Nachricht von der Schließung des Schiller-Theaters dreizehn Jahre später. Minetti stand da, reckte seinen Greisenhals und fragte: Was ist denn das für ein Stück, das hier gegeben wird? – Und er verharrte in der Pose eines definitiven Erstaunens, das seine Verwunderung über mich, seine vormalige Kritikerin, noch übertraf. Es war vollkommen klar, kein Mensch würde Bernhard Minetti jemals erklären können, warum sein Theater geschlossen werden musste, das Theater, an dem schon Beckett, Kortner und Lietzau inszeniert hatten. Erich Schellow verstand das zwar auch nicht, aber er nahm die Sache mehr mit militärischer Disziplin – Befehl ist Befehl! –, und er wusste auch schon einen Ausweg: Ich gehe nach Weimar! In Weimar werde ich die Klassiker spielen!, sagte er. Ich glaube, Erich Schellow sah vor sich das Weimar von 1810. Martin Held aber war inzwischen noch kränker geworden. Diese Schließung betraf ihn nicht mehr.

Aber noch ging es gar nicht ums Aufhören, noch nicht mal um

die »Lulu« – es ging es um mein allererstes Stück im anderen Teil meiner Heimatstadt, es ging um Aufbruch und Neuanfang. Neuanfang, wirklich? Da geht man aus der DDR in den Westen, und das Erste, was sie von einem wollen, ist eine vom Schicksal geprügelte Proletarierfrau. Ursprünglich war die Anna Quangel eine große Rolle, aber Zadek hatte von ihren vielen Szenen gerade mal sieben übrig gelassen. Was taten wir hier, mein Mann und ich? Kein Zweifel, wir waren schon wieder dabei, den Faschismus aufzuarbeiten. Wir registrierten es nicht ohne Erstaunen.

Eigentlich war gar nichts geschehen. Wir machten genau dort weiter, wo wir in der DDR aufgehört hatten: Wir entlarvten den Faschismus. Damit kannten wir uns aus. Man spricht heute gern vom »verordneten Antifaschismus« in der DDR – das ist Irreführung. Wenn ich meine DDR-Filme zähle, dann habe ich mindestens in der Hälfte von ihnen den Faschimus entlarvt. Und durchaus nicht plakativ. Ob es »Werner Holt« war, »Wege übers Land« oder zuletzt noch »Fleur Lafontaine« – es waren Filme, die genau das leisteten, was die Aufarbeiter heute Aufarbeitung nennen. Zum Schluss, ich gebe es zu, hatte ich irgendwann keine Lust mehr, den Faschismus zu entlarven. Obwohl es manchmal großartige Rollen waren, so wie meine »Fleur Lafontaine«. Und nun fing das also wieder von vorn an. Ich wusste schon, warum ich meine Punklady wollte.

Das Schiller-Theater hatte wirklich eine gewisse Ähnlichkeit mit der Volksbühne. Aber etwas war doch anders geworden. Es gab in diesem neuen Land 160 Sorten Käse. Künftig würde ich mit 160 Sorten Käse leben. Ich wusste noch nicht genau, was ich davon halten sollte.

Wir probten rund um die Uhr. Ich bei Savary zuerst immer die Punklady. Fünfzehn Minuten musste ich singen. Ich fand das wunderbar. Die Punklady traf meinen Augenblicksnerv. Meine erste Platte im Westen war Nina Hagen. »Is ja alles so schön bunt hier!« Ich dachte, wer immerzu Nina Hagen hört, kann auch eine Punklady spielen. Zwischen den Beinen hing mir ein großes Silberkreuz in anzüglicher Höhe. Nebenan probten Hilmar und die anderen inzwischen die ernsten Stellen. Bei ihnen war immer vollkommene Ruhe, bei uns war immer Krach.

Manchmal in den Pausen saßen Hilmar und ich Rücken an Rücken. Vor Erschöpfung. Das ist ja Ausbeutung!, sagte Hilmar. Ich nickte. Er konnte es nicht sehen. Es gibt so wunderbare Formen von Ausbeutung. Aber 160 Sorten Käse!, dachte ich.

Die Idee des Stückes war, mindestens den ganzen Fallada-Roman und Falladas eigene Untergangsgeschichte in einem Stück unterzubringen. Zadek presste unsere Tragik in Wohnschachteln, puppenstubenklein, und darüber gingen Savarys Entlarvungs-Prozessionen. Minetti und ich änderten in unserer Schachtel den Titel des Stückes »Jeder stirbt für sich allein« in ein entschlossenes »Jeder spielt für sich allein«. Erwin von den Comedian Harmonists lebte noch und saß am Klavier und war der musikalische Leiter. Zadek hatte Recht gehabt, es war wirklich ganz schön schwer, im einen Augenblick Nina Hagen nachzumachen und im nächsten als Anna Quangel mit Fieber im Bett zu liegen. Aber die Ankleiderinnen schafften fliegende Übergänge zwischen Nina und Anna. Leider hat fast niemand gemerkt, dass Nina und Anna identisch waren – gewissermaßen.

Alles zusammengenommen, war die Sache groß und nie dagewesen genug, eine neue Ära zu eröffnen.

Aber die Presse mochte unseren »Fallada« nicht, obwohl er heute längst als Kult-Inszenierung gilt. Der »Spiegel« wollte nicht verstehen, warum Zadek und Savary zwölf Hitler für einen einzigen Stepptanz brauchten, und dann noch einen dreizehnten, rabenschwarz mit weißem Schnurrbart: »Der Führer bin ich!« – worauf ein Attentäter erscheint, um alle dreizehn Führer umzulegen. Barbrüstige Leder-Dominas hatten wir auch. Und immer so weiter. Hitler-Kitsch und Nazi-Schnickschnack, hat der »Spiegel« gesagt: »Die Nazi-Zeit ist, so scheint es, für Zadek und Savary wie für Fassbinder eine einzige großdeutsche Transvestiten-oder Dirndl-Show. Was von Hitler übrig bleibt, sind Revue-Elemente für die

Leder-Szenen, schlimmer: Nervenkitzel für Spießers Amüsement.«
Sicher hat der »Spiegel« meine Punklady auch nicht gemocht. Von
der Bildzeitung weiß ich das, sie fand das Kreuz zwischen meinen
Beinen blasphemisch. Ich wusste gar nicht, dass die Bildzeitung
solche Worte kennt. Dabei wollte Zadek mit seinem Fallada eigentlich die Bildungsbürger erschrecken, also die Schiller-Spießer, die
Fallada noch immer für Straßenliteratur hielten.

Über sechzigmal haben wir »Fallada« gespielt. Das Riesenthea-
ter war immer ausverkauft. Voller Spießer?

Zadek kam regelmäßig nachsehen, ob wir noch alles richtig
machen. Ich lernte zwei Dinge über den Westen. Erstens, ein Regisseur wie Zadek, der auch nach der Premiere noch nach seinem
Stück sieht, ist hier die Ausnahme. Zweitens: Auch ein so erfolg-
reiches Stück wie das unsere wird abgesetzt. Zu teuer. Im Osten
wäre es über Jahre gelaufen, der Westen muss sparen. Dabei waren
die Millionen doch schon ausgegeben.

Aber was für ein Anfang in Berlin!

Meine Stadt erkennt mich nicht. Die zweite Haut

Es waren nicht allein 160 Sorten Käse. Noch etwas hatte sich vollkommen verändert in meinem Leben. Es war plötzlich anders, durch Berlin zu laufen. Zuerst wusste ich nicht, woran das lag. Ich ging über den Kurfürstendamm, ich ging in die Cafés, und irgendwann wusste ich es doch: Meine eigene Stadt erkannte mich nicht. Ich war plötzlich beinahe inkognito. Nur selten drehte sich jemand nach mir um. Die Gespräche verstummten nicht mehr, wenn ich ein Café betrat. Der eine Schritt über die Mauer hatte genügt, meine Welt zu verändern. Ich selber war also das persongewordene Symbol der deutschen Teilung. Ein Star dort, fast unerkannt hier. Dabei sprachen beide Berlins doch dieselbe Sprache.

In Bulgarien, in Prag, in Moskau – überall hatten sie mein Gesicht gekannt. Die Prager hielten mich auf der Straße an, die Moskauer rollten das R in »Domröse«, wie ich es als Piperkarcka nie geschafft hätte, und die Bulgaren, glaubte ich manchmal, hatten alle meine Filme gesehen. Wie viel bulgarische Filme kannte ich eigentlich?, hatte ich mich mit Scham gefragt.

Eitelkeit? Nein, Eitelkeit war es nicht. Ich war es nur gewohnt, dass man mich kennt. Seit ich siebzehn war, saß ich in keinem Café, ohne dass man mich um Autogramme gebeten hätte. Man nennt das Popularität. Ich habe sie sehr gemocht. Es ist etwas, das dich trägt. Lästig wurde es nur, wenn ganze Schulklassen meine Adresse rausgekriegt hatten und an meiner Haustür klingelten.

Und das war jetzt plötzlich vorbei. In meiner eigenen Stadt. Natürlich hatte es länger gedauert, bis ich es bemerkte. Denn Hamburg hatte mich auf Händen getragen. Überall schien man nur auf mich gewartet zu haben. Ich werde euch das Theater zu Füßen legen, hatte Boy Gobert, der neue Schiller-Intendant, zu uns gesagt. Dabei hätte ich gewarnt sein können. Durch Gobert selber, den wir eben im Urlaub in Österreich getroffen hatten. In Hamburg konnte er keinen unerkannten Schritt machen. Er besaß ein Haus in Wien, hier in Österreich hatte er jene leichten Fünfziger-Jahre-Filme gedreht, die auch seinen Ruf als Theatermann für immer färbten. Er wurde sie nie los. Und nun saßen wir im ersten Sommer unseres neuen Lebens mit Boy Gobert beim Heurigen, neben uns eine Männer-Runde, und ich merkte, dass Gobert begann, immer lauter zu reden. Was war mit dem Mann? Seine zunehmende Nervosität, die sich steigernde Unruhe konnten nichts mit dem Gegenstand unseres Gesprächs zu tun haben. So hatte ich ihn noch nie erlebt. Bis ich begriff, was Boy Gobert beunruhigte: Sie erkannten ihn nicht. Die Österreicher hatten den Komiker und Burgschauspieler Boy Gobert vergessen. Was die Theaterwelt nie vergaß – für sie waren seine Filme nicht mehr wahr.

Ich begann nicht, lauter zu sprechen in den Kneipen. Ich genoss es sogar, unerkannt durch die Straßen zu streifen. Und doch wäre es gelogen, wenn ich sagen würde, es hätte mir nichts gefehlt. Das, was dich trägt, plötzlich war es nicht mehr da. Und ich erfuhr beinahe körperlich, was ich längst wusste: dass ich noch einmal ganz von vorn anfangen musste.

Doch man muss gerecht sein. Sie kannten mich nicht, nun gut. Aber kannte ich sie etwa? Wie oft bin ich am Anfang unglaublich wichtigen Menschen vorgestellt worden, und sie lasen an meiner unbeschwerten Miene sofort, dass ich noch nie von ihnen gehört hatte. Für unseren ersten Urlaub im neuen Leben hatte Jochen Steinmayr von der »Zeit« uns in sein Haus eingeladen, den Schlüssel hinterlegte er bei Nachbarn. Bei Schenks. Bei irgendwelchen ortsansässigen Bauern also, dachten wir, aber eigentlich dachten wir eher gar nichts. Eine Dame öffnete, sie bat uns hinein und umgab uns sofort mit so viel Freundlichkeit und Fürsorge, wie man sie im kühlen Preußen in hundert Jahren nicht erfährt. Mein Staunen über den österreichischen Bauernstand nahm kein Ende – wenn das hier ganz normale österreichische Landleute sind, dann durfte man unsere kläglichen östlichen sozialistischen Versuche zur Kultivierung des Dorflebens getrost vergessen. – Allein, was jeder Österreicher wusste, wussten wir nicht. Bauern waren das nicht unbedingt. Das waren *die* Schenks. Theater-, Intendanten-, Regisseurs- und Schauspielerlegende Otto Schenk und seine Frau Renee. Sie sind noch heute unsere Freunde.

Und noch etwas hatte sich verändert in meinem Leben.

Ich sollte die weibliche Hauptrolle spielen in Stefan Heyms »Collin«-Verfilmung, aber es ging nicht. Bis nach Baden-Baden für die Aufnahmen? Ausgeschlossen. Ich war doch am Theater. Carow hatte die »Paula« in meinen Theater-Probenpausen gedreht. Auf solche Ideen kam hier kein Mensch. Es tat mir weh, diesen Film abzusagen.

Der nächste Film, den ich ablehnen musste, war »Dingo«. Ein Kölner Ehepaar Anfang vierzig gibt alles auf in Köln, um nach Australien zu gehen. Und dann kommen sie nicht klar in Australien. – Vielleicht dachte der Produzent Georg Althammer, jemand, der gerade vom Osten in den Westen gegangen ist, könnte besonders begabt sein für eine solche Rolle. Mit Anfang vierzig von Ostberlin nach Westberlin gehen – war das nicht etwa so wie von Köln nach Australien? Irgendwie muss ich das auch so gesehen haben, denn ich fand die Idee »Scheitern in Australien. Kaputtgehen im neuen Leben« wunderbar.

Mein Intendant verstand mich, aber er konnte mir nicht helfen. Film ist Film. Spielplan ist Spielplan. Nie vergesse ich die erstaunte Frage des »Dingo«-Produzenten: Aber warum sind Sie denn fest am Theater?

Als ich später »Hanna von acht bis acht« spielen wollte, brauchte ich zusammenhängende Tage für die Atelieraufnahmen in München. Gobert änderte den Spielplan des Schiller-Theaters für mich. Ich sah ein, dass er das nicht öfter machen konnte.

Blieb ein Ausweg, dachte ich: Ich spiele künftig nur noch in Berlin-Filmen. Dann schaffe ich jede Vorstellung. »Die zweite Haut« drehten wir in der Stadt.

Klaus Poche hatte das Buch geschrieben. Eigentlich hatte er es schon 1973 fertig. Das Protokoll einer Ehekrise. Nach zwei Tagen wurden die Dreharbeiten mit Dieter Franke und Christine Schorn auf höhere Weisung abgebrochen. Es gab so viele Scheidungen in der DDR, da ist ein Ehekrisenfilm das falsche Zeichen, mögen die an den größeren und kleineren Hebeln gedacht haben. Poche schrieb den nächsten Film, diesmal hieß das Drehbuch »Geschlossene Gesellschaft«, der Stoff war derselbe. »Geschlossene Gesellschaft« mit Jutta Hoffmann und Armin Mueller-Stahl, Regie: Frank Beyer, lief einmal spätabends im Fernsehen und wurde danach verboten. Poche schrieb das nächste Drehbuch, wieder mit dem Titel »Die zweite Haut«, und setzte die Ehekriseologie unbeirrt fort. Der Film durfte in der DDR nicht mehr gedreht werden. Poche bekam Arbeitsverbot.

Und nun waren wir plötzlich alle im Westen. Auch Beyer, mit einer Arbeitserlaubnis. In der Bundesrepublik drehte ich meinen ersten Film mit Frank Beyer. »Die zweite Haut« war eine Ost-Allerweltsgeschichte über eine neue, eine zweite Haut, die noch zu groß ist, in die man erst hineinwachsen muss und nicht weiß, ob man es schaffen wird. Eine Frau, Sandra, steht mit ihrem Mann auf der Baustelle ihres Hauses, er am Betonmischer, sie mit der Schaufel in der Hand. Ihr kleiner Sohn ist auch da. Und plötzlich geht sie. Geht weg von der Baustelle, weg von dem Haus, sie geht weg aus ihrem Leben, mitten in eine Wiese hinein. Ich kenne das: mitten im Satz zu gehen. Irgendwann weißt du, dein Leben ist gar nicht dein Leben. Und der Mann, der Eigenheimbauer-Mann war vielleicht gar nicht ihr Mann? Und du erkennst es erst nach fünfzehn Jahren in diesem Betonmischer-Wiesen-Augenblick. Und du weißt: Wenn du jetzt zögerst, ist es Verrat an der Wahrheit.

Nur dass das Leben keine Wiese ist. Und dass man sehr allein sein kann mit seinem Mut und seiner Wahrheit. Ja, man kann vor lauter Mut und Wahrheit sogar das eigene Kind verlieren. Und warum scheinen im Leben so oft die Biederen die Glücklicheren zu sein? Eine neue Frau für ein neues Haus findet sich allemal. Warum ist sie überrascht, als sie ihren Mann mit der Neuen sieht? So viel Bitterkeit in den Aufbrüchen, von denen keiner weiß, ob sie gelingen. Am wenigsten sie selbst. Noch einmal ein DDR-Betrieb, gedreht im Westen, und die Pausen einer Frauen-Brigade. Sie war OP-Schwester, wechselte aber ans Fließband, weil es hier mehr Geld gab. Und die Kolleginnen sehen mit Bewunderung und heimlichem Mitleid auf die Weggeherin. – Ich wollte das unbedingt spielen. Hilmar war der Eigenheimbauer-Ehemann, der Geradlinige, der Unproblematische.

Wie sollen wir leben? Immer diese Fieber-Frage, die Paula-Frage. Im Osten, das weiß ich, hätte ich jetzt körbeweise Post bekommen. Im Westen ist »Die zweite Haut« nicht weiter aufgefallen. Nun gut, dachte ich, so ist das hier wohl. Alles ein wenig routinierter, auch das Leben. Immerhin, wir wussten, dass wir einen guten Film gemacht hatten, war das nicht genug?

Dann kam eine Einladung aus Monte Carlo. »Die zweite Haut«, nominiert für die »Goldene Nymphe«. Ich freute mich sehr. Sicher, die brauchten wohl nur einen Film mehr für den »Pool«, denn je größer der Pool, desto wertvoller die Wenigen, die man dann daraus fischt – aber warum nicht einmal nach Monte Carlo fahren? Ich dachte es nur Augenblicke lang. Dann fiel mir ein: Theater! Du bist ja am Theater. Du kannst nicht weg, nicht mal drei Tage nach Monte Carlo. Michael Haneke probte mit uns »Krankheit der Jugend«. Und ich hatte eine große Rolle. Monte Carlo also, wiederholte Haneke, na dann fahr mal los! – Ich machte die eigentümliche Erfahrung, und machte sie nicht zum ersten Mal, dass die Großen auch großzügig sind. Hilmar konnte nicht gleich mit mir fahren, er würde zwei Tage später nachkommen.

Bis Nizza bin ich geflogen, allein, dann ging es mit dem Helikopter nach Monte Carlo. Der Helikopter war halb offen. – Fliegen Sie doch mal ein bisschen tiefer, von hier oben sieht man ja gar nichts, sagte ich zum Piloten, denn man muss die Chancen von Verkehrsmitteln mit überschaubarer Passagierzahl ausnutzen. Wir waren drei. Der Pilot flog tiefer. Bald ging die Crew dazu über, mir das Unter-uns-Liegende zu erklären. Ich war begeistert. Der Ausflug war ein Erfolg.

Und dann saß ich am Hafen in der Halle eines vollkommenen Jugendstilhotels.»Hermitage«. Jugendstil ist nichts anderes als die vollkommene Illusion des Daseins als Gewächshaus. Und Leben ist Ranken-Können. Die Welt war ein Garten. Dort in der Hotelhalle von Monte Carlo schien mir nichts plausibler. Ich flegelte in meinem Sessel, denn in Gärten muss man liegen. Ein Mann trat zu mir, senkte die Stimme in diskret-feierliche Tiefe und sagte: Ich gratuliere Ihnen, Frau Domröse! Sie bekommen heute den weiblichen Darstellerpreis! – Soso, dachte ich. Ich war gar nicht erstaunt. Es passte zusammen. Mein Tiefflug über die Côte d'Azur, die Jugendstil-Halle und jetzt der weibliche Darstellerpreis. Ich saß noch da, als Hilmar durch die Halle kam. Er sah den Garten nicht, er kam zu mir und sagte: Ich hab schon jetzt die Schnauze voll! – So spricht man nicht in Gewächshäusern, aber ich war nicht verstimmt, ich wusste, er würde Gründe haben. Schließlich hatte mein Mann den französischen Zoll passieren müssen, und wenn jemand Ärger bekam mit dem französischen Zoll, dann war das mein Mann. Sie sahen ihn und sagten: Kommen Sie mal her! Packen Sie mal aus! – Es gibt große irrationale Konstanten im Leben. Das Verhältnis meines Mannes zum französischen Zoll war eine davon. Und auf ihn hatte auch nicht, wie versprochen, der Helikopter gewartet.

In unserem Zimmer, dessen vollendete Gewächshaushaftigkeit ich nicht beschreiben kann, schenkte ich meinem Mann zuerst den Hafen, dann ein Glas Champagner und sagte: Und jetzt trinken wir auf die Preisträgerin! – Es gab nur noch eine Schwierigkeit. Der Bote vorhin in der Halle hatte mir auch einen Wunsch der Festivalleitung ausgerichtet. Abendgarderobe, lange Abendgarderobe. Hatte ich nicht. Der Rock in meinem Koffer würde nur wadenlang sein. Wo bekam ich bis zum Abend einen langen Rock her? Wir liefen durch Monte Carlo. Vor einem Schaufenster von Yves Saint-Laurent blieb ich stehen. Da war mein Rock! Ich sah auf den Preis. Unmöglich. Es war unmöglich. Andererseits war es wirklich mein Rock. Die Verkäufer sahen meine Not und machten einen für Verkaufseinrichtungen aller Art durchaus ungewöhnlichen Vorschlag. Wenn Sie sich diesen Rock nicht leisten können, sprach Yves Saint-Laurent, dann nehmen sie ihn eben so mit. Und dieses Oberteil gleich dazu! Heute Abend werden Sie schön aussehen, und morgen bringen Sie beides wieder zurück!

Wieder war ich nicht erstaunt. Es passte alles zusammen. Yves Saint Laurent als Kostümverleih. Nur dass er nicht mal eine Leihgebühr wollte, nur ein Foto der Preisträgerin im geliehenen Kostüm.

Ich bekam die »Goldene Nymphe«. Sie steckte in einem schwarzen Kasten, der aussah wie eine Urne. Der Kunstpreis der FDJ 1963 war mein erster Preis im Osten, die Nymphe 1982 in Monte Carlo war mein erster Preis im Westen. Wahrscheinlich sind die ersten Preise immer die schönsten. Nur war der Kunstpreis der FDJ nicht halb so schwer wie diese Nymphe jetzt. Hilmar musste sie tragen.

Im Westen bin ich traurig geworden, habe ich 1986 zu einem TV-Magazin gesagt. Da spielte ich gerade in »Kir Royal« eine umtriebige Musikproduzentin.

Anfangs war ich begeistert, erklärte ich denen, weil es doch im Unterschied zum Osten viele gute Theaterstädte gibt, weil alles, auch das Theater dezentralisiert ist. Aber ich vermisse, dass die Regisseure hier kontinuierlich an einem Theater arbeiten. Sie kommen und gehen wie Handlungsreisende. Es fehlt auch die Methode, der Geist. Alles ist für den Augenblickserfolg berechnet, oberflächlich und zufällig. Wo sollen sich junge Künstler da orientieren? In der DDR ließ man den Jungen Zeit, Fehler zu machen. Die Schule dort war gut. Dass man sie wie ich irgendwann verlassen musste, ist eine andere Geschichte. – Ich hatte es inzwischen zu erheblicher Geschicklichkeit bei der Platzierung meines Brasch-Zitats gebracht.

Man braucht Zeit, um Fehler zu machen. Die gibt es heute nicht mehr. Vielleicht kommt daher das Wort Professionalität. Mag sein, »professionell« sind die, die nie Zeit hatten zum Fehler-Machen. Anders kann ich mir mein Entsetzen nicht erklären, als man mir zum ersten Mal sagte, ich sei »professionell«. Ich war drei Tage lang gekränkt. »Professionell« – war das nicht ein Wort für Äußerlichkeit, für kühle Glätte? Ein Universalschlüsselwort – alle Türen aufkriegen, obwohl du hinter keine geschaut hast. »Professionell« ist ein Wort für einen Anschein. Kein Mensch im Osten wäre auf die Idee gekommen, einem anderen »Professionalität« zu bescheinigen, es sei denn, er hätte ihm mitteilen wollen, dass es mit ihm nicht weit her sei.

Nein, ich habe die DDR auch jetzt nicht schlechter gemacht, als sie war. Ich habe meine Erfahrungen nicht verleugnet. Es gab viele im Westen, die das nicht verstanden haben und bis heute nicht verstehen. Genauso wenig wie ich jene begreife, die blind vor Hass werden, wenn sie an die DDR denken. Ich glaube beinahe, das ist eine Gemütsfrage. Ich bin nicht zum Hassen gemacht. Und ich misstraue Menschen, deren alles beherrschende – also auch das Denken beherrschende Emotion – der Hass ist. Die Eigenschaft, die ich an Menschen am meisten schätze, ist Gelassenheit. Gelassenheit ist niemals Gleichgültigkeit.

Mein erster Abschied vom Schiller-Theater

Hilmar und ich haben im September 1980 am Schiller-Theater angefangen. Ein Jahr später ist Hilmar gegangen. Er konnte entweder Musils »Schwärmer« am Theater machen oder einen Fassbinder-Film. Er hatte schon Fassbinders »Lola« ablehnen müssen, diesmal griff er zu. Es wurde »Die Sehnsucht der Veronika Voss«. Ich blieb. Gobert mochte mich wirklich, und ich mochte Boy Gobert.

Aber es war, das gebe ich zu, noch etwas anderes, dass ich an meinem festen Arbeitsverhältnis, wie ich es aus der DDR gewohnt war, nichts ändern wollte. Geld war plötzlich wichtig. Geld war nie wichtig in der DDR. Natürlich, mag man denken, die hatte ja genug. Es ist mir in den letzten Jahren so oft passiert, dass ich missverstanden wurde. Vielleicht, weil man alles, was einer sagt, also gleichsam aus einer Welt in eine andere Welt hineinspricht, erst übersetzen müsste. Erläutern, erklären, und genau dazu hat man in unserer gehetzten Clip-Öffentlichkeit niemals Zeit. Also erkläre ich hier, wie ich es damals empfand.

Natürlich war Geld nie mein Problem. Seit meinem siebzehnten Jahr war ich aller materiellen Sorgen ledig und konnte das sehr genießen. Vor allem, weil ich noch erlebt habe, wie es ist, wenn man am Essen sparen muss. Als mein Stiefvater uns verließ, waren wir so arm, dass meine Mutter zweimal nachdachte, bevor sie etwas kaufte. Wenn ich sage, Geld habe keine Rolle gespielt in der DDR, dann meine ich, dass es nicht wichtig war. Nie habe ich in der DDR etwas getan oder nicht getan wegen Geld. Ich glaube, darum war uns die Boheme so nah. Und was heißt Boheme denn anderes, als keinen Sinn für Geld zu haben – und keinen Sinn fürs Älterwerden. Schon klar, etwas illusorisch ist das schon. Oder, sagen wir: Es ist Luxus.

Ich mochte das an der DDR; sie war im Grunde eine prämonetäre Gesellschaft. Oder war sie eine postmonetäre Gesellschaft? Wie gut ich Ezio verstand, den Italiener, der zu uns an die Volksbühne kam. Die Mangelgesellschaft DDR war ihm vollständig egal, er wollte mit Benno Besson Theater machen, und nur mit ihm, darum war er da, darum blieb er.

Aber jetzt, im Westen, hatte das Geld von einem Tag zum anderen eine Bedeutung, und nicht nur, weil es plötzlich einen Wert hatte. Nicht, dass ich in einen Konsumrausch gefallen wäre. Aber das Alltäglichste kostete plötzlich etwas, wir mussten unsere Zehlendorfer Miete bezahlen, und auf die Idee, dass die Stellfläche meiner Möbel sich einmal als Kostenfaktor bemerkbar machen würde, war ich in der DDR doch nicht gekommen. Das war vielleicht der Hauptunterschied zwischen Ost und West. Man konnte in der DDR ohne viel Geld leben. Das war besonders praktisch für Menschen, die den Hauptzweck ihres Daseins nicht im Geldverdienen sahen. Hier war es unmöglich. Zum ersten Mal wurde mir die existenzielle Bedeutung des Wortes »Existenzgrundlage« bewusst, obwohl die unsere in keiner Weise bedroht war.

Am Tag der Währungsumstellung im Sommer 1990 habe ich einen langen Spaziergang gemacht. Und ich habe gedacht: Jetzt kriegen die das alles auf einmal! Mit dem richtigen Geld auch die Abhängigkeit vom Geld. Und dazu 160 Sorten Käse.

1984 bin auch ich weggegangen vom Schiller-Theater, und nicht nur, weil ich das Erstaunen des »Dingo«-Produzenten nicht vergessen konnte: Warum sind Sie denn fest am Theater?

Boy Goberts Intendantenvertrag lief bis 1985, er rechnete fest mit einer Verlängerung. Er wusste nicht, dass er der Einzige war. Die Berliner Politik unter Richard von Weizsäcker machte alles schon fast wie in den Neunzigern. Hatte sie da nicht auch Thomas

Langhoff vom Deutschen Theater sinngemäß erklärt, dass er außerordentlich sei, ja gänzlich unverzichtbar für diese Stadt, um ihm nur Wochen später mitzuteilen, dass man sich außer Stande sehe, seinen Vertrag zu verlängern?

Bei Gobert kam noch etwas hinzu. Loki Schmidt, Helmut Schmidts Frau, hat sich immer sehr für ihn eingesetzt. Schmidt, das hieß SPD. Also hieß Gobert auch SPD? Als Gobert in Berlin ankam, regierte sie. Jetzt war sie weg. Berlin hatte eine CDU-Regierung. Darf ein SPD-Favorit in einer CDUregierten Stadt ein großes Theater leiten? Ich hätte nie geglaubt, dass ich, kaum der DDR entlaufen, so oft denken würde: Lebe ich schon wieder unter dem Diktat der Parteibücher? Bei der CDU habe ich die Parteidisziplin, oder sagen wir das Parteiverhalten, immer viel stärker empfunden.

Boy Gobert erfuhr als Letzter, dass man ihn nicht mehr wollte als Intendant des Schiller-Theaters. 1983 wusste er, dass er weg sollte, zwei Jahre vor Ende seines Vertrags. Er hat nie überwunden, wie diese Stadt mit ihm umgegangen ist. Die Eigentümlichkeit ihrer Nachrichtenübertragung. Es ist nicht gut, wenn alle Mäuse auf dem Schiff wissen, dass der Kapitän bald weg ist. So ein großes Theater ist auch nur ein Panzerkreuzer, es braucht feste Hände. Die hatte Gobert nun nicht mehr. Er wollte mich für seine beiden Abschiedsinszenierungen. Seine letzte Abschiedsinszenierung, der Hamburger »Faust«, war mein Anfang bei ihm. Damals war er Mephisto, denn Gobert besaß die Neigung, alle Rollen spielen zu wollen, die schon Gustav Gründgens vor ihm gespielt hatte. Diesmal sollte es der »Wallenstein« sein, und ich sollte seine Gräfin Terzki werden. In Jamben sterben. Ich hatte keine Lust, in Jamben zu sterben neben Gobert, der es noch einmal allen zeigen und schon wieder Gründgens an die Wand spielen wollte. Und den »Menschenfreund« wollte er. In der Kurt-Bartsch-Fassung des »Menschenfeindes« stand ich 160 Mal auf der Volksbühne, fast bis zum letzten Tag vor meiner Ausreise, und jetzt der Enzensberger-Molière hinterher? Die Bartsch-Worte schoben sich vor die Enzensberger-Worte. Ich lehnte »Wallenstein« und den »Menschenfreund« ab, ich löste meinen Vertrag. Zum ersten Mal würde ich »freie Schauspielerin« sein.

Wir machten unsere eigene Abschiedsinszenierung vom »Schiller-Theater«. Einen richtigen Heiner Müller im Westen. War es der erste Müller im Westen? Denn natürlich hat es auch enorme Vorteile, wenn die Mäuse auf dem Schiff wissen, der Kapitän geht bald. Sie können völlig neue Tänze üben. Heiner Müller wäre bei voller Manövrierfähigkeit des Panzerkreuzers Schiller-Theater undenkbar gewesen. Er war so überraschend hier, die meisten kannten Müller gar nicht. Und wenn doch: dieses proletarische Anarcho-Kommunisten-Theater an einem bürgerlichen Staatsschauspiel unter CDU-Aufsicht?

Der Plan reifte. Die offeneren Widerstände schwanden. Kollegen wandten sich nun stumm ab in einer Quasi-Erich-Schellow-Attitüde: Ich spiele nur die Klassiker!, oder eher: »Ich bin Staatsschauspieler! Ich spiele so was nicht!« Müller sei ihnen zu »menschenfeindlich«. Aber schließlich konnten ohnehin nicht alle mitmachen beim »Gundling«. Die Jüngeren und die Offeneren waren dabei. »Gundling« ist eine Collage und hatte nach Heiner Müller zwei Quellen. Die eine war die Empfehlung Friedrichs des Großen an seine Bauern, Kartoffeln anzubauen. Die zweite war ein Bericht im »Neuen Deutschland« über eine Inspektionsreise Walter Ulbrichts aufs Land. Denn Ulbricht wusste in der Nachfolge Friedrichs auch immer, was die Bauern anbauen sollten. Da es sich um ein Heiner-Müller-Stück handelte, ging es aber nicht ausschließlich um die Kartoffel, eigentlich überhaupt nicht, sondern es ging um das Verhältnis der Intellektuellen zur Macht. Außerdem hatte Müller das Stück 1976 geschrieben, und in diesem Jahr ging es im Grunde um gar nichts anderes als das Verhältnis der Intellektuellen zur Macht, was er im Sommer 1976 aber noch nicht wissen konnte. Kleist und Lessing spielen auch mit; Kleist, Lessing und Friedrich – sie waren wegen der Ökonomie alle eine Person: Gundling.

Hilmar hat den »Gundling« gespielt, als Gast. Der vollständige Stücktitel lautet »Leben Gundlings Friedrich von Preußen Lessings Schlaf Traum Schrei«, und genauso war es auch. Ein greller, nicht unblutiger preußischer Bilderbogen, und da er von Müller war, konnte es schon mal passieren, dass Lessing auf den letzten Präsidenten der USA traf – einen Computer unter einer Motorhaube. Darauf war das Schiller-Theater-Publikum nicht unbedingt vorbereitet, seine Avantgarde verließ zu den Müller-Friedrich-Worten: »Seh'n Sie das Rindvieh ...« grollend den Saal, während Kritiker befanden, die »westliche« Dekadenz, der Theaterleute aus der DDR erstmals eine Sprache gefunden hätten, sei endlich da angekommen, wo sie (auch) hingehöre: auf einer Westberliner Staatsbühne.

In Folge erschien zum »Gundling« ein anderes Publikum als zu »Orpheus in der Unterwelt«. Müller war nicht bei der Premiere, erst zur zweiten oder dritten Vorstellung besuchte er uns und diskutierte hinterher mit Studenten. Natürlich lässt ein professionelles Dramatiker-Gesicht keinerlei Rückschlüsse zu auf die Seelenlage seines Inhabers. Es gilt: je bewegter das Stück, desto unbewegter sein Verfasser. Und Heiner Müller war die perfekte Verkörperung dieser Gesetzmäßigkeit. Aber ich sah es trotzdem – er war glücklich.

Ich werde freie Schauspielerin

Im Osten spielte man Theater, wo man wohnte. Das sparte Hotel-kosten, war sehr übersichtlich und außerdem Ausdruck eines durchaus elitären Korpsgeistes. Das Berliner Ensemble nahm grund-sätzlich keine Gäste und borgte auch keine aus.

Ich habe die Vertrautheit eines Ensembles, in das ich gehörte, immer sehr gemocht. Vielleicht ist Ensemble-Theater auch ein an-derer Name für die Hochform des Theaters überhaupt. Und wenn etwas verschwindet, dann glauben nur kleine Geister, dies spräche gegen die verschwindende Sache. Oft spricht es auch gegen die Umstände, die sie verschwinden lassen. Nur dass man sich diesen Umständen schwer entziehen kann. Im Westen hieß, auf der Höhe der Zeit sein – und der eigenen Möglichkeiten – Gast zu werden.

Mein Leben als Gast begann. Gast sein bedeutet, woanders sein. Kein Gast kann erwarten, zu Hause bleiben zu dürfen. Die Stücke, in denen du spielst, spielen grundsätzlich woanders. Inzwischen ist das ein theater- und filmübergreifender Zustand geworden, man nennt ihn auch gesamtgesellschaftliche Mobilität. Das ganze Land wird bewohnt von Gästen. Ist das die neue tiefere Bedeutung des Wortes »Gastland«? Aber ich will hier keine Kulturkritik an-fangen.

Gast sein, heißt allein sein. Irgendwo hinkommen, wo dich kei-ner kennt, und wieder gehen. Ich glaube, ich bin ein sehr guter Gast geworden. Auch diese Rolle habe ich genossen. Ich war jetzt mein eigener Herr. Und ich war mein eigenes Risiko.

Ich würde nun keine Filme mehr ablehnen müssen wegen des Theaters.

Meine Freiheit begann an einem kongenialen Ort: in der Bretagne. Auf Cap Fréhel in Sables D'or les Pins. Michael Haneke drehte mit mir »Fraulein«, die Geschichte der Filmvorführerin Johanna, die nach dem Krieg mit einem Franzosen zusammenlebt und ihr Mann, den alle schon für tot halten, dessen Erbe längst aufgeteilt ist, kommt aus der Gefangenschaft zurück. Und Johanna kann diesen an Leib und Seele kriegsversehrten Mann nicht mehr lieben. Sie hat den ganzen Krieg über in die blauen Augen von Hans Albers gesehen. So hat sie das große Sterben überstanden und will ihr Glück, jetzt gleich nach dem größten aller Kriege, so wie Millionen Deutsche es wollten.

Es war ein harter, kalter Film. Und unsere Liebesszenen waren noch kälter als der Bretagne-Herbst. Und Hanekes Filmblick auf uns natürlich. Dieser lange starre Kamerablick, den er dann in all seinen Filmen beibehielt, unbewegt wie das Auge eines teilnahmslosen Gottes. Dass er einmal der große Vivisektor des Gegenwartskinos werden würde, war schon in »Fraulein« spürbar. Ich habe »Fraulein« geliebt, auch für seine Kälte. Dabei hat Haneke ihn »Ein deutsches Melodram« genannt. Melodramen sind warm noch in der Todeskälte, seins war es nicht. Wer trotz der Möglichkeit zu sehen die Augen schließt, dessen Sturz und Fall ist bestenfalls Melodram oder Komödie, hat er gesagt. Insofern sei unser Film kein Melodram, sondern ein Film über ein Melodram, weshalb er, Haneke, den Zuschauer mittels Ironie und dialektischer Montage dem unkritischen Gefühl entziehen müsse. Emotionale Spannung ersetzen durch intellektuelle Spannung. – Langweile ich Sie? Aber wenn Haneke uns das erklärte, habe ich es sofort verstanden. Er war unübertrefflich im Erzeugen intellektueller Spannung.

Nach dem letzten Drehtag fiel die intellektuelle Spannung wie ein Panzer von uns ab, und ich fuhr mit meiner Kostümbildnerin Anette nach Paris. Paris im Herbst. La Coupole, Le Train Bleu. Bedingungslos glücksorientiert wie meine Johanna kaufte ich mir einen Yamamoto-Mantel. Ich fand, ich hatte ihn verdient. Johan-

306

na hatte ihn verdient, und sie hätte auch einen Yamamoto-Mantel gewollt.

Zurück in Berlin war Probe fürs Fernsehen. Sternbergs »Die Hose« mit Harald Juhnke. Ich sah Juhnke und wusste, dass Spannungen intellektueller Art nicht zu fürchten waren. Vor Probenbeginn hatte Juhnke uns zu sich nach Hause eingeladen – weil wir ja nun zusammen Theater spielen würden –, es sah aus wie die Dekoration zu 1001 Nacht. Ich sah den Swimmingpool in seinem Garten und dachte, dass ich da auch reinfallen würde, ohne vorher etwas getrunken zu haben. Wir begannen zu proben. Otto Schenk hatte die Regie. Nach einer Stunde sagte Juhnke: Jetzt brauch ich mal ein Bier. Schenk sagte: Bitte nicht. Juhnke wiederholte: Jetzt brauch ich mal ...

Er kam nicht zurück. Wir fühlten eine ungeheure Spannung. Sie war nicht intellektuell, eher theatertechnisch. Ich dachte an unsere Termine, dann an Juhnkes Swimmingpool und welches Glück er brauchen würde, da nicht hineinzufallen.

Am nächsten Morgen um 9.30 Uhr war die nächste Probe. Harald Juhnke kam nicht. Ich sah ihn auf dem Grunde seines Pools liegen und mich gleich neben ihm in meinem neuen Yamamoto-Mantel – die Premiere! –, da erreichte uns die erleichternde Nachricht: Harald Juhnke war krankgeschrieben.

Schenk und ich machten mit der unumschränkten Freiheit eines freien Schauspielers und eines freien Regisseurs einfach etwas anderes. Ein Jahr später wurde »Die Hose« dann doch produziert. Das ganze Ensemble hatte sich die Zeit dafür freigehalten. Den Maske, Juhnkes Rolle, spielte nun Hilmar Thate.

Und dann spielten mein Mann und ich »By, by Showbiz« in Stuttgart. Jerome Savary, der diese Pop-Prozession durch Zadeks »Fallada« angestiftet und mich als Punklady genommen hatte, brachte eine komplett fertige Inszenierung aus Paris mit. Wir schlüpften wie die Puppen in die Rollen und Kostüme. Es ging, wie der Titel andeutete, um das Showgeschäft und um die Erkenntnis, dass man darin unglücklich werden kann. Ich war eine arbeitslose Schauspielerin mit zwölf Strophen, Ute Lemper war eine arbeitslose Rocklady, ich war außerdem eine arme Büglerin ohne Beine und immer so weiter. Natürlich handelte es sich unter dem Vorwand der Einsicht, dass das Showgeschäft unglücklich macht, in Wahrheit um seine Lobpreisung. Der Erfolg gab »By, by Showbiz« recht – wir waren immer ausverkauft.

Licht und Schatten.
Meine schönsten Filme drehte ich jetzt

M eine schönsten Filme drehte ich jetzt. Und meinen Lieblings-
film mit einem Regisseur, mit dem ich in der DDR nie zu-
sammengearbeitet hatte, mit Egon Günther. Gernot Roll hatte die
Kamera. Unser Film hieß »Hanna von acht bis acht«. Eine Frau,
nicht mehr jung, steht von abends um acht bis morgens um acht an
einer Hotelbar. Ich mochte dieses kleine überforderte Menschenkind, das keine Nacht mehr schläft, umzingelt von der am Tage un-
sichtbaren Not einer Hochglanzgesellschaft. Eine Manege vergeb-
licher Hoffnungen und verzweifelter Träume, hat Egon Günther
gesagt. Und auch diese Nachtwelt hat ihre Hierarchien und Gesetze.
Da ist Karl, der jede Nacht mit dem Schicksal wettet, das alte jüdische Ehepaar, das nach Jahrzehnten in die Heimat zurückkehrt ...

Auch diese Geschichte ist wie »Die zweite Haut« Klaus Poche
eingefallen. Mein erster Film nach einem Poche-Buch war »Mein
lieber Mann und ich«, 1974, mit Klaus Piontek, Michael Gwisdek
und Rolf Hoppe. Es war schon abzusehen, dass dieser Autor irgendwann Schwierigkeiten bekommen würde in der DDR. In »Mein
lieber Mann und ich« war ich die verwöhnte Frau eines erfolgrei-
chen Schauspielers, die plötzlich sagt: Jetzt will ich auch arbeiten
gehen! – So hätte der Film dann auch enden können, aber »Mein
lieber Mann und ich« hörte ganz anders auf: Lasst mich zufrieden mit Arbeit. Ich will kein Recht auf Arbeit!

Wir haben nie verstanden, dass dieser Film in der DDR durch-
kam. Und sogar einen Preis hat er gekriegt, 1975 den »Silbernen
Lorbeer«. Aber Preise-Vergeben ist schließlich auch eine Art, das
potenziell Dissidentische zu entschärfen.

Meine Hanna hinter ihrem Bartresen von acht bis acht war großer Ernst. Aber nicht nur wegen seiner Geschichte liebe ich diesen Film so. Und weil Günther auf der Braut über dem Tresen bestand, die Hanna einmal sieht. Was soll denn die Braut da, hatte unser Produzent gefragt. Er hielt sie für Unfug. Günther wusste auch nicht genau, was die Braut über dem Tresen sollte, er wusste nur, dass wir sie unbedingt behalten mussten. Wahrscheinlich war sie die Unschuld, die wir alle verloren haben. Vor allem aber liebte ich diesen Film, weil er fast nur mit meinem Gesicht erzählt. Das ist nicht Eitelkeit, möge keiner das verwechseln, aber es kommt meinem Kino-Ideal am nächsten. Dass die Gesichter zu sprechen beginnen, auch wenn sie stumm sind.

Mein Traum wäre ein ganzer Film, ohne ein Wort zu sagen, ein Film nur aus Licht und Gesichtern, wenn die Lage einer Haarsträhne beredt wird. Ich glaube, es ist die Annäherung des Films an die Musik.

Die Amerikaner sagen, es gibt keine Kunst im Film. Wenn es etwas gibt, woran ich nicht glaube, dann sind das solche Sätze. Kunst im Film ist ein Wechselspiel aus Nähe und Distanz. Nähe und Distanz sind natürlich Beleuchtungsfragen. Wenn Visconti ein halbes Bein dunkel macht, und das andere halbe ganz hell – dann hat das doch seinen Grund. Und Laughton hat sich Rembrandt angeschaut, natürlich hat er auch von Rembrandt geklaut, schon weil die alten Maler viel mehr über Licht wussten als wir.

Wir haben das meiste vergessen oder verlernt. Auch, dass man Gesichter nicht totleuchten darf, sonst strahlen sie nicht mehr. Das Filmlicht heute ist schon das Licht der Werbung.

Man müsste wie Josef von Sternberg eine Filmgeschichte des Lichts schreiben. In »Hanna von acht bis acht« hatten wir nicht irgendein Licht, es war Hannas Licht. Die Beleuchtung ihres Lebens, ja. Ein Grenzlicht.

Die Filme, die ich jetzt drehte, brachten mich an Punkte, an denen ich früher nie war. Ich liebe auch »Mamas Geburtstag« und »Hurenglück«. »Hurenglück« ist ein harter Film, ein sehr, sehr harter Film, aber ich mag ihn. Es muss an diesen Grenzerfahrungen liegen. Genau wie bei »Hurenglück«. Dass in meinem Alter noch einmal etwas Neues begann, von dem ich nicht wusste, das hat mich überrascht. Am Theater erfuhr ich es – noch später, noch überwältigender – bei George Tabori.

Und immer stärker wird dabei das Wissen, dass unser Leben voller Grenzen ist, ja, aus lauter Grenzen besteht. Eine minimale Wendung, eine kleinste Verschiebung nur, und alles kann anders sein. Bei »Hanna von acht bis acht« drehten wir eine Szene in einer Klinik für Nervenkranke. Barfrau Hanna besucht laut Drehbuch die Leichenhalle, um einen Bargast zu identifizieren, ich trug einen knallbunten Patchworkmantel, sah also nicht unbedingt seriös aus, hatte meinen Aufzug aber völlig vergessen, als ich mir in der Drehpause ein Brötchen und eine Piccolo-Flasche Sekt holen wollte. Der Mann hinterm Cafeteria-Tresen sah mich gutmütig an: Eine Pico möchtest du? Darfst du das denn? – Ich blickte fassungslos zurück. Wahrscheinlich bestätigte mein Gesichtsausdruck nur seinen trüben Verdacht. Sind wir hier denn in einem Irrenhaus?, hätte ich ihm zurufen mögen. Mir fiel noch rechtzeitig ein, dass er das nur mit demonstrativer Ruhe bestätigt hätte. Irgendwann war mir klar, dass ich, egal was ich sagte, keinerlei Chance hatte, von diesem Mann meinen Sekt zu bekommen.

Er hielt mich für verrückt. Ich verließ den bewachten Klinik-Park, lief hinaus auf die Straße und ging noch einmal an den Tresen. Diesmal von der Straßenseite. Ich bekam beides, Sekt und Brötchen. Das Maß meiner Beruhigung stand in grobem Missverhältnis zu seinem Anlass.

Wir hatten die Leichenhallen-Szene – Hanna identifiziert den toten Gast – in der Leichenhalle der Klinik gedreht. Es liegen keine Toten da, wenn wir kommen, das war versprochen. Ob mit oder ohne Tote – Walter Schmidinger, die Filmleiche, erklärte seinem Regisseur, dass er sich, tot oder lebendig, nie und nimmer auf eine Bahre lege und nur über seine Leiche eine Leichenhalle betrete. Schmidinger war also zu Hause, als ich im Leichenhallen-Vorraum saß und darauf wartete, ihn zu identifizieren. Überall standen Gläser mit eingeweckten Innereien. Es roch fürchterlich. Ich fragte mich, was dieser stechende Desinfektionsmittelgeruch überdecken musste, und dachte, dass Walter Schmidinger ein bewundernswerter kluger Mann ist. Schließlich schaffte ich es doch, den abwesenden Schmidinger auf der Bahre zu identifizieren. Um 15.00 Uhr holte mich ein Taxi vor der Leichenhalle ab, abends hatte ich Vorstellung »Orpheus in der Unterwelt«. Wir waren noch nicht weit gefahren, als ich dem Taxifahrer in höchter Not signalisierte, dass er unbedingt anhalten müsse. Ich dachte wieder an Schmidingers Weisheit und musste mich sehr übergeben. Der Taxifahrer sah mich mitfühlend an und fragte im Beileidston des Unbeteiligten: War es ein sehr naher Verwandter?

Ich hatte keine Kraft mehr, aus der falschen Welt dieses Tages auszubrechen. Ich nickte, ein sehr naher Verwandter.

Bochum

Ich war in Bochum, Theater spielen. Bochum ist hässlich. Ich kenne Herbert Grönemeyers Ode an seine Heimatstadt. Sie hat mir nicht geholfen. Hässliche Städte sind am Bahnhof noch hässlicher. Ich wohnte direkt am Bahnhof, im »Ibis«. Nie vergesse ich meine Sonntage in Bochum.

Einsamer kann man nicht sein als am Sonntag in Bochum. Hilmar kam mich kein einziges Mal besuchen; er blieb in Berlin bei unseren drei Katzen und dem Pferd. Ich kaufte mir einen Stoffballen in Schwarz-Pink, warf ihn über das Ibis-Bett. Dann fragte ich die Hotelleitung, ob ich eine Espresso-Maschine ins Zimmer stellen durfte. Ich durfte. Und das französische Bett umstellen? Auch das durfte ich. Bochum war immer noch hässlich.

Wir probten die »Nachtwache« von Lars Norén, Regie Alfred Kirchner. Alkoholabhängige Frau lebt mit einem Psychiater und bekommt Besuch von ihrem Schwager und dessen Frau. Ein typischer Norén. Nichts gegen Norén, er ist ein Abenteuer. Aber doch nicht in Bochum!

Sonntag früh hatten wir unsere letzte Probe, morgens um 11.00 Uhr kam Fritz Schediwy zu mir. Wir tranken Espresso und sprachen unseren Text auf Tempo. Wegen der Anschlüsse. Punkt 12.00 Uhr ging er. Er ist einer von den Menschen, die plötzlich aufstehen und gehen, als hätten sie das schon Jahre so geplant, und du weißt nie, wohin sie gehen. Und ich? Ich ging in den Zoo. Jeden Sonntag.

Bochum hat einen ganz kleinen Zoo. Eigentlich sind da auch nur Vögel drin. Gleich vorn waren die hässlichen Pelikane. Jedes Mal ging ich an den hässlichen Pelikanen links vorbei bis zu einem kleinen Panterkäfig. Darin wohnte ein ganz kleiner Panter. Sonst war eigentlich niemand im Zoo, denn es war Winter. Erst Januar, dann Februar, dann März. Die hässlichen Pelikane, der Panter und ich. Es wurde mein Panter, denn bald sprang er gegen das Gitter, wenn ich kam. Dann sahen wir uns lange an. Er hatte einen sehr aufmerksamen Blick. Es war ein sehr akrobatisch begabter Panter, ich dachte: Der müsste in einen Zirkus! Wenn es zu kalt wurde, lief ich zum Bahnhof und kaufte eine Flasche Rotwein. Um 16.00 Uhr kam im Fernsehen ein alter Film. Den sah ich jeden Sonntag, jeden Sonntag einen anderen. Danach, das lag meistens am Film, brauchte ich noch eine Flasche Rotwein. Ich ging wieder zum Bahnhof. Auf dem Bahnhof war ein Süßwarenladen mit Konfekt zum Selberaussuchen. Unglaublich viele verschiedene Sorten. Ich probierte alle. Zu meinem zweiten Rotwein aß ich nämlich grundsätzlich Trüffel, Marzipan, Nugat und Gummitiere. Ich sagte zu der Frau, der die Trüffel, Marzipan, Nugat und Gummitiere gehörten, dass ich nun jeden Sonntag kommen werde. Nach dem Panter und nach dem alten Film. Sie sah mich traurig an, mit aufrechtem Bedauern im Blick. Dabei konnte sie gar nicht wissen, dass ich außerdem noch eine Alkoholikerin spiele, die mit einem Psychiater verheiratet ist, und außerdem bald fünfundvierzig werde. Daran dachte ich immer sonntags. Am Montag war alles vergessen. Ich ging zur Probe. Ich spielte wie neugeboren meine Alkoholikerin mit Psychiater.

Und dann kam die Krisis. Es war wieder Sonntag. Ich betrat den Zoo, ging zum Panterkäfig. Mein Panter sprang mir nicht entgegen. Ich wartete, ich klopfte und pfiff. Umsonst. Lange stand ich vor dem Käfig und starrte auf das schwarze Loch, den Eingang zur der Panterwohnung. Er kam nicht. Mein Panter war weg. Ein Zirkus hatte ihn geholt. An diesem Tag waren die Pelikane noch hässlicher als sonst. ·

Ich kaufte wie immer meinen Rotwein und die Gummitiere.

Am 4. April 1986 war die Premiere. Es war mein Geburtstag.

Martha, Charlotte und meine Mutter

Lars Norén in Bochum. Man muss sich für eins entscheiden. Norén oder Bochum. Beide zusammen sind zu viel. Andererseits war Bochum unvergleichlich. Erstens, weil es die beste Currywurstbude von ganz Deutschland hat. Vor meiner Bochumer Lieblingscurrywurstbude war es immer windig, auch im Sommer, auch wenn es anderswo windstill war – jedenfalls glaube ich das –, und die Curryflecken auf meinen Sachen beweisen es. Außerdem ist Bochum unvergleichlich als Theaterstadt. Das Publikum war eine Mischung aus Arbeitern und Studenten. Ich fühlte mich wie am Berliner Ensemble. Wo gab es das noch – oder wieder –, dass Arbeiter ins Theater gingen? Das war Peymanns Verdienst. Und wie dieses Publikum unsere »Nachtwache« aufnahm, dieses Extremisten-Stück, vor dem die Bürger sich erschrocken und es für »menschenfeindlich« erklärt hätten, wie Schauspieler des Schiller-Theaters zuvor Heiner Müller. In Wien holten sich später zwei Einundzwanzigjährige ein Autogramm von mir, und ich erfuhr, dass sie heimlich da waren. Dass sie sich »so was« ansehen, dürften ihre Eltern nicht wissen. Bochum war da schon viel weiter.

Die »Nachtwache« war die letzte Inszenierung unter Peymanns Ägide in Bochum. Dann ging er als Intendant ans Burgtheater. Er nahm die »Nachtwache« mit nach Wien. Also auch mich.

Ich musste eine Virtuosin der Selbstzerstückelung werden. In Wien die »Nachtwache« , in Berlin würde ich zeitgleich mit meinem Mann »Virginia Woolf« unter Michael Haneke spielen. Martha und Charlotte, zwei Schwestern in der Qual, zwei Selbstzerstücklerinnen ohnegleichen.

Wir kamen also zurück ans Schiller-Theater, aber diesmal nur als Gast. Mein Mann und ich stiegen in den Ring, der die Ehe sein kann, um nicht mehr aufzuhören vor dem finalen k.o. 1960 gab es schon eine Virginia Woolf-Aufführung mit Maria Becker und Erich Schellow, aber in der damaligen Übersetzung waren die 50er-Jahre-Härten getilgt. Wir wollten die wörtliche Fassung, also den sprachlichen Totalangriff. An dem Tag, als wir das Bühnenbild sahen, gab es Krach. Eine große Wand fährt von hinten ganz langsam, aber unaufhaltsam nach vorn. Was war denn das? Symbolik? Wozu treiben wir uns mit größtem Einsatz in immer engere Engen, wenn da eine simple Wand mit der Trivial-Botschaft auftreten darf: Nun wird es aber eng! Ich bekam Fieber. Zu viel Wand. Zu viel Martha.

Und dann starb meine Mutter. Vor einer Probe zu »Virginia Woolf« erfuhr ich, dass sie tot ist. Ich stand oben auf der Bühne und habe geflüstert: »Ich bin eine Waise! Ich bin eine Waise!« Als ich aus dem Theater kam, stand die Sonne noch genauso über den Dächern wie drei Stunden zuvor, als ich noch nicht wusste, dass ich keine Mutter mehr hatte. Sie zeigte nicht die geringste Neigung, einfach vom Himmel abzufallen.

Es wäre ihre Pflicht gewesen. Ich war eine Waise! Wahrscheinlich kann man nie zu alt werden für die Wucht des Gefühls, nun allein auf der Welt zu sein. Es war Juni. Ich stand da und war unfähig, den dritten Akt zu probieren. Kein Satz, der irgendwie mit Tod und Leben zu tun hatte, wollte über meine Lippen. Und sie hatten doch alle mit Leben und Tod zu tun. – Was für ein schrecklicher Naturalismus!, dachte ich. So kann man doch nicht Theater spielen, so doch nicht.

Im März ist meine Mutter 66 Jahre alt geworden, am 11. Juni ist sie gestorben. Die Venen waren zerstört in beiden Beinen, sie haben ihr das Blut verdünnt, da hörte es nicht auf zu bluten, das letzte Mal habe ich sie am Tag vorher auf der Wachstation gesehen. Sie lag da, mit den großen Augen und konnte nur noch flüstern. Ich ahnte, dass es nun zu spät ist für das, was sie mir noch sagen wollte.

Wir hatten uns nicht oft genug gesehen, und wenn, ging es manchmal wie bei ihrem ersten Besuch im Westen. Sie kam zu mir nach Hamburg, als ich die Helena spielte. Diese Tage sollten ihr gehören. Am ersten Vormittag rief der Intendant des Thalia an: Angelica, ich lade Sie ein. Ich habe Karten für Domingo. Haben Sie Domingo schon mal live gehört? Ich antwortete, dass ich noch nie Placido Domingo live gehört hätte, dass aber meine Mutter hier sei. Der Intendant des Thalia-Theaters verstand nicht, was Placido Domingo mit meiner Mutter zu tun haben könne, und sagte, dass das doch wunderbar sei. Meine Mutter hier in Hamburg! – Die Einladung war mehr als eine Geste. Gobert sah mich schon als Desdemona in »Othello«, er würde Jago sein und Hilmar Othello. Ich sah mich nicht als Desdemona, nicht mehr, trotzdem, ich wollte nicht Nein sagen.

Am nächsten Mittag hatte ich im »Vier Jahreszeiten« einen Tisch bestellt, nur für meine Mutter und mich. Ein Kellner bat mich ans Telefon. Eine Stimme, die zu dem Film gehörte, den ich gerade drehte, sagte, dass in ein paar Stunden in Schleswig-Holstein die Sonne untergehen würde und dass wir uns das keinesfalls entgehen lassen dürfen. Sonnenuntergänge vor Zeugen sind selten in unseren Breiten, sagte ich, um Verständnis werbend, zu meiner Mutter. Dudow hatte damals, als ich siebzehn war, unsere »Verwirrung der Liebe« nicht zu Ende machen können, weil noch ein Sonnenuntergang fehlte. Ein Jahr länger hat es gedauert. Meine Mutter verstand mich, sie blieb allein am Tisch sitzen, und ich fuhr in einen schleswig-holsteinischen Sonnenuntergang.

Und nun kam ich von Westberlin, meine Mutter in Ostberlin zu begraben. Aber es war nicht leicht, aus dem Westen zu kommen und ein Grab im Osten zu wollen. Sollen die Ausgereisten, die Landesverräter, wie manche uns nannten, doch auch ihre Toten mitnehmen – wollte jene Frau auf dem Pankower Friedhof, die meiner Mutter ein Grab verweigerte, uns das sagen?

Auf dem Pankower Friedhof, der wie ein Park ist, sollte sie liegen, wo sonst? In Pankow hatte sie zuletzt gewohnt. Vor einer Virginia-Woolf-Probe, sehr früh am Morgen, fuhren wir rüber. Der Mensch stirbt zweimal, einmal stirbt er seinen eigenen Tod und dann den amtlichen. Der Pankower Friedhof war der Friedhof Nr. 2. Noch ziemlich nah am Eingang kam ein alter Mann uns entgegen, mag sein, er erkannte uns, mag sein, er wollte nur mit jemandem reden. Er könne sich schon denken, was wir hier suchten. Ein Grab? Hier vorn hätte er gleich eins frei. Der Mann war unangenehm- aufdringlich, schnell gingen wir weiter und standen schließlich vor der Friedhofsverwalterin. Sie war eine kräftige Frau Mitte dreißig, Regentin eines Totenreichs und mit Regentinnen-Blick maß sie uns. Kann sein, diese Frau hatte sich in ihrem Beruf daran gewöhnt, selbst Lebende wie Tote anzuschauen, was nicht eines gewissen Realismus entbehrte, denn zukünftige Tote sind wir alle – aber die Eiseskälte ihres Blicks galt wohl doch unserem spezifischen Lebendigsein. Denn es lag beinahe Hass darin. Nein, sagte sie, nachdem sie die Musterung beendet hatte, nein, hier sei kein Platz mehr frei. Wir könnten es mal auf Friedhof Nummer 5, in der Schönholzer Heide versuchen.

Aber meine Mutter gehört doch hierher, fuhr ich auf, mit der ganzen Hilflosigkeit dessen, dem etwas ganz und gar Unverhofftes widerfährt. Der alte Mann fiel mir ein. Es stimmt doch gar nicht, dass bei Ihnen kein Grab mehr frei ist, der Gärtner, schloss ich, nun schon selbst gewisser, hat uns doch eben gerade eins gezeigt. Ich sah diese kalte Mitdreißigerin beinahe herausfordernd an, aber sie blieb ungerührt:

Wenn Sie meinen … Dann müssen Sie eben auch das über Ihre Beziehungen klären!

Und ein tiefgefrorenes Lächeln stand in ihren Mundwinkeln.

Ich konnte nichts mehr sagen. Wir fuhren zum Friedhof Nummer 5. Wir kamen viel zu spät zur Virginia-Woolf-Probe.

Meine Mutter wurde in der Schönholzer Heide beigesetzt.

Irgendwann konnte ich selbst die Sätze über Leben und Tod wieder sprechen. Es war so kränkend, dass das Leben weiterging über ihren Tod hinaus, und sogar die Tragik. Ich wusste immer, dass keiner unersetzbar ist. Auch ich habe mich nie für unersetzbar gehalten. Aber es dann auch zu erfahren, das ist etwas anderes. Das Leben muss weitergehen, zitieren die Prosaischeren bei solchen Gelegenheiten. Ich glaube das nicht unbedingt. Zwar geht es weiter, meistens. Aber muss es wirklich?

Und dazu diese beiden Megären, Martha und Charlotte. Im September 1986 hatte »Virginia Woolf« Premiere. Wir haben es 66 Mal gespielt, öfter als vier Mal in der Woche konnte ich Martha nicht ertragen. Es war immer ausverkauft.

Mit Charlotte aus Noréns »Nachtwache« bin ich 1986 »Schauspielerin des Jahres« geworden. Die alljährliche Kritiker-Umfrage von »Theater heute« hatte mich gekürt.

Heribert Sasse war Goberts Nachfolger am Schiller-Theater. Heribert Sasse hatte eine Idee. Er wollte »Virginia Woolf« auf die große Schiller-Bühne holen. Jetzt stritten wir nicht mehr um eine vorlaufende Wand – bei der Wand hatten wir gewonnen –, sondern gleich um ein ganzes Bühnenbild. Ein für das kleine Renaissance-Theater berechnetes Bühnenbild einfach in das riesige Schiller-Theater zu stellen, wie Sasse es wollte – ja , sollten wir denn da vorn mitsamt Bühnenbild verloren gehen? Das heißt, nicht wir stritten, sondern Hilmar stritt allein mit dem Intendanten. Beim Wand-Konflikt hatte ich schon Fieber bekommen, jetzt lag ich vorsichtshalber zur Operation im Krankenhaus. Ich hatte seit zwei Jahren schon gespürt, dass ich nicht ganz gesund war und es immer auf Martha und Charlotte geschoben. In Gesellschaft dieser herrlichschrecklichen Weiber kann schließlich kein Mensch gesund bleiben. Aber wahrscheinlich trugen sie doch nicht die Alleinschuld. Ich überließ Hilmar alles. Der Erfolg war durchschlagend. Zwölf Jahre haben Intendant Heribert Sasse und wir uns anschließend nicht mehr gegrüßt. Sasse beharrte auf seiner Ansicht, kein Geld zu haben für ein neues Bühnenbild, so notwendig es auch sei. Er hatte nicht wirklich erwarten dürfen, dass wir nachgeben würden, schließlich haben wir nicht mal beim Zentralkommitee nachgegeben. Dabei kann man einen West-Intendanten mit dem Zentralkomittee nicht mal vergleichen, denn es gibt schließlich viele davon. Zum Glück. Hans Neuenfels von der Freien Volksbühne schickte uns gleich ein Telegramm. Ob er irgendwie helfen könne? Wenn wir etwas hätten, sein Haus stünde uns jederzeit offen. Wir waren – nein, es gibt wohl kein anderes Wort dafür –, wir waren gerührt. Im Kassenraum der Freien Volksbühne abends um 23.00 Uhr begann unser Brechtabend »Brecht und die Frauen«.

Ich wurde wieder gesund. Martha war ich los. Aber Charlotte wartete noch in Wien auf mich. Und vor mir wuchs allmählich eine bedrohliche Zahl. 50. Bald würde ich fünfzig sein. Ich hätte nie gedacht, dass eine Null, eine vollkommen nullige Null den Menschen so ins Schlingern bringen kann.

In diesem Alter gibt es für eine Frau nur eine Lösung. Man muss eine neue Herausforderung annehmen. George Tabori hat das gewusst. Eines Tages rief er an.

48 Die Wiener Produktion »Stalin« von Gaston Salvatore. Regie: George Tabori. Mit Hilmar Thate

49 *(oben links)* Mit Bernhard Minetti in »Jeder stirbt für sich allein«. Schiller-Theater, Berlin
50 *(oben rechts)* Als Rockgirl in der Revue-szene von »Jeder stirbt für sich allein«. Schiller-Theater, Berlin
51 *(unten)* In der Garderobe nach vier Stunden »Lulu«. Schiller-Theater, Berlin

52 *(oben)* Mit Martin Held in der »Büchse der Pandora«. Schiller-Theater 1982

53 *(unten)* Hannelore Hoger, Angelica Domröse, Gerd Kunath und Fritz Schediwy in »Nachtwache«, Akademietheater, Wien 1987

54 *(links)* Als Maria Callas in »Meisterklasse«. Komödie am Kurfürstendamm, Berlin 1999
55 *(unten)* Mit Otto Sander beim Funk

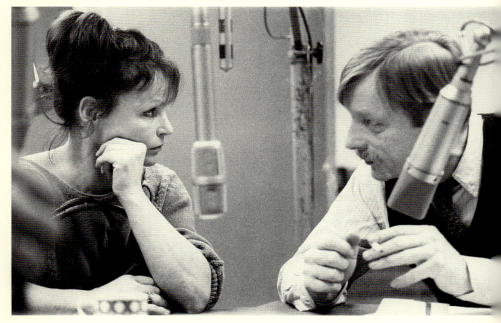

56 *(rechts)* Wir
57 *(unten)* Mit
Hilmar Thate im
Schloss Hoppenrade

60 *(links)* Als Frau John in »Die Ratten«. Schiller-Theater, Berlin 1993
61 *(unten)* In »Wer hat Angst vor Virginia Woolf«. Schlosspark-Theater, 1986

inke Seite:

58 *(oben)* Mit Hilmar Thate in »Das Lächeln des Barrakuda«. Theater in der Josefstadt, Wien 1994
59 *(unten)* Probenpause »Frauen Krieg Lustspiel«. Wiener Festwochen, 1988. George Tabori sagt zu mir: »Sei so schlecht wie möglich.«

62 *(oben)* In »Josef und Maria« in der Komödie am Kurfürstendamm, Berlin 2000/2001

63 *(unten)* Als Prinz Heinrich in »Iphigenie in Rheinsberg« (musikalische Fragmente aus der Oper »Iphigenie auf Tauris« von Christoph Willibald Gluck)

Ich werde Stalin

Ich habe da ein Stück für euch, ein ganz großes Stück, das kennt ihr nicht, macht aber nichts, denn es ist ein ganz neues Stück, und er, George Tabori, habe sich gedacht, dass wir das spielen können. »Stalin« von Gaston Salvatore.

Kenn ich, hab' ich doch gerade auf der Bühne gesprochen. Lesefassung, sagte mein Mann. Und wieso könnten »wir« das spielen, was soll Angelica denn da spielen?

Die Frage ist: Woran denkt ein Mann, wenn er eine Frau sieht? Welche Vision weckt sie in ihm? – Ich habe viele Männer kennen gelernt, die an irgendetwas dachten, wenn sie mich sahen. Der bemerkenswerteste von ihnen war George Tabori. Er sah mich und sagte: Stalin!

Es gibt zwei Möglichkeiten, das zu interpretieren. Die erste ist, dass ich mich in einem Alter befand, in dem Männer Frauen gegenüber leicht kleine oder mittlere Diktatoren einfallen. Die zweite Interpretation, die ich hier vorschlagen möchte, ist: Tabori ist ein ganz und gar außergewöhnlicher Regisseur.

Tabori gehörte zu jenen, die immer wussten, was in der DDR gespielt wurde. Jedenfalls am Theater. Wenn er in Deutschland war, besonders in den Sechzigern, kam er ans BE. Jetzt war er der Meinung, wer »Virginia Woolf« spielen kann, also gewissermaßen die geschlechtliche Selbstzerfleischung eines Ehepaares, der kann auch »Stalin« spielen – die Selbstzerfleischung des Diktators, stellvertretend verübt an seinem Vasallen. Weil Diktatoren, auch wenn sie sich selbst quälen, grundsätzlich Fremdquäler sind. Der Vasall, ein Theatermann, der gerade Shakespeare spielte, sollte Hilmar sein. Schon wieder das Wechselspiel der Macht, von Hoffnung und Demütigung. Ein Höllenkreis.

Hm, sagten wir. Es klang großartig. Und es war Tabori. Aber es ging nicht. Wir konnten nicht. Es war unmöglich für Hilmar und mich, Gaston Salvatores »Stalin« zu spielen, auch wenn es Taboris erste eigene Inszenierung an seinem ersten eigenen Theater in Wien werden sollte. Denn wir hatten drei Katzen und ein Pferd in Berlin. Das sagten wir Tabori. Ich allein in Bochum, das ging noch. Ich war zwar sonntags allein in Bochum, aber Hilmar blieb bei den Katzen und dem Pferd.

Große Regisseure erkennt man daran, dass sie große Probleme sofort erkennen. Drei Katzen und ein Pferd. Tabori sah uns durchs Telefon nachdenklich an. Er hatte einen Hund. Den nahm er überall mit, auch ins Theater. Kleinere Geister hätten jetzt Fragen gestellt, etwa: Wollt ihr denn nie mehr arbeiten wegen drei Katzen und einem Pferd? – Tabori nicht. Zwar hatte er in Wien ab sofort ein eigenes Theater, aber was ist schon ein eigenes Theater in Wien gegen vier Haustiere in Berlin, die man nicht mit ins Theater nehmen konnte wie er seinen Hund? – Gut, sagte der große Regisseur in dem Tonfall, in dem man endgültige Entschlüsse trifft, dann komme ich eben nach Berlin und miete dort noch ein Theater. Jedenfalls eine Probebühne. In diesem Augenblick wussten wir, dass wir noch nie einem Regisseur begegnet waren wie George Tabori.

Erst Berlin, dann gingen wir doch nach Wien. Am 8. Dezember, Mariä Empfängnis, wurde ich Taboris Stalin. Wir sind in ein Barockhaus gezogen und liefen jeden Tag an Freuds Wohnhaus vorbei in die Porzellangasse, wo Taboris erstes eigenes Theater war. Es hieß »Der Kreis«, aber wir nannten es immer »Triangel«, denn wir waren ja nur zu dritt, Thate, Tabori und ich.

Mag sein, Tabori hat sich große Diktatoren anders vorgestellt als mich. Und er hat nicht mal geahnt, dass man ihnen zuerst die Angst nehmen muss vorm Diktatorsein. Aber er konnte das wunderbar: die Angst nehmen. Wir kamen in sein Büro, haben Tee getrunken und gelesen. Wir kamen nie vor elf. Tabori nannte das »französische Verhältnisse«. Wir gingen zusammen essen, abends haben wir uns dann noch einmal getroffen. Die Abendproben waren Nachtproben. Diese Boheme war unsere Einfühlung in die Diktatur.

Nebenan am Burgtheater ging alles geregelter zu, Tabori nannte es trotzdem Disneyland, bunt und einwandfrei funktionierend. Das kam für uns nicht in Frage.

George hat uns erzählt, wie er die McCarthy-Jahre in den USA erlebt hat, wie er die Straßenseite wechselte, wenn ihm Elia Kazan, der Denunziant, entgegenkam. Wir haben ihm von der DDR und der Staatssicherheit berichtet und wie es war, immer mehr Freunde zu verlieren. Wir waren alle drei überrascht, wie die Bilder sich glichen. Das war 1988. Uns wurde klar, dass wir noch nie so offen im Westen über unsere Gründe gesprochen hatten, aus der DDR wegzugehen. Es war immer so ein falscher Zungenschlag dabei. Das Grundmissverständnis lag schon in der Art der Fragen, die man uns stellte. Bei Tabori war das alles wie weggewischt. Es entstand eine Gemeinsamkeit, wie sie aus verwandten Erfahrungen kommt.

Aber dass man großen Diktatoren gut zureden muss, dass man sie trösten muss, war neu für den alten Theatermann. Vor allem, da ich eine Woche vor der Premiere definitiv erklärte, diese Rolle nicht spielen zu können. Da hat Tabori seinen großen Diktator heulend durch Wien laufen sehen, quer durch den Schnee, immer zehn Schritte vor Hilmar und ihm. »So'ne Scheiße!«, habe ich gerufen, immer wieder. Wie soll ich, eine so kleine Frau, diese Dimension an Zerstörung vorführen? Nein, es ging nicht darum, dass ich einen Mann spiele, das wussten wir gleich. Darum kam ich am Anfang auch mit High Heels und schminkte mir erst allmählich den Diktator an. Schließlich hat Asta Nielsen auch Hamlet gespielt.

Aber ich konnte diesen mörderischen Text nicht behalten. Ein Theatertext voller Fakten. Asta Nielsen hatte es gut, ihr Hamlet war ein Stummfilm. Was hatte dieser Gaston Salvatore da geschrieben? Das Ziehkind Allendes, Sohn einer Adligen, wohnt in zwei Palazzos in Venedig und einer Wohnung, die ihm Visconti schenkte, und hat nichts Besseres zu tun, als mitten in der Lagunenstadt unerkannt Textmauern zu errichten, über die kein Mensch rüberkommt, und schaffst du's doch, steht vor dir schon die nächste. Mein Gott, Salvatore!

Da wusste ich noch nicht, dass ich wenig später einen einstündigen Wortfetzen-Monolog ohne jeden sinnfälligen Zusammenhang sprechen würde. Ich meinte es bitterernst mit dem Nicht-Können. Ich wollte die Rolle hinschmeißen.

Wie spielt man Aufgedrehtheit, wenn man nicht schlafen kann und ein alter böser Mörder sein muss? – Alles war neu, der Übergang von Rede und Spiel, es war das Ende aller Schachbrettvorstellungen. Mein Mann schwankte zwischen verstehendem Trösten: »Geka, schau, wenn ich die Clara Zetkin spielen sollte, hätte ich auch Schwierigkeiten!« und einer gewissen Grausamkeit: »Du kannst eben nicht logisch denken!« Er musste es wissen, wir lebten schon ein Stück Zeit zusammen in dieser schönen und grimmigen Welt. Aber denken Diktatoren wirklich logisch?

Tabori blieb ganz ruhig. Er hielt das alles aus. »Benutze es!«, sagte er nur, wenn ich ihm erklärte, warum ich dieses Monster Stalin keinesfalls spielen konnte. Schwächen – für ihn waren sie unerkannte Stärken, Vorteile inkognito. Nie wäre ich ohne ihn ein solcher Menschenfresser geworden. Er ist ein Zauberer, egal, dass er auch ein Monster ist. Tabori hat mir Türen aufgestoßen, von denen ich nicht mal wusste, dass sie existieren. Falltüren, blinde Türen, Himmelstüren. Ich brauchte sie alle für diese Inszenierung. Manche stehen heute noch offen, obwohl es nun schon so lange her ist.

Und wie dieser Mann zuhören konnte. Die russischen Stellen im Text hatte er am liebsten. Tabori verstand kein Russisch. Nitschewo ni …!, fing ich an. Unser Regisseur nickte und sprach: Das ist sehr schön, sag es dreimal! Ich war unglücklich. Es gab also doch noch eine Steigerung von

Martha und Charlotte – Stalin. Im März 1988 saß ich allein im Park
an der Porzellangasse, ich hatte meine Fassung so weit zurückge-
wonnen, dass ich ganz ruhig meinen Text lernte. Ich blickte vom
Skript auf die Donau, von der Donau auf mein Skript. Plötzlich
spürte ich einen weichen Aufschlag auf meinen Kopf. Ich schreck-
te auf, wunderte mich aber nicht: so weit ist es also schon. Wenn
einem alles aus dem Kopf fällt, vor allem Diktatoren-Monologe,
dann fühlt es sich also an, als fiele einem etwas obendrauf. Nur
um welche Phase der Krisis es sich handelte, konnte ich nicht sagen. Ich fasste nach der Stelle des Aufschlags. Auf meinem Kopf
befand sich ein Vogelnest. Ein Vogelnest ist mir auf den Kopf gefallen. Ich nahm es als Durchhaltezeichen. Vor Diktatoren einkni-
cken war feige.

Ich habe das Nest heute noch.

Wir wollten keine große Dekoration. Wir wollten wichtige, un-
verwechselbare Zeichen setzen. Bei uns waren es drei Zeichen. Ich
brauchte und liebte sie von Anfang an. Der rote Teppich! Wie ich
ihn kenne! Ein Zeichen von Macht und Ehre. Ein alter Lüster, kost-
bar. Und der von Hand gesetzte Ofen. Hierarchie, aber auch Wärme und, wenn man oben sitzt oder liegt, ein gutes Gefühl.

Natürlich waren da auch noch mein Stalin-Thron, ein riesiges
Fell, das Telefon, der Wodka, der Konferenztisch und die schönen,
intelligenten Leichen in Form von Stühlen. Die Opfer Stalins. Eine
Hand voll Stühle steht für Millionen.

»Stalin« wurde nicht eigentlich ein Erfolg. Bei der Kritik ja, auf
Gastspielen in Deutschland auch, aber in Wien nicht. Vielleicht
waren die Wiener noch nicht reif für »Stalin«. Thomas Bernhard
hätte uns da sicher beigepflichtet. Vielleicht dachten die Wiener,
für Politik gibt es die Zeitung. Ich weiß es nicht, aber manchmal
war ich trotzdem traurig, dass den Wienern unser »Stalin« so egal
war. Aber Tabori tröstete uns. Seht ihr, sagte er, in Paris haben sie
Beckett vor nur drei Zuschauern gespielt und einer davon war Beckett selbst.

Noch ein Jahr nach »Stalin« bin ich wie Stalin gelaufen: große

Schritte, gebeugt, die Hand auf dem Rücken. Es ist eine sehr bequeme Haltung, man kann gut nachdenken dabei, aber meine hohen Schuhe und die Kleider wirkten wohl irritierend, vor allem bei Abendgesellschaften.

Es gab auch Spannungen an Taboris Theater. Ich habe seine »Warming ups« nie mitgemacht, seine morgendlichen Selbstfindungen. Dabei gehörten sie zur »Kreis«-Philosophie. Und die Tabori'sche »Kreis-Philosophie« war wunderbar, eine richtige Philosophie des Kreises. Tabori hat uns mal einen achtseitigen Brief über die Utopie seines Theaters geschrieben, er begann: »Der Kreis ist eine schöne, weibliche, demokratische Form, ein Zeichen für manche unserer Utopien.« Der Kreis sei der Name für eine Arbeitsgemeinschaft und alles in ihm brauchbar, was »ihn« oder »sie« ausmacht, vorausgesetzt, dass dies durch eine bewusste Wahrnehmung des Seins stattfindet.

Und mit der »Wahrnehmung des Seins« fing Tabori schon frühmorgens an. Und mit der Selbstfindung auch. Das war mir zu anstrengend. Alle sitzen in einem Kreis und machen »Mmmmm«, und dann schreien sie. Nein, das kann ich nicht, ich muss bei Selbstfindungen immer lachen, habe ich gesagt. – Tabori musste nicht lachen. Er war richtig böse auf mich. Willst du denn gar nicht frei werden, dich öffnen, alles rauslassen, von Kindheit an? Um Gottes willen, dachte ich, nicht meine Kindheit! Die soll ich rauslassen? Man muss schon eine ziemlich unbeschwerte Kindheit gehabt haben, um ihr für alles die Schuld geben zu können. Würde ich meine Kindheit für mich verantwortlich machen, ich dürfte alles machen, und keiner dürfte es mir übel nehmen, ich wäre ein völlig entlasteter, schuldunfähiger Mensch. Denn dass ich mit dieser Frühe psychisch nicht ganz normal sein kann, ist ja wohl klar, oder?

Aber ich glaube, dass der Mensch irgendwann für sich selber verantwortlich ist. Irgendwie fühlte ich mich zu erwachsen für Taboris Selbstfindungen. Das muss an meiner Kindheit gelegen haben.

Wir waren der Triangel im »Kreis«. Warum nicht gleich so weitermachen? Tabori sah Hilmar schon als König Lear, aber Hilmar sah Hugo, Emil, Leo und Kronadler allein zu Haus. Drei Katzen und ein Pferd in Berlin. Er sah aber auch noch andere Hindernisse. Er wollte zurück.

Da nahm mich Tabori zur Seite: Angelica, wir treffen uns heute Abend, Uschi, Gobo, Renate, Rosemarie und ich. Du kommst auch! – Es war keine Frage, auch keine Aufforderung, es war mehr eine Feststellung. Uschi war Ursula Höpfner, Taboris Frau. Gobo war Taboris Hund.

Tabori zeigte uns ein paar Blätter gedruckten Irrsinns. Was ist denn das?, fragte ich ihn. Das, antwortete Tabori überzeugt, ist Brasch, Thomas Brasch. Traut ihr euch das zu? Koproduktion der Wiener Festwochen mit dem »Kreis«. Welturaufführung.

Wir übten wieder, diesmal etwas geregelter. Jeden Morgen um 9.00 Uhr begann ich mit meiner Souffleuse, einen Text zu lernen, der streng genommen kein Text war. Eher das Laut-Bild einer Frau, die wie ein Spiegel zerspringt. Wir probten Schlachten und Krieg, Krieg und Schlachten, Tag für Tag, bis Tabori irgendwann sagte: Ich glaube, wir brauchen diese Kriegsschlachten nicht! Alfred Hrdlicka baute uns ein riesiges trojanisches Pferd, das irgendwann einmal ein Huhn unter seinen Vorfahren gehabt haben muss. Ein paar Tage vor der Premiere kam Hilmar dazu. Er hatte seinen Pandarus – Prolog und einen sehr antiken Text – mit Hugo, Emil und Leo in Berlin probiert. Hugo, Emil und Leo hörten Hilmar zwar am liebsten singen, dann saßen sie ganz still und legten den Kopf zur Seite, aber sie müssen auch einen großen Sinn für die Antike bewiesen haben, denn wir waren sehr beeindruckt.

Am Tag der Premiere erklärte Tabori mir, wo in seinem Stück Klaras Wahnsinns-Monolog hinkommt, das Laut-Bild der zersprungenen Frau. Ein Journalist schrieb: »Zuletzt gehen Brasch und Domröse an die Grenzen der Nachvollziehbarkeit, als wäre es ein Film des späten Godard: Haben wir nun eine Schauspielerin gesehen, die eine Irre spielt? Oder eine Irre, die eine Schauspielerin spielt? Oder eine Schauspielerin, die eine Irre spielt, die eine Irre spielt, die eine Schauspielerin spielt oder das exakte Gegenteil?« Selten habe ich mich so über eine Kritik gefreut wie über diese.

Nicht für Stalin, aber für Klara gaben mir die Wiener die Kainz-Medaille. Ich konnte nicht anders, als diese Medaille zu lieben, obwohl ich zu Preisen ein sehr schwieriges Verhältnis habe, was ich noch begründen werde.

Meine beiden Wiener Stücke mit Tabori waren die wichtigsten, die befreiendsten Theaterarbeiten für mich, seit ich aus der DDR weg war. Sie sind es geblieben. Die Türen stehen immer noch offen. Ich spüre den Luftzug bis heute. Ich bin mutiger geworden seitdem.

Meine Ankunft im Kapitalismus

Man spricht heute viel vom Ankommen. Gerade die Ostler werden immerzu gefragt, wann sie denn nun endlich in der Bundesrepublik ankommen.

Also ich bin im Kapitalismus erst 1989 angekommen, das ist etwas spät, ich weiß. Überhaupt ein ungünstiges Datum, wenn man bedenkt, dass die meisten da erst anfingen loszugehen. Aber die physische Ankunft und die seelisch-erfahrungshafte Ankunft eines Menschen in einer anderen Welt fallen nur selten zusammen. Das Datum meiner Ankunft muss der Tag gewesen sein, da das Fernsehen Hilmar und mir mitteilte, dass wir in dem Film, den Klaus Poche für uns, für Hilmar und mich, geschrieben hat, leider nicht mitspielen können.

Aber warum denn nicht, fragte ich das Fernsehen. Es erklärte, dass es sich hier um eine recht aufwändige Produktion handele, Poche hatte einen Dreiteiler geschrieben, das Fernsehen hatte einen Zweiteiler daraus gemacht, es war aber immer noch aufwändig, und da müsse man auf Nummer sicher gehen. Kein Problem, sagte ich – oder dachte es nur –, ich trage diese Rolle schon lange in mir, ich bin diese Rolle. Sicherer geht es gar nicht.

Das Fernsehen kräuselte die Stirn. Meine Begriffsstutzigkeit war ihm offensichtlich unangenehm. Es gehe doch gar nicht darum, ob jemand die Rolle spielen könne oder nicht, nein, »sichergehen« bedeute, Gesichter nehmen, die der Zuschauer schon in- und auswendig kennt, denn nur bei solchen könne man davon ausgehen, dass er sie noch besser kennen lernen wolle. Und das sei auch deshalb unabdingbar, da die Vorlage, nun sagen wir mal, anspruchsvoll sei. – Genau, freute ich mich, darum will ich das ja spielen. Das Fernsehen schüttelte den Kopf.

So verlor ich eine Rolle, die für mich geschrieben war. Ich war gar nicht verärgert, nur maßlos erstaunt, als beträfe es gar nicht mich. Am nächsten Morgen gingen wir mit Peter von Becker und George Tabori frühstücken, und ich begann, wie man Geschichten über andere Leute berichtet: »Kinder, ich muss euch was erzählen ...« Ich endete mit dem Satz »Jetzt weiß ich, dass ich im Kapitalismus angekommen bin.« Ich meinte das nicht böse; das Kalkül der Fernsehleute war nur so umwerfend neu für mich und entbehrte nicht einer gewissen Komik.

Der Zweiteiler wurde dann gedreht, mit besagten Gesichtern. Ich war nicht in der Lage, mir beide Teile anzusehen.

Aber nicht nur ich kam im Kapitalismus an, die DDR machte sich gerade auf denselben Weg, nur wusste sie das noch nicht von sich.

Ich wusste es auch nicht. Wir hörten und sahen es rumoren im Nachbarberlin und waren so euphorisch, als gingen uns östliche Aufbrüche noch etwas an. Natürlich gingen sie uns etwas an. Wie jeder Berliner, der fähig war zur Zeitgenossenschaft, machten wir uns am 4. November auf den Weg zum Alexanderplatz. Diese Kundgebung wollten wir hören, wo alle sprachen, die in der DDR (k)eine Stimme hatten.

F. H. und ich fuhren mit dem Auto so dicht wie möglich vor die Mauer. M. hatte beschlossen, die S-Bahn zu nehmen. Am Oranienburger Tor wollten wir uns treffen. Am Grenzübergang Invalidenstraße merkte ich plötzlich, wie nötig ich auf Toilette musste. Aber jetzt noch einmal zurückgehen? Entschuldigen Sie, sagte ich zum nächststehenden Grenzbeamten, erklärte ihm meine missliche Situation, zeigte auf seine vielen Baracken und fragte: »Könnte ich hier wohl mal austreten?« – Der Grenzbeamte maß mich mit ruhigem Blick, wahrscheinlich überlegte er, ob er es gerade mit einer staatsfeindlichen Provokation zu tun hat und sagte dann langsam: Nu, so weit sin ma ja wohl noch nich!

330

Wahrscheinlich las er jetzt die aufrichtige Not und Bestürzung in meinem Gesicht, und ich tat ihm Leid, jedenfalls winkte der Grenzbeamte mich noch einmal zurück und erklärte, dass es hier ganz in der Nähe ein Museum gäbe, da könnte ich vielleicht, wenn es wirklich so dringend ... Natürlich, das Naturkundemuseum. Das Lieblingsmuseum meiner Kindheit. Ich stürzte an meinem Saurier vorbei, würdigte ihn keines Blickes und kam nicht eine Sekunde wie früher auf den Gedanken, einen Schwanzwirbel herauszuziehen, dass der ganze Saurier zusammenfalle. Auf dem Rückweg, wieder am Saurier vorbei, dachte ich über den bestürzenden Zusammenhang von krimineller Energie und einer gewissen Bedrängnis nach. Jetzt wunderte ich mich auch, wie leer das Museum war. Es war immerhin ein Wochenende. Nun gut, dachte ich, die sind bestimmt bei der Demo. Von mir selbst kannte ich ja den etwas umstürzlerischen Charakter von Naturkundemuseumsbesuchern. Ich war die Berlin-Führerin, wir liefen quer durch die Nebenstraßen, schließlich befanden wir uns hier im Kiez meiner Kindheit. Nirgends war ein Mensch zu sehen. Sollten die wirklich alle bei der Demo sein? Aber wenn die Demo wirklich ist, muss es doch auch Leute geben, die erst hingehen. Am Oranienburger Tor wartete wirklich M. Aber sonst war da kein Mensch. Ich wurde unruhig. In einer Eckkneipe stand ein Fernseher, einer hinterm Tresen, fünf davor. Guten Tag, sagte ich, hier soll heute eine Demo ... Ja, ja, sagte der Mann, laufen Sie ruhig immer weiter, und er schlug mit dem ausgestreckten Arm eine Schneise durch die gegenüberliegenden Häuser. Wir liefen immer weiter durch die gespenstische Stille der Straßen. Zum Alexanderplatz sollten wir gehen. Vor der Volksbühne am Rosa-Luxemburg-Platz war noch immer niemand. Und dann plötzlich versanken wir im Menschenstrom. Aus der Prenzlauer Allee kam er und trug uns in Richtung Alexanderplatz. Die um uns waren, begrüßten uns. Es war ein merkwürdig feierliches, gedämpftes »Guten Tag«, das nicht nur uns, sondern irgendwie auch ihnen selbst zu gelten schien.

Und dann sahen wir eine Frau, die ihre Fenster putzte. Nie habe ich mit größerer Anteilnahme eine ganz normale Frau ein ganz normales Fenster putzen sehen, in der fensterputzenden Frau war aller Aufbruch, alle Subversion des Ostlandes. Wir haben geklatscht und gelacht, sie schaute überrascht zu uns hinunter. Wenn einer wissen will, was dieser 4. November 1989 auf dem Berliner Alexanderplatz wirklich war, dann wohl das: Lust haben auf spontanen Beifall für eine ganz alltäglich-unalltägliche Fensterputzerin.

Für M. aus dem Westen war es noch etwas anderes. Er traf mitten auf dem Alexanderplatz in den Menschenwogen seine Schwester und seinen Schwager aus Münster. Weder M. noch M.s Münsteraner Schwager noch wir haben Heiner Müllers Gewerkschaftsrede verstanden.

Am Abend des 9. November ging die Mauer auf, am 10. vormittags flogen wir nach München.

Ich habe nichts gegen München, im Gegenteil, ich mag es sogar, aber jetzt? Einen hammerharten Psychokrimi würden wir drehen, mein Mann und ich. »Hurenglück«. Aber musste das wirklich jetzt sein?

In München spürten wir nichts davon, dass in Berlin die Mauer geöffnet worden war. Einmal sahen wir morgens um 11.00 Uhr vor dem Rathaus zwei angetrunkene 18-jährige Thüringer, die schrien immerzu »Deutschland, einig Vaterland!«. Niemand antwortete ihnen oder schrie mit. Aber sie liefen über den Weihnachtsmarkt mit Augen, die brannten vor Glück und Glühwein. Dann sagte der eine: Und jetzt schreiben wir der Oma eine Karte! Da hörten sie auf »Deutschland, einig Vaterland!« zu rufen, setzten sich auf eine Bank und schrieben die Oma-Karte vom Münchner Rathausplatz.

Jeden Abend sahen wir im Österreichischen Fensehen das Neueste aus Berlin. Jeden Abend sagte mein Mann: »In Berlin machen sie Weltgeschichte, und wir drehen hier einen Psychokrimi!« Kein Zweifel, wir befanden uns in der falschen Stadt.

Ich weiß nicht, ob es der derart geschmähte Geist des Ortes war, der sich an uns rächen wollte. Hilmar musste sich laut Drehbuch in seinem Jaguar dreimal überschlagen, alles war genau berechnet. Der Jaguar fuhr los und –. Hinterher war nichts mehr von ihm übrig, er hatte sich atomisiert, flog in tausend Einzelteilen durch die Luft. Er hatte sich 18 mal überschlagen. Mein Mann sah mit entsetzensstarrem Blick, was das Drehen eines Psychokrimis alles beinhalten konnte – wenn nicht gerade weltgeschichtliche Schnitte so doch individualgeschichtliche Cuts von ziemlich endgültiger Art. Der französische Stuntman, der für Hilmar den Jaguar gefahren war, war leichenblass. Zum ersten Mal standen ihm Zweifel an seinem Beruf für jedermann lesbar im Gesicht. Das größte Stück des auseinander gesprengten Jaguars landete direkt auf der mittleren Kamera. Verlust des Tages: eine Kamera, ein Jaguar. Der Produzent ließ die Dreharbeiten für diesen Tag abbrechen.

Es hatte über Nacht leicht gefroren, der Frost war in den Überschlagsberechnungen nicht enthalten gewesen.

Wir registrierten einen wichtigen Unterschied zwischen einem Psychokrimi und der Weltgeschichte. Wenn die Weltgeschichte beginnt, sich zu überschlagen, wenn es Scherben gibt dabei, kann man die Dreharbeiten nicht einfach unterbrechen.

Ich kommentiere die erste und letzte freie Volkskammer-
Wahl der DDR, sehe noch älter aus als Oskar Lafontaine
und Martin Walser zusammen und bekomme Drohbriefe

Der ARD-Nachrichtensprecher Hans-Joachim Friedrichs kannte mich aus Hamburg. Das wurde mein Verhängnis. Er fragte mich, ob ich nicht Lust hätte, am 18. März 1990 ins Wahl-Studio der ARD zu kommen. Gewissermaßen als Kommentatorin und Expertin Ost. Ich mochte Friedrichs. Ich kam. Ich hielt das für meine Pflicht.

Und dann stand da kurz nach 20.00 Uhr ein Helmut Kohl im Bild, der sich gab, als hätte er schon gesiegt. Ich verstand das nicht. Wieso gewinnt die CDU im Osten?

Was hat die CDU mit der Wende zu tun? Was hatte sie überhaupt mit der DDR zu tun?

Meine Zehlendorfer Witwen wählen auch alle CDU, die mögen Gründe dafür haben, aber im Osten gibt es doch gar keine Zehlendorfer Witwen. Was war hier passiert?

Und der Runde Tisch? Ein paar Restprozente. Damit hatte ich nicht gerechnet. Nun ist es natürlich immer ein wenig problematisch, wenn ein Kommentator von dem Geschehen, zu dem er gleich eine überlegene, gleichsam überzeitliche Meinung abgeben soll, maßlos überrascht ist.

Warum wählen die nicht die Bürgerbewegung? Ich verstand es nicht.

Friedrichs gab mir das Wort, und ich sagte ins Tagesschau-Mikrofon hinein, dass Kohl als eigentlicher Gewinner der ersten freien Volkskammer-Wahlen doch wohl ein großer Irrtum sei. Und überhaupt. Glauben Sie doch nicht, dass Kohl, Blüm und die anderen halten, was sie versprechen!

Warum hat dieses gerade befreite Ost-Land nicht einfach sich selbst gewählt? Den eigenen Aufbruch, den Runden Tisch?

In einer Studio-Ecke saßen Didi Hallervorden und Jürgen Flimm. Sie klatschten Beifall. Ich fürchte nur, dass sie die Einzigen waren. Jedenfalls im »Republik-Maßstab« gesehen.

Guten Abend, Frau Domröse, schön, Sie zu sehen!, sagte ein Mann zu mir in der Menschenmenge neben dem »Palast der Republik«, als ich von Friedrichs kam. Er zupfte mich am Ärmel. Ich kann es nicht ausstehen, wenn mich jemand am Ärmel zupft. Seine Stimme passte nicht zu dem, was er sagte. Eine Drohung schwang darin.

Ja, ja, antwortete ich schnell, ich habe jetzt aber gar keine Zeit. Ich muss ... Der Mann hielt mich fest.

Und noch was, sagte er, Sie haben mich da eben bei Friedrichs ganz wahnsinnig enttäuscht. Und jetzt erkläre ich Ihnen mal, warum ich CDU gewählt habe, kündigte er an und fixierte mich genau. – Weil ich nämlich am Ende dieses Jahres auch ein Auto haben will, einen VW. Ich bin Arbeiter! Machen Sie es gut, gnädige Frau!

Er ging. Ich verstand ihn und verstand ihn nicht. Seine Logik hatte so etwas ungemein Dürftiges. Selbst in einer solchen Stunde wählte er nur sein unmittelbares materielles Interesse. Zudem war es doch eine Gleichung mit vielen Unbekannten. Die Arbeiter des Ostens hatten diejenigen gewählt, die sie so bald und schutzlos überflüssig machen würden. Und trotzdem, ich fühlte es, konnte man gegen diese Logik nichts sagen. Es war schlimmer. Dieser Mann und ich lebten in verschiedenen Welten.

Ich fuhr ein paar Straßen weiter zu Erich Böhmes »Talk im Turm«. Dort warteten schon Oskar Lafontaine, Martin Walser, Lothar Späth und Wolfgang Berghofer, der gerade Bürgermeister von Dresden geworden war. Ich sah älter aus bei Böhme als diese vier zusammen. Böhme ließ seine Brille kreisen, und so kreiste auch das Gespräch. Politiker-Diskurse, unterbrochen von Martin Walser, der die Überzeugung äußerte, dass die Einheit das Allerallergrößte sei.

Ich habe den Walser nicht gemocht bei Böhme. Walser klang, wie Walser immer klingt, entsetzlich melodramatisch. Auch widersprach die Aussage »Die Einheit ist das Allergrößte!« lebhaft meinem momentanen Empfinden. Walser musste sich ja nicht mit Herrn Schneider wiedervereinigen. Und nicht mit dem Arbeiter eben auf dem Parkplatz. Außerdem, war das nicht ganz und gar unhistorisch gedacht?

Aber wir haben doch den Krieg angefangen, Deutschland! Die deutsche Teilung war eine Kriegsfolge, habe ich Walser angefiept. Ich weiß, das sehen Ost und West heute immer noch verschieden. Aber es ist meine tiefste Überzeugung. Insofern bin ich Ostlerin geblieben. Doch manchmal kann man das Richtige sagen, und irgendwie klingt es trotzdem falsch.

Meine Antwort auf die allererste Moderatorenfrage klingt unserer neuen großen Republik wahrscheinlich bis heute falsch in den Ohren. Wie ich mir das Wahlergebnis für die PDS erkläre, wollten sie von mir wissen. Sie verstanden nicht, dass da im Osten Menschen waren, die noch immer PDS wählten. Und ich sagte: »Ich kann mir vorstellen, dass das die alten Genossen sind, die das ehrlich gemeint haben, die nichts dafür können, dass eine Hand voll alter Männer den Sozialismus verraten hat. Und wahrscheinlich sind es solche, die eine Diktatur nicht so schnell gegen eine andere eintauschen wollen: die des Geldes.«

Mein Gott, muss ich denen fremd gewesen sein. Erst später habe ich gemerkt, wie anders, wie unbarmherzig die (ver)öffentlichte Meinung in diesem Land auf die Geschichte der DDR und die PDS blickte. Manchmal glaube ich, wir haben das DDR-Schwarz-Weiß nur gegen ein anderes Schwarz-Weiß eingetauscht.

Ich kann nicht anders, als unsere Vergangenheit historisch zu sehen – und wer das tut, dem fällt es schwer zu hassen. Aber ich, einstiger »Publikumsliebling« der DDR, machte eine ganz neue Erfahrung: Man hasste dafür jetzt mich. »Sie dämliche Ziege!« Normalerweise fingen die Briefe, die ich bekam, anders an. Ich öffnete andere: »Frau Domröse! Es ist bestimmt besser, wenn Sie sich künftig auf Ihr Rollenstudium konzentrieren ...« Autogrammpost war das nicht. Einer fand, dass ich prima nach Wandlitz passen würde, und sechs Melkerinnen schickten mir eine leidenschaftliche Botschaft ihrer tiefsten Abneigung.

Ich war zu einer bevorzugten Adressatin für Drohbriefe geworden. Andererseits, ich will es nicht verschweigen, bekam ich wunderbare Post der Ermutigung, besonders nach meiner ersten Talkshow im DFF, wie das DDR-Fernsehen jetzt hieß. Es war mir nicht leicht gefallen, nach Adlershof zu kommen. Das letzte Mal war ich hier gewesen, als Adameck uns im November 1976 zu sich befahl. Und jetzt saß in den gerade gewendeten Studios ein vor Eifer dampfender junger Mann von der Ost-SPD, den ich nicht mochte, schon weil die Ost-SPD nach ihrer Niederlage lautstark überlegt hatte, ob sie jetzt vielleicht mit der DVU zusammengehen sollte. Diese Charakterlosigkeit der Stunde null ging mir auf die Nerven, und ich, seit zehn Jahren im Westen, erklärte denen, es gäbe ein paar Wärmepunkte in diesem Land, das sie gerade loswerden wollten – ich meinte die DDR –, es gäbe weniger Zynismus und weniger Kälte, und sie könnten dieses Land nicht abwerfen wie eine alte, hässliche Haut. Und dann habe ich denen noch erklärt, wir seien doch alle schizophren gewesen im Osten, hinter der Mauer! Sofort bekam ich Briefe, in denen stand: Wir sind aber nicht schizophren! – dabei wollte ich gar keine individuellen Krankheitsbilder diagnostizieren, eher einen mentalen 17-Millionen-Seelen-Zustand dieser ungeheuren Sehnsucht nach draußen, ich hatte mich selbst mitgemeint, aber es half mir nicht.

Vielleicht ist es auch nicht einfach, mich zu verstehen. Ich war eine Art letzte Verteidigerin der DDR und konnte im nächsten Moment sagen, dass ich jedes Mal aufatme, wenn ich wieder am Brandenburger Tor bin und zurückfahre nach Charlottenburg. Charlottenburg war jetzt mein Kiez, warum das verschweigen? Mit jedem Schritt im Osten standen meine letzten Jahre in der DDR wieder vor mir. Und ich sah, ich konnte nichts dafür, noch immer das Stasi-Land. Geht das beides wirklich nicht zusammen?

Darf, wer unter der DDR gelitten hat, nicht um sie trauern? Um den Funken Utopie, den sie auch in sich trug?

Heidemarie Wenzel aus »Paul und Paula« kam auf mich zu im Freiluftkino Friedrichshain, sie umarmte mich, sie freute sich, mich wiederzusehen. Auch, sagte sie, wenn ich meinen würde, die »Besseren« seien sowieso gegangen, nur die Anpasser seien dageblieben. Ich glaube bis heute nicht, dass ich so etwas gesagt habe. Natürlich, irgendwann konnte ich nur noch mit solchen reden in der DDR, die auch vorhatten zu gehen. Es war wie eine unsichtbare Mauer zwischen denen, die sich aufs Weiter-Arrangieren einstellten, und den anderen, denen plötzlich alle Rücksichten egal waren. Und trotzdem wusste ich natürlich, dass es Gründe gab, zu bleiben. Dass Menschen es sich bewusst schwerer machten, indem sie blieben. Solche Entscheidungen reichten tief hinunter in die Lebensgeschichte des Einzelnen. Es gab jene, die uns verstanden und für die unser Weg dennoch nie in Frage gekommen wäre. Meinen Freund Heiner Carow zum Beispiel. Wahrscheinlich hätte er gar nicht gewusst, was er hätte anfangen sollen im Westen. Die DDR war sein Thema; er hatte und er wollte kein anderes.

Nichts was ich dachte, schien 1990 in die Aufbruchseuphorie Ost zu passen. Dass das meiste, was ich dachte, auch nicht in den Westen passte, war kein Trost. Und doch hatte ich nur einen Gedanken: zurück nach Berlin. Wieder hier arbeiten!

338

Zurück nach Berlin

Ich lief durch Wien. Seit 1986 war ich oft in Wien, und ich liebte diese Stadt. Sie passt wunderbar zum Älterwerden. Sie ist so weinselig, so süß, und dabei so gebrochen. Wien muss voller Selbstmörder sein. Aber diese Morbidität ist ganz nah an der Operette. Nehmt's doch das Sterben nicht so schwer!

Irgendwie sah diese Stadt jetzt, 1990, noch operettenhafter aus als sonst. Ich wäre bestimmt eine gute Wienerin geworden. Das haben die Wiener auch gesagt. Aber kann eine Berlinerin auf Dauer an der schönen blauen Donau sitzen? Nein, es ging nicht. Und Hilmar wollte immer zurück nach Berlin.

Mein neues Publikum und mein altes! So würde es sein, wenn ich wieder zurückkäme nach Berlin, zurück ans Schiller-Theater. Ich hätte sie beide, Ost und West.

Manchmal glaube ich, ich werde nie erwachsen. Ich träumte, ich war euphorisch. Ich habe noch nie mit solchem Übermut einen Vertrag unterzeichnet wie diesen zweiten am Schiller-Theater in Berlin. Mein Ost-Publikum und mein West-Publikum, beide zusammen in der ungeteilten Stadt. Ich konnte es gar nicht oft genug denken. Das war doch fast so aufregend wie das Vier-Sektoren-Berlin meiner Kindheit.

Und endlich einmal dort Theater spielen, wo man wohnt. Andere fahren schließlich auch nicht in ein anderes Land, wenn sie zur Arbeit gehen.

Das Stück meiner Neuanfänge kannte ich schon, vor zehn Jahren im Westen war es dasselbe gewesen – »Faust«, Goethe, was sonst? Aber diesmal war ich nur Marthe Schwertlein und »die lus-

339

tige Person«, ich hatte es also gut, Hilmar hatte es viel schwerer, er war nämlich Mephisto. Dieser »Faust«, wir merkten es schnell, war nicht gut. Und unser Theater hatte vier Intendanten, das war auch nicht gut.

Im Dezember 1990 zeigten wir Taboris »Frauen. Krieg. Lustspiel« endlich in meiner Stadt. Tabori hatte auf Tabori-Art weiter- und uminszeniert, denn er langweilte sich grässlich, wenn von ihm inszenierte Stücke sich nach einem Jahr noch immer ähnlich sahen. Das war so unschöpferisch, fand er. An die Möglichkeit, dass man Stücke auch umbringen kann, dachte Tabori nicht.

Wir spielten weiter, und das Undenkbare geschah. Unsere Vorstellungen waren leer. »Frauen. Krieg. Lustspiel« und die »Ratten« auch. Dabei habe ich die Rolle der Frau John in den »Ratten« geliebt. Nun gut, es war die Zeit, wo das größere Theater draußen stattfand. Aber dass sie mich so einfach vergessen würden, hatte ich nicht gedacht.

Aber sie hatten mich ja nicht vergessen. Sie kamen, nur nicht in die Vorstellung. Sie warteten auch nicht nach der Vorstellung wie früher, sondern jetzt standen sie einfach vor der Vorstellung am Bühneneingang und wollten Autogramme. Diese Theaterpreise waren sie nicht gewöhnt. Ich verstand das – und war trotzdem traurig. Dass Theater so viel Geld kosten würde, damit hatten sie nicht gerechnet. Und sie wollten noch viel mehr mit dem Geld anfangen, das sie besaßen. Reisen machen, ein neues Auto kaufen, all das tun, was sie bisher nicht konnten. Ich verstand sie. Und wie ich sie verstand.

Seltsam, dass man mit dem Nächstliegenden niemals rechnet.

War es ein Fehler, aus Wien wegzugehen? Berlin war so kalt, so grob. Ich war das nicht mehr gewöhnt.

Heiner Carow zeigt am 9. November 1989
seinen neuen Film. Schabowski macht eine
Gegenpremiere. Noch einmal Paula?

Am Abend des 9. November 1989 hatte Heiner Carows neuer Film Premiere. »Coming out«. Carow, der Tabubrecher, Carow, der Skandalmacher.

Zum ersten Mal würde man hier so offen mit einem gut beschwiegenen Thema umgehen. Ein Durchbruch, ein Aufbruch stand bevor wie fast zwanzig Jahre früher bei »Paula«. Er, Heiner Carow, würde ihnen Öffentlichkeit geben, zum allerersten Mal – den Schwulen in der DDR. Es würde zugleich eine Art Coming out der DDR werden.

Wie erwartet wurde es sehr unruhig während der Premiere. Carow war zufrieden. Die Provokation saß also! Es raunte und flüsterte. Es raunte und flüsterte immer lauter. Tatsächlich, die Ersten verließen den Saal. Allerdings verzichtete die Betonkopf-Fraktion, wie sonst bei DEFA-Premieren manchmal üblich, auf lautstarkes Türen-Knallen.

Hinterher war Heiner Carow sehr allein in dem großen Kino. Die Premierengäste waren fast alle weg. Sie waren schon im Westen. – Das Politmitglied Günter Schabowski hatte mitten in Carows Premiere eine Konkurrenzpremiere angesetzt, er hatte die Mauer aufgemacht.

Niemand hatte Lust, die ersten offiziellen Kino-Schwulen der DDR zu befragen, wenn ein paar Meter weiter die Systemgrenze weit offen stand. – Ich will aber nicht in den Westen, ich will hier meine Premiere feiern, sagte Heiner Carow, mehr zu sich selbst.

Es war fast wie bei der »Paul und Paula«-Premiere, eine ge-

341

spenstische Ähnlichkeit. Und zugleich war es ganz anders, viel ernster. Ein Ende.

Heiner Carow also hatte schon Erfahrung damit, wie man von einer Stunde auf die andere aus der Zeit fallen kann. Vielleicht war er der allererste Künstler der DDR, der diese Erfahrung machte. Wie konnte Carow ahnen, dass das Coming out der DDR und ihr Untergang zusammenfallen würden?

Aber der Mauerfall hatte auch etwas Gutes. Ich habe Heiner Carow wieder getroffen. Wir hatten uns über zehn Jahre nicht gesehen. Am Abend meines Fernsehkommentars der ersten freien Volkskammerwahlen der DDR stand plötzlich Heiner Carow vor mir im ARD-Wahlstudio. Er hatte mich draußen auf dem Monitor gesehen und musste dringend mit mir sprechen:

Angelica, hast du einen Moment Zeit? Würdest du einen Film mit mir machen?

Carow hatte Geld für einen neuen Film. Es war eine allerletzte DEFA-Ausschüttung für die allerletzten DEFA-Projekte, und es wurde die erste Nachwende-Ost-West-Produktion. Von Vietinghoff war unser Koproduzent. Carow dachte an eine »Paula« mit fünfzig. Ich konnte ihm nicht gleich antworten, ich musste doch die Wahl kommentieren, nur manchmal dachte ich zwischen den neuen Hochrechnungen und Prozenten »eine Paula mit fünfzig«, soso.

Warum eigentlich nicht eine Paula mit fünfzig?

Vor über zehn Jahren hatte ich meinen Abschied von der DEFA genommen. Auch von den Studios, von dem ganzen so vertrauten Gelände. War es richtig, noch einmal zurückzukehren? Doch ich dachte: die DEFA, das ist vorbei. Ich bin schon ein letztes Mal durch ihr Tor gegangen. Es macht mir nichts aus, wiederzukommen. Man geht nicht zweimal.

Und Carow wollte diesen Film. Jahre schon hatte er um das Projekt gekämpft, die DEFA-Leitung wollte das Szenarium verhindern. Es war eine Ost-West-Geschichte, nach einem Stoff von Werner Heiduczek aus den fünfziger Jahren. Sehr einfach im

Grunde: Ost-Frau trifft West-Mann. Und sie merken, wie viel Fremdes zwischen ihnen ist, wäre da nicht der Eros, der sie zueinander treibt. Bis eben hochaktuell, hatte die Wirklichkeit das Szenarium schon beinahe überholt. Überall passierte das jetzt. Es musste also mehr werden als die Geschichte einer Begegnung, es musste zugleich eine End-DDR-Geschichte sein. Etwas also, für das die Deutschen das angestrengte Wort »Aufarbeitung« gefunden haben. Aber war es dafür 1990 nicht noch zu früh?

Ich sprach mit Westberliner Studenten darüber: Soll man das jetzt machen oder erst in zehn Jahren? Sie haben gesagt, man soll es jetzt machen, alles verändert sich so schnell, vielleicht wüsste man in zehn Jahren gar nicht mehr, wie der Osten ausgesehen hat.

Ich fuhr wieder nach Babelsberg. Ich hatte noch immer nicht gelernt, mit dem Nächstliegenden zu rechnen. Es gibt nicht zwei Abschiede vom selben Ort? Ich lernte: Es gibt sie doch. Die DEFA-Studios, die ich so gut kannte, lagen da, still wie eine Geisterstadt. Wir waren die Einzigen auf dem riesenhaften Gelände. Irgendwo drehten sie noch die »Drei Damen vom Grill«. Wer wollte noch DEFA-Filme sehen, jetzt im Nachwendejahr?

Haus 3 in Babelsberg. Hier würden wir also unsere zweite »Paula« drehen. Hier hatte ich meinen allerersten Film gemacht, »Verwirrung der Liebe«. Ich bekam dieselbe Garderobe wie mit siebzehn. Zuletzt war ich hier bei »Fleur Lafontaine« gewesen. Und meine Maskenbildnerin war die von »Effi Briest«.

Aber war es wirklich derselbe Ort? Man hörte die leeren Hallen atmen. Ich hätte nie gedacht, dass verlassene Orte so atmen können. Kostüme, Maske – ein Totenhaus. Schon lange hatte niemand mehr die Fenster geputzt. Und die Kollegen, die ganz wenigen, die noch da waren, haben nur über ihre Entlassung gesprochen. Die meisten hatten sie schon in der Tasche. Auch meine Maskenbildnerin. Es würde ihr letzter Film sein.

So viel Abschied ringsum. Ich hatte nicht erwartet, dass mich das so angreifen würde. Noch nie war ich mit so vielen unglücklichen Menschen zusammen. Niemand fragte mich, wie es mir ergangen war in den letzten zehn Jahren. Es war nicht mehr wichtig in diesem großen Abschied. Und was taten wir in diesem DEFA-Totenhaus? Wir drehten einen Nachruf. Einen veritablen Endzeitfilm. Zwischendurch spielte ich am Schiller-Theater »Frauen. Krieg. Lustspiel« vor halb leerem Haus.

Was ist das oberste Merkmal der Hölle? Dass man nicht rauskommt. Höllen mit Ausgängen sind keine mehr. Vielleicht, dachte ich, wird alles leichter, wenn wir erst jenseits von Babelsberg sind. Meine Elisabeth in »Verfehlung« wohnt auf dem Land. Sie macht sauber beim Bürgermeister, ist zugleich seine Sekretärin, sie hat zwei längst erwachsene Söhne in der Stadt. Eine vom Leben verratene Frau, eine ganz normale Frau. Bis dann dieser Hamburger über ihren Zaun schaut, der zu Besuch bei den Nachbarn war. Und sie sehen sich an, sehen zu viel – jeder die Verlorenheit des anderen und die eigene dazu. – Wir drehten in einem verlassenen alten Dorf bei Leipzig, es sollte der Braunkohle weichen. Das hatte noch die DDR beschlossen, die es nun bald nicht mehr gab. Das Dorf war schon halb verfallen, aber ein alter Mann und eine alte Frau lebten noch dort. Sie hatten Katzen, fünf Hühner und einen Hund. Warum sind sie noch da, habe ich die beiden Alten gefragt. – Wir waren unser Leben lang hier, sagte der Alte, wir wollen nicht weg. Die anderen Dorfbewohner hat man in irgendeinen Neubaublock in irgendein Dorf gebracht. Die beiden Alten konnten sich nicht vorstellen, nicht mehr in ihrem Haus zu leben. Sie warteten, bis die Kohle ihr Haus fressen würde. Wir hörten die Kohle auch. Das schleifende Geräusch der Bagger.

Wir übernachteten in Leipzig, mein Zimmer im »Astoria« hatte einen Spiegel an der Decke. Warum bloß geben sie mir ein Nuttenzimmer?

Und warum hatte Heiner zu mir gesagt: Das ist wohl der letzte Carow-Film?

Nur Gottfried John, der Fassbinder-Darsteller, der den Hamburger auf Ost-Besuch spielte, schien sich gut zurechtzufinden.

Diese Geschichte, sagte er, könnte genauso gut in seinem Dorf am Ammersee spielen. Kann sie nicht, sagte ich ihm, DDR-Klaustrophobie ist etwas anderes als Ammersee-Klaustrophobie. Er verstand es nicht.

Und dann drehten wir die 800-Jahr-Feier von Bubenau. So hieß unser Dorf im Film. Jörg Gudzuhn als Bürgermeister von Bubenau sitzt auf der Tribüne mit Tränen in den Augen. Es sollte eine Groteske sein. Also ganz nah an der Real-Groteske, und war Honeckers Rührung bei den Aufmärschen des Volkes etwa nicht echt gewesen? An einem Drehtag bin ich erst spät zu den Aufnahmen gekommen. Eine Gruppe Mädchen sollte Cancan tanzen, aber weil's kalt war und glatt, flogen sie immerzu hin, das war sehr komisch. Aber dann kam's durchs Megafon: »Achtung, Block 4!, Block 5! Und Block 1!, los!« Und die marschierten wirklich los, obwohl es fast unmöglich war. Das war noch voll drin. Es war gespenstisch, ich hab Schüttelfrost gekriegt.

Ich bin nicht zur Premiere gegangen, obwohl ich gesagt hatte, dass ich kommen würde. Ich habe es nicht gekonnt. Etwas später lief »Verfehlung« in Dresden an. Ich wollte nicht fahren. Heiner Carow stand in meinem Wohnzimmer und schrie mich an, ungefähr so, wie er mich bei »Jeder hat seine Geschichte«, unserem ersten gemeinsamen Film, angeschrien hatte: Du kommst jetzt mit – er schaute auf die Uhr –, der Film fängt jetzt an, wir können das noch schaffen.

Ich weiß nicht mehr, wie wir nach Dresden gekommen sind in Carows Auto. Er hielt den Lenker fest, und irgendwie waren wir wirklich in Dresden, als der Film zu Ende war. Das Kino war ausverkauft. Die Leute haben zehn Minuten lang geklatscht.

Ich war schon wieder in Wien, als Heiner Carows TV-Serie über eine Arztpraxis lief. Ich habe den Fernseher nicht angemacht. Ich habe mir seine Serie aus Liebe zu ihm nicht angesehen.

Solange ich denken kann, wohnte Carow in demselben Haus, und solange ich denken kann, hat er nie was an seinem Haus gemacht. Heiner Carow dachte an andere Dinge. Als ich ihn zum letzten Mal besuchte, war sein Haus wie neu. Carow saß davor und sagte: Jetzt ist das Haus schön, und ich mache keine Heiner-Carow-Filme mehr.

Zum allerletzten Mal sah ich ihn bei der Beerdigung von Ruth Berghaus.

Freiheit und Zwang

Ich glaube, wir sind nicht für den Überfluss eingerichtet. Das Zuviel macht uns stumpf. Vielleicht ist das eine einfache Abwehrreaktion der Psyche.

Ich habe mich oft gefragt, warum man besonders bewusst unter einem gewissen Mangel lebt. Nie werde ich den Anruf meines Plattenladens am Kurt-Fischer-Platz in Niederschönhausen vergessen. Es war nur ein einziger Satz: »Wir haben Gustav Mahler!« Mahler gab es lange nicht in der DDR, man misstraute seiner »hochgestochenen Dekadenz«, dieser übermenschlichen Begabung zur Trauer, die mich so anzog. Und jetzt gab es ihn wirklich. Vier Platten sollte mein Plattenladen bekommen, zwei waren da. Und ich weiß bis heute die Uhrzeit und den Geruch des Nachmittags, als die DDR zu Gustav Mahler kam.

Die »Blechtrommel« kaufte ich in der Vazi-Uza in Budapest. Eine ungeheure Beute. In drei Tagen las ich sie an der Ostsee in einer Sandburg, auf dem Kopf nur ein kleines Hütchen. Nie wieder habe ich einen solchen Sonnenbrand bekommen. Solange ich las, habe ich nichts davon gemerkt. Hätte ich »Blechtrommel« auch so gelesen, wenn ich sie einfach von einem hohen Bücherstapel genommen hätte?

Die Dinge haben einen anderen Wert in den Zeiten des Mangels. Der Überfluss zehrt an ihrer Substanz. Ich weiß, dass ich meine Barock-Platten im Tschechischen Pavillon an der Friedrichstraße gekauft habe – wie sollte ich mir merken, woher meine CDs sind? Als ich in den Westen kam, spürte ich sofort einen merkwürdigen Verlust, mit dem ich nicht gerechnet hatte: Mit wem soll ich jetzt Dinge tauschen? Eine Woodstock-Platte gegen acht andere. So wie wir das im Osten gemacht hatten. Die Gegenstandswelt wurde ärmer, indem sie reicher wurde. Niemand mehr da zum Dinge tauschen.

Nur an meine allerersten Platten im Westen erinnere ich mich genau: Nina Hagen, Udo Lindenberg und die Zweite von Wolf Biermann.

Ist der Mensch also ein Mängelwesen, weil er den Mangel braucht? Und die Mangelgesellschaft wäre demnach die ihm gemäße Lebensform? Nein, solche Gedanken kommen einem nur in Überflussgesellschaften.

Altwerden als Fortschritt

An meinem 50. Geburtstag drehte ich in Hamburg. Als ich zurückkam, lag die Treppe vor unserer Zehlendorfer Wohnung voller Blumen. Die waren vom »Verfehlungs«team.

Ab einem bestimmten Alter sind Geburtstage wie Hochwasserstandsmeldungen. Bei mir war das, ich schrieb es, mit siebzehn. Als ich siebzehn Jahre alt war, habe ich gewusst, dass meine Zeit knapp ist. Dieses Empfinden des Unheils blieb mir und beschloss, sich zu entfalten. Als ich fünfzig wurde, war es damit fertig. Alles war noch schlimmer, als ich mit siebzehn gedacht hatte. Und dabei hatte ich mir so sehr vorgenommen, der Sache mit Fassung zu begegnen. Die Wucht des Ereignisses erstaunte mich auch insofern, als ich seit dreiunddreißig Jahren auf seinen Eintritt vorbereitet war. Von wegen, die Zeit heilt alle Wunden! Und wenn die Zeit selber die Wunde ist?

Vielleicht wäre es in Wien viel leichter gewesen, fünfzig zu werden.

Allerdings gibt es auch positive Seiten, wenn man fünfzig wird. Hinterher wird es wieder leichter. Sechzig-Werden ist sehr schön, ich bin schon gespannt auf die siebzig. Im Übrigen meine ich das ernst. Ich kann das gar nicht richtig begründen, aber da ich im Folgenden noch so viel traurige Dinge schreiben muss, füge ich hier mal eine optimistische Stelle ein.

Über das Altwerden als Fortschritt.

Ich habe meinem Mann viel zu verdanken. Mit ihm ist es leichter, älter zu werden. Wir nehmen uns ernst und nehmen uns nicht ernst. Das ist ganz wichtig. Denn wenn man älter wird, ist es höchste Zeit, spielen zu lernen. Besser ist es natürlich, wenn man das immer schon konnte.

Wenn ich alte Leute sah, die bitter waren, hat mir schon früher immer das Herz wehgetan. Es ist schwer, alt zu werden, weil du dann weniger Kraft hast, und was sind wir ohne Kraft? Ich denke nicht an die Leistung, ich denke an das Genießen-Können. Auch zum Genießen gehört, glaube ich, Kraft.

Du wirst auf die Welt gespuckt, da bist du unschuldig. Leben heißt, schuldig zu werden, aber am Ende, wenn alles gut geht, wirst du wieder unschuldig. Das ist beinahe hegelisch gedacht, aber in einer Aufhebung, die er wohl verachtet hätte. Ich glaube trotzdem daran.

Und noch etwas habe ich bemerkt. Wenn Menschen älter werden, sehen sie irgendwann aus, wie sie sind. Ihr Wesen tritt hervor, durch nichts mehr gemildert, erst recht nicht durch Jugend. Natürlich ist das ein Risiko. Ich glaube, meine Sehnsucht nach der Boheme, man sieht sie mir noch mehr an als früher.

Denn dieser Durst nach Dasein nimmt ja nicht ab. Nicht, dass so viel noch zu erleben wäre, nein, das Erleben meine ich nicht, eher jene Dinge, die durch Erfahrung tiefer werden, die du erschauen, erschmecken, erriechen, erspüren kannst. Ich wusste immer schon, dass Glück nichts Objektives ist. Es ist der Moment, den nur du bemerken kannst, ein flüchtiger Einklang von Mensch und Welt.

Natürlich glaube ich nicht an die Seelen im Himmel, aber das ist doch ein Bild, ein schönes Bild dafür, dass dieses Leben, wenn es zu Ende ist, ganz leicht wird, so wie du es dir immer erträumt hast. Und das glaube ich.

Marlene Dietrich hat mal etwas sehr Schönes über die Berliner bemerkt: »Ich bin, Gott sei dank, Berlinerin. Ich sage ›Gott sei dank‹, weil der Berliner Humor mir mein ganzes Leben erleichtert hat und mir geholfen hat, nicht in dem Grauen der Welt zu ertrinken. Es ist ein leichter Humor – kein schwerer oder passionierter Humor. Das haben wir Berliner nicht nötig.«

Macht das Schiller-Theater zu!

Im Osten hatte das große Sterben begonnen. Die Industrie, die Landwirtschaft, alles starb. Meine sechs Melkerinnen, die mir einen stolzen Drohbrief geschrieben hatten, waren wohl auch schon arbeitslos. Aber starb der Westen etwa nicht mit?

In Berlin erfand man gerade eine ganz neue Disziplin, die noch eine große Karriere vor sich haben sollte. Das Theater-Schließen. Und mit dem »Schiller«-Theater fingen sie an. Sie orientierten sich dabei an Walter Ulbricht.

Niemand hat die Absicht, ein Theater zu schließen!, erklärte der Berliner Senat noch im frühen Frühjahr 1993. – Niemand hat die Absicht, eine Mauer zu errichten, hatte auch Walter Ulbricht gesagt, als er die Absicht hatte, eine Mauer zu errichten.

Menschen, die ein Theater schließen wollen, können das immer begründen. Sie legen dir dar, dass sich die Erde nur weiterdrehen wird und auch morgen die Sonne noch auf- und ordnungsgemäß wieder untergeht unter einer einzigen Bedingung: Dein Theater muss geschlossen werden. Jedenfalls glaube ich, dass Kultursenator Roloff-Momin uns das so erklären wollte, als er ins Schiller-Theater kam. Roloff-Momin betrat die Bühne, wir sollten alle im Parkett Platz nehmen. Wahrscheinlich war das genau die Situation, da der alte Minetti seinen Greisenhals vorstreckte und sich erkundigte: Was ist das denn für ein Stück, das hier gegeben wird? – Roloff-Momin saß also auf der Bühne, gleich würden wir ins Parkett strömen, unsere Augen an seinen Schicksalslippen, so wie jeder Schauspieler es sich erträumt. Da ging plötzlich das Licht aus. Roloff-Momin saß allein auf der Bühne des Schiller-

Theaters. Wir haben das Licht nicht mehr angemacht. Also hat kein Mitarbeiter des Schiller-Theaters je erfahren, was der Kultursenator uns eigentlich über die Notwendigkeit der Schließung unseres Theaters sagen wollte. Wann wo die Lichter ausgehen, bestimmen immer noch wir. Und für diesen kurzen Der-Kultursenator-sitzt-im-Dunkeln-Moment stimmte das auch. Irgendwie muss er im Finstern den Ausgang gefunden haben. Außerdem hatten sämtliche Bühnen des Landes ihre Solidarität bekundet. Minetti las seine »Märchen in Deutschland«, Hilmar und ich machten einen Brecht-Abend – so wie das Schiller-Theater jetzt lebte, hatte es lange nicht gelebt.

Es stimmt schon, besonders erfolgreich waren wir nicht. Auch ich nicht. Ich spielte Frau John in den »Ratten«, wieder vor nur spärlich gefülltem Haus. Ich war unzufrieden mit dem Regisseur und mit seinem Bühnenbild. Da kam mir wieder ein Gedanke, den ich schon öfter hatte und mit dessen Übersetzung in die Wirklichkeit ich bald beginnen sollte: Selber-Machen! Aber ich will unseren Misserfolg nicht auf die Inszenierung schieben.

Nur unser »Faust« mit Christian Grashof als Faust und Hilmar Thate als Mephisto war immer ausverkauft, obwohl er nicht gelungen war. Vielleicht war dieser »Faust« genauso uneinheitlich, auseinander driftend wie die neue Schiller-Intendanz selbst. Vier Menschen, die unterschiedlicher nicht sein könnten. Nein, ein Glücksgriff war auch diese Viererbande nicht.

Was soll ich sagen? Ich liebe das Theater. Ich könnte nie eines schließen. Ich halte das Theaterschließen für einen Akt der Barbarei.

Das Wort »Sparen« habe ich vor 1990 im Westen nie gehört. Es ist eine Nachwendeerfindung. Nach 1990 haben wir erfahren, was in den Jahren des Überflusses, des Förderns nie wirklich deutlich wurde. Man braucht uns nicht in dieser Gesellschaft. Die Kunst ist ein Ornament, mehr nicht. Und wenn der Zierrat zu teuer wird, dann pflückt man ihn vom Kleid.

Das war der Kulturschock nach 1990, diese plötzliche Kältewelle, die uns so unvorbereitet traf. Wer Bücher verbrennt, gibt zu, dass Bücher wichtig sind, dass sie etwas bedeuten. Aber wer Bücher, die frisch gedruckten Auflagen ganzer Verlage einfach auf die Müllkippen wirft, wie es der neue Kapitalismus im Osten tat – was macht der eigentlich? Zeigt er, dass diese Gesellschaft im Grunde keine ideellen Werte hat?

Die letzten Wochen am Schiller-Theater erinnerten mich an das Ende der DEFA. Derselbe Trotz, dieselbe Ratlosigkeit. Die über fünfzig waren, wussten, dass sie keinen Job mehr kriegen. Manche waren immer hier gewesen, die hatten am Schiller-Theater angefangen, sie waren hier alt geworden. Die Gewandmeisterin in der Schneiderabteilung war hier gewesen, seit sie 18 war. Sie begann, in der Schneiderei zu schlafen – damit nichts gestohlen wird. Es verschwanden nicht nur Computer, Bücher – auch ganze Flügel waren plötzlich unauffindbar. Die Leichenfledderer bemächtigten sich des noch atmenden Theaters. Und ich verstand, was diese Schließung für mich wirklich bedeutete: Es war wie eine zweite Austreibung. Die erste war die aus der DDR gewesen.

Die Eichhörnchen von New York, Bill, Hilary
und eine rote Fahne am Ku'damm

Als es dann wirklich zu Ende war, nach der letzten Vorstellung, sind wir mit unseren Freunden F. und M. nach New York gefahren. Sie kannten New York wie wir Weimar, aber im Gegensatz zu Weimar war New York gerade die richtige Entfernung. Wir wollten schon immer die New-Yorker Theater sehen. Nie hatten wir es geschafft, dort zu sein, wenn sie spielten. Jetzt hatten wir Zeit. Es war ein Woody-Allen-Herbst in New York. Nie habe ich die Blätter so gelb gesehen. Und zwischen den gelben Blättern saßen dicke graue sehr verwöhnte Eichhörnchen. Die New-Yorker Eichhörnchen fressen nicht alles, sicher würden sie McDonald's verachten, und trotzdem werden sie dick. Ungefähr so wie die nackten Männer und Frauen, die man an jeder Ecke der Stadt aufgestellt hatte. Es waren Figuren von Fernando Botero, und es erwies sich als unmöglich, um die nächste Ecke zu biegen und ihnen nicht zu begegnen. Sie strahlten dieselbe Zuversicht und den Selbstgenuss am Dicksein aus wie die Eichhörnchen und dieser ganze himmelblaue, blattgelbe Herbst in New York. So konnte man also in sich selbst ruhen.

Ich beschloss, das auch zu tun.

Hatten wir erwartet, dass ein anderes Berliner Theater sich bei uns melden würde, jetzt, wo das Schiller-Theater zu war? Vielleicht hat etwas in mir es erwartet. Ich habe immer in meiner Stadt Theater gespielt. Ja, ich glaube, ich habe mit einem Angebot gerechnet. Hatte ich nicht ein Gewohnheitsrecht darauf? Es kam keins. Bis heute nicht. Meine Stadt Berlin brauchte mich nicht mehr.

Aber wozu gibt es Wien? Wien war längst schon mein zweites Zuhause. Eine Stadt, die ich kannte bei jeder Jahreszeit. Ich wusste, wie sie riecht, morgens und abends. Wenn man das weiß von einem Ort, dann ist man dort zu Hause. Außerdem ist Wien eine ungemein tröstliche Stadt, wenn einem gerade das eigene Theater zugemacht wird. Kein Wiener, der den Frevel einer Theaterschließung nicht empfände.

Wo koamm's denn her, fragte der Taxifahrer, der uns in die Stadt brachte. Wir sagten es ihm.

Does is doch da, wo se jetzt grad ein Staatstheater zugesperrt hoabn, überlegte der Taxifahrer.

Wir sahen ihn an. Wien ist eben doch eine andere Stadt als Berlin. Der Taxifahrer schwieg jetzt, es schien ihn aber zu beschäftigen.

Und do soagen's immer, wir soan morbid!, erklärte er schließlich.

Bei ihnen in Wien könnten sie höchstens einen Flugplatz schließen, vielleicht. Aber das Burgtheater? Unser Taxifahrer malte uns aus, was dann in Wien passieren würde, alle würden sie auf die Barrikaden gehen, und die Taxifahrer der Stadt Wien voneweg.

I war noch net drin, schloss unser Fahrer seinen revolutionären Bericht. Er meinte das Burgtheater, und wir begriffen, dass seine Unkenntnis des Ortes, den er zu verteidigen gedachte, seinen möglichen Einsatz nicht im Mindesten mildern konnte, im Gegenteil. Ich versuchte, mir einen Berliner Taxifahrer zu diesen Worten vorzustellen. Es gelang mir nicht.

Nicht das Burgtheater, sondern das Theater in der Josephsstadt hatte sich bei uns gemeldet. Otto Schenk war sein Intendant. Ob wir uns nicht ein Stück aussuchen wollten, um es bei ihnen zu spielen? Wir wollten. Wien schickte uns Stücke, wir mäkelten, wie das Schauspieler tun, und entschieden uns schließlich für »Das Lächeln des Baracuda« von Esther Vilar. Eine Welturaufführung.

Die Geschichte einer Nacht des Ehepaars Bill und Hilary Clinton um die Aufteilung der Macht, eingerichtet und verfremdet fürs Theater. Bill ist fremdgegangen, Hilary erfährt es, als ihr Mann kandidiert. Bill for President! Monica Lewinsky kannte damals noch kein Mensch. Hilary ist außer sich vor Verletzung. – Ich fand es bemerkens- und spielenswert, wie dieser Kopffrau die Beine weggerissen werden. Hilary wird zur Furie. Also eine Fortsetzung der »Virginia Woolf« mit anderen Mitteln. Aber nur im ersten Akt. Dann hat Hilary geduscht, und plötzlich beginnen ihre Sätze ganz anders, geschäftsmäßig kühl: »Ich helfe dir bei deiner Kandidatur, aber ich verlange dafür...« Hilary sichert sich ihren Anteil am Weißen Haus, und zwar am Westflügel, dort, wo die wichtigen Dinge geschehen. Justiz, Erziehung, Gesundheitswesen, all das interessiert die Frau des Präsidenten. Die dunkelste Stunde seines Lebens nutzen können – das ist ein wunderbarer Vorgang. Und ich würde Hilmar anbrüllen und immer kleiner machen wie zuletzt bei »Stalin«, bloß dass ich diesmal im Recht war.

Hilary Clinton hat sich wirklich ihren Anteil am Weißen Haus gesichert, bis das Parlament sie immer weiter zurückdrängte: Ist unser Präsident etwa eine Präsidentin?

»Das Lächeln des Baracuda« hatte nur einen Haken. Wir sollten mit Hilary und Bill auch noch auf Tournee gehen. Wir waren noch nie auf Tournee gegangen. Hilmar und ich schauten uns an: Waren wir etwa ein Tournee-Theater? Natürlich nicht. – Wir haben trotzdem ja gesagt.

Im Mai 1994 war Premiere im Rabenhof, der zum Josephsstadt-Theater gehört. Plötzlich war alles so fremd-vertraut. Das Haus war voll. Wann hatten wir das – außer beim »Faust« – zuletzt erlebt? Und wir wussten wieder, dass ein Schauspieler eigentlich gar nicht anders spielen kann als vor vollen Häusern. Und das machten wir nun täglich, um schließlich – Vertrag ist Vertrag – auf die erste Tournee unseres Lebens zu gehen.

Esther Vilar sagte mir, sie hätte sich die Hilary kälter vorgestellt. Aber dass sie kalt ist, verstand sich doch von selbst. Dass sie innerlich erfroren ist in dieser Nacht. Ich wollte ihre Kälte spielen und zugleich, dass sie diesen Mann immer noch liebt. Oder sie liebt ihre eigenen Anfänge mit ihm – ein Stück von sich selbst. Diese Spannung wollte ich.

In Liechtenstein haben wir die erste Tournee unseres Lebens begonnen, und dort haben wir wieder aufgehört. Wir waren in Österreich, in der Schweiz und in Westdeutschland. Am Ende wussten wir, dass die erste Tournee unseres Lebens auch die letzte Tournee sein würde. Obwohl sie großartig war. Fast 200 mal Bill und Hilary im Kampf um die Macht, die Repertoire-Vorstellungen im Theater an der Josephsstadt mitgezählt. Als Bill und Monica später durch alle Zeitungen und über alle Sender gingen, hätten wir »Das Lächeln des Baracuda« sofort weiterspielen können. Aber wir waren befremdet. Noch Kant hatte geglaubt, dass erst das Schamempfinden den Menschen zum Menschen macht. Und nun musste sich ein amerikanischer Präsident weltweit über Details seines Intimlebens befragen lassen, und die ganze Welt sah zu – das war, wir spürten es, längst ein anderes Stück. 200 mal Bill und Hilary waren genug.

Das nächste Paar spielten wir Jahre später in Berlin. Diesmal kein amerikanisches Präsidentenpärchen, sondern ein deutsches Verliererpärchen. Wir spielten das Verliererpärchen am Ku'damm, schon weil es so viel mehr Spaß machte.

Ein alter Kommunist und eine Putzfrau am Abend des 24. Dezember in einem Kaufhaus. Eben noch hat der Kaufhaus-Lautsprecher den garantiert abwaschbaren Plastik-Christbaum beworben, das Sonderangebot des Heiligen Abends, und dazu den Stern von Bethlehem mit elektrischer Intervallbeleuchtung, da plötzlich ist alles still. Der Kaufhaus-Sonderanbieter geht nach Hause, der Personalraum ist leer. Stille Nacht. Jetzt komme ich, mit Kittel und Eimer. Ein paar Schnäpse, dann krächze ich durch den Lautsprecher einen Weihnachtswunsch an meinen Sohn, der mich nicht eingeladen hat. Oh, wie ich meine Schwiegertochter hasse. Sie ist der Grund, dass ich Weihnachten hier bin. Allein im Kaufhaus mit Besen und Eimer. Das ganze Stille-stille-Nacht-Kaufhaus soll es hören. Josef Pribil hört es auch. Josef Pribil ist der Angestellte der Wach- und Schließgesellschaft, Josef Pribil ist Kommunist. Was macht ein Kommunist Weihnachten, wenn der ganze Kommunismus gerade untergegangen ist? Wachen und schließen.

Turrini hatte »Josef und Maria« 1979 geschrieben, Josef war ein allerletzter großer Propandist der Weltrevolution. Er erklärt Maria – aber haben Kommunisten je anderen etwas erklärt? – er erklärt sich, wie er damals halb tot im Gefängnis saß, als ich ihn unterbreche: Wissen Sie, was meine Schwiegertochter gesagt hat...? So geht das fort. Wer einsam ist, spricht nicht mehr mit anderen. Und diese beiden Menschenkinder sind einsam. Darum hört der letzte kommunistische Agitator auch nicht, dass ich mal Varietétänzerin in Tirana war: Wissen Sie, dass ich vierzig Jahre so getan habe, als wäre ich nie beim Varieté gewesen...? Da singt Hilmar schon die Internationale, so laut er kann. Und er merkt nicht, dass die Tiranenser Varietétänzerin in mir längst wiedererwacht ist. »... erkämpft das Menschenrecht!« Das macht mich so wütend, ich habe mich noch nie für Politik interessiert. Ich weiß schon, sage ich zu ihm, dass ich nicht auf der Höhe meiner Frischität bin, aber dass ich mich von einem alten Radikalinski abweisen lassen muss, das hab ich nicht notwendig! Der Sozialismus ist tot, sage ich, das steht in jeder Zeitung, und so treibe ich Hilmar-Josef in Ezio Toffoluttis großen Pappkarton, den Sarg des Kommunismus, Josefs Sarg, bevor er als Tangotänzer wieder aufersteht. Ja, wir hatten Toffolutti geholt, der sich einst vor vielen Jahren entschlossen hatte, nur mit dem Besten zu arbeiten: also mit Besson. So kam der Venezianer an den Rosa-Luxemburg-Platz in Ostberlin. Und jetzt hatten wir ihn. Zur ersten Probe brachte er mir ein wunderbares schillerndes Kleid. Er hatte es auf dem Flohmarkt in Venedig gefunden: Probier mal! Es passte, wie für mich gemacht. Es wurde mein Tangokleid.

An jenem Januartag, an dem in Ostberlin jedes Jahr die Liebknecht-Luxemburg-Demonstration stattfindet, bewegte sich eine Gruppe mit roter Fahne zielstrebig über den Ku'damm in Richtung

»Theater am Kurfürstendamm«. An der Theaterkasse erschien sie mit dem Ausruf ihres Wortführers: Wir haben gehört, hier soll die Internationale gesungen werden. Fünfzehnmal bitte! – Die Kassenfrau sah den Frontmann bedauernd an. Es ist keine gute Zeit für Rote-Fahnen-Träger, das stellte sich auch diesmal heraus. Die Vorstellung fiel aus. Das heißt, sie war gar nicht geplant gewesen, nur in einer ziemlich alten Theater-Vorschau stand noch eine Nachmittagsvorstellung, die aber längst gestrichen war. Nach der alten Theater-Vorschau aber hatten die Fahnen-Träger ihren Ku'dammbesuch geplant.

Ansonsten waren sie gut informiert. Hilmar sang wirklich die Internationale. Das steht so im Stück, und er konnte gar nicht wieder damit aufhören, denn er musste die ganze Zeit an Ernst Busch denken, den alten Arbeitersänger. Mein Mann hatte am Berliner Ensemble noch mit Ernst Busch gespielt, und Busch hat sogar als Galilei in der Schlussszene die Internationale gesungen, wenn auch nur als Stimmprobe. – In Wien lief die Konkurrenzaufführung von »Josef und Maria« mit unserem Freund Otto Schenk, wir fanden sie umwerfend. Aber mein Mann glaubt noch heute, dass er die Internationale viel besser gesungen hat als Otto Schenk.

Überhaupt sagen die Schenks, wir seien ihre allerlinkesten Freunde. Darum reden wir auch sehr viel übers Essen; mit dem früheren ORF-Intendanten Teddy Podgorski dagegen sprechen wir meist über Politik, ich hätte nie geglaubt, dass die in Österreich so linke ORF-Intendanten haben, oder sagen wir: gehabt haben. Und bemerkenswerte »Sekretäre der Bundestheater«, also Kultursenatoren, wie Robert Jungblut, inzwischen Verwaltungschef des Theaters an der Josephstadt. Er und Schenk hatten uns nach der Schließung des Schiller-Theaters zurück nach Wien geholt.

Und jetzt machten wir ihrem »Josef und Maria« Konkurrenz. Aber vielleicht liegt es an der Stadt. Vielleicht kann man in Wien einfach nicht so gut die Internationale singen wie in Berlin.

Stasi-Akten lesen

Unser Freund Klaus Poche hat immer gesagt: Stasi-Akten, das interessiert mich nicht! Ich will gar nichts wissen, was die über mich herausgefunden haben. – Diese Haltung hat mich sehr beeindruckt. Mir ging es anders. Ich wollte wissen, und ich wollte nicht wissen. Wahrscheinlich wollte ich letztlich nicht wissen. Wir schoben die Entscheidung hinaus. 1997 stellten wir den Antrag dann doch.

Hilmars Schwager war der Grund, unsere Stasi-Akten zu lesen. Er war Finanzdirektor des VVB Baustoffe Erden und einer der wenigen, die nach unserer Unterschrift den Kontakt zu uns nicht abgebrochen hatten. Im Gegenteil, demonstrativ kam er uns besuchen. Obwohl seine Frau, Hilmars Schwester, als Leiterin der Kaderabteilung ihres Betriebes abgelöst worden war. Kaderleiterin mit einem »Staatsfeind« als Bruder? Das ging nicht. Betriebsdirektoren-Entlassen war wohl etwas schwerer. Trotzdem, sie hätten Grund gehabt, uns übel zu wollen. In den Betrieben fanden Parteiversammlungen statt, auf denen die Genossen lernten, was von uns zu halten sei. Landesverräter nannte man uns, Knechte des Kapitalismus. Irgendwann, als wir schon weg waren, erzählte man sich gar, die Domröse hätte jetzt einen Grafen in der Schweiz. Wohl zum Beweis, dass der Kapitalismus jede tiefere menschliche Beziehung ruiniert. Hilmars Schwager aber schien von Anfang an resistent gewesen zu sein gegen solchen Verdacht. Er zeigte uns Solidarität, als wenige es taten. Und nun wollte mein Mann wissen, ob diese Solidarität echt gewesen war.

Dass ein VVB-Finanzdirektor Kontakt zur Staatssicherheit hatte, war ohnehin klar. Kurz nach der Wende ist der Ex-Finanzdirektor gestorben. Er gehörte zu jenen, die das Land, das sie einst mit aufgebaut hatten, nicht lange überlebten. Er gehörte zu der Generation, die aus dem Krieg kam und glaubte, dass aus Deutschland etwas ganz anderes werden müsste. Mag sein, sie haben selbst gewusst, dass ihr Traum vom neuen Land ausgeträumt war, lange bevor die DDR wirklich unterging. Aber so etwas ahnen oder sehen, wie das eigene Kombinat plötzlich nicht mehr ist als eine Ruine in den Augen der neuen Produzenten, eine Ruine wie das ganze Land, wie das eigene Leben – so etwas mitanzusehen, ist etwas anderes. Dein Leben wird abgerissen, und du bist Zeuge – ein lebendiger Toter, es gibt sehr viele, die das nicht lange ausgehalten haben. Sie haben das öffentliche Bewusstsein nie erreicht. »Systemnah« hieß das Stichwort. Stasi-nah?

Und wir, glaubten wir nicht auch, dass dieser Mann bei der Stasi war?

Hilmars Schwager hat nichts über uns berichtet. Kein Zeugnis seines Besuchs bei uns in Berlin fand sich in unseren Akten. Wir waren fast ein wenig beschämt. Wir waren auch sehr ruhig. Kann sein, ohne seinen Schwager hätte mein Mann nicht diesen alten Ex-Kombinatsdirektor in »Wege in die Nacht« gespielt. Andreas Kleinerts »Wege in die Nacht« eröffnete 1999 die »Quinzaine des Realisateurs« in Cannes.

War es richtig, unsere Stasi-Akten zu lesen? Der alte Ekel kam zurück, ich dachte an Poche und seine Konsequenz, sich fern zu halten von diesem Schrifttum. Ich bewunderte ihn noch mehr.

Jahre später bemerkten wir ein für Poche ungewöhnliches Erinnerungsloch. Ich nannte ihm Monat und Jahr einer Sache, an die er sich erinnern sollte, an die er sich schließlich erinnern musste.

Keine Ahnung, zu der Zeit lag ich doch im Krankenhaus!

Was, rief ich, du warst im Krankenhaus?

Er hatte uns nie etwas davon gesagt.

Natürlich war ich im Krankenhaus, erklärte Poche mit metaphysischem Gleichmut, weil ich doch umgefallen bin.

Mensch, Klaus! Wirst du alt?

Nein, wegen des Alkohols.

Wegen Alkohol?, fragte ich mit den gedehnten Vokalen ungläubigen Erstaunens.

Natürlich, sagte Poche, ich hatte meine Stasi-Akten gelesen. Und da musste ich trinken.

Das ZDF rief an. Man habe herausgefunden, dass der DDR-Dokumentarfilmer Gerhard Scheumann IM gewesen sei, und über uns habe er auch berichtet. Ob wir dazu etwas sagen möchten, sie bereiten gerade einen Beitrag vor. »Die Marienburg ist meine Heimat!« – Das verordnete Abendessen vor fast zwanzig Jahren mit Scheumann stand wieder vor mir. Er sollte unsere Biermann-Position aufweichen, aber stattdessen weichte der Mann auf.

Ich erklärte dem ZDF, dass ich nichts sagen wolle. Es war ein Gefühl, mehr nicht. Außerdem kannte ich meine Stasi-Akten noch nicht. Das Fernsehen verstand mich nicht. Warum diese Zurückhaltung eines Opfers? Ein paar Tage später war Scheumann auf unserem Anrufbeantworter. Wir sollten uns melden, er müsse unbedingt mit uns sprechen. Ich rief Scheumann nicht an. Jetzt will er uns sicher alles erklären, dachte ich. Ich hatte keine Lust auf diese Erklärungen, genauso wenig wie ich Lust gehabt hatte, im Fernsehen einen Mann zu schmähen, von dem ich eigentlich nur wusste, dass die Marienburg seine Heimat war. Und ich wusste, dass mein Mann nie vergessen hatte, wie Scheumann der einzige Nüchterne unter lauter explodierenden Eiferern geblieben war, als sie ihn vor das Tribunal in der Akadamie der Künste stellten (»Sie haben dem Klassenfeind nicht nur die Kanonen geliefert, sondern die Munition gleich dazu!«).

Aber Hilmar rief ihn auch nicht an. Der Fernsehbericht kam. Die Hinrichtung eines IM im öffentlichen Bewusstsein, man kennt das. »IM Gerhard war allzeit bereit« und an das »Starschauspielerehepaar Angelica Domröse und Hilmar Thate« hätte er sich »herangewanzt«. Die Filme, die Scheumann gemacht hatte, »Piloten im

Pyjama«, das großartige Porträt von US-Bombern in Vietnam von 1968 und all die anderen – sie wären nurmehr Tarnungen »des wahren Gesichtes« von Gerd Scheumann gewesen. Und das wahre Gesicht war der Spitzel.

Scheumann war wieder auf unserem Anrufbeantworter. Es war eine inständige Bitte, ihn anzurufen, aber ich wollte noch immer nichts von den Rechtfertigungen eines IM hören. Dann war Scheumann tot. Wir haben dann in unseren Stasi-Akten den Bericht Scheumanns über unser Abendessen gefunden:

»Freitag, 3. Dezember 1976, Besuch des Ehepaares Angelica Domröse und Hilmar Thate –

(...) Das abendliche Gespräch erlaubt folgende Bemerkungen:

Die Person Wolf Biermann ist für die Handlungsweise von Angelica Domröse und Hilmar Thate (...) völlig nachgeordnet und eigentlich nur der mittelbare Anlass.

Unmittelbarer Anlass für die vorliegende Handlungsweise ist das gänzliche Fehlen jeder Art von öffentlicher Meinung in der DDR.

Die Bürger der DDR hatten durch die Einstrahlungen des Westfernsehens Gelegenheit, sich vom Kölner Auftritt Biermanns einen persönlichen Eindruck zu machen. Zwischen diesen Eindrücken und den Bewertungen des Artikels im ›Neuen Deutschland‹, unterzeichnet von Dr. K., besteht keinerlei Zusammenhang ...«

Keinerlei Zusammenhang. Schärfer, bündiger, härter als der Dokumentarist Scheumann in knappstem Dokumentaristenstil formulierte, hätten wir selbst es nicht sagen können. Es waren insgesamt sechs Punkte. Und am Ende habe ich mich gefragt, was diesen Mann davon abgehalten hatte, selbst gegen die Ausbürgerung von Biermann zu unterschreiben.

Was wollte er seiner Behörde mitteilen? War es ein verzweifelter Versuch, diesem Staatswesen seine eigene Idiotie vorzuhalten? Ich weiß nicht, warum Gerhard Scheumann IM geworden ist, aber ich weiß, dass hier mehr zu sagen wäre als dieser eine tödliche Satz über »das wahre Gesicht« des Gerhard Scheumann.

Trinken

Der Mensch ist ein Lügner. Viele hat das schon gestört, die Religionen, die Philosophen. Aber dass wir andere belügen, ist vielleicht nur ein Sonderfall unseres Lügens. Vor allem belügen wir uns selbst.

Wann erkennt man, dass man krank ist? Wie krank man ist? Wenn man nicht mehr aufhören kann zu trinken, bevor man einschläft. Aber ich konnte doch aufhören. Ein paar Wochen, ein paar Monate. Na bitte, es ging. Und warum soll man sich dafür nicht belohnen? Ein Glas Sekt auch ohne Party. Und dann noch eins. Und dann fing alles wieder an. Ich habe immer gern Sekt getrunken. Bei meinem Unfall kurz nach »Effi Briest« blieb nichts heil: Nur die kleine Piccoloflasche Sekt in meiner Tasche überstand alles. Das war doch ein gutes Zeichen. Sekt ist Leichtigkeit. Warum nicht noch leichter werden, wenn man schon schwebt? Warum nicht noch mutiger werden, wenn man schon mutig ist? Doch, es stimmt, manchen Mut, manche Leichtigkeit hätte ich ohne den Alkohol nicht gefunden. Ich möchte sie nicht missen.

Und doch, ich hätte nie geglaubt, dass mir das geschehen kann. Ich hatte Jiri gesehen, meinen ersten Mann, und nicht eine Minute gedacht, dass auch ich einmal sein könnte wie er.

Es ist so demütigend. Es ist demütigend, wenn man anfängt, heimlich zu trinken. Und wie anstrengend es war, die Contenance zu wahren, wenn du etwas zu trinken brauchst. Du bist stark, du hältst durch – nur um dann doch zusammenzubrechen. Es ist ein satanisches Spiel mit nur einem Mitspieler, der immer verliert. Es ist die Umkehrung der Leichtigkeit. Alles ist tonnenschwer, es

364

bleibt auch tonnenschwer, und du trinkst trotzdem, in die Tonnenschwere hinein. Ich habe viel Heine gelesen dabei. Warum Heine? Ich weiß es selbst nicht.

Ich weiß genau, was Kirchner gemalt hat, der Expressionist, ich kenne die Geometrie seiner Welten – diese Auswucherungen, diese abwitzigen Winkel, ich habe sie alle gesehen. Wahrscheinlich hat Jiri sie auch gesehen. Nur dass der fremde Blick auf einen, der in Expressionisten-Welten blickt, immer nüchterner wird. So wie meiner damals auf Jiri.

Aber ich war doch eine Preußin. Ich war diszipliniert, beherrscht. Ich kannte Anstrengung und Maß, egal, wie merkwürdig das jetzt klingt. Es konnte nicht sein, das konnte nicht ich sein, die Frau, die zu laut lachte, wenn für Augenblicke wieder alles stimmte, und die in sämtliche Abgründe fiel, wenn die Welt ihr, was ihr Recht war, die scharfen Kanten zeigte. Ich erkannte wieder, was ich schon einmal erlebt hatte. Wie die eigenen Reaktionen ihr Verhältnis verlieren, wie der Alltag entgleitet. Damals war ich eine hilflose Zuschauerin.

Ich konnte Jiri Vrstala nicht helfen. Ich habe die Koffer gepackt.

Und Hilmar?

Nein, die können Sie nicht sprechen, die ist besoffen!, hat er am Telefon zu ahnungslosen Anrufern gesagt. Er hat mich nicht gedeckt. Er hat mich bloßgestellt. Hilfe sieht der Grausamkeit manchmal zum Verwechseln ähnlich.

Ich wusste, ich musste mir auch selbst helfen. Zweimal stand ich in der Berliner Schlossparkklinik und sagte: Hier bin ich. Es geht nicht mehr. Sie müssen mir helfen!

Zweimal halfen sie mir. Zweimal blieb ich da, wochenlang. Zweimal ging alles wieder von vorn los, ganz langsam.

Eines Abends stand eine Kollegin mit ihrem Sohn in unserer Wohnung. Hilmar hatte sie geholt in seiner Verzweiflung. Der Sohn war Arzt. Er sagte, dass er die Wohnung nicht verlasse, bevor ich nicht in einem Krankenhaus sei. Das sei Selbstzerstörung. Ich lachte. Nüchtern sein und dramatische Szenen machen, so weit käme das noch. Aber er ließ sich nicht umstimmen.

Mitten in der Nacht brachten sie mich ins Krankenhaus, geschlossene Abteilung. Die erste Nacht vergesse ich nicht. Verlassener, verratener war ich nie. Wie konnte mein Mann das tun? Mich so ausliefern. Ich in einer geschlossenen Abteilung.

Ich musste bei einer Gruppentherapie mitmachen. Und diese Selbstvorstellungen, die jedes Mal mit dem Satz beginnen mussten: »Ich bin eine Alkoholikerin!« Also bitte! Und wenn schon, dann muss man das doch wohl genau machen. Ich war schließlich nicht nur Alkoholikerin, ich war auch Stalin gewesen. Und Martha. Ja, das muss einer, eine doch erst mal spielen. Zählt das etwa nicht? Es zählte nicht. Es interessierte hier keinen Menschen, ich ahnte es, ich habe es auch gar nicht erst gesagt. Hier war ich Alkoholikerin, Schluss, aus. Was habe ich denn gemein mit meinen Mitsüchtigen?, dachte ich. Vor wem und wann ich Bekenntnisse ablege, das entscheide ich immer noch allein.

Hatte ich Recht? Hatte ich Unrecht? Die Sucht macht gleich. Vielleicht war es gut, das anzuerkennen. Vielleicht waren sogar das Malen und Kneten gut. Aber ich war immer froh, wenn ich wieder allein auf meinem Zimmer war. Es blieb dabei, ich bin kein Mensch für »Gruppentherapien«. Ich konnte ja nicht mal bei Taboris morgendlichen Körper-und-Seele-werden-ganz-leicht-Kreisen mitmachen. Und das hier war entschieden ernster.

Ich habe es wieder nicht geschafft.

Als ich das nächste Mal kam, es war eine andere Klinik, bat mich am 12. Tag der Arzt zu sich. Sie wollen raus, nicht wahr?, sagte er und sah mich abwartend, fast lauernd an. Zwölf Tage sind keine lange Zeit. Zwölf Tage sind zu wenig, das wissen Sie. Er sah mich an, sein großes Fenster stand weit offen, ich sah aus dem Fenster, er noch immer auf mich, dann nickte er und fuhr fort: Aber ich glaube, Sie schaffen das.

Ich habe es geschafft. Ich denke oft an den Arzt und den zwölften Tag. Ich würde nicht mehr leben, hätte es nicht irgendwann einen solchen zwölften Tag gegeben. Mein fünftes abstinentes Jahr habe ich gefeiert. Ohne Sekt.

Kürzlich hatte Hilmars Sohn einen Lachanfall. Dabei habe ich nur gefragt, wer noch einen Kaffee möchte. Völlig unverdächtige Frage. Wenn du dir einen machst, trinke ich einen mit, sagte Hanno. Ich hielt ja immer eine Tasse Kaffee in der Hand, so wie früher ein Glas Sekt. Die Tasse Kaffee, die ich nicht wollte, gab es gar nicht. Eben noch hatte ich mir eine neue Espressomaschine gekauft. – Aber nein, Hanno, für dich mach ich einen, sagte ich, ich trinke doch keinen Kaffee mehr. Da konnte Hilmars Sohn nicht mehr aufhören zu lachen: die Frau seines Vaters, ein diätetischer Mensch. Eine werdende Körnerfresserin.

Ich mag diesen Bio-Laden-Blick ja selber nicht. Zu viel Puppigkeit, zu viel Gesundheit, zu viel Grün – ich kann es nicht ausstehen. Was ist der Mensch ohne Gifte? Nur halb. Und nun bin ich selber eine von denen, die bei allem, was sie essen, erst mal nachgucken, was da drin ist. Eine von denen, die nach Tabellen frühstücken. Aber zu meiner Ehre kann ich sagen: Ich habe die Sacher-Torten und die giftschwarzen Kaffees nicht freiwillig aufgegeben. Ich habe sie eingetauscht gegen einen Zustand ohne Schmerzen in den Händen. Kein Kaffee, kein Zucker, keine Schmerzen.

Preise kriegen.
Gärtnern im Süden oder Regie führen im Norden?

Als ich 1986 »Schauspielerin des Jahres« wurde, habe ich mir ganz fest vorgenommen: Du freust dich nicht! Du wirst dich jetzt mal furchtbar zusammenreißen und dich nicht freuen! – Denn das Preiswesen ist eitel. Die Preisevergeber sind eitel, die Preiseempfänger sind eitel, und das Publikum, das zu Preisempfängen geht, ist erst recht eitel. Und dieses Bühnenjournal »Theater heute« erst, das die Schauspieler des Jahres kürt! Lauter Königsmacher. Es kommt darauf an, den Königsmachern zu widerstehen.

Preise bekommt man fast nie für die Dinge, für die man sie verdient. Ich habe, ich sagte es, nie einen Preis für Paula gekriegt. Außerdem kriegen nur die Preise, die schon mal Preise bekommen haben. Das ist das Fortpflanzungsgesetz der Preise. Woher soll eine Jury denn wissen, dass du preiswürdig bist, wenn du noch nie einen bekommen hast? – Ich habe diese Dinge mal dem Internationalen Hebbel-Institut erklärt. Und zwar bei einer Preisvergabe, meiner eigenen. Das Internationale Hebbel-Institut stand gerade im Begriff, mir den Hebbel-Ring zu verleihen. Ich hatte Hebbels »Maria Magdalena« in Wien inzeniert. Es war meine dritte Regie-Arbeit. Die Regisseurin Angelica Domröse werde ich noch erklären.

Vor mir saß also die Festgesellschaft, und ich sprach über das Wesen der Preise. Und das man sie um Gottes willen nicht so wichtig nehmen darf. Und ist es nicht so, dass Preisverleiher, indem sie dir einen Preis geben, nicht eigentlich sich selber auszeichnen? Ich fand meine Einsichten ins Preisvergabe-Wesen außerordentlich. Die Gesichter vor mir wurden immer ernster. Vielleicht war es doch nicht richtig, eine Anti-Preis-Rede zu halten, wenn man gerade selber einen Preis bekommen soll. War es schon wieder wie nach der Wende, als ich die erste und letzte freie Volkskammerwahl in der DDR kommentierte: Ich vertraute den Menschen meine Wahrheit an, und keiner verstand sie? Ich spürte eine leise Panik in mir aufsteigen. Ich brauchte dringend einen anderen Schluss. Einen Pro-Preis-Schluss, einen Versöhnungsschluss. Trotzdem bin ich froh, hörte ich mich sagen, dass ich Ihren schönen Preis nicht erst postum verliehen bekomme. – Die Gesichter lösten sich aus ihrer Starre. Das Internationale Hebbel-Institut atmete auf. Ich habe mich sehr über meinen Hebbel-Ring gefreut.

Wo viel aufhört, muss etwas Neues beginnen. Das sagt man so leicht. Aber die meisten Anfänge geschehen nicht aus Übermut, sondern sie sind schrecklich konkret.

1991, noch am Schiller-Theater, hatte ich plötzlich das Gefühl, meinen Beruf nicht mehr ausüben zu können. Überhaupt, warum soll man sein Leben lang Schauspielerin sein? Früher hatte ich gedacht, mit fünfzig machst du Schluss, und dann fängt ein ganz neues Leben an, am besten im Süden, da, wo dich keiner kennt. Auf Sizilien oder in Südspanien. Ich könnte Gärtnerin werden. Ich glaube, ich wäre eine gute Gärtnerin geworden, aber Hilmar sagte nur: Was soll ich im Süden?

Es klang sehr endgültig. Und ich verstand es. Er ist kein Südmensch. Aus ihm wäre ja nicht mal ein richtiger Wiener geworden. Die meisten Unternehmungen im Leben scheitern an den Männern.

Aber wenn nicht im Süden gärtnern, dann vielleicht im Norden Regie führen? Als Michael Haneke in den Achtzigern mit mir »Krankheit der Jugend« inszenierte, habe ich Haneke ein bisschen geholfen, denn ich fand, man könne das noch verbessern. Wenn man Hanekes Filme sieht, glaubt man es gar nicht, aber ich durfte ihn korrigieren. Kollegen sagten: Du mach doch mal Regie! Gobert, der Intendant, schlug dasselbe vor. Die Stimmen, die mich

369

im Regiefach sahen, wurden immer mehr. Natürlich, ich weiß, was Requiste, was ein Bühnenbild ist. Ich weiß, was Licht ist. Ich weiß, was es heißt, Linien zu schaffen. Ich habe mit sehr guten und sehr mittelmäßigen Regisseuren gearbeitet. Aber ich dachte immer, ich bin zu ungeduldig, um zu inszenieren. Und vor allem – zu ungerecht.

Dann rief Kurth Veth von der Ernst-Busch-Schauspielschule an, mein früherer Lehrer. Er habe so eine begabte Abschlussklasse. Mit der müsse ich es probieren.

Ich lese immer Stücke; man muss wissen, was es auf der Welt zu spielen gibt. Rein theoretisch. Es ist ein Möglichkeitswissen. Meine Wahl fiel sofort auf »Brut« von Matthias Zschokke. Es war das zweite Werk des jungen Schweizer Autors.

Ein Schiff auf Kaperfahrt. Eigentlich suchen die Piraten was zum Entern. Die Kapitänin schreibt ihre Befehle mit Blut, im Mastkorb wird ein Dichter gefangen gehalten und zwangsgemästet, entweder kriegt man Lösegeld für ihn oder er lässt sich bei den Kannibalen eintauschen. Der Dichter dichtet im Mastkorb die gewaltigen Aufbrüche seines früheren Lebens, wenn er sich nicht gerade übergeben muss. Dass der Steuermann des Schiffes blind ist und der Navigator kühne Kursänderungen entwirft, die nie verwirklicht werden – alles folgerichtig, denn nicht nur Schiffe kentern, auch ganze Gesellschaften. Das hat mich interessiert: die Binnenpsychose von Untergangsgesellschaften, der Kampf um die Macht auf sinkenden Schiffen. Schließlich hatten wir alle gerade einer Hochseehavarie beigewohnt. Und es war mit der DDR genau wie bei den wirklichen Schiffsuntergängen: Erst sinkt der Kahn nur langsam, dann plötzlich geht alles ganz schnell. Aber dieses Schiff hier bleibt auf dem Wasser, seine Besatzung ist bloß – als das Kapergut endlich am Horizont auftaucht – schon viel zu müde zum Entern. Was mich jedoch noch mehr interessierte als dieser große geschichtliche Ernst, war, dass ich mit ihm spielen konnte. Denn alle Regisseure sind Kinder. Wie machst du das Schiff? Als Schiff? So wie beim »Fliegenden Holländer« meist eine abgetakel-

370

te Fregatte auf der Bühne auf Grund läuft? Unmöglich. Trivial. Ausgeschlossen. Silvester beim Karpfenessen hatte ich die Idee. Wir nehmen einen Fischkopf, das ist der Bug, und eine Riesengräte, das sind die Masten. In denen konnte meine Besatzung dann ihre Schiffspsychose abarbeiten. Und wie sie es tat!

Meine erste Regie-Kaperfahrt war vielleicht doch besser, als im Süden zu gärtnern. Und jedes neue Stück ist eine neue Ausfahrt. Ich verstehe schon, dass Seefahrt süchtig macht. Es macht Spaß, mit Studenten zu arbeiten, Begabungen zu erkennen und, natürlich, den eigenen Anfängen, den eigenen Fehlern wiederzubegegnen.

Als ich am BE war, hätte ich es mir nicht vorstellen können, aber jetzt inszenierte ich selber Brecht. »Happy End«, die Geschichte von der Heilsarmee, die sich mit den Gangstern verbrüdert. Mit »Happy End« wollte Brecht den Erfolg der Drei-Groschen-Oper wiederholen, das ist nichts geworden, aber meine Gangsterbräute Nina Hoss und Anika Mauer hätte er gemocht. Wir spielten und sangen »Happy End«, bis beide keine Stimmen mehr hatten.

Aber ich wurde auch mit solchen fertig, deren Studium schon ein wenig länger zurücklag. Zum Beispiel mit meinem Mann. Ich hatte in Berlin inszeniert und Meiningen, da meldete sich das Theater in der Josephsstadt in Wien. Sie wollten auch ein Stück von mir. Ich entschied mich für »Michael Kramer«, diese Tragödie um einen zweitklassigen Maler, der auf Grund seiner Zweitklassigkeit ein geachteter Professor wird, und meinen Mann machte ich zu meinem Hauptdarsteller. Er musste jetzt auf alles hören, was ich ihm sagte. Und natürlich durfte er nie mehr erklären wie damals bei »Stalin«: »Du kannst eben nicht logisch denken.« Denn der eigentliche Logiker in einem Stück ist immer der Regisseur. Und dass ich eine außerordentliche Logikerin war, erkennt man schon daran, dass ich meinem Hauptdarsteller erlaubte, in Dieter Wedels »Der König von Sankt Pauli« mitzuspielen, obwohl er zeitgleich bei mir Proben hatte. Dieses Zugleich war eine logistische Meisterleistung. Und Hilmar war vollkommen von mir abhängig, denn Vertrag ist Vertrag und unserer bestand zuerst.

Andererseits spürte ich selten die Grenzen aller Logik so genau wie damals. Eigentlich sind Logiker arme Schweine. Was macht ein Logiker, wenn ihm seine Katze stirbt? Was hilft ihm dann alle Logik der Welt?

Ohne meine Katzen

Im August, bevor wir nach Wien fuhren zu den Proben von »Michael Kramer« starben Emil und Leo. Sie waren siebzehn und achtzehn Jahre alt. Ich schäme mich meiner großen Trauer nicht. Man bekommt Katzen, wenn sie ganz klein sind, und sieht sie groß werden, wie Kinder – nur werden sie nie erwachsen. Katzen sind beinahe so verschieden wie Menschen, aber nachtragend waren sie alle. Wenn wir lange weg waren, konnte es passieren, dass sie uns kaum einen halben Blick gaben. Sie ignorierten uns. Sie waren beleidigt. Es dauerte lange, bis sie uns unsere Reue glaubten.

Ich habe immer gewusst, dass Tiere dieselben Krankheiten bekommen wie Menschen, aber es zu sehen war etwas anderes.

Genau an Hilmars Geburtstag hatte Emil zum ersten Mal am Bein geblutet. Es war offener Krebs. Leo hatten wir schon zwei Jahre lang wie einen Diabetiker gespritzt. Er war ein zuckerkranker Kater. Jetzt starben sie in einer Woche.

Was war zu tun? Hilmar fing wieder an zu rauchen. Das konnte ich nicht, ich hatte noch nicht aufgehört. Sollte ich ein Meer von Alkohol austrinken? Seltsamerweise dachte ich gar nicht an diese Möglichkeit. Etwas in mir entschied sich anders. Mein Mann hat das zuerst gemerkt. Plötzlich hatte ich nur noch ein halbes Gesicht. Wenn ich weinen wollte, weinte nur eine Hälfte. Die andere Seite blieb vollkommen starr. Keine Bewegung des Mundes, kein Heben der Augenbraue war möglich. Kein Lidschlag mehr. Trinken? Sprechen? Vorbei. Ich war eine Halbmaske. Ich hielt dieses Äußere für den adäquaten Ausdruck meiner Gemütsverfassung. Versteinert, halb tot, das war es doch. Mein Mann jedoch hatte etwas gegen solche Symbolisierungen. Wir müssen etwas machen, sofort, sagte er. Ich verstand, dass der Umgang mit Halbmaskenmenschen für ihre Nächsten etwas Befremdliches hat, bestand aber doch darauf, dass nach einer Nacht voller Schlaf das Leben von allein in mein Gesicht zurückkehren werde. Das machte es nicht.

Mein Mann lud mich und unseren letzten Kater ohne Widerrede zu dulden ins Auto, wir fuhren von unserem kleinen Haus am See zurück nach Berlin. Zum Arzt, sagte mein Mann. Hugo, der letzte Kater, saß auf meinem Schoß. Egal, was an uns vorbeikam: Bäume, LKWs, Häuser – Hugo wandte die Augen nicht. Nun gut, ich konnte das eine Auge auch nicht mehr zumachen. Aber Hugos Blick fasste nichts. Die schönen großen Katzenaugen starrten ins Leere. Ich sah: Hugo war blind. Der blinde Hugo auf dem Schoß einer Gelähmten. Hatte es noch Sinn, irgendetwas zu tun?

Es war eine vollkommene Lähmung der rechten Gesichtshälfte. Je früher das erkannt wird, desto günstiger die Aussichten auf Wiederherstellung einer menschlichen Mimik. Und für Schauspieler, die nicht ins Horror- oder Splatterfach wollen, sind solche Starren schließlich auch von beruflichem Nachteil.

Mein Arzt spritzte mir die Beweglichkeit, das Lachen- und Weinenkönnen ins Gesicht zurück. Als ich beides fast wieder hatte, suchte ich nach einer neuen Ausdruckmöglichkeit meines Schmerzes, denn Menschen, die leiden, neigen zu archaischen Reaktionen. Ich ließ mir die Haare zwei Zentimeter kurz schneiden. Ich fand, dass es jetzt Zeit sei, zu lernen, mit wenig auszukommen. Nur noch ein Kater. Fast keine Haare. Das war doch ein Anfang.

Meine Augenärztin, die sonst meine Augen prüft, bestellte Hugo zu sich. Sie leuchtete in das Katzenauge und bestätigte restlose Blindheit, links schon sehr lange. Schlaganfälle.

Ich fuhr nach Wien, eine Restlähmung im Gesicht und zwei Zentimeter Alibi auf dem Kopf. Den blinden, schlaganfallsgezeichneten Hugo nahmen wir mit. Ich inszenierte »Michael Kramer«. Mein Mann spielte den Maler, der seinen Sohn verliert. Er konnte das sehr gut. Mit dem Verlieren kannten wir uns nun aus.

374

Maria und ich

Nach unserem Hilary-und-Billy-Stück war mir klar, dass ich nie mehr in ein festes Ensemble wollte. Aber es gibt etwas, wonach ich mich sehne – irgendwohin kommen können, in ein vertrautes Theater, zu einem vertrauten Intendanten und sagen: Ich habe hier eine Idee, kann ich die bei dir verwirklichen?

Das Theater am Ku'damm schickte mir ein Stück, ich könne das mal lesen, man sei gespannt. Der Amerikaner Terence McNally hatte Maria Callas zur Bühnenfigur gemacht, »Meisterklasse« heißt sein Stück. Die Diva gibt Unterricht, aber wenn sie etwas nicht kann, dann ist es genau das: Unterricht geben. Sie hält das Nicht-Geniale nicht aus. Sie wird verrückt in der Nähe des Mittelmaßes. Sie ist ein Scheusal, sie ist die Callas. Sie ist lächerlich und böse. Sie ist eine Tyrannin. Und sie ist einmalig. Einsam auch, wie alle großen Tyrannen sind.

Ich wollte das spielen. Maria Callas sprach aus, was auch ich über die Kunst dachte. Dass du spielen oder singen musst, als ginge es um Leben und Tod, oder du brauchst gar nicht anzufangen. Dass Kunst Dominanz ist. Dass Kunst Gottesdienst ist. Denn sie ist unmenschlich. Sie ist die undemokratischste Angelegenheit der Welt. Maria hatte Recht.

Ich trat auf die Bühne, das Licht im Zuschauerraum war noch an, das Publikum blickte erwartungsvoll auf mich, und ich begann: »Keinen Applaus, bitte. Wir sind hier, um zu arbeiten. Sie sind nicht im Theater. Das hier ist ein Unterrichtsraum. Dies ist eine Meisterklasse ...« Sie sahen mich an, unschlüssig, ob das nun schon die Vorstellung oder noch nicht die Vorstellung ist, unschlüssig, wo sie hier sind. Ich machte weiter: Können Sie mich hören? – ich wurde ganz leise – Die Menschen wissen nicht mehr, wie man zuhört. Sie wollen, dass ihnen alles entgegengedonnert wird. Zuhören erfordert Konzentration. Wenn Sie mich nicht hören können, dann ist das Ihre Schuld. Sie konzentrieren sich nicht …

Und so ging das weiter. Ich war ein Scheusal im Dienste der Kunst. Ich tyrannisierte den Pianisten, den Sopran und den Tenor. »Ich höre gar keine Konsonanten! Wo sind Ihre Konsonanten?« Ich mäkelte an der Atmung des Soprans und sah den alten Erich Engel vor mir, wie er einst an meiner Atmung verzweifelte und hechelnd, keuchend, zwischen zwei Hustenanfällen hervorstieß: »Kind, du atmest falsch!« Und nun war ich die Regentin des einzig richtigen Atems. Ich war ungerecht, hysterisch und sentimental. Ich brauchte mich überhaupt nicht zu verstellen.

Und zugleich war ich Maria Callas. Wenn sie sang, hörte jeder, dass kein Satz, den sie, den ich über die Kunst sagte, übertrieben war. Es geht auf Leben und Tod – man muss taub sein, um es nicht zu hören. »Sie haben behauptet, sie mochten den Klang meiner Stimme nicht. Das war es aber nicht. Sie mochten meine Seele nicht.« Diesen Satz hatte ich am liebsten.

Und danach saß ich, wie ich es mein Leben lang getan habe, sehr lange in meiner Garderobe. Es gibt zwei verschiedene Schauspieler-Typen. Die einen laufen gleich nach Hause, sie sind gewissermaßen schon weg, bevor der Vorhang fällt. Sie schminken sich erst zu Hause ab. Ich nicht. Denn es gibt keine schönere Leere als die nach der Bühne. Du fühlst dich wie ein abgehangenes Stück Fleisch, sehr mürbe, sehr durchlässig. Wie unwahrscheinlich, dass eben noch so viel Energie in dir war – und so viel Denken. Nichts mehr denken müssen, nichts mehr tun müssen und doch eigentümlich wach sein. Alles fände jetzt Einlass in dich, jede Weltschwingung. Ich war immer erstaunt über die Geduld mancher Menschen, die meine Ewigkeiten lang auf mich am Bühnenausgang warten, nur wegen eines Autogramms.

376

Maskenbildnerinnen und Ankleiderinnen

Ich hatte eine wunderbare Maskenbildnerin bei der »Callas«. Ich hatte fast immer solche Maskenbildnerinnen. Und Ankleiderinnen. Ich kann dieses Buch nicht beenden, ohne eine Huldigung an diesen Berufsstand hineinzuschreiben. Und der beste Weg zu einer Huldigung ist der Umweg.

Wenn die eigene Kraft nicht mehr reicht, erfährt man, was es heißt, Freunde zu haben. Man sagt, Freundschaften unter Schauspielern sind schwierig. Oder Freundschaften mit Produzenten. Denn es ist sehr schwer, die Filme von befreundeten Schauspielern oder Produzenten nicht gut zu finden. Im Osten ging das noch, erstens, weil es da keine Produzenten gab, und zweitens, weil (Selbst)Kritik ein positiver Begriff war. Jedenfalls konnte man nicht dagegen sein.

Im Westen lernte ich, dass die eigenen Filme und die Filme deiner Freunde grundsätzlich gut sind. Man kann es sich nicht leisten, das, was man selber macht, nicht für großartig zu halten. Darum versteht auch niemand, wenn ich sage, dass ich »Effi Briest« nicht mochte. Ich weiß, viele haben diesen Film geliebt, und mich gleich mit, aber ein guter Film war es trotzdem nicht.

Ich glaube, ich werde niemals verstehen, warum meine Freunde meine Filme gut finden müssen.

Vielleicht sind die besten Freundinnen einer Schauspielerin Ankleiderinnen und Maskenbildnerinnen. Ankleiderinnen und Maskenbilderinnen sind von Berufs wegen schöne Menschen. Denn der vornehme Charakter gehört zu ihrem Berufsbild. Ich kann das auch begründen.

Am Berliner Ensemble hieß meine Ankleiderin Petite. Sie tröstete mich immer im Konversationszimmer, wenn ich mal wieder bemerkte, wie klein das Große sein konnte und dass das BE hinter der Bühne auch nichts anderes war als die Gartenstraße, nur viel berühmter. An der Volksbühne hieß meine Ankleiderin Piepusch, meine Maskenbildnerin war Helga. Helga machte aus mir Cleopatra und Marfa, die Bäuerin. Wir waren beide sehr jung, und sie war das genaue Gegenteil von mir, weich und sanft, nie vorlaut wie ich. Wir sahen uns auch überhaupt nicht ähnlich, trotzdem hat der kleine Volksbühnen-Pförtner uns immer verwechselt. Vielleicht hat er gar nicht uns, sondern unsere Freundschaft gesehen, wenn wir sein Pförtnerlogenblickfeld kreuzten. Noch heute kann Helga mir vollkommen beiläufig erklären, sie sei kürzlich am Grab meiner Mutter vorbeigekommen, den vertrockneten Strauch, den sie fand, habe sie herausgezogen und einen neuen gepflanzt. Vorbeigekommen?

Am Schiller-Theater war meine Ankleiderin Hannelore. Ankleiderinnen kennen dich in Situationen, in denen man von niemandem gekannt sein möchte. Vor dem Auftritt, nach einem schlechten Abend. Sie hören dich Dinge sagen, die besser ungesagt geblieben wären. Sie kennen dich nackt – seelisch nackt. Es braucht ein besonderes Talent, mit solcher Blöße umzugehen.

Die Freundschaft mit meiner Volksbühnenmaskenbilderin Helga ist die einzige, die mein Weggehen aus der DDR überstanden hat. Die Weggeher sind zusammen, noch immer. Aber Weggeher und Dableiber? Zwischen ihnen ist meist etwas kaputtgegangen, was sich nie mehr reparieren lässt.

Helga, meine Maskenbildnerin an der Volksbühne, war die Erste, der ich – nach Hilmar –, von Herrn Schneider erzählte. Sie hielt Herrn Schneider für ein Phantom. Gleich ruft er an, du wirst sehen!, sagte ich zu ihr, als wir bei mir zu Hause waren. Um diese Zeit ruft er meistens an. – Helga sah mich halb tadelnd, halb mitfühlend an und schlug vor, dass ich wieder auf den Boden der Tatsachen zurückkehren möge. Der Boden der Tatsachen!

Später glaubte sie mir, wie viele Böden aus hundsgemeinen Tatsachen dieses kleine Ostland hatte. Ihr zu sagen, dass wir die DDR verlassen, war das Schwerste an der ganzen Ausreise.

Produzentin oder Prinz

Frau Domröse, warum sieht man Sie so selten im Fernsehen? – Ich werde das oft gefragt. Und jedes Mal weiß ich nicht, was ich darauf antworten soll. Einmal habe ich dem Fernsehen gesagt, wenn das Fernsehen mein Maßstab wäre, müsste ich mich ja aufhängen. Ich weiß nicht, ob das Fernsehen das verstanden hat.

Ich will keinen Müll spielen, nur um da zu sein, oder jedenfalls will ich das nicht spielen, was ich für Müll halte. Es ist die Wahrheit. Vielleicht klingt sie überheblich, und wenn ich etwas nicht bin und nicht sein will, dann ist es überheblich.

Aber wer denkt schon darüber nach, wie schwer es für einen Schauspieler ist, Dinge zu tun, an die er nicht glaubt? Du gibst dein Denken, deine Sprache, dein Gesicht, deinen Körper. Mein Horror wäre, mit einem Seriennamen angesprochen zu werden.

In den Achtzigern habe ich eine sechzehnteilige historische Serie abgelehnt. Eine Folge für den Jahrgang 1926/27, die nächste für 1927/28 – ja, was sollte denn das? Und über jeden Satz des Drehbuchs bin ich einzeln gefallen. Man weiß beim Lesen, ob man einen schlechten oder einen guten Roman liest. Man weiß, ob man ein gutes oder ein schlechtes Drehbuch in der Hand hält. Natürlich hält man oft zugleich auch sehr viel Geld in der Hand. Je dümmer das Buch, desto wohlhabender die Mitwirkenden. Ich verstehe jeden, der da nicht Nein sagen kann.

Ich kann meinen Fernsehsteckbrief schon lesen: Sie ist über sechzig. Sie ist kein Muttertyp. – Also Anwältin? Kommissarin?

Ich habe es versucht. Mitten in die Schließung des Schiller-Theaters kam ein »Polizeiruf«-Angebot vom SDR Stuttgart. Die »Fälle«

gefielen mir. Schwäbische Jugendliche, gut behütet, die aus lauter Langeweile den Ausnahmezustand proben (»Samstag, wenn Krieg ist«) oder »Kleine Dealer, große Träume«. »Kleine Dealer, große Träume« handelte von sehr großen Träumen sehr kleiner Dealer und war so skurril erzählt, dass die ARD einen großen Schreck bekam und uns von der Hauptsendezeit nahm und im späteren Abend versteckte. Ich hatte schon in den Achtzigern beim »Alten« mitgemacht, wenn das Buch gut war. Und »Bella Block« mag ich auch. Also wischte ich Bedenken der Art: Muss denn jede Frau in diesem Land Kommissarin werden? entschlossen beiseite. Und der deutsche Kommissarinnen-Pool hatte eine Neue. Vera Belewski.

Aber ich glaube, ich war kein Ereignis bei der Polizei. Das Berufsbild der deutschen Kriminalistin habe ich nicht revolutioniert. Aber schließlich war meine Vera Belewski auch nur ein Strichmännchen – Strichfrau, darf man ja wohl nicht sagen. Sie hatte keine Individualität, keinen Hintergrund, und ich war es gar nicht gewohnt, Frauen, egal welcher Berufsgruppe, ohne Individualität und Hintergrund zu spielen. Verhören und schießen – muss ich das wirklich machen? Ich bin schon als Studentin in Babelsberg nicht zum Revolverschießen gegangen.

Als die Funkhäuser Baden-Baden und Stuttgart zusammengelegt wurden, fand meine televisionäre Polizeikarriere ein natürliches Ende. Ich habe Vera Belewski keinen Kranz gebunden.

Als das Berliner Babylon-Kino zu meinem 60. Geburtstag »Hanna von acht bis acht« zeigte, war ich glücklich. Szenenbeifall und Lachen. Ich habe diesen Fernsehfilm noch nie auf einer Leinwand gesehen. Aber ich wusste immer, dass er ihr gewachsen sein würde. Er war es. Dabei hatte er doch nicht viel mehr als mein Gesicht und eine Hotelbar.

Es gibt noch immer Stoffe, für die ich brenne. Das sind meist solche, deren Autoren Filmstudios und Fernsehsender Briefe schreiben, die etwa so anfangen:

»Sehr geehrter Herr X, nochmals vielen Dank für die Zusendung Ihres Drehbuchs, das ich mit großem Interesse gelesen habe. Die Intensität und Konsequenz, mit der Sie das Zusammenleben des Ehepaars schildern, ist beeindruckend. Der Stoff ist ein ausgereiftes Psychodrama mit wirklich fesselnden Wirkungen ...« Und so geht das weiter, unaufhörlich der Klimax allen Lobes entgegen. Die zuständige Redakteurin des WDR war mir so nah. Ist sie also genauso rücklings gegen das Sofakissen geprallt wie ich, als ich das Skript zum ersten Mal las, dessen Hauptrolle ich spielen sollte. Ich näherte mich einem Absatz im Brief. Absätze in Briefen von Fernsehsendern sind oft Tiefseegräben, aber ich schauderte nicht, ich las weiter: »Kurz: Der Stoff ist außerordentlich fesselnd zu lesen. Dass ich dennoch skeptisch hinsichtlich einer Verfilmung und auch einer Platzierung in unserem Programm bin, liegt zum einen an dem konsequenten Minimalismus, zum anderen an der Thematik.« Aber das ist es doch, was uns so umwirft, wollte ich der Fernsehfrau, der Seelenverwandten meiner Begeisterung zurufen: diese atemberaubende Dichte, die Grate, diese Abstürze – dieser Irrsinn in Buchstabenform, von dem wir nur ahnen, wie viel Wahrheit darin ist. Doch da erklärte die Filmprojektbegutachtungsfrau den Zusammenhang zwischen Stoff und Ablehnung noch einmal: Es handele sich um eine Thematik, »die den Zuschauer herausfordert, zugleich aber sehr erschütternd und deprimierend ist«.

Und plötzlich wusste ich, was meine Seelenverwandte meinte. Wollen wir im Fernsehen herausgefordert werden? Wollen wir im Fernsehen erschüttert werden? Wollen wir vom Fernsehen deprimiert werden und dafür noch Gebühren zahlen? Da begriff ich, was das Fernsehen ist. Das Windgenerator-Medium, das unaufhörlich Wellen macht, aber vor nichts so sehr Angst hat wie vor Seegang. Oberstes Gesetz: Beim Wellenmachen darf keine Welle entstehen! Fernsehen ist das Medium, in dem ständig Neues passiert, das zugleich das Uralte ist. Darum fürchtet es sich, dass einmal wirklich etwas Neues entstehen könnte.

Klingt das jetzt bitter? Ich bin früher immer sehr erschrocken, wenn ich ältere Menschen traf, die bitter waren. Wer älter wird, sollte heller werden, nicht bitter. Also warte ich auf das Wunder. Denn es gibt gute Stoffe, noch immer, und es ist nicht wahr, dass die Jungen nichts mehr wagen.

Aber es nützt nichts, wenn sie brennen. Und wenn du brennst. Andere müssen mitbrennen. Auch die Schwerentflammbaren, gerade die Unentzündlichen. Die Wächter der Generatoren. Hätte ich immer schon in diesem Land gelebt – ich wäre Produzentin geworden.

Aber Prinz ist auch gut. Im letzten Sommer habe ich ein neues Rollenfach entdeckt: Prinz. Große Diktatoren können Frauen wie ich spielen, wenn sie fünfzig sind. Stalin ist was für die Lebensmitte. Aber danach wird es Zeit für die Prinzen. Für das Jungenhafte. Allerdings hätte ich nie von allein bemerkt, wie viel Königssohn in mir ist. Ich erfuhr es erst, als Rheinsberg mich fragte, ob ich ihnen den Prinz Heinrich spiele und ich leichtsinnigerweise ja gesagt hatte. Nebenbei musste ich noch eine Oper inszenieren. Heinrich war der Bruder von Friedrich II. und hat auch Opern inszeniert in Rheinsberg. Ich glaube, Friedrich II. hätte ich nicht gespielt, obwohl ich bei dem immer an unseren Kater Hugo denken muss, weil der auch zwei Schlaganfälle hatte. Außerdem war Friedrich ein Aufklärer. Für die Aufklärung bin ich wirklich zu alt. Jeder, der über dreißig ist, sollte die Aufklärung hinter sich haben. Jetzt fragen sie mich schon, ob ich Opern inszenieren will. Ich glaube, die Aufklärung ist nie bei der Oper angekommen, sonst gäbe es sie nicht mehr. Ich glaube, ich werde Ja sagen.

Bildnachweis

Sibylle Bergemann: 26, 29, 31, 32, 40, 59; Werner Bethsold: 55; Ilse Buhs/Jürgen Remmler: 49, 50, 51, 52, 60; Décaux: 11; DEFA-Kroiss: 33–36; Arno Fischer: 6, 17, 21, 57; Klaus Fischer: 12; Anneliese Heuer: 37, 61; Harry Hirschfeld: 43, 44, 45, 46, 47; Gerhard Kiesling: 56; Tassilo Leher: 25; Günter Linke: 39; Miroslav Mirvald: 19; 23; Henry Mundt: 63; Gerd Platow: 30; Helmut Raddatz: 18; Georges Reymond: 8, 13; Gerhard Richter: 24; Willi Saeger: 14; Ludwig Schirmer: 38; Klaus D. Schwartz: 20, 27; Maria Steinfeldt: 15; Vera Tenschert: 16, 62; Marianne Thiele: 54; Weber-Münster: 48.

Nicht alle Fotografen und Rechteinhaber von Fotoaufnahmen konnten ausfindig gemacht werden. Der Verlag ist für entsprechende Hinweise dankbar. Rechts- und Honoraransprüche bleiben in jedem Fall gewahrt.